企业财务理论与实验

主　编　夏庆利　周一萍
副主编　武国辉　武喜元

中国财经出版传媒集团
中国财政经济出版社

图书在版编目（CIP）数据

企业财务理论与实验／夏庆利，周一萍主编．—北京：中国财政经济出版社，2018.10
ISBN 978－7－5095－8537－5

Ⅰ．①企…　Ⅱ．①夏…②周…　Ⅲ．①企业管理－财务管理　Ⅳ．①F275

中国版本图书馆CIP数据核字（2018）第214231号

责任编辑：彭　波　　　　责任印制：刘春年
封面设计：孙俪铭　　　　责任校对：李　丽

中国财政经济出版社 出版

URL：http：//www.cfeph.cn

E－mail：cfeph@cfeph.cn

社址：北京市海淀区阜成路甲28号　邮政编码：100142

营销中心电话：010－88191537　北京财经书店电话：64033436　84041336

三河市宏图印务有限公司印装　各地新华书店经销

787×1092毫米　16开　27.5印张　610 000字

2018年10月第1版　2020年4月河北第2次印刷

定价：62.00元

ISBN 978－7－5095－8537－5

（图书出现印装问题，本社负责调换）

本社质量投诉电话：010－88190744

打击盗版举报热线：010－88191661　QQ：2242791300

内容提要

本教材分两篇编写，上篇为财务学理论，系统介绍了资金筹集、投放、运营、分配等环节的预测、决策理论和方法。同时，重点介绍了财务管理、资金时间价值和风险价值、预算管理、财务分析和评价等方面的基本概念、基本知识和基本理论。下篇为财务实验，包括资金时间价值实验、资金需求预测实验、边际资本成本计算与资本结构决策实验、项目投资决策实验、证券投资分析实验、财务预算编制实验、财务分析实验等实践性极强的内容。教材每章均配有大量思考题和练习题，分别从理论知识、计算能力和综合实践能力三个层次巩固学生所学的知识，增大教材信息量，提高实用性，帮助学生加深理解，拓宽视野，启发思维，锻炼能力。

本教材主要为经济学和工商管理学本科生编写，也可作为高职高专和企业财务人员的高级读物。同时，可供会计、金融、MBA 等经济管理类专业硕士学习、研究、参考。

改编说明

本教材是在《财务学及技术基础》（2010）基础上改编而成，汲取了原教材面向应用型人才培养，突出技术性、实践性的长处，对原教材存在的不足进行了补正，主要从以下三个方面进行修订。

1. 突出课程思政的要求。本教材把“社会主义核心价值观”贯穿教材始终，特别将诚信观念贯穿到理财目标、原则等理论中，穿插进筹资、投资、运营和分配各财务环节的决策理念中。既教学生追求财务利益，也引导学生树立利益相关者价值最大化的“大财务”价值观念，树立可持续发展观。

2. 适当增加难度、培养高阶理财能力。根据新时代全国高等学校本科教育工作会议精神，为了体现对大学生合理“增负”，提升大学生的学业挑战度，教材增加了一系列拓展材料供学有余力的同学深入学习。比如，证券组合的风险计量、系统性风险的计量、资本资产定价模型，上市公司财务评价等。

3. 适应翻转课堂教学需要。为了适应翻转课堂教学需要，本次教材修订，增大了题库量，特别加大了客观题量，方便学生线上学习检测。在修订课后习题时，重点强调紧扣教材内容，遵守学生认知规律，由浅入深，循序渐进设计各种题型。同时，题库中也适度增加了综合应用知识能力的考查，在适应翻转课堂教学的同时，增强了知识传授的系统性。

4. 改编实验内容，更突出学生动手能力培养。本教下篇是实验部分，共编写了7个实验，分别是“资金时间价值计算”“资金需求预测”“边际资本成本计算与资本结构决策”“项目投资决策”“证券投资分析”“财务预算编制”“财务分析”，基本与理论部分配套。每个实验按照“实验目的”“实验原理”“实验内容”“实验任务”四个模块编写，方便学生撰写实验报告。

5. 增强教材系统性。本教材分上、下两篇编写，上篇为“企业财务理论”，下篇为“企业财务实验”，既保证各自体系完整，也突出了应用性与理论性的统一。同时编写过程中，特别注意了两个部分的前后表述和风格，确保教材前后呼应，浑然一体。该教材凝结了编者多年的教学经验和大胆探索，相信能给广大学生以启迪，为同行展示一个新的编写视角。

本教材由夏庆利、周一萍任主编，武国辉、武喜元任副主编，武国辉具体负责第八章编写和整个理论部分的改编，武喜元具体负责实验部分的改编，周一萍具体负责编写第三章和整个理论部分的校正，夏庆利负责全书总纂、修改和完善，并具体负责编写第五章。

本教材编写得到了湖北省精品在线开放课程《财务学及技术基础》和湖北省社科基金《微课辅助下的财务管理“对分课堂”教学模式实证研究》等资助，在此深致谢忱！本教材是在《财务学及技术基础》的基础上改编，在此，特对原教材编写人员表示衷心感谢！教材其他参考文献列于书末，在此对相关作者一并致谢！参考文献可能存在遗漏，对未列出的文献著作人表示歉意！

由于时间仓促，加之水平有限，教材改编过程中可能仍存在不妥甚至错漏之处，恳请读者批评指正。

夏庆利

2018年9月10日于福星花园

目录

上篇　企业财务理论

下篇 企业财务实验

上篇

企业财务理论

第一章　总　　论

财务学有三大分支：金融学、投资学和财务管理学。这三大分支相互联系，具有相通的理论基础，但侧重领域不同。金融学侧重货币、利率和金融市场；投资学侧重投资机构的证券投资评价；财务管理学则侧重组织的筹资和投资。

任何组织都需要财务管理，但营利性组织与非营利性组织的财务管理有较大区别。本教材讨论的是营利性组织的财务管理，即企业财务管理。

从整体上了解企业财务管理学，需要了解企业的组织形式、企业财务活动的基本内容、企业财务管理的目标以及企业财务工作的环境。同时，要重视财务函数及其在企业财务工作中的运用。

第一节　企业与企业财务管理

企业是一个契约性组织，它是从事生产、流通、服务等经济活动，以生产或服务满足社会需要，实行自主经营、独立核算、依法设立的一种营利性的经济组织。

一、企业的组织形式

典型的企业组织形式有三种：个人独资企业、合伙企业和公司制企业。

（一）个人独资企业

个人独资企业是由一个自然人投资，财产为投资人个人所有，投资人以其个人财产对企业债务承担无限责任的非营利组织。

个人独资企业的优点：（1）创立容易。例如，无须与他人协商并取得一致，只需很少的注册资本等。（2）维持个人独资企业的固定成本较低。例如，政府对其监管较少，对其规模也没有什么限制，企业内部协调也比较容易。（3）无须缴纳企业所得税。

个人独资企业的缺点：（1）业主对企业债务承担无限责任，有时企业的损失会超过业主最初对企业的投资，需要用个人其他财产偿债；（2）企业的存续年限受制于业主寿命；（3）个人独资企业所有权的转移比较困难；（4）难以从外部获得大量资本用于经营。

（二）合伙企业

合伙企业是由合伙人订立合伙协议，共同出资，合伙经营，共享收益，共担风险，并对合伙债务承担无限连带责任的营利性组织。

除业主不止一人外，合伙企业的优点和缺点与个人独资企业类似。此外，合伙企业法规定每个合伙人对企业债务须承担无限连带责任。如果一个合伙人没有能力偿还其应分担的债务，其他合伙人须承担连带责任，即有责任替其偿还债务。法律还规定合伙人转让其所有权时需要取得其他合伙人的同意，有时甚至还需要修改合伙协议。

由于合伙企业与个人独资企业存在着共同缺陷，所以一些企业尽管在刚成立时以独资或合伙的形式出现，但是在发展到某一阶段后都将转换成公司的形式。

（三）公司制企业

公司制企业是指依照国家相关法律集资创建的，实行自主经营、自负盈亏，由法定出资人（股东）组成的，具有法人资格的独立经济组织。

公司分为有限责任公司与股份有限公司。有限责任公司与股份有限公司的不同点在于：（1）股东的数量不同。有限责任公司的股东人数有最高和最低的要求，而股份有限公司的股东人数只有最低要求，没有最高限制。《公司法》规定，有限责任公司由50个以下股东出资设立，允许设立一人有限责任公司。《公司法》规定，设立股份有限公司，发起人为2人以上200人以下，其中须有半数以上的发起人在中国境内有住所。（2）成立条件和募集资金的方式不同。有限责任公司的成立条件相对来说比较宽松，股份有限公司的成立条件比较严格；有限责任公司只能由发起人筹资，不能像社会公开募集资金，股份有限公司有发起设立和募集设立两种方式，满足条件可以向社会公开募集资金。（3）股权转让的条件限制不同。有限责任公司的股东转让自己的出资要经股东会讨论通过；股份有限公司的股票可以自由转让，具有充分的流动性。

公司制企业的优点：（1）无限存续。一个公司在最初的所有者和经营者退出后仍然可以继续存在。（2）容易转让所有权。股份有限公司的所有者权益被划分为若干股权份额，每个份额可以单独转让，无须经过其他股东同意。（3）有限债务责任。公司债务是法人的债务，不是所有者的债务。所有者对公司债务的责任以其出资额为限。

正是由于公司具有以上优点，使之更容易在资本市场上筹集到资本。有限债务责任和公司无限存续，降低了投资者的风险；所有权便于转让，提高了投资人资产的流动性。这些特点促使投资人愿意把资本投入公司制企业。

公司制企业的缺点：（1）双重课税。公司作为独立的法人，其利润需交纳企业所得税，企业利润分配给股东后，股东还需交纳个人所得税。（2）组建公司的成本高。公司法对于建立公司的要求比建立个人独资或合伙企业高，并且需要提交一系列法律文件，通常花费的时间较长。公司成立后，政府对其监管比较严格，需要定期提交各种报告。（3）存在代理问题。经营者和所有者分开后，经营者成为代理人，所有者成为委托人，代理人可能为了自身利益而伤害委托人利益。

在上述三种企业组织形式中，公司制企业最具优势，成为企业普遍采取的组织形式，因此，现代财务管理学的分析和研究以公司制企业这种组织形式为基本研究对象。本书所讲的财务管理也主要是指公司的财务管理。

二、企业财务管理的内容

财务管理，是组织企业财务活动、处理财务关系的一项经济管理工作。

公司的基本活动是从资本市场上筹集资本，投资于生产性经营资产，并运用这些资产进行生产经营活动，取得经营成果后就涉及分配问题。因此，公司的基本活动可以分为筹资、投资、经营、分配四个方面。

从财务管理的角度看，投资可以分为长期投资和短期投资，筹资也可以分为长期筹资和短期筹资，由此与财务管理有关的投资融资问题可以分为四个部分：长期投资、短期投资、长期筹资、短期筹资。由于短期投资和短期筹资有密切关系，通常合并在一起讨论，称为营运资本管理。

企业财务活动可分为以下四个方面。

1. 企业筹资引起的财务活动

在商品经济条件下，企业要从事经营，首先必须有一定数量的资金，企业必然要想方设法从各种渠道筹集资金，这是资金运动的起点，是企业投资的必要前提。企业可以从国家、其他企业单位、个人、外商等投资者那里通过发行股票等方式取得自有资金，还可以通过向银行借款、发行债券等方式取得资金而形成企业的负债。从企业财务收支上讲，通过这些方式筹集资金表现为企业资金的收入，其形式可以是货币资金，也可以是实物、无形资产等。另外，企业需要偿还借款，支付利息、股利，以及付出各种筹资费用等，这些在财务收支上表现为企业资金的支出。这种因为资金筹集而产生的资金收支活动，便是由企业筹资而引起的财务活动。

2. 企业投资引起的财务活动

企业筹集资金的目的是为了把资金投资于生产经营活动以便取得盈利，不断增加企业价值，这是企业资金运动的中心环节。企业可以把筹集到的资金投资于企业内部用于购置固定资产、无形资产等，从而形成企业固定资产、无形资产投资；企业也可以把资金投资于原材料、燃料等，从而形成企业的流动资产；企业还可以把筹集到的资金投资于购买其他企业的股票、债券或与其他企业联营进行投资，从而形成企业对外的短期或者长期投资。无论企业对内投资还是对外投资都需要发生各类资金支出，而当企业变卖其对内投资的各种资产或收回其对外投资时，则会产生各类资金收入。这种因企业投资而产生的资金收支活动，便是由投资而引起的财务活动。

3. 企业经营引起的财务活动

资金的运营可以简单地理解为企业日常的生产经营过程，在这一过程中，企业不断地对劳动对象进行加工，在耗费资金的同时，不断创造新的价值，实现资金的积累。企业要采购材料或商品，以便从事生产和销售活动，在生产过程中会发生对固定资产的损耗，同时，还要支付工资和其他营业费用，这些资金耗费会表现为产品等有关对象的成本。当企业的各种耗费最终转化和累积成成品资金后，企业将通过市场销售实现产品价值，收回资金，这既可以补偿产品成本，还可以实现企业利润，增大企业的自有资金规模。另外，如果企业现有资金不能满足企业经营的需要，还要采取短期借款的方式来筹集所需资金。上述各方面都会产生企业资金的收支，即企业资金运营引起的财务活动。

4. 企业分配引起的财务活动

企业在经营过程中会产生利润，也可能会因对外投资而分得利润，企业的利润要按规定的程序进行分配。企业取得的产品销售收入要弥补生产耗费，按规定缴纳流转税，其余部分构成企业的营业利润。营业利润加上企业的投资收益、其他净收入便构成了企业的利润。对于利润总额，企业首先要依法向国家缴纳所得税，税后利润要用来弥补亏损，提取公积金、公益金，以用于企业扩大再生产的资本积累、弥补企业亏损和投资于职工集体福利设施，其余利润则作为投资者的收益按规定的程序分配给投资者。这种因利润分配而产生的资金收支便属于由资金分配而引起的财务活动。

上述财务活动的四个方面，不是相互割裂、互不相关的，而是相互联系、相互依存的。资金的筹集是资金运动的起点和条件，资金的投放是资金筹集的目的和运用，资金的运营表明资金运用的日常控制，资金的分配则反映了企业资金运动的状况及其最终成果。正是这互相联系又有一定区别的四个方面，构成了完整的企业财务活动，这四个方面也即财务活动的基本内容，即筹资活动、投资活动、运营活动和分配活动。

三、企业财务关系

财务关系是指企业在资金运动中与各有关方面发生的经济关系。这种关系涉及企业的筹资、投资、经营、利润及其分配等活动领域，不同领域的财务活动将与有关方面分别形成不同性质的财务关系。

1. 企业与所有者之间的财务关系

企业与所有者之间的财务关系主要指企业从各种投资者那里筹集资金，进行生产经营活动取得收益，并按照一定方法向资金所有者支付投资报酬所形成的经济关系。这里的所有者主要有国家、法人单位、个人、外商等四类。所有者要按照投资合同、协议、章程的约定履行出资义务，以便及时形成企业的资本金。企业利用资本金进行经营，实现利润后，应按出资比例或合同、章程的规定，向其所有者分配利润。企业同其所有者之间的财务关系，体现着所有权的性质，反映着经营权和所有权的关系。

2. 企业与债权人之间的财务关系

企业与债权人之间的财务关系主要指企业向债权人借入资金，并按借款合同的规定按时支付利息和归还本金所形成的经济关系。企业除利用资本金进行经营活动外，还要借入一定数量的资金，以便降低企业资金成本，扩大企业经营规模。企业的债权人主要有债券持有人、贷款机构、商业信用提供者、其他出借资金给企业的单位或个人等。企业利用债权人的资金，要按约定的利息率，及时向债权人支付利息；债务到期时，要合理调度资金，按时向债权人归还本金。企业同其债权人的关系体现的是债务与债权的关系。

3. 企业与受资者之间的财务关系

企业与受资者之间的财务关系主要是指企业将其闲置资金以购买股票或直接投资的形式向其他企业投资所形成的经济关系。这时企业就成了其受资单位的投资方，应按约定履行出资义务，参与被投资单位的利润分配。企业与其受资单位之间的关系是体现所有权性质的投资与受资的关系。

4. 企业与债务人之间的财务关系

企业与债务人之间的财务关系主要是指企业将其资金以购买债券、提供借款或商业信用等形式出借给其他单位所形成的经济关系。企业将资金借出后，有权要求其债务人按约定的条件支付利息和归还本金。企业同其债务人的关系体现的是债权与债务关系。

5. 企业与税务机关之间的财务关系

企业与税务机关之间的财务关系主要是指企业要按税收法律法规的规定依法纳税而与国家税务机关形成的经济关系。税收是国家财政收入的主要来源，任何企业都要按照国家税法的规定缴纳各种税款，以保证国家财政收入的实现，满足社会各方面的需求。及时、足额地纳税是企业对国家的贡献，也是对社会应尽的义务。因此，企业与税务机关之间的关系反映的是依法纳税和依法征税的权利义务关系。

6. 企业内部各单位之间的财务关系

企业内部各单位之间的财务关系主要是指企业内部各单位之间在生产经营各环节中相互提供产品或劳务所形成的经济关系。这种经济关系往往体现在企业内部各部门、各级单位之间与企业财务部门发生的领款、报销、代收、代付等经济活动上，如企业在实行内部经济核算制的条件下，企业供、产、销各部门以及各生产单位之间，因相互提供产品和劳务而要进行计价结算，从而形成资金结算关系。这种在企业内部形成的资金收支结算关系，体现了企业内部各单位之间的利益关系。

7. 企业与职工之间的财务关系

企业与职工之间的财务关系主要是指企业向职工支付劳动报酬的过程中所形成的经济关系。企业要用自身的产品销售收入，向职工支付工资、津贴、奖金等，按照提供的劳动数量和劳动质量支付职工的劳动报酬。这种企业与职工之间的财务关系，体现了企业和职工在劳动成果上的分配关系。

第二节 企业财务目标

企业财务活动的目标是指企业在特定的理财环境中，通过组织财务活动和协调财务关系所期望达到的目标。清晰、客观、正确的财务活动目标，可以为企业的各种管理工作指明方向，可以充分体现企业利益相关者的共同利益，激发企业职工的积极性和创造性，形成强大凝聚力，同时可以帮助企业建立科学的绩效考核标准体系，做到能按照职工的实际贡献大小进行业绩评价，等等。因此，企业都十分重视在充分研究企业财务活动客观规律性的基础上确立明确的财务活动目标。同时，关于企业财务活动目标的问题，也一直是财务学领域的一个研究热点，至今已经提出了十几种观点，其中，最具代表性的观点有利润最大化、股东财富最大化、企业价值最大化等。

一、企业财务目标理论

（一）利润最大化

利润最大化就是假定企业财务管理以实现利润最大为目标。将利润最大化作为企业财务活动的目标具有其合理性。(1) 企业进行生产经营活动的目的是为了创造更多的剩余产品，而利润额是按照收入费用配比原则计算出来的企业在一定期间经营收入和经营费用的差额，在商品经济条件下，这一指标可以充分反映出企业剩余产品的多少。(2) 利润是企业资本扩张的重要源泉。利润额作为当期经营活动投入与产出对比的结果，对企业的持续经营具有重要的影响，在自主经营的条件下，企业可以按照一定的要求利用盈利来补充资本、扩大经营规模。可以说在自由竞争的资本市场中，资本的使用权最终属于获利最多的企业。(3) 在市场经济条件下，利润的多少不仅反映了企业的经营结果，影响企业的持续经营，也体现了企业对国家做出的贡献，而且与企业职工的利益息息相关。每个企业追求并实现利润的最大化，整个社会的财富也就实现了最大化，从而带来整个社会的进步和发展。因此，利润最大化对于国家、企业和职工都是有利的。(4) 利润额直观、容易计算，便于分解落实，容易被职工理解、接受，应用比较简便，这也是这一理财目标在现实中被广泛应用的原因之一。

利润最大化目标的主要优点是：企业追求利润最大化，就必须讲求经济核算，加强管理，改进技术，提高劳动生产率，降低产品成本。这些措施都有利于企业资源的合理配置，有利于企业整体经济效益的提高。

然而从实践来看，利润最大化的理财目标存在以下缺陷：

(1) 没有考虑利润实现时间和资金时间价值。比如，今年 100 万元的利润和 10 年以后同等数量的利润其实际价值是不一样的，10 年间还会有时间价值的增加，而且这一数值会随着贴现率的不同而有所不同。

(2) 没有考虑风险问题。不同行业具有不同的风险，同等利润值在不同行业中的意义也不相同，比如，风险比较高的高科技企业和风险较小的公共事业企业无法直接比较。

(3) 没有反映创造的利润与投入资本之间的关系。

(4) 利润最大化是基于历史的角度，反映的是企业过去某一期间的盈利水平，并不能反映企业未来的盈利能力。

(5) 可能导致企业短期财务决策倾向，影响企业长远发展。

(6) 利润是企业经营成果的会计度量，而对同一经济问题的会计处理方法的多样性和灵活性可以使利润并不反映企业的真实情况。比如，固定资产折旧方法的选择、存货发出计价的选择都会影响到会计利润，进而对利润指标的客观性产生影响。

利润最大化的另外一种表现方式是每股收益最大化。每股收益最大化的观点认为，应当把企业的利润和股东投入的资本联系起来考察，用每股收益来反映企业的财务目标。

除了反映所创造利润与投入资本之间的关系外，每股收益最大化与利润最大化目标的缺陷基本相同。事实上，每股收益最大化也是衡量公司业绩的一个重要指标，许多投资人都把每股收益作为评价公司业绩的重要标准之一。

从杜邦财务分析体系来看，权益资本利润率最大化也是一个可行的利润类指标。

可见，利润最大化目标只是对经济效益浅层次的认识，存在一定的片面性。所以，现代财务管理理论认为，利润最大化并不是财务管理的最优目标。

（二）股东财富最大化

股东财富最大化是指企业财务管理以实现股东财富最大为目标。在股份制经济条件下，股东财富主要是由股东拥有的股票数量和股票的市场价格两方面决定的，当持股数量一定，股票的市场价格达到最高时，股东的财富最大，因此，股东财富最大化也可以表述为股票价格最大化。尽管理论界存在“股东财富最大化能否转化为股票价格最大化”的争论，但当我们作出资本市场有效假设以后，可以认为股票价格是衡量股东财富的最佳指标。资本市场有效假设最早是由法玛（Fama）提出的，他根据历史信息、全部公开信息和内幕信息对股票价格的不同影响，将市场效率分为弱式有效市场、半强式有效市场和强势有效市场。在有效的资本市场上，证券价格能迅速、全面地反映所有有关价格的信息，证券价格就是其价值的最好反映，此时，股东财富最大化目标可以用股票价格最大化来替代。虽然对资本市场有效性还存在争论，但是从严格意义上说，不能否定效率市场的存在。而且，随着市场的逐渐成熟和监管措施的加强，市场也在逐渐趋向有效。

从理论上说，股东财富的表现形式是在未来获得更多的净现金流量，对上市公司而言，股东财富可以表现为股票价值，股票价值一方面取决于未来获取现金流量的能力，另一方面也取决于现金流入的时间和风险。因此，与利润最大化目标相比，股东财富最大化目标具有其优越性，主要表现在如下方面：

（1）股东财富最大化目标既考虑了资金的时间价值，又考虑了风险因素。

（2）股东财富最大化目标不再单纯追求企业短期的利润，还十分重视企业未来收益对企业价值的影响，这一追求使企业必须克服短期经营行为，重视持续经营的问题。

（3）股东财富最大化目标反映了资本与报酬之间的关系。因为股票价格是对每股股份的一个标价，反映的是单位投入资本的市场价格。

（4）股东财富最大化目标也是判断企业财务决策是否正确的标准，因为股票的市场价格是企业投资、筹资和资产管理决策效率的反映。对上市公司而言，股东财富最大化目标比较容易量化，便于考核和奖惩。

以股东股东财富最大化作为财务管理目标也存在以下缺点：

（1）通常只适用于上市公司，非上市公司难以应用，因为非上市公司无法像上市公司一样随时准确获得公司股价。

（2）股价受众多因素影响，特别是企业外部因素，有些还可能是非正常因素。股价不能完全准确反映企业财务管理状况，如有的上市公司处于破产的边缘，但由于可能存在某些机会，其股票市价可能还要走高。

（3）它强调更多的股东利益，而对其他相关者的利益重视不够。

（三）企业价值最大化

企业价值最大化是指企业财务管理行为以实现企业的价值最大为目标。企业价值可以理解为企业所有者权益和债权人权益的市场价值，或者是企业所能创造的预计未来现金流量的现值。未来现金流量这一概念，包含了资金的时间价值和风险价值两个方面的因素。因为未来现金流量的预测包含了不确定性和风险因素，而现金流量的现值是以资金的时间价值为基础对现金流量进行折现计算得到的。

企业价值最大化目标要求企业通过采用最优的财务政策，充分考虑资金的时间价值和风险与报酬的关系，在保证企业长期稳定发展的基础上使企业总价值达到最大。

以企业价值最大化作为财务管理目标，具有以下优点：

（1）考虑了取得报酬的时间，并用时间价值的原理进行了计量。

（2）考虑了风险与报酬的关系。

（3）将企业长期、稳定的发展和持续的获利能力放在首位，能克服企业在追求利润上的短期行为，因为不仅目前利润会影响企业的价值，预期未来的利润对企业价值增加也会产生重大影响。

（4）用价值代替价格，避免了过多外界市场因素的干扰，有效地规避了企业的短期行为。

但是，以企业价值最大化作为财务管理目标过于理论化，不易操作。对于非上市公司而言，只有对企业进行专门的评估才能确定其价值，而在评估企业的资产时，由于受评估标准和评估方式的影响，很难做到客观和准确。

（四）相关者利益最大化

企业的利益相关者不仅包括股东，还包括债权人、企业经营者、客户、供应商、员工、政府等。在确定企业财务管理目标时，不能忽视这些相关利益群体的利益。

相关者利益最大化目标的具体内容包括如下几个方面：

（1）强调风险与报酬的均衡，将风险限制在企业可以承受的范围内。

（2）强调股东的首要地位，并强调企业与股东之间的协调关系。

（3）强调对代理人即企业经营者的监督和控制，建立有效的激励机制以便企业战略目标的顺利实施。

（4）关心本企业普通职工的利益，创造优美和谐的工作环境和提供合理恰当的福利待遇，培养职工长期努力为企业工作。

（5）不断加强与债权人的关系，培养可靠的资金供应者。

（6）关心客户的长期利益，保证产品质量和提供良好的售后服务。

（7）加强与供应商的协作，遵守承诺，讲究信誉。

（8）保持与政府部门的良好关系。

（五）各种财务目标之间的关系

上述利润最大化、股东财富最大化、企业价值最大化以及相关者利益最大化等各种财务管理目标，都以股东财富最大化为基础。因为，企业的创立和发展必须以股东的投入为基础，离开了股东的投入，企业就不复存在；在企业的日常经营过程中，作为所有者的股东在企业中承担着最大的义务和风险，相应也需要享有最高的报酬，即股东财富最大化，否则就无法为市场经济的持续发展提供动力。

当然，以股东财富最大化为核心和基础，还应该考虑利益相关者的利益。《公司法》规定，股东权益是剩余权益，只有满足了其他方面的利益之后才会有股东的利益。企业必须缴税、给职工发工资、给顾客提供产品和服务，然后才能获得税后收益。其他利益相关者的要求先于股东满足，因此这种满足必须是有限度的。除非股东确信投资会带来满意的回报，否则不会出资。没有股东财富最大化的目标，相关者利益最大化的目标也就无法实现。因此，在强调公司承担应尽的社会责任的前提下，应当允许企业以股东财富最大化为目标。

二、财务目标与利益冲突

（一）委托——代理问题与利益冲突

与委托——代理问题有关的利益冲突是财务管理目标更深层次的问题，委托——代理问题的存在及其利益冲突的有效协调直接关系到财务管理目标实现的程度。

传统的委托——代理问题是指由于企业所有权与经营权的分离产生的股东与管理层之间、股东与债权人之间的代理问题，美国学者迈克尔·詹森和威廉·梅克林在其论文中对这两种委托——代理关系有系统的阐述。随着公司治理的变化，目前大股东与中小股东之间的关系也成为一种主要的代理问题。委托——代理问题的存在必然带来相应的委托人与代理人之间的利益冲突。

1. 代理关系与利益冲突之一：股东与管理层

股东作为企业的所有者，委托管理者经营管理企业，但是管理层努力工作创造的财富不能由其单独享有，而是由全体股东分享，因此，管理层希望在提高股东财富的同时获得更多的利益。但是，股东则希望以最小的管理成本获得最大的股东财富报酬，由此便产生了管理层个人目标与股东目标的冲突。这种冲突可以通过一套激励、约束和惩罚机制来协调解决。

（1）激励。激励是把管理层的报酬同其绩效挂钩，以使管理层更加自觉地采取追求股东财富最大化的措施。激励有两种基本方式：一是绩效股方式，即企业运用一定的业绩评价指标评价管理层的业绩，视其业绩好坏给予管理层数量不等的股票作为报酬。二是管理层股票期权计划，即允许管理层在未来某一时期以预先确定的价格购买股票。假设管理层拥有在3年后以每股20元的价格购买100 000股股票的权利，那么他就有动力将股票价值提升到每股20元以上。同样，每股股价高于20元也更符合股东的利益。

（2）干预。企业的股票主要由机构投资者所持有，他们对大多数企业的经营产生相当大的影响。它们能够与管理层进行协商，对企业的经营提出建议。

（3）解聘。如果管理层的工作出现严重失误，或有严重违反法律法规的情况，可能会被股东大会解聘。

2. 代理关系与利益冲突之二：股东与债权人

当企业向债权人借入资金后，两者就形成了委托—代理关系。但是，股东在获得债权人的资金后，在实施其财富最大化目标时会在一定程度上损害债权人的利益。

比如，股东不征得债权人的同意，投资于比债权人期望风险更高的项目。如果项目成功，大部分盈利将归股东所有，因为债权人的报酬被固定在初始的低风险利率上；如果项目失败，债权人也将遭受损失。对债权人来说，这时的风险与报酬是不对等的。

又如，股东不征得债权人同意而发行新债，致使企业负债比重上升，企业破产的可能性增加。如果企业破产，根据《企业破产法律制度》的相关规定，原债权人和新债权人要共同分配破产财产，致使原债权人的风险增加，蒙受损失。

针对股东的行为，债权人的对策通常有两种：第一，债权人会在债务协议中设定限制性条款来保护其利益免受侵害；第二，债权人一旦发现企业管理层企图利用他们，便会拒绝与该企业有进一步的业务往来，或者要求较高的利率以补偿可能遭受的损失。这些措施都将给予股东较强有力的限制。

3. 代理关系与利益冲突之三：大股东与中小股东

大股东通常是指控股股东，他们持有企业大多数股份，能够左右股东大会和董事会决议，往往还委派企业的最高管理者，从而掌握企业的重大经营决策，拥有对企业的控制权。人数众多但持有股份数量很少的中小股东基本没有机会接触到企业的经营管理，尽管他们按照各自的持股比例对企业的利润具有索取权，但由于与控股股东之间存在严重的信息不对称，因此他们的权利很容易被控股股东以各种形式侵害。

大股东侵害中小股东利益的主要表现形式有：

（1）利用关联交易转移上市公司的利润，如大股东向上市公司高价出售劣质资产，或大股东低价购买上市公司的优质资产。

（2）非法占用上市公司巨额资金，或以上市公司的名义进行各种担保和恶意筹资。

（3）发布虚假信息，操纵股价，欺骗中小投资者。

（4）为大股东派出的高级管理者支付过高的报酬和特殊津贴。

（5）利用不合理的股利政策，掠夺中小股东的既得利益。

在我国，由于特殊的制度背景，大股东侵害中小股东利益的情况尤其突出，如何完善中小股东的利益保护成为亟待解决的问题。目前，主要有如下保护机制：

（1）完善上市公司的治理结构，使股东大会、董事会和监事会三者有效运作，形成相互制约的机制。首先，采取法律措施增强中小股东的投票权、知情权和裁决权。其次，提高董事会中独立董事的比重，独立董事可以代表中小股东的利益，在董事会中行使表决权。最后，建立健全的监事会，真正实现监事会对董事会和管理层的监督，保证监事会在实质上的独立性，并赋予监事会更大的监督和起诉权。

（2）规范上市公司的信息披露制度，保证信息的完整性、真实性和及时性。完善会计准则体系和信息披露规则，加大对信息披露违规行为的处罚力度，对信息披露的监管也要有所加强。

（二）社会责任与利益冲突

企业的社会责任是指企业在谋求所有者或股东权益最大化之外所负有的维护和增进社会利益的义务。具体来说，企业社会责任主要包括以下内容：

（1）对员工的责任。企业除了向员工支付报酬的法律责任外，还负有为员工提供安全工作环境、职业教育等保障员工利益的责任。

（2）对消费者的责任。公司的价值实现，很大程度上取决于消费者的选择，企业理应重视对消费者承担的社会责任。

（3）对社会公益的责任。企业对社会公益的责任主要涉及慈善、社区等。

（4）对环境和资源的责任。企业对环境和资源的社会责任可以概括为两大方面：一是承担可持续发展与节约资源的责任；二是承担保护环境和维护自然和谐的责任。

此外，企业还有义务和责任遵从政府的管理、接受政府的监督。企业要在政府的指引下合法经营、自觉履行法律规定的义务，同时尽可能地为政府献计献策、分担社会压力、支持政府的各项事业。

第三节 企业财务管理环节

财务管理环节是企业财务管理的工作步骤与一般工作程序。一般而言，企业财务管理包括以下几个环节：

一、计划与预算

（一）财务预测

财务预测是根据财务活动的历史资料，考虑现实要求和条件，对企业未来的财务活动作出较为具体的预计和测算的过程。财务预测可以测算各项生产经营方案的经济效益，为决策提供可靠的依据；可以预计财务收支的发展变化情况，以确定经营目标；可以测算各项定额和标准，为编制计划、分解计划指标服务。

财务预测的方法有定性预测和定量预测两类。定性预测法，主要是利用直观资料，依靠个人的主观判断和综合分析能力，对事物未来的状况和趋势作出预测的一种方法；定量预测法，主要是根据变量之间存在的数量关系建立数量模型来进行预测的方法。

（二）财务计划

财务计划是根据企业整体战略目标和规划，结合财务预测的结果，对财务活动进行规划，并以指标形式落实到每一计划期间的过程。财务计划主要通过指标和表格，以货币形式反映在一定的计划期内企业生产经营活动所需的资金及其来源、财务收入和支出、财务成果及其分配的情况。

确定财务计划指标的方法一般有平衡法、因素法、比例法和定额法等。

（三）财务预算

财务预算是根据财务战略、财务计划和各种预测信息，确定预算期内各种预算指标的过程。它是财务战略的具体化，是财务计划的分解和落实。

二、决策与控制

（一）财务决策

财务决策是指按照财务战略目标的总体要求，利用专门的方法对各种备选方案进行比较和分析，从中选出最佳方案的过程。财务决策是财务管理的核心，决策的成功与否直接关系到企业的兴衰成败。

财务决策的方法主要有两类：一类是经验判断法，是根据决策者的经验来判断选择，常用的方法有淘汰法、排队法、归类法等；另一类是定量分析法，常用的方法有优选对比法、数学微分法、线性规划法、概率决策法等。

（二）财务控制

财务控制是指利用有关信息和特定手段，对企业的财务活动施加影响或调节，以便实现计划所规定的财务目标的过程。

财务控制的方法通常有前馈控制、过程控制、反馈控制几种。财务控制措施一般包括：预算控制、运营分析控制和绩效考评控制等。

三、分析与考核

（一）财务分析

财务分析是指根据企业财务报表等信息资料，采用专门方法，系统分析和评价企业财务状况、经营成果以及未来趋势的过程。

财务分析的方法通常有比较分析法、比率分析法和因素分析法等。

（二）财务考核

财务考核是指将报告期实际完成数与规定的考核指标进行对比，确定有关责任单位和个人完成任务的过程。财务考核与奖惩紧密联系，是贯彻责任制原则的要求，也是构建激励与约束机制的关键环节。

财务考核的形式多种多样，可以用绝对指标、相对指标、完成百分比考核，也可采用多种财务指标进行综合评价考核。

第四节 企业财务活动的环境

企业财务活动的环境，又称理财环境，是指对企业财务活动产生影响作用的企业内外各种条件的统称。任何事物都是在一定的环境条件下存在和发展的，是一个与其环境相互作用、相互依存的系统。作为人类重要实践活动之一的企业财务活动也不例外，它受到国家政治、经济体制及相关政策法规的制约，企业在处理与各方面的财务关系时也要接受国家政策的指导，并且，企业自身经营规模、经营范围、组织形式及管理模式上的不同本身也会影响到企业的理财活动。理财环境是企业开展财务工作的平台，会对企业的生产经营产生深远影响，企业必须认真研究和深刻认识所面临的环境。可以从企业外部和内部两个角度来把握企业的理财环境：从企业外部来看，理财环境包括政治、经济、法律、文化等方面的因素；从企业内部看，企业的组织形式、企业内部的管理体制、企业管理人员的素质等也会对企业理财产生不同程度的影响。

一、企业财务的外部环境

企业财务的外部环境是指影响企业理财的各种外部因素，如国家政治、经济形势、法律制度、经济发展水平、金融市场状况以及科学技术水平等。

（一）经济环境

企业财务的经济环境是指对企业财务工作有影响的一系列经济因素，它是企业理财外部环境中最为重要的环境因素，主要包括经济体制、经济周期、经济发展水平、宏观经济政策、社会总供给和总需求的平衡状况以及由此决定的社会通货膨胀水平等。

1. 经济体制

经济体制通常是指一个国家制定并执行经济决策的各种机制的总和，是在一定经济制度下国家组织生产、流通和分配的具体形式或者说是一个国家经济制度的具体形式。经济体制确定经济主体共同遵守的行为规范，确定利益分享规则，确定信息交流结构，反映了政府对经济的控制手段和直接参与程度，它对企业理财活动有着重要的影响。特别是在计划经济体制下，国家对国有企业实行的是统一集中管理，企业没有理财自主权，资金由国家提供，资金的运用由国家进行监督，企业实现的利润全部或绝大部分上缴国家，在这种情况下，企业财务活动中的筹资、投资、收入和分配等工作就明显具备计划经济时期的特点。在社会主义市场经济体制下，政府对企业实行的是宏观调控的手段，企业获得了充分的理财自主权，在这种情况下，以“政企分开、产权明晰、自主经营、自负盈亏为基本特征的社会主义现代企业制度”对企业的理财活动提出了新的要求。

2. 经济周期

经济周期则是指经济运行中周期性出现的经济扩张与经济紧缩交替更迭、循环往复的一种现象，通常被分为繁荣、衰退、萧条和复苏四个阶段。在经济发展的不同的阶段，企业面临着不同的国民总产出、总收入和总就业的宏观局面，其理财工作也自然要面临不同的问题而采取不同的策略。西方财务学者探讨了经济周期中不同阶段的财务管理策略，现择其要点归纳如表 1－1 所示。

表 1－1　　　　经济周期中不同阶段的财务管理策略

复苏	繁荣	衰退	萧条
1. 增加厂房设备	1. 扩充厂房设备	1. 停止扩张	1. 建立投资标准
2. 实行长期租赁	2. 继续建立存货	2. 出售多余设备	2. 保持市场份额
3. 建立存货储备	3. 提高产品价格	3. 停产不利产品	3. 压缩管理费用
4. 开发新产品	4. 开展营销规划	4. 停止长期采购	4. 放弃次要利益
5. 增加劳动力	5. 增加劳动力	5. 削减存货	5. 削减存货
		6. 停止扩招雇员	6. 裁减雇员

3. 经济发展水平

国家在一定时期内的经济发展水平作为企业面临的外部环境也会对企业理财带来影响。当国家的生产力水平不高、经济发展水平处于较低水平时，对资金进行有效运作所带来的效应很难显现出来，人们对于企业理财活动的重视程度自然不够。而随着国民经济的迅猛发展和生产力水平的迅速提高，有效的企业财务运作对企业经济效益的提高必将产生越来越明显的影响，企业财务管理也会因此备受重视。

4. 宏观经济政策

不同的宏观经济政策，对企业财务管理影响不同。金融政策中的货币发行量、信贷规模会影响企业投资的资金来源和投资的预期收益；财税政策会影响企业的资金结构和投资项目的选择等；价格政策会影响资金的投向和投资的回收期及预期收益；会计制度的改革会影响会计要素的确认和计量，进而对企业财务活动的事前预测、决策及事后的评价产生影响等。

5. 通货膨胀

通货膨胀是指在纸币流通条件下，因货币供给大于货币实际需求，导致货币贬值，从而引起的一段时间内物价持续而普遍地上涨现象。通货膨胀对企业财务活动的影响是多方面的。主要表现在：

（1）引起资金占用的大量增加，从而增加企业的资金需求。

（2）引起企业利润虚增，造成企业资金由于利润分配而流失。

（3）引起利润上升，加大企业的权益资金成本。

（4）引起有价证券价格下降，增加企业的筹资难度。

（5）引起资金供应紧张，增加企业的筹资困难。

为了减轻通货膨胀对企业造成的不利影响，企业应当采取措施予以防范。在通货膨胀初期，货币面临着贬值的风险，这时企业进行投资可以避免风险，实现资本保值；与客户应签订长期购货合同，以减少物价上涨造成的损失；取得长期负债，保持资本成本的稳定。在通货膨胀持续期，企业可以采用比较严格的信用条件，减少企业债权；调整财务政策，防止和减少企业资本流失等。

（二）法律环境

企业财务的法律环境是指企业开展财务活动、与外部发生经济关系时所应遵守的各种法律、法规和规章制度。这些法律法规规章制度规定了企业行为的准则，但同时也为企业的合法经营提供了有力的保障，是建立健全社会主义市场经济体制，保证企业健康持续发展必不可少的外部条件。企业理财过程中涉及的法律、法规和规章制度主要如下几种。

1.《中华人民共和国公司法》（以下简称《公司法》）

《公司法》是规定公司法律地位，调整公司组织关系，规范公司在设立、变更与终止过程中的组织行为的法律规范的总称。它对公司设立的原则和条件，公司组织机构的设立，公司股权的转让，公司相关人员的任职资格和义务，公司财务、会计，公司合并和分立，以及公司破产、解散和清算等涉及依照本法在中国境内设立的有限责任公司和股份有限公司生存和发展的一系列问题都作出了法律上的规定。可见，《公司法》对做好企业财务工作异常重要。

2.《中华人民共和国税法》（以下简称《税法》）

《税法》是我国制定的用以调整国家和纳税人之间在征税、纳税方面的权利和义务关系的法律规范的总称，这是保证征税、纳税双方合法权益，维护税收秩序，保证国家财政收入所必需的。《税法》主要包括以下内容：

（1）增值税。增值税是对销售货物或者提供加工、修理修配劳务以及进口货物的单位和个人就其实现的增值额征收的一个税种。《中华人民共和国增值税暂行条例》详细规定了增值税的纳税人的种类、税率、应纳税额的计算方法、增值税纳税义务发生时间和地点，以及增值税的纳税期限等一系列具体事项，是所有应该缴纳增值税的企业缴纳增值税的根本依据。

（2）消费税。消费税是对在中华人民共和国境内生产、委托加工和进口本条例规定的消费品的单位和个人，以及国务院确定的销售本条例规定的消费品的其他单位和个人，就其销售额或销售量征收的一种税种。《中华人民共和国消费税暂行条例》对消费税的纳税人，消费税的征收范围，消费税的税目税率、计税依据和方法，消费税的纳税环节，以及消费税的纳税期限等都作出了详细的规定，是企业依法缴纳消费税的根本依据。

（3）所得税。所得税是对企业的生产经营所得和其他所得征收的一个税种。《中华人民共和国企业所得税暂行条例》详细规定了企业所得税的纳税人、征收对象、税率、税收减免、税收优惠等事项，是中华人民共和国境内实行独立经济核算的国有企业、集体企业、私营企业、联营企业、股份制企业，以及有生产、经营所得和其他所得的其他组织就其境内外的生产经营所得和其他所得缴纳企业所得税的根本依据。

所有这些法律，从不同侧面涉及了企业向国家缴纳税收的多少，也因此影响着企业成本费用的支出，对企业理财有着重要的影响。

3. 财务法规

法规指国家机关制定的规范性文件，它同样具有法律效力，财务法规也会对企业理财产生重要影响。如由财政部制定并颁布实施的《企业财务通则》和《内部会计控制基础规范》，对企业的资本金制度，固定资产折旧、成本开支范围，利润分配，内部会计控制的目标、原则、内容、方法及检查等做出了明确的规定。另外，《中华人民共和国证券法》《中华人民共和国票据法》《中华人民共和国合同法》《中华人民共和国破产法》等也在不同的领域为企业的理财行为做出了明确的规定，企业的财务工作人员只有熟悉这些法规，才能很好地履行企业财务工作的各项职能。

（三）金融市场环境

金融市场是资金融通的场所。企业资金的取得与投放都与金融市场密不可分，金融市场发挥着金融中介、调节资金余缺的功能。熟悉金融市场的各种类型以及管理规则，可以让企业财务人员有效地组织资金的筹措和资本投资活动。

1. 金融机构

金融机构主要是指银行和非银行金融机构。银行是指经营存款、放款、汇兑、储蓄等金融业务，承担信用中介的金融机构，包括各种商业银行和政策性银行，如中国银行、中国工商银行、中国建设银行、中国农业银行等。非银行金融机构主要包括保险公司、信托投资公司、证券公司、财务公司等机构。

2. 金融工具

金融工具是指融通资金双方在金融市场上进行资金交易、转让的工具，借助金融工具，资金从供给方转移到需求方。金融工具分为基本金融工具和衍生金融工具两大类。常见的基本金融工具有货币、票据、债券、股票等；衍生金融工具又称派生金融工具，是在基本金融工具的基础上通过特定技术设计形成的新的融资工具，如各种远期合约、互换、掉期、资产支持证券等，种类非常复杂、繁多，具有高风险、高杠杆效应的特点。

3. 金融市场

金融市场是指资金供应者和资金需求者双方通过一定的金融工具进行交易进而融通资金的场所。金融市场的构成要素包括资金供应者和资金需求者、金融工具、交易价格、组织方式等。金融市场的主要功能就是把社会各个单位和个人的剩余资金有条件地转让给社会各个缺乏资金的单位和个人，使财尽其用，促进社会发展。

金融市场不仅为企业融资和投资提供了场所，而且还可以帮助企业实现长短期资金转换、引导资本流动，提高资金转移效率。

金融市场可以按照不同的标准进行分类。以期限为标准，金融市场可分为货币市场和资本市场；以功能为标准，金融市场可分为发行市场和流通市场；以融资对象为标准，金融市场可分为资本市场、外汇市场和黄金市场；以所交易金融工具的属性，金融市场可分为基础性交易市场与金融衍生品市场；以地理范围为标准，金融市场可分为地方性金融市场、全国性金融市场和国际性金融市场。

（四）技术环境

财务管理的技术环境，是指财务管理得以实现的技术手段和技术条件，他决定着财务管理的效率和效果。在企业内部，会计信息主要是提供给管理层决策使用，而在企业外部，会计信息则主要是为企业的投资者、债权人等提供服务。

目前，我国正全面推进会计信息化工作，目前已经建立健全会计信息化法规体系和会计信息化标准体系［包括可扩展商业报告语言（XBRL）分类标准］，全力打造会计信息化人才队伍，基本实现大型企事业单位会计信息化与经营管理信息化的融合，进一步提升企事业单位的管理水平和风险防范能力，做到数出一门、资源共享，便于不同信息使用者获取、分析和利用，进行投资和相关决策；基本实现大型会计师事务所采用信息化手段对客户的财务报告和内部控制进行审计，进一步提升社会审计质量和效率；基本实现政府会计管理和会计监督的信息化，进一步提升会计管理水平和监管效能。我国企业会计信息化的全面推进，必将促使企业财务管理的技术环境进一步完善和优化。

二、企业财务的内部环境

企业财务的内部环境是指企业内部的现实条件和客观情况，主要包括企业本身的基础条件、企业的组织形式以及企业财务实行的管理体制等三个方面。

（一）基础条件

企业内部的基础条件是企业财务工作的现实基础，这些基础条件包括企业的厂房设备、生产工艺、生产能力、产品结构、产品质量、生产效率、人员素质及人员结构、采购和销售网络，等等，这些方面的现实情况会直接和间接地影响到企业资金运作的效率，会影响到企业的现金流量，甚至会影响企业同相关主体的财务关系，是做好企业管理包括做好企业财务工作所要关注的基础性问题。

（二）组织形式

企业的组织形式从不同的角度可以划分为不同的类型。从投资主体的角度看，可以分为国有企业、集体企业、外资企业、私营企业、个体工商户以及联合企业。从财产的组织形式和所承担的法律责任的角度看，国际上通常分为独资企业、合伙企业和公司企业。其中，后一种分类方法更容易让我们认识到企业的组织形式作为企业财务的内部环境对企业财务工作的影响。独资企业是由某个人出资创办的，有很大的自由度，财务决策全由业主自己决定，税后利润一切听从业主的分配，负债全由业主的资产来抵偿，其理财工作相对比较简单。合伙企业是由几个人、几十人，甚至几百人联合起来共同出资创办的企业，它通常是依合同或协议组织起来的，结构较不稳定，合伙人对整个合伙企业所欠的债务负有无限的责任，其财务决策通常要合伙人集体作出，财务工作所要涉及的问题相对比较复杂。公司企业属法人企业，是现代企业组织中的一种重要形式，它有效地实现了出资者所有权和管理权的分离，具有资金筹集广泛、投资风险有限、组织制度科学等特点，在现代企业组织形式中具有典型性和代表性。公司制企业是按所有权和管理权分离，出资者按出资额对公司承担有限责任而创办的企业，它主要包括有限责任公司和股份有限公司，二者在管理方法上存在差别。公司制企业投资主体呈多元化特征，经营规模往往比较大，甚至还涉及母公司和子公司的管理问题，它在财务工作的规范上的限制也较多，财务工作比较复杂。另外，不同的企业组织形式在经营行业的限制、税收负担、组织的规范化程度、企业的运营成本、投资者责任和风险的大小等方面会存在较大差异，从而会使企业财务工作面临不同的局面。

（三）管理体制

企业财务管理体制是指规范企业财务行为、协调企业同各方面财务关系的制度，建立健全企业财务管理体制对于加强企业财务管理、提高企业经济效益有着重要的意义。

1. 总体财务管理体制

企业总体财务管理体制主要是解决企业对外的财务行为和财务关系方面的制度，我国的有关法律法规对此作出了必要的规范，企业要在这些法律法规的指导和约束下，做好企业总体财务制度安排。例如：建立健全企业资本金制度，做到企业资本金出资方式、资本金登记、资本金保全等规范有序；建立企业固定资产折旧制度，做到企业固定资产分类科学，计提固定资产折旧范围、年限、方法准确；建立利润分配制度，做到销售收入的确认准确，利润的核算及分配既符合相关规定又能体现各方利益。

2. 财务治理架构

公司制是现代企业的主要组织形式，其实行的出资者所有权和管理权相分离的运作模式，这就涉及如何调节所有者和经营者之间财务上的权、责、利关系的问题。财务治理架构正是规范所有者和经营者之间财务权限、责任和利益的制度安排，具体体现为“两权三层”的财务治理架构[①]（见图1－1）。这里的“两权”是指将一个理财主体下的所有者和经营者在企业财务工作中的权利进行划分，实行分权管理，所有者具有所有者财务管理权，经营者具有经营者财务管理权。这里的“三层”是指所有者财务管理和经营者财务管理分别由公司的股东大会、董事会和经理层来实施，进行财务上的分层管理。其中，股东作为出资者，拥有财产所有权，由股东大会实行所有者财务管理；董事是全体股东的委托

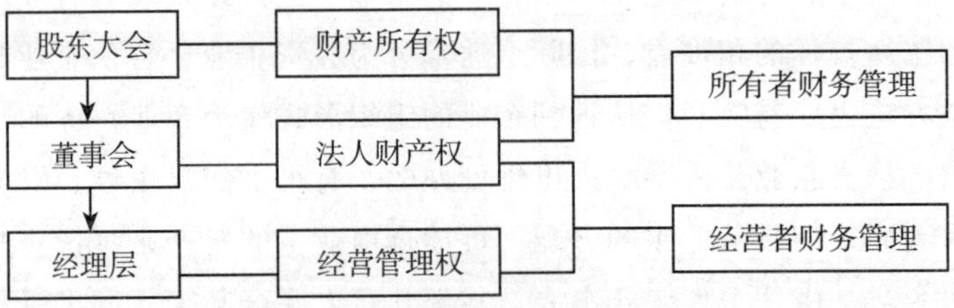

图1－1 企业财务治理架构图

① 郭复初，王庆成. 财务管理学（第二版）. 高等教育出版社，2005.

人，董事会与股东会之间形成信托关系，由董事会在承担受托责任的情况下行使法人财产权和负责经营公司；经理层和董事会之间又形成委托代理关系，总经理受董事会的委托，拥有企业经营管理权，对企业行使经营者财务管理。

在“两权三层”的财务治理架构中，不同层次的主体行使着不同的具体权利。股东会是公司的最高权利机构，负责决定公司的经营方针，审批企业年度财务预算和决算，审批企业利润分配方案，对企业合并、分立、解散和清算做出决定，等等。这些都是企业重大的财务战略和财务决策。董事会代表全体股东负责经营企业，它负责制定企业的经营投资计划，制定年度预算和决算方案，制定企业合并、分立、解散和清算方案，对经理和财务负责人的聘任做出决策，等等。这些都是在实施具体的财务战略和财务决策。经理层则对董事会负责，负责组织实施年度预算方案、聘任或解聘财务管理人员等一系列工作，这些工作着眼于企业短期经营，是对财务战略和财务决策的执行和落实。

3. 财务总监制度

财务总监是指由企业的所有者或全体所有者代表决定的，体现所有者意志的，负责对企业的财务、会计活动进行全面监督与管理的高级管理人员。现代公司制企业采取“两权三层”的财务治理架构，实现了所有权和经营权的分离。但是，所有者和经营者在利益上不可能完全一致，所有者必然对企业经理层的行为要进行必要的监督，在这种背景下财务总监制度得以产生和发展。财务总监由公司董事会任命，财务总监作为所有者的代表对企业经营者进行财务监督。这种监督表现在对企业财务计划的制定有参与权、对重大资金的调拨使用有联签权、对企业财务报告有审查签署权等方面。其具体职责主要是：对上报的公司财务报告的真实性负有责任，对国有资产的流失承担相应责任，对公司重大投资项目决策失误带来的损失承担责任，对公司严重违反财经法纪的行为承担责任等。

4. 组织机构体系

企业财务机构的设置是随着经济的发展、财务理论的变迁而发展变化的。新中国成立初期至20世纪70年代末期，我国实行高度集中的计划经济体制，企业没有自主权，企业实行的是高度集中计划经济体制下的内部成本核算体系和方法，财务问题被视同会计核算的组成部分，财务和会计合二为一，在机构设置上，国有企业也大都将财务机构和会计机构合并设置在一起。20世纪70年代末期至80年代末期，我国确定了进行经济体制改革的方针，人们开始逐渐认识到市场存在的必要性和必然性，企业必须立足于市场，既要生产出符合市场需求的物质产品，又要关心所得与所费之间的量比关系，注重经营效益，仅仅是做好会计核算工作远远不能满足企业理财的要求，财务问题被从会计中提炼出来，上升为一门独立学科——财务管理，相应的财务机构同会计机构逐渐分开设置。之后，随着我国社会主义现代企业制度的深入推广，财务工作职责的重要性越来越突出，使得企业财务管理的地位被逐步确立。按照现代企业的通行做法，企业财务机构的设置，充分突出了财务工作职能，并在“两权三层”的治理架构下，按照专业分工的原则，形成了权责明确，协作紧密的企业财务组织体系。

练习题

一、名词解释

财务管理　利润最大化　股东财富最大化　企业价值最大化　相关者利益最大化

二、简答题

1. 为什么说财务管理的首要目标是股东财富最大化而不是企业利润最大化?

2. 请讨论“委托——代理问题”的主要表现形式。

3. 企业利益相关者的利益与股东利益是否存在矛盾，如何解决?

三、单项选择题

1. 在某上市公司财务目标研讨会上，张经理主张“贯彻合作共赢的价值理念，做大企业的财富蛋糕”；李经理认为“既然企业的绩效按年度考核，财务目标就应当集中体现当年利润指标”；王经理提出“应将企业长期稳定的发展放在首位，以便创造更多的价值”。赵经理提出“力争使公司股票价格提高，让社会对公司评价更高”上述观点是基于相关者利益最大化目标提出的是（　　）。

A. 张经理　B. 李经理　C. 王经理　D. 赵经理

2. 某上市公司职业经理人在任职期间不断提高在职消费，损害股东利益。这一现象所揭的公司制企业的缺点主要是（　　）。

A. 产权问题　B. 激励问题　C. 代理问题　D. 责权分配问题

3. 下列各项中，符合企业相关者利益最大化财务管理目标要求的是（　　）。

A. 强调股东的首要地位　B. 强调债权人的首要地位

C. 强调员工的首要地位　D. 强调经营者的首要地位

4. 某上市公司针对经常出现中小股东质询管理层的情况，采取措施协调所有者与经营者的矛盾。下列各项中，不能实现上述目的的是（　　）。

A. 解聘总经理　B. 强化内部人控制

C. 加强对经营者的监督　D. 将经营者的报酬与其绩效挂钩

5. 公司制企业可能存在股东和债权人之间的利益冲突，解决这一冲突的方式有（　　）。

A. 解聘　B. 接收

C. 收回借款　D. 授予股票期权

6. 财务管理的核心工作环节为（　　）。

A. 财务预测　B. 财务决策　C. 财务预算　D. 财务控制

7. 2010 年 10 月 19 日，我国发布了《XBRL，（可扩展商业报告语言）技术规范系列国家标准和通用分类标准》。下列财务管理环境中，随之得到改善的是（　　）。

A. 经济环境　B. 金融环境　C. 市场环境　D. 技术环境

8. 下列属于衍生金融工具的是（　　）

A. 票据　B. 资产支持证券　C. 股票　D. 货币

9. 按照金融工具的属性可以将金融市场分为（ ）

A. 基础性金融市场和金融衍生品市场　B. 资本市场、外汇市场和黄金市场

C. 发行市场和流通市场　D. 货币市场和资本市场

10. 下列财务管理基础理论既考虑了货币时间价值，又从长远角度考虑企业发展的是（ ）

A. 每股收益最大化　B. 企业价值最大化

C. 股东财富最大化　D. 相关者利益最大化

四、多项选择题

1. 与独资企业和合伙企业相比，公司制企业的特点有（ ）。

A. 以出资额为限，承担有限责任　B. 权益资金的转让比较困难

C. 存在着对公司收益重复纳税的缺点　D. 更容易筹集资金

2. 下列各项企业财务管理目标中能够同时考虑避免企业追求短期行为和风险因素的财务管理目标有（ ）。

A. 利润最大化　B. 股东财富最大化

C. 企业价值最大化　D. 相关者利益最大化

3. 企业的社会责任主要包括的内容有（ ）。

A. 对环境和资源的责任　B. 对债权人的责任

C. 对消费者的责任　D. 对所有者的责任

4. 在下列各项中，属于财务管理经济环境构成要素的有（ ）。

A. 经济周期　B. 经济发展水平

C. 宏观经济政策　D. 通货膨胀

5. 下列应对通货膨胀风险的各项策略中，正确的有（ ）。

A. 进行长期投资　B. 签订长期购货合同

C. 取得长期借款　D. 签订长期销货合同

第二章　企业财务的价值观念

财务估值是财务管理的核心问题，几乎涉及每一项财务决策。财务估值是指对一项资产价值的估计。这里的“资产”可能是金融资产，也可能是实物资产，甚至可能是一个企业。这里的“价值”是指资产的内在价值，即用适当的折现率计算的资产预期未来现金流量的现值，被称为经济价值或公平市场价值。它不同于会计上的账面价值。

目前，财务估价的主流方法是现金流量折现法。该方法涉及三个基本的财务概念：时间价值、风险价值和现金流量。

第一节　货币时间价值

货币时间价值观念是企业理财基本价值观念之一，是正确进行企业财务决策的必要前提。

一、货币时间价值的内涵

理解货币时间价值的内涵，不仅要去认真解读它的概念，更重要的是要理解人们对货币时间价值来源的解释，真正理解货币时间价值产生的原因，对货币时间价值观念在企业财务工作中的指导意义也要有足够深刻的认识。

（一）货币时间价值的概念

货币的时间价值是指货币在周转过程中随着时间的推移而形成的增值。例如，企业将100万元的货币存入银行，期限为5年，5年期存款利率为10%，按照单利计算，则5年后该企业将可从银行取得货币150万元，这150[100×(1+10%×5)]万元是这笔存款的本利和。那么，对于企业来说，将这笔货币存入银行5年的时间就实现了50万元的增值。也可以换一种说法，从纯经济的角度看，你把100万元借给他人，5年后倘若对方只归还你100万元，你认为合理吗？你一定会说“我把这笔钱存入银行也能取得50万元的利息”，也就是说，你认为5年后对方归还给你的100万元在价值上比不上你当初借给他的100万元，因此，也有人认为“货币的时间价值就是指当前所持有的一定量货币比未来获得的等量货币具有更高的价值。”可见，货币的时间价值说明一定量的货币在不同的时点上具有不同的价值。

货币的时间价值可以用绝对数即利息额表示，也可以用相对数即利息率表示。在实际的工作中通常以利息率来进行计量，这里的利息率我们不能等同于银行利率，其实质是指社会平均货币利润率，银行贷款利率、债券利率等利息率就是根据社会平均货币利润率来确定的。正如马克思曾经指出：必须把社会平均利润率看成是利息的有最后决定作用的最高界限[①]。所以，用利息率表示货币时间价值，必须依托社会平均货币利润率。需要指出的是，一般的利息率充分考虑了风险因素和通货膨胀因素，而表示货币时间价值的利息率则是指在无通货膨胀、无风险情况下的社会平均货币利润率。

（二）货币时间价值的本质

货币的时间价值是指货币在周转过程中随着时间的推移而形成的增值，那这一“增值”为什么会发生？其真正来源是什么呢？

1. 几种常见的解释

为什么一定量的货币在不同的时点上具有不同的价值，学者们从不同的角度进行了阐释，比较大众化的解释有如下几种：①货币时间价值是人们认知心理的反映。由于人在认识上的局限性，人们总是对现存事物的感知能力较强，而对未来事物的认识较模糊，结果人们存在一种普遍的心理就是比较重视现在而忽视未来，现在的货币能够支配现在商品满足人们的现实需要，而将来货币只能支配将来商品满足人们将来的不确定性需要，所以现在单位货币价值要高于未来单位货币的价值。②货币时间价值是资源稀缺性的体现。资源是经济和社会发展的基础条件，并且资源是稀缺的。在这种稀缺性的作用下，利用稀缺资源创造现实的社会产品来满足人们的需要，其效用要比利用这些资源在将来创造产品满足人们的需要来得实际得多，而货币或者货币是商品的价值体现，所以现在货币价值自然高于未来货币价值。③货币时间价值是对机会成本的补偿。经济学中对机会成本的解释是“为了得到某种东西而要放弃另一些东西的最大价值”。从“流动偏好”的角度看，货币持有者放弃流动偏好就会产生机会成本；从“消费节欲”的角度看，货币持有者放弃当前消费也会产生机会成本。为此，因货币持有者的“放弃”而得到好处的人就应该做出相应的补偿，货币的时间价值可以看作是对放弃流动偏好或者当前消费所产生的机会成本的补偿。

2. 货币时间价值的产生原因

上述一些常见的说法，借助了经济学的研究范式来解释货币时间价值产生的原因，但是这些解释未能说明货币时间价值的实质。例如，放弃当前消费可以获得补偿，但是，如果货币所有者放弃当前消费而把货币“深埋地下”，那么在未来某个时点他是否还能得到补偿呢？由谁来补偿呢？很显然，在这种情况下，货币的所有者是不可能“随着时间的推移”获得补偿而实现货币增值的。因此，理解货币时间价值的产生原因，应该抓住其概念中“货币在周转过程中”这一组关键词，也就是说货币时间价值只有在生产经营的周转使用中才能发生。正如马克思所说：“作为资本的货币的流通本身就是目的，因为只有在这

---

① 郭复初，王庆成．财务管理学（第二版），高等教育出版社，2005：39．

个不断更新的运动中才有价值的增加。”“如果把它从流通中取出来，那它就凝固为贮藏货币，即使藏到世界末日，也不会增加分毫。”[①] 可见，不是所有的货币都有时间价值，只有作为货币投入到了生产经营活动中的货币才会产生时间价值。另外，应该进一步地看到，货币时间价值的产生，离不开商品经济的高度发展和借贷关系的普遍存在。在自然经济条件下，人们生产的产品是为了满足自己的需要，不会考虑其价值的实现及价值增值问题，只有当商品经济发展到一定阶段，货币投入到雇佣劳动的过程使得货币实现增值，货币具有带来剩余价值的使用价值充分显现，催生了资本所有权同经营权分离开来的社会借贷关系，货币时间价值才以利息的形式在社会经济中得到普遍的体现。

3. 货币时间价值的本质

时间本身不会创造价值，货币的时间价值是货币在生产经营的周转中创造的，其真正来源是劳动者创造的剩余价值。在商品经济条件下，货币以“G——W…P…W′——G′”的路径进行运动，这一运动路径起点和终点是数量上有差异的货币，$G' = G + \Delta G$，ΔG 为货币经过周转后形成的增值额，是工人在生产过程中创造的剩余价值。因此，货币时间价值其实来源于工人劳动者创造的剩余价值，资本使用者支付给资本所有者以利息，实质上是对劳动者创造的剩余价值的再分配。

（三）货币时间价值观念的指导意义

在社会主义市场经济体制下，充分认识货币的时间价值，树立货币时间价值观念，适度掌握和合理运用货币时间价值，对加强企业货币管理，充分发挥货币的增值效益，具有十分重要的意义。

（1）货币时间价值是企业进行财务决策的重要依据。货币的时间价值表明一笔货币在不同的时点上具有不同的价值，并揭示了两者之间的换算关系，这是企业进行筹资、投资、分配等财务决策的重要依据。如企业进行投资决策时，由于投资项目跨度的时间可能是十几年甚至几十年，会在项目存续期的不同时点产生现金流入和现金流出。为此，需要利用货币时间价值原理，把不同时点上的投资额和投资收益进行换算，折算至某一时点上的现值进行比较，这样可以更清楚地看到不同投资方案投入产出的经济效益，是对投资方案做出科学论证的基础。

（2）重视货币时间价值、强化货币时间价值观念是深化企业改革的要求。我国过去曾经不正视货币时间价值的存在，未注意利用货币的时间价值，从而带来了很大的经济损失。如固定资产过度投资且利用率低，物资大量积压、流动货币占用过多，项目建设周期长、货币回收缓慢等问题都曾是我国企业存在的共性问题，这些都是没有充分重视和利用货币时间价值原理的现实表现。随着经济的发展和竞争的加剧，企业所面临的形势特别是货币形势日益严峻，企业货币的供求矛盾逐渐突出，如何使有限的货币发挥更大作用已是迫在眉睫，企业要适应这种形势变迁，企业必须重视货币时间价值，在人、财、物以及产、供、销等环节做好企业改革工作，建立起符合时代要求的企业经营管理理念和方法。

---

① 马克思，恩格斯. 马克思恩格斯全集（第23卷）. 人民出版社，1972：173－174.

（3）重视货币时间价值是合理使用货币、提高货币使用效益的保证。货币是企业进行生产经营活动的基础。货币及其运动贯穿于企业再生产的全过程，在这一过程中由于货币投入和收回的时间长短不同，会形成货币的时间价值差额。在企业自主经营、自负盈亏的制度下，企业要尽可能多地取得利润，就要认真计算和分析货币时间价值的差异，实现货币的最优配置。只有不断加速货币周转，才能带来更大的货币增值，要全面提高企业的经济效益，必须重视货币的时间价值。

总之，随着我国改革开放的深入和经济的快速发展，企业正面临着多种形式的金融机构、信用形态及金融业务，这些都迫切要求企业的财务工作充分重视货币时间价值观念，在经济建设中自觉加以运用，以取得最大的经济效益。

二、货币时间价值的计算

货币时间价值的大小取决于货币数量的多少、占用时间的长短、收益率的高低等因素。从现实来看，按照利息部分是否计息，货币时间价值的计算可分单利和复利两种，并且，货币占用的形态表现为多种形式，衡量货币时间价值的指标也有许多种。

（一）一次性收付款项终值和现值的计算

1. 单利终值和单利现值的计算

单利是指只对借贷的原始金额或本金支付（收取）的利息。按照单利计算利息，只有本金在借款期内才计算利息，所生利息均不加入本金计算下一期的利息。

（1）单利终值。终值（future value）就是指本金在某期期末的本利和，单利终值是指未来某个时点包括本金和利息在内的未来价值。其计算公式是：

$$FV = PV \times (1 + i \times n) \tag{2-1}$$

式中，FV 是指单利终值即第 n 年末的价值；PV 是指现值（Present Value）即第 0 年（第一年年初）的价值；i 为利率；n 为计息期数。

如第一年年初本金为 1 元，年利率为 10%，则从第 1 年到第 5 年，每年年末的单利终值为：

第 1 年末的单利终值 $=1 \times (1 + 10\% \times 1) = 1.1$ 元

第 2 年末的单利终值 $=1 \times (1 + 10\% \times 2) = 1.2$ 元

第 3 年末的单利终值 $=1 \times (1 + 10\% \times 3) = 1.3$ 元

第 4 年末的单利终值 $=1 \times (1 + 10\% \times 4) = 1.4$ 元

第 5 年末的单利终值 $=1 \times (1 + 10\% \times 5) = 1.5$ 元

（2）单利现值。现值（present value）是指以后某期收付款项的现在价值。单利现值是单利终值的逆运算，可用倒求本金的方法计算，其计算公式为：

$$PV = \frac{FV}{1 + i \times n} \tag{2-2}$$

如每年利率为10%，则从第1年到第5年，每年年末的1元钱，其现值分别为：

第1年末1元的单利现值 $=1/(1+10\%\times1)=0.909$ 元

第2年末1元的单利现值 $=1/(1+10\%\times2)=0.833$ 元

第3年末1元的单利现值 $=1/(1+10\%\times3)=0.769$ 元

第4年末1元的单利现值 $=1/(1+10\%\times4)=0.714$ 元

第5年末1元的单利现值 $=1/(1+10\%\times5)=0.667$ 元

2. 复利终值和复利现值的计算

在复利方式下，不仅本金要计算利息，本金所生的利息在下期也要加入本金一起计算利息。

(1) 复利终值。复利终值是指现在一定数量的本金按照复利计息在将来某个时点的本利和。其计算公式为：

$$FV = PV \times (1+i)^n \qquad (2-3)$$

式中，FV是指复利终值，即第n年末的价值；PV是指复利现值，即第0年（第一年年初）的价值；i为利率；n为计息期数。“$(1+i)^n$”是利率为i，期数为n的复利终值系数，通常记为（F/P，I，n），如年利率为10%，计息期为5年的复利终值系数可表示为（F/P，10%，5），其具体数值可以从复利终值系数表中查得。

如现在的本金1元，年利率10%，从第1年到第5年，每年年末的复利终值为：

第1年末的复利终值 $=1\times(1+10\%)^1=1.1$ 元

第2年末的复利终值 $=1\times(1+10\%)^2=1.21$ 元

第3年末的复利终值 $=1\times(1+10\%)^3=1.331$ 元

第4年末的复利终值 $=1\times(1+10\%)^4=1.464$ 元

第5年末的复利终值 $=1\times(1+10\%)^5=1.611$ 元

(2) 复利现值。复利现值是指以后某期收付款项的现在价值。可用倒求本金的方法计算，其计算公式为：

$$PV = \frac{FV}{(1+i)^n} \qquad (2-4)$$

如年利率为10%，则从第1年到第5年，每年年末的1元钱的复利现值分别为：

第1年末1元的复利现值 $=1/(1+10\%)^1=0.909$ 元

第2年末1元的复利现值 $=1/(1+10\%)^2=0.826$ 元

第3年末1元的复利现值 $=1/(1+10\%)^3=0.751$ 元

第4年末1元的复利现值 $=1/(1+10\%)^4=0.683$ 元

第5年末1元的复利现值 $=1/(1+10\%)^5=0.621$ 元

式（2-4）中 $1/(1+i)^n$ 是利率为i，期数为n的复利现值系数，通常记为（P/F，i，

n)，如年利率为10%，5年的复利现值系数可表示为（P/F，10%，5），其具体数值可以从复利现值系数表中查阅。

（二）系列等额收付款项——年金终值和现值的计算

年金是指在一定期限内等额定期的系列收付款项。与一次性收付款项不同，它是每隔一定相同期限（一年、半年、一季度、一个月等）多次发生的数额相等的收入或支出款项。年金在企业的理财过程中经常出现，如折旧、利息、保险金等通常都采取年金的形式。按照每次收付发生的时间点的不同，可以将年金分为后付年金、先付年金、递延年金和永续年金。

1. 后付年金终值和现值的计算

后付年金是指在一定期限内每期期末等额收付的系列款项。它在经济现实中是最为常见的一种年金类型，又称普通年金。

（1）后付年金终值。后付年金终值是指每期期末发生的系列等额收付款项，全部折算为最后一期期末的终值之和。其计算公式如下：

$$FVA = A\sum_{t=1}^{n}(1+i)^{t-1} = A \times \frac{(1+i)^n - 1}{i} \qquad (2-5)$$

其中，FVA是指年金终值（future value of annuity）即系列收付款项全部折算到第n年年末的价值；A是指后付年金每次收付款项的金额；i为利率；n为全部年金的计息期数；t为每笔收付款项的计息期数。

式中，$\sum_{t=1}^{n}(1+i)^{t-1}$ 即$\frac{(1+i)^n-1}{i}$是后付年金终值系数（F/A，i，n），其具体数值可以从年金终值系数表中查阅。这样后付年金终值的计算公式就可以改写成：

$$FVA = A(F/A,i,n) \qquad (2-6)$$

为了帮助理解后付年金终值的计算公式，我们利用数学工具，来看看其具体的推算过程。如“每年年末存款1元，年利率10%，持续5年，第5年年末账户上共有多少钱”。这是一个每年年末等额支付（支付金额1元）的系列（共支付5次）款项，属于后付年金终值的求解问题，其推算过程如图2-1所示。

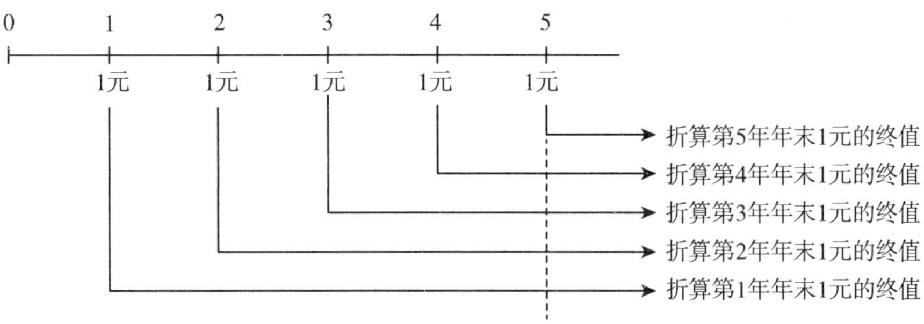

图2-1 后付年金终值推算示意图

这一推算过程，可以看成是把年金的“系列收付”行为拆开，看成若干个一次性收付款项，对每一个一次性收付款项进行终值运算，计算可得：

$$第1年年末1元的终值 = 1 \times (1+10\%)^4 = 1.464元$$
$$第2年年末1元的终值 = 1 \times (1+10\%)^3 = 1.331元$$
$$第3年年末1元的终值 = 1 \times (1+10\%)^2 = 1.210元$$
$$第4年年末1元的终值 = 1 \times (1+10\%)^1 = 1.100元$$
$$第5年年末1元的终值 = 1 \times (1+10\%)^0 = 1.000元$$

将这5次支付款项全部折算来的终值进行加总就得到了1元后付年金5年的终值。

1元后付年金5年的终值

$$= 1 \times (1+10\%)^0 + 1 \times (1+10\%)^1 + 1 \times (1+10\%)^2 + 1 \times (1+10\%)^3 + 1 \times (1+10\%)^4$$
$$= 1 \times [(1+10\%)^0 + (1+10\%)^1 + (1+10\%)^2 + (1+10\%)^3 + (1+10\%)^4]$$
$$= 1 \times \sum_{t=1}^{5} (1+10\%)^{t-1}$$
$$= 6.105元$$

【例2-1】 王先生每年年末存入银行2万元，年利率为7%，则5年后的本利和应为多少？

查阅普通年金终值系数表可得（F/A，7%，5）=5.751，则：

$$\begin{aligned} 5年后的本利和 &= A \sum_{t=1}^{n} (1+i)^{t-1} \\ &= 20\,000 \times \sum_{t=1}^{5} (1+7\%)^{t-1} \\ &= 20\,000 \times 5.751 \\ &= 115\,020(元) \end{aligned}$$

【例2-2】 红光公司为了偿还一笔5年后到期、数额为2 000万元的债务，准备在每年年末等额提取一笔货币存入银行作还款准备。假设年利率为10%，若要保证到期刚好一次还清这笔债务，则每年年末应该存入银行多少钱？

由题意可知，5年后到期的2 000万元是终值，求的是每年等额存入银行的后付年金。由公式 $FVA = A \times (F/A, i, n)$ 得出：

$$\begin{aligned} A &= FVA/(F/A, i, n) = 2\,000/(F/A, 10\%, 5) \\ &= 327.60(万元) \end{aligned}$$

（2）后付年金现值。后付年金现值即为每期期末发生的系列等额收付款项全部折算到第一期期初的现值之和。其计算公式如下：

$$PVA = A \sum_{t=1}^{n} \frac{1}{(1+i)^t} = A \times \frac{1-(1+i)^{-n}}{i} \tag{2-7}$$

式中，PVA是指后付年金现值（present value of annuity），即每期期末发生的系列收付款项全部折算到第 1 年初的价值；A 是指普通年金每次收付款项的金额；i 为利率；n 为期数。式中“$\sum_{t=1}^{n}\frac{1}{(1+i)^{t}}$”即$\frac{1-(1+i)^{-n}}{i}$是后付年金现值系数（P/A，i，n），其具体数值可以从年金现值系数表中查阅。这样，后付年金现值的计算公式就可以改写成：

$$PVA = A(P/A,i,n) \tag{2-8}$$

同样，为了帮助理解后付年金现值的计算，可以利用数学工具来呈现其具体的推算过程，如图 2－2 所示。

从中可以看出，其推算过程实际上可以看成是把年金的“系列收付”行为拆开，看成若干个一次性收付款项，对每一个一次性收付款项进行现值运算。其计算结果为：

第 1 年年末 1 元的复利现值 $=1/(1+10\%)^{1}=0.909$(元)

第 2 年年末 1 元的复利现值 $=1/(1+10\%)^{2}=0.826$(元)

第 3 年年末 1 元的复利现值 $=1/(1+10\%)^{3}=0.751$(元)

第 4 年年末 1 元的复利现值 $=1/(1+10\%)^{4}=0.683$(元)

第 5 年年末 1 元的复利现值 $=1/(1+10\%)^{5}=0.621$(元)

加总可得 1 元普通年金 5 年的现值为：

$$\begin{aligned} P &= 1/(1+10\%)^{1}+1/(1+10\%)^{2}+1/(1+10\%)^{3}+1/(1+10\%)^{4}+1/(1+10\%)^{5} \\ &= 1\times\sum_{t=1}^{5}\frac{1}{(1+10\%)^{t}} \\ &= 3.790(\text{元}) \end{aligned}$$

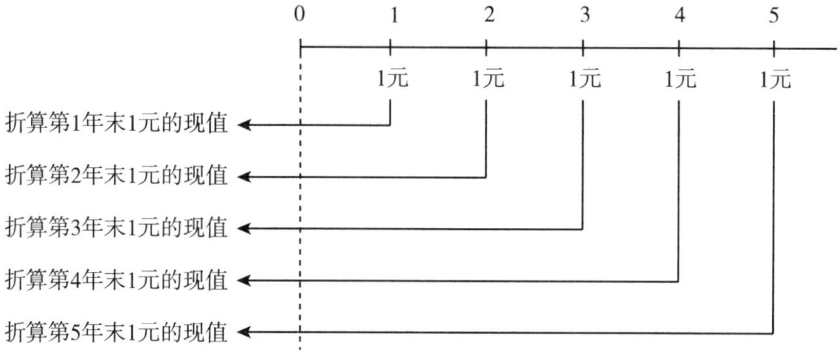

图 2－2　后付年金现值推算示意图

【例 2－3】 每年年末付款 1 万元，连续支付 5 年，按年利率为 10% 计算，其普通年金现值是多少？

查阅普通年金现值系数表可得（P/A，10%，5）＝3.790，则：

$$\begin{aligned} \text{所求普通年金现值} &= A\times(P/A,i,n) \\ &= 10\,000\times(P/A,10\%,5)=10\,000\times3.790 \\ &= 37\,900(\text{元}) \end{aligned}$$

【例 2-4】红光公司现借入一笔数额为 2 000 万元的债务，5 年后到期，计划每年年末提取等额货币存入银行，5 年后一次还清债务，按照年利率 10% 计算，则每年应存入银行多少钱？

由题意可知，2 000 万元是这笔债务的现值，求的是每年等额存入银行的后付年金，由公式 PVA = A × (P/A, i, n) 得：

$$\begin{aligned}每年需存入款项\ A &= PVA \div (P/A, i, n) \\ &= 2\ 000 \div (P/A, 10\%, 5) \\ &= 527.70(万元)\end{aligned}$$

2. 先付年金终值和先付年金现值的计算

先付年金是指在一定期限内每期期初等额收付的系列款项，又叫预付年金。先付年金与后付年金（普通年金）的差别在于收付款项的时间不同，在折算终值和现值的计算上，两者之间有紧密的联系，先付年金终值和现值的计算公式是基于后付年金现值和后付年金终值的计算公式，利用两者之间的联系对后付年金终值和后付年金现值公式加以调整得来的。并且，年金终值和现值系数表是按照最常见的后付年金编制的，实际运用时也要通过查阅后付年金终值和现值系数表再加以调整。

（1）先付年金终值是指每期期初发生的系列等额收付款项全部折算到最后一期期末的终值之和。我们先借助数学工具理解后付和先付年金终值的不同，如图 2-1、图 2-3 所示。

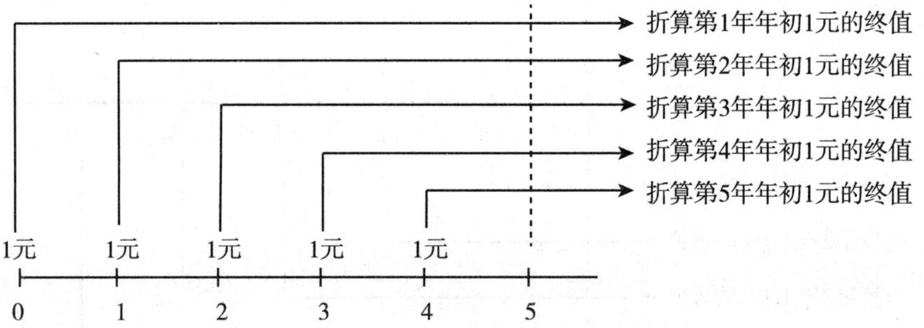

图 2-3 先付年金终值推算示意图

从第 1 年到第 5 年，后付年金每年的折算期数分别是 4、3、2、1、0，而先付年金每年的折算期数是 5、4、3、2、1，依此类推，选择对应年份年初和年末 1 元终值的推算过程进行比较，不难发现两者付款期数相同，但先付年金与普通年金相差一期，先付年金终值比后付年金终值要多一个计息期。因此，由后付年金终值的计算公式 $FVA = A\sum_{t=1}^{n}(1+i)^{t-1}$ 可得先付年金终值的计算公式为：

$$FVAD = \left[A \times \sum_{t=1}^{n}(1+i)^{t-1}\right] \times (1+i) = A \times \left[\frac{(1+i)^{n+1}-1}{i} - 1\right] \qquad (2-9)$$

式中，$\frac{(1+i)^{n+1}-1}{i}-1$ 为先付年金终值系数（利率为 i，期数为 n），可以看出它是后付年金终值系数的期数加 1，而系数减 1 的结果。利用后付年金终值系数表查得（n + 1）期的值，减去 1 后得到先付年金终值系数。

【例 2 -5】 王先生每年年初存入银行 2 万元，年利率为 7%，则 5 年后的本利和应为多少？

由查阅后付年金终值系数表可得（F/A，7%，5）=5.751，则 5 年后的本利和为：

$$\begin{aligned} FVAD &= A \times (F/A, i, n) \times (1+i) \\ &= 20\ 000 \times (F/A, 7\%, 5) \times (1+7\%) \\ &= 20\ 000 \times 5.751 \times 1.07 \\ &= 123\ 071(\text{元}) \end{aligned}$$

或者

$$\begin{aligned} FVAD &= A \times [(F/A, i, n+1) - 1] \\ &= 20\ 000 \times (F/A, 7\%, 6) - 20\ 000 \\ &= 20\ 000 \times 7.153 - 20\ 000 \\ &= 123\ 060(\text{元}) \end{aligned}$$

结果相差 11 元是四舍五入造成的尾差。

（2）先付年金现值

先付年金现值是指每期期初发生的系列等额收付款项全部折算到第一期期初的现值之和。我们先借助数学工具理解后付年金现值和先付年金终值的不同，如图 2 -2、图 2 -4 所示。

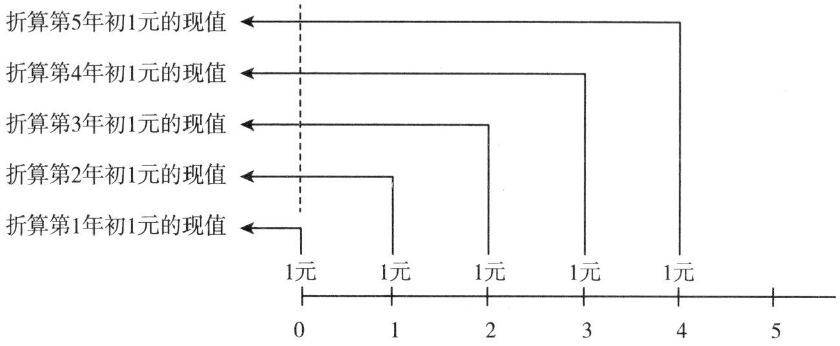

图 2 -4 先付年金现值推算示意图

从第 5 年到第 1 年，后付年金每年的折算期数分别是 5、4、3、2、1，而先付年金每年的折算期数是 4、3、2、1、0，依此类推，选择对应年份年初和年末 1 元现值的推算过程进行比较，不难发现两者付款期数相同，但后付年金与普通年金相差一期，先付年金现值比后付年金现值要少贴现一期。因此，由后付年金现值的计算公式 $PVA = A\sum_{t=1}^{n}\frac{1}{(1+i)^t}$，可得先付年金现值的计算公式：

$$PVAD = \left[A \times \sum_{t=1}^{n} \frac{1}{(1+i)^t}\right] \times (1+i) = A \times \left[\frac{1-(1+i)^{-(n-1)}}{i} + 1\right]$$

$$= A \times [(P/A, i, n-1) + 1] \quad (2-10)$$

式中，$\frac{1-(1+i)^{-(n-1)}}{i}+1$ 为先付年金现值系数（利率为 i、期数为 n）。可以看出，将后付年金现值系数的期数减 1 而系数加 1 可得先付年金现值系数。于是，由后付年金现值系数表查得（n－1）期的值，加上 1 后可得先付年金现值系数。

【例 2－6】 每年年初付款 1 万元，连续支付 5 年，按年利率为 10% 计算，则 5 年支付款项的现值是多少？

查阅后付年金现值系数表可得（P/A，10%，5）＝3.790，则所求系列存款的现值为：

$$\begin{aligned} PVAD &= A \times \sum_{t=1}^{n} \frac{1}{(1+i)^t} \times (1+i) \\ &= 10\,000 \times (P/A, 10\%, 5) \times (1+10\%) \\ &= 10\,000 \times 3.790 \times 1.10 \\ &= 41\,690(\text{元}) \end{aligned}$$

或者

$$\begin{aligned} PVAD &= A \times [(P/A, i, n-1) + 1] \\ &= 10\,000 \times (P/A, 10\%, 4) + 10\,000 \\ &= 10\,000 \times 3.1699 + 10\,000 \\ &= 41\,699(\text{元}) \end{aligned}$$

3. 递延年金现值的计算

递延年金是指在一定的期限内延期若干期后才发生的系列等额收付款项。也就是说，递延年金也是一系列、等额的收付行为，但是，其第一次收付行为发生在第二期或者第二期以后某一期（见图 2－5）。

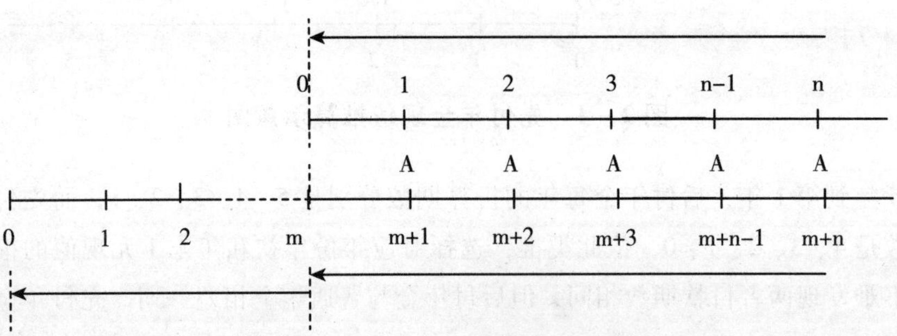

图 2－5 递延年金现值推算过程图

由图 2 - 5 不难看出，上述滞后 m 期的递延年金，如果从“时点 m”看起，实质上就是一个期数为 n 的后付年金，可以利用后付年金现值的计算公式对其进行求现值运算，但是一定要记住，求得的“现值”只是折算到“m 时点”的现值，因此，需要继续向“0 时点”折现，这样求得的现值就是上述滞后 m 期递延年金的现值。也就是说，计算递延年金的现值可以分两步走，相应的计算公式可以利用“年金现值计算公式”和“一次性收付款项的复利现值公式”推理得出。

另外，可以利用凑项技巧来理解递延年金现值的计算。图 2 - 6 所示为一个前 m 期没有收付款项，从 m + 1 期期末开始每期收付款项 A，共发生 n 期的递延年金。运用凑项技巧，可以假设前 m 期也存在每期期末发生额为 A 的收付款项，如图 2 - 7 所示。这样原来延后 m 期的 n 期递延年金就被凑项成了一个“m + n 期后付年金”，此“m + n 期后付年金现值”为：

$$PVA = A(P/A, i, m + n)$$

而凑上的部分是一个“m 期后付年金”，其现值为：

$$PVA = A(P/A, i, m)$$

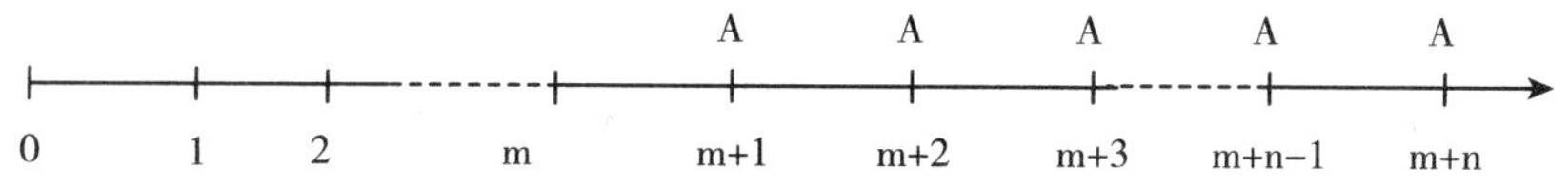

图 2 - 6　延后 m 期的 n 期递延年金

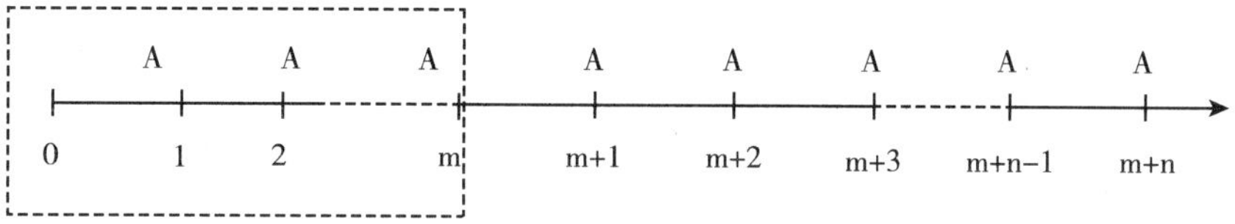

图 2 - 7　凑项成 m + n 期后付年金

所要求的“延后 m 期的 n 期年金”的现值就等于“m + n 期后付年金现值”减去“m 期后付年金现值”，其计算公式为：

$$PVDA = A(P/A, i, m + n) - A(P/A, i, m) \tag{2-11}$$

【例 2 - 7】 某项目投资 5 年后连续 5 年每年年末将取得收益 4 万元，按照年利率 6% 计算，则这 5 年所取得的收益的现值是多少？

由题意可知，所要求的是 5 期（滞后期数 m）以后的 5 期（年金期数 n）年金的现值，其计算公式为：

$$\begin{aligned} PVDA &= A(P/A, i, m + n) - A(P/A, i, m) \\ &= 40\,000 \times (P/A, 6\%, 10) - 40\,000 \times (P/A, 6\%, 5) \\ &= 40\,000 \times 7.3601 - 40\,000 \times 4.2124 \\ &= 125\,908(\text{元}) \end{aligned}$$

4. 永续年金现值的计算

永续年金是指无限期收付的年金。因为是无限期收付，所以永续年金没有终止的时间，也就没有终值，在现实经济中，优先股股利固定没有到期日，可视为永续年金。永续年金现值的计算公式为：

$$PVP = A \times \sum_{t=1}^{\infty} \frac{1}{(1+i)^t} = A \times \frac{1}{i} \tag{2-12}$$

【例 2-8】 夏先生持有红光公司优先股 10 000 股，若每年可以从该企业获得优先股股利 2 000 元，按照年利率 8% 计算，则夏先生所持优先股历年股利的现值是：

$$\begin{aligned} PVP &= A \times \frac{1}{i} \\ &= 2\,000 \times \frac{1}{8\%} \\ &= 25\,000(\text{元}) \end{aligned}$$

（三）系列不等额收付款项现值的计算

在现实财务工作过程中，除了经常发生的一次性收付款项、若干期每期等额收付的款项外，往往还要发生每期收付款项不等额的系列收付行为。对于这样的系列款项现值的计算，首先要利用“年金”的特性，去分析在整个收付过程中的某一段时期是否存在“年金”性质的收付情形，若有，就利用年金现值的计算公式去进行计算，对不具有年金特性的部分，可以将其看成时若干个一次性收付款项分别计算现值，最后加总得到所要计算的不等额系列收付款项的现值。其具体的推算过程，在此不再举例说明，需要特别注意的是，要注意的是分段计算过程中每次折现的时点。

（四）几种特殊的情形

1. 计息期短于一年时间价值的计算

按照惯例，未作特别说明的利率 i 通常是指“年利率”，也就是计息期以一年为单位，但是在实际的经济生活中，经常发生计息期短于一年的收付情况，此时，利用货币的时间价值观念，进行现值、终值的转换，要注意使用正确的贴现率和计息期数。

计息期是指每次计息的期限，如按照季度进行复利计算，一个季度就是一个计息期，一年就有四个计息期。在进行单利计算时，通常利用年利率乘以实际需要计息的天数再除以 360 天来计算。若采用复利计息，则在给定年利率 i 的情况下，当计息期短于一年，运用货币的时间价值，其期利率和计息期数应该加以换算，换算的公式为：

$$\begin{aligned} r &= \frac{i}{m} \\ t &= n \times m \end{aligned} \tag{2-13}$$

式（2-13）中，r 是指期利率，i 是指年利率，t 为换算后的计息期数，m 为每年的计息期数，n 为年数。则计算复利终值的公式变为：

$$\begin{aligned} FV &= PV \times (1+r)^{t} \\ &= PV \times \left(1+\frac{i}{m}\right)^{mn} \qquad (2-14) \end{aligned}$$

【例 2-9】 张先生向银行借款 1 万元，年利率为 10%。在按年计息和按季计息的情况下，张先生两年后应该向银行偿还的本利和分别是多少？

按年计息时：$FV = PV \times (1+i)n$

$= 10\,000 \times (1+10\%)^{2}$

$= 12\,100$(元)

按照季计息时：$FV = PV \times (1+r)^{t}$

$= PV \times \left(1+\frac{i}{m}\right)^{mn}$

$= 10\,000 \times \left(1+\frac{10\%}{4}\right)^{4\times 2}$

$= 12\,183$(元)

由例 2-9 可以发现，按季计息的本利和要比按年计息的本利和大，这说明，在计息期小于一年的情况下，规定的年利率小于分期计算的年利率。通常，在计算计息期小于一年的货币时间价值时，把规定的年利率称为名义利率，分期计算的年利率称为实际利率。从“经历相同的时间，同等规模的货币生息相同”的角度，不难得出，两者之间的关系是：

$$1+K = \left(1+\frac{i}{m}\right)^{m}$$

即：

$$K = \left(1+\frac{i}{m}\right)^{m} - 1 \qquad (2-15)$$

式（2-15）中，K 代表分期计算的年利率，i 为规定的年利率；m 为在计息期小于一年的情况下每年的计息期数。

例如：依旧以例 2-9 为例，按季计息，根据 $K = \left(1+\frac{i}{m}\right)^{m} - 1$，分期计息的年利率为：

$$K = \left(1+\frac{10\%}{4}\right)^{4} - 1 = 0.104$$

在实际年利率为 $K = 10.4\%$，$n = 2$ 的情况下，两年后 1 万元的本利和为：

$$10\,000 \times (1+10.4\%)^{2} = 12\,183(\text{元})$$

与利用按季计息的期利率计算的数值是一样的。

2. 贴现率和期数的确定

在计算货币的时间价值时，有时候并不会给定利率和期数，而是要根据给定的条件去推算贴现率和期数。这时需要利用前面各项终值和现值的计算公式，通过移项，先求出复利现值系数、复利终值系数、年金现值系数或年金终值系数，再进行转换。

以复利终值为例，换算的大致过程是：①根据已知条件，求得复利终值系数；②利用复利终值系数表，寻找表中 n 期系数行中正好或者最接近第一步所得系数的系数所对应的 i；③如果计算和查表所得的两个系数无法刚好一致，对最接近的两个 i 值，利用插值法进行进一步的精确计算。利用插值法精确贴现率计算公式如下：

$$i = i_1 + \frac{a_1 - a}{a_1 - a_2}(i_2 - i_1) \tag{2-16}$$

式中，i 为进一步精确计算后的贴现率，a 为利用复利终值计算公式通过移项求出的复利终值系数，a_1、a_2 分别为复利终值系数表中第 n 期系数与 a 最接近的两个临界系数值，i_1、i_2 分别为 a_1、a_2 所对应的两个利率值。

【例 2－10】红光公司拟将 5 万元货币投入到一个项目，并希望在 5 年后能得到 10 万元的终值，则该项目平均每年的投资收益率应该是多少？

由题意知该笔货币的现值 PV＝50 000 元，终值 FV＝100 000 元，n＝5，则有：

$$(F/P, i, 5) = FV/PV = 100\ 000/50\ 000 = 2$$

查复利终值系数表，在 n＝5 的情况下，离 2 最近的两个终值系数分别为 $a_1 = 1.925$ 和 $a_2 = 2.011$，并且这两个系数对应的利率分别为 $i_1 = 14\%$ 和 $i_2 = 15\%$，利用插值法计算：

$$\begin{aligned} i &= i_1 + \frac{a_1 - a}{a_1 - a_2}(i_2 - i_1) \\ &= 14\% + \frac{1.925 - 2}{1.925 - 2.011}(15\% - 14\%) \\ &= 14.872\% \end{aligned}$$

可知，在平均每年的收益率为 14.872% 的情况下，一笔 5 万元的投资其 5 年后的终值为 10 万元。

对于期数 n 的推算，大致计算过程与推算贴现率 i 差不多，也是要先求转化系数再转换。以普通年金为例，在已知现值、年金和利率的情况下，推算期数的大致步骤是：①根据已知条件，求得普通年金现值系数 a；②根据求得的普通年金现值系数 a，在普通年金现值表利率为已知利率 i 的系数列中，寻找系数正好为 a 的系数值，其对应的 n 即为所求期数；③如果不能找到正好为 a 的系数值，则取最接近 a 值的两个临界系数 a_1、a_2，$a_1 < a < a_2$，并找出它们分别对应的期数 n_1、n_2，然后用插值法求 n。其计算公式为：

$$n = n_1 + \frac{a_1 - a}{a_1 - a_2}(n_2 - n_1) \tag{2-17}$$

【例 2－11】 红光公司欲耗资 2 万元对机器进行技术升级，升级后每年可以节约成本 5 000 元。假设利息率 10%，则升级后的机器至少要使用多少年才能确保这些投资才是有利的？

由题意知，现值 p＝20 000 元，A＝5 000 元，i＝10%

根据 PVA＝A×(P/A,10%,n)，则：

$$(P/A,10\%,n)=20\ 000/5\ 000=4$$

即普通年金现值系数为 a＝4，查阅普通年金现值系数表，在 i＝10% 的列中，普通年现值系数最接近于 4 的两个临界系数值分别是 $a_1=3.791$ 和 $a_2=4.355$，它们对应的期数分别是 $n_1=5$ 和 $n_2=6$。利用插值法计算有：

$$\begin{aligned} n &= n_1+\frac{a_1-a}{a_1-a_2}(n_2-n_1), \\ &=5+\frac{3.791-4}{3.791-4.355}(6-5) \\ &=5.37(年) \end{aligned}$$

最后，为了帮助大家理解插值法，可以利用数学知识中的微分思想。微分的几何意义可以通俗地解释为：任何一条曲线在一个极小的范围内，可以由其切线代替，即“以直代曲”。利用微分思想，可以更好地理解在贴现率和期数确定过程中使用的“插值法”的基本原理。年金现值系数（P/A，i，n）是 i、n 的非线性函数，有（P/A，i，n）＝f（i，n），在 n 已知，且 Δi 很小时，根据“微分”思想，（P/A，i，n）与 i 呈线性关系，可以表示为：

$$P=ai+b$$

当 $i=i_0$ 时，有 $P=P_0$；当 $i=i_1$ 时，有 $P=P_1$。则：

$$a=\frac{P_1-P_0}{i_1-i_0}$$

$$b=P_0-\frac{P_1-P_0}{i_1-i_0}\times i_0$$

由此，对于任一 P，若 $P_0 \leqslant P \leqslant P_1$，将 a，b 代入 $i=(P-b)/a$，可得：

$$i=i_0+\frac{P-P_0}{P_1-P_0}\times(i_1-i_0) \qquad (2-18)$$

此公式即为插值法的理论公式。

第二节 单项资产的风险与收益

货币时间价值是在没有风险和通货膨胀情况下的投资收益率，但是，在实际的企业财务工作中，风险是客观存在的。本节主要讨论风险与收益的关系，目的是解决投资决策时如何确定折现率的问题。折现率应当根据投资者要求的必要收益率来确定。实证研究表明，必要收益率的高低取决于投资的风险，风险越大要求的必要收益率越高。不同风险的投资，需要使用不同的折现率。那么，投资的风险如何计量？特定的风险需要多少收益来补偿？这就成为选择折现率的关键问题。

一、资产的收益与收益率

（一）资产收益的含义与计算

资产的收益是指资产的价值在一定时期的增值。一般情况下，有两种表述资产收益的方式：

第一种方式是以金额表示的，称为资产的收益额，通常以资产价值在一定期限内的增值量来表示，该增值量来源于两部分：一是期限内资产的现金净流入；二是期末资产的价值（或市场价格）相对于期初价值（价格）的升值。前者多为利息、红利或股息收益，后者称为资本利得。

第二种方式是以百分比表示的，称为资产的收益率或收益率，是资产增值量与期初资产价值（价格）的比值。该收益率包括两部分：一是利息（股息）的收益率；二是资本利得的收益率。由于以百分比表示的收益是一个相对数指标，便于不同规模下资产收益的比较和分析，所以通常情况下我们都是用收益率的方式来表示资产的收益。

单期资产的收益率计算如下：

$$
\begin{aligned}
\text{单期资产的收益率} &= \text{资产价值(价格)的增值/期初资产价值(价格)} \\
&= [\text{利息(股息)收益}+\text{资本利得}]/\text{期初资产价值(价格)} \\
&= \text{利息(股息)收益率}+\text{资本利得收益率}
\end{aligned}
$$

【例 2-12】某股票一年前的价格为 10 元，一年中的税后股息为 0.25 元，现在市价为 12 元。那么，在不考虑交易费用的情况下，一年内该股票的收益率是多少？

一年中资产的收益为：

$$0.25+(12-10)=2.25(\text{元})$$

其中，股息收益为 0.25 元，资本利得为 2 元。

$$\text{股票的收益率}=(0.25+12-10)\div 10=2.5\%+20\%=22.5\%$$

其中股利收益率为 2.5%，资本利得收益率为 20%。

（二）资产收益率的类型

在实际的财务工作中，由于工作角度和出发点不同，收益率可以有以下一些类型：

1. 实际收益率

实际收益率表示已经实现或者确定可以实现的资产收益率，表述为已实现或者确定可以实现的利息（股息）率与资本利得收益率之和。当存在通货膨胀时，还应该扣除通货膨胀率的影响，才是真实的收益率。

2. 预期收益率

预期收益率也称为期望收益率，是指在不确定的条件下，预测的某资产未来可能实现的收益率。

对期望收益率的直接估算，可参考以下三种方法：

（1）首先描述影响收益率的各种可能情况，然后预测各种可能发生的概率，以及在各种可能情况下收益率的大小，那么预期收益率就是各种情况下收益率的加权平均，权数是各种可能情况发生的概率。计算公式为：

$$预期收益率\ E(R) = \sum P_i \times R_i \tag{2-19}$$

式中，E(R) 表示预期收益率；P_i表示情况 i 可能出现的概率；R_i表示情况 i 出现时的收益率。

【例 2-13】 半年前以 5 000 元购买股票，一直持有至今尚未卖出，持有期曾获红利 50 元。预计未来半年内不会再发放红利，且未来半年后市值达到 5 900 元的可能性为 50%，市价达到 6 000 元的可能性也是 50%。那么预期收益率是多少?

$$预期收益率 = [50\% \times (5\ 900 - 5\ 000) + 50\% \times (6\ 000 - 5\ 000)] \div 5\ 000 = 19\%$$

本例中，给出了半年后各种可能的市价及其概率，但是，在现实工作中要完成这样的预测是比较困难的。

（2）首先收集事后收益率（即历史数据），将这些历史数据按照不同的经济状况分类，并计算发生在各类经济状况下的收益率观测值的百分比，将所得百分比作为各类经济情况可能出现的概率，然后计算各类经济情况下所有收益率观测值的平均值作为该类情况下的收益率，最后计算各类情况下收益率的加权平均数就得到预期收益率。

例如，假定收集了历史上的 100 个收益率的观测值，在这 100 个历史数据中，发生在“经济良好”情况下的有 30 个，发生在“一般”和“经济较差”情况下的分别有 50 个和 20 个，那么可估计经济情况出现良好、一般和较差的概率分别为 30%、50% 和 20%。然后，将经济良好情况下所有 30 个收益率观测值的平均值（假如为 10%）作为经济良好情况下的收益率，同样，计算另两类经济情况下观测值的平均值（假如分别是 8% 和 5%），那么预期收益率 $= 30\% \times 10\% + 50\% \times 8\% + 20\% \times 5\% = 8\%$

尽管这种利用历史数据去预测未来的方法有一定的局限性，但至少可以作为预测的参考依据，而且这种方法简便，易于运用。

（3）首先收集能够代表预测期收益率分布的历史收益率的样本，假定所有历史收益率的观察值出现的概率相等，那么预期收益率就是所有数据的简单算术平均值。

【例 2-14】 ABC 公司股票的历史收益率数据为：2012 年～2017 年收益率分别为：26%、11%、15%、27%、21%、32%，请用算术平均值估计其预期收益率。

收益率的期望值或预期收益率 E(R)

$$=(26\%+11\%+15\%+27\%+21\%+32\%)\div 6=22\%$$

3. 必要收益率

必要收益率也称最低必要报酬率或最低要求的收益率，表示投资者对某资产合理要求的最低收益率。这里所说的投资者可以是每个个体，但如果不作特殊说明，通常指全体投资者。每个人对某特定资产都会要求不同的收益率，如果某股票的预期收益率超过大多数人对该股票要求的至少应得到的收益率时，实际的投资行为就会发生。也就是说，当投资者认为至少能够获得他们要求的必要收益率时，他们才会购买该股票。

必要收益率与认识到的风险有关，人们对资产的安全性有不同的看法。如果某公司陷入财务困难的可能性很大，也就是说投资该公司股票产生损失的可能性很大，那么投资于该公司股票将会要求一个较高的收益率，所以该公司的必要收益率就会较高。相反，如果某项资产的风险较小，那么，对这项资产要求的必要收益率也就小。因此，必要收益率由两部分组成：

（1）无风险收益率。

无风险收益率也称无风险利率，它是指无风险资产的收益率，它的大小由纯粹利率和通货膨胀补贴两部分组成。一般用国债的利率表示无风险利率，该国债应该与所分析的资产的现金流量有相同的期限。一般情况下，为了方便，通常用短期国债的利率近似地代替无风险收益率。

（2）风险收益率。

风险收益率是指某资产持有者因承担该资产的风险而要求的超过无风险利率的额外收益。风险收益率衡量了投资者将货币从无风险资产转移到风险资产而要求得到的“额外补偿”，它的大小取决于以下两个因素：一是风险的大小；二是投资者对风险的偏好。

二、单项资产的风险及其衡量

（一）风险的概念

风险是指收益的不确定性风险不仅包括负面效应的不确定性，还包括正面效应的不确定性。风险不同于危险，危险专指负面效应，是损失发生及其程度的不确定性。人们对于危险，需要识别、衡量、防范和控制，即对危险进行管理。风险的另一部分即正面效应，可以称为机会。人们对于机会，需要识别、衡量、选择和获取。

理财活动不仅要管理危险，还要识别、衡量、选择和获取增加企业价值的机会。风险的新概念，反映了人们对财务现象更深刻的认识，也就是危险与机会并存。

从财务管理的角度看，风险就是企业在各项财务活动过程中，由于各种难以预料或无法控制的因素作用，使企业的实际收益与预计收益发生背离，从而蒙受经济损失的可能性。

风险是客观存在的，按风险的程度，可以把公司的财务决策分为三种类型。

1. 确定性决策

决策者对未来的情况是完全确定的或已知的决策，称为确定性决策。例如，购买国库券，一般认为这种决策为确定性决策。

2. 风险性决策

决策者对未来的情况不能完全确定，但不确定性出现的可能性——概率的具体分布是已知的或可以估计的，这种情况下的决策称为风险性决策。

3. 不确定性决策

决策者不仅对未来的情况不能完全确定，而且对不确定性可能出现的概率也不清楚，这种情况下的决策称为不确定性决策。

从理论上讲，不确定性是无法计量的，但在财务管理中，通常为不确定性规定了一些主观概率，以便进行定量分析。因此，在公司财务管理中，对风险与不确定性并不严格区分，当谈到风险时，可能是风险，更可能是不确定性。

投资者之所以愿意投资风险高的项目，是因为其获得的收益率足够高，能够补偿其投资风险。

（二）风险衡量

资产的风险是资产收益率的不确定性，其大小可用资产收益率的离散程度来衡量。离散程度是指资产收益率的各种可能结果与预期收益率的偏差。衡量风险的指标主要有收益率的方差、标准差和标准离差率等。

1. 概率分布

在现实生活中，某一事件在完全相同的条件下可能发生也可能不发生，既可能出现这种结果又可能出现那种结果，我们称这类事件为随机事件。

概率就是用百分数或小数来表示随机事件发生可能性及出现某种结果可能性大小的数值。如投掷一枚硬币，它落地后可能正面朝上，也可能反面朝上，但在相同情况下，两面朝上的机会是一样的，因此其任何一面朝上的机会即出现的概率为0.5。

用 X 表示随机事件，X_i表示随机事件的第 i 种结果，P_i为出现该种结果的概率。同时，所有可能结果出现的概率之和必定为1。因此，概率必须符合下列两个要求：

（1）$0 \leqslant P_i \leqslant 1$

（2）$\sum_{i=1}^{n} P_i = 1$

将随机事件各种可能的结果按一定的规则进行排列，同时列出各结果出现的相应概率，这一完整的描述称为概率分布。

概率分布有两种类型，一种是离散型分布，也称不连续的概率分布，其特点是概率分布在各个特定的点上。另一种是连续型分布，其特点是概率分布在连续图像的两点之间的区间上。

2. 期望值

根据概率分布可以求得该随机变量的期望或均值。

离散型随机变量的一切可能的取值 X_i 与对应的概率 P_i 之积的和称为数学期望，它反映随机变量平均取值的大小，又称期望或均值，是以概率为权数计算出来的加权平均数，其计算公式为：

$$\bar{E} = \sum_{i=1}^{n} X_i P_i \tag{2-20}$$

式中，$\bar{E}$ 为期望或均值，X_i 为随机变量第 i 种可能的取值，P_i 为第 i 种可能结果的概率，n 为可能结果的个数。

【例 2-15】 假设你是华特电子公司的财务分析员，目前正在进行一项针对四个备选方案的投资分析工作。各方案的投资期都是一年，对应于三种不同经济状况的估计收益率如表 2-1 所示：

表 2-1　不同经济条件下华特电子公司四种方案的估计收益率

经济状态	概率	备选方案			
		A	B	C	D
衰退	0.20	10%	6%	22%	5%
一般	0.60	10%	11%	14%	15%
繁荣	0.20	10%	31%	-4%	25%

方案 A 的期望投资收益率 = 0.2 × 10% + 0.6 × 10% + 0.2 × 10% = 10%

方案 B 的期望投资收益率 = 0.2 × 6% + 0.6 × 11% + 0.2 × 31% = 14%

方案 C 的期望投资收益率 = 0.2 × 22% + 0.6 × 14% + 0.2 × (-4%) = 12%

方案 D 的期望投资收益率 = 0.2 × 5% + 0.6 × 15% + 0.2 × 25% = 15%

数学期望反映的是随机变量平均取值的大小，在企业理财过程中，投资者以盈利为目的当然希望投资收益尽量高，也就是要追求投资项目可能收益的平均值，即期望值要尽量高。但是，企业投资经常面临的是不确定的环境，如上述例子中企业面临的未来经济状况是繁荣、一般还是萧条不是很确定，而每一种具体情形下企业投资收益的结果也是不一样的，这种不确定性对企业来说是风险，构成企业投资决策所要考虑的另一重要方面。

3. 标准离差与标准离差率

概率分布可以反映投资的风险程度，而概率分布的离散程度通常用标准离差来反映。这样，要确定投资的风险程度，就需要计算标准离差。标准离差的计算公式是：

$$\sigma = \sqrt{\sum_{i=1}^{n} [(X_i - \bar{E})^2 \times p_i]} \tag{2-21}$$

式中，σ 代表标准离差，X_i 为随机变量第 i 种可能的取值，$\bar{E}$ 为期望值，p_i 为第 i 种可能结果的概率，n 为可能结果的个数。

由标准离差的计算公式可以发现，标准离差是由各种可能值与期望值之间的差距及其相应概率的大小所决定的，标准离差越大，意味着可能值与期望值之间的差距越大，各种可能结果的变数就越大，则投资风险也就越大。因此，标准离差的大小可以看做是投资风险大小的具体指标。

利用标准离差的计算公式，对如表 2－1 所示 A、B、C、D 四个投资方案投资收益的标准离差进行计算：

【例 2－16】 以【例 2－15】中的数据为例，分别计算上例中 A、B、C、D 四个投资方案的标准离差。

$$方案A的标准离差=\sqrt{(10\%-10\%)^2\times0.2+(10\%-10\%)^2\times0.6+(10\%-10\%)^2\times0.2}=0$$

$$方案B的标准离差=\sqrt{(6\%-14\%)^2\times0.2+(11\%-14\%)^2\times0.6+(31\%-14\%)^2\times0.2}=8.72\%$$

$$方案C的标准离差=\sqrt{(22\%-12\%)^2\times0.2+(14\%-12\%)^2\times0.6+(-4\%-12\%)^2\times0.2}=8.58\%$$

$$方案D的标准离差=\sqrt{(5\%-15\%)^2\times0.2+(15\%-15\%)^2\times0.6+(25\%-15\%)^2\times0.2}=6.32\%$$

标准离差作为反映随机变量离散程度的一个指标，通常可以用来量度风险的大小，但是，作为绝对数的它只能用来比较预期收益相同的投资项目的风险程度。为了比较预期收益不同的投资项目的风险程度，需要利用标准离差率指标。标准离差率是标准离差与期望值之比，其计算公式为：

$$V=\frac{\sigma}{\bar{E}}\times100\% \tag{2-22}$$

式（2－22）中，V 是指标准离差率，σ 是指标准离差，$\bar{E}$ 是指期望值。

【例 2－17】 以【例 2－15】中的数据为例，分别计算上例中 A、B、C、D 四个投资方案的标准离差率。

$$方案A的标准离差率=\frac{0}{10\%}\times100\%=0$$

$$方案B的标准离差率=\frac{8.72\%}{14\%}\times100\%=62.29\%$$

$$方案C的标准离差率=\frac{8.58\%}{12\%}=71.5\%$$

$$方案D的标准离差率=\frac{6.32\%}{15\%}=42.13\%$$

通过上述方法将决策方案的风险加以量化后，决策者便可据此作出决策。对于单个方案，决策者可根据其标准离差率的大小，并将其同设定的可接受的此项指标最高限值对比，看前者是否低于后者，然后做出取舍。对于多方案择优，决策者的行动准则应是选择低风险高收益的方案，即选择标准离差率最低、期望收益最高的方案。然而，高收益往往伴有高风险，低收益方案其风险程度往往也较低，究竟选择何种方案，就要权衡期望收益与风险，而且还要视决策者对风险的态度而定。在财务管理的理论框架和实务方法中，一般是以风险回避者作为研究对象的。

在上述四个方案中，如果依据各方案的标准差和期望收益率来确定淘汰其中某一方案，方案 C 的标准离差率最大，说明该方案的相对风险最大，应该淘汰 C 方案。

但是，标准离差率仅仅是一个相对风险指标，并没有考虑风险和收益的均衡关系。在第三节、第四节我们会继续这个问题进行讨论。

（三）风险对策

1. 规避风险

当风险所造成的损失不能由该项目可能获得的利润予以抵消时，避免风险是最可行的简单方法。避免风险的例子包括：拒绝与不守信用的厂商业务往来；放弃可能明显导致亏损的投资项目；新产品在试制阶段发现诸多问题而果断停止试制。

2. 减少风险

减少风险主要有两方面的意思：一是控制风险因素，减少风险的发生；二是控制风险发生的频率和降低风险损害程度。减少风险的常用方法有：进行准确的预测，如对汇率预测、利率预测、债务人信用评估等；对决策进行多方案优选和相机替代；及时与政府部门沟通获取政策信息；在开发新产品前，充分进行市场调研；采取多领域、多地域、多项目、多品种的投资以分散风险。

3. 转移风险

企业以一定的代价（如保险费、盈利机会等），采取某种方式（如参加保险等），将风险损失转嫁给他人承担，以避免可能给企业带来灾难性损失。如向专业性保险公司投保；采取合资、联营、增发新股、发行债券、联合开发等措施实现风险共担。

4. 接受风险

接受风险包括风险自担和风险自保两种。风险自担是指风险损失发生时，直接将损失摊入成本或费用，或冲减利润；风险自保是指企业预留一笔风险金或随着生产经营的进行，有计划地计提资产减值准备等。

（四）风险偏好

风险偏好是指为了实现目标，企业或个体投资者在承担风险的种类、大小等方面的基本态度。根据人们的效用函数的不同，可以按照其对风险的偏好分为风险回避者、风险追求者和风险中立者。

1. 风险回避者

当预期收益率相同时，风险回避者都会偏好于具有低风险的资产；而对于同样风险的资产，他们则都会钟情于具有高预期收益的资产。但当面临以下这样两种资产时，他们的选择就要取决于他们对待风险的不同态度：一项资产具有较高的预期收益率同时也具有较高风险，而另一项资产虽然预期收益率低，但风险水平也低。风险回避者在承担风险时，就会因承担风险而要求额外收益，额外收益要求的多少不仅与所承担风险的大小有关（风险越高，要求的风险收益就越大），还取决于他们的风险偏好。对风险回避的愿望越强烈，要求的风险收益就越高。

2. 风险追求者

与风险回避者恰恰相反，风险追求者主动追求风险，喜欢收益的波动胜于喜欢收益的稳定。他们选择资产的原则是：当预期收益相同时，选择风险大的，因为这会给他们带来更大的效用。

3. 风险中立者

风险中立者既不回避风险，也不主动追求风险。他们选择资产的唯一标准是预期收益的大小，而不管风险状况如何，因为所有预期收益相同的资产将给他们带来同样的效用。

一般的投资者和企业管理者都是风险回避者，因此财务管理理论框架和实务方法都是针对风险回避者的，并不涉及风险追求者和中立者的行为。

第三节 证券组合的风险与收益*

投资者在进行证券投资时，一般并不把所有货币投资于一种证券，而是同时持有多种证券。这种同时投资于多种证券的方式，称为证券的投资组合（portfolio）又称为证券组合或投资组合。由多种证券构成的投资组合，会减少风险，收益率高的证券会抵消收益率低的证券带来的负面影响。因此，绝大多数法人投资者如工商业企业、信托投资公司、投资基金公司等都同时投资于多种证券。

证券组合的风险与收益具有与单个资产不同的特征。尽管方差、标准离差、标准离差率是衡量风险的有效工具，但当某项资产或证券成为投资组合的一部分时，这些指标可能不再是衡量风险的有效工具。以下先讨论证券组合的预期收益率的计算，再进一步讨论组合风险及其衡量。

一、证券组合的预期收益率

证券组合的预期收益率就是组成证券组合的各种资产收益率的加权平均数，其权数为各种资产在组合中的价值比例。即：

$$\text{证券组合的预期收益率 } E(R_p) = \sum W_i \times E(R_i) \qquad (2-23)$$

式（2-23）中，$E(R_p)$ 表示证券组合的预期收益率；$E(R_i)$ 表示组合内第 i 项资产的预期收益率；W_i 表示第 i 项资产在整个组合中所占的价值比例。

* 带 * 部分内容仅供会计、财务管理、金融专业学生选用，非会计、财务管理、金融专业学生可不讲授（下同）

【例 2－18】2017 年 10 月，某证券分析师预测四只股票的期望收益率如表 2－2 所示。

表 2－2　　单只股票的期望收益率

股票代码及名称	期望收益率	股票代码及名称	期望收益率
Sh603895 天永智能	24%	Sh603871 嘉友国际	12%
Sz300604 长川科技	18%	Sz300644 南京聚隆	6%

对每只股票投入 10 万元，组成一个价值为 40 万元的证券组合，那么该证券组合的期望收益率为：

$$E(R_p) = \sum W_i \times E(R_i)$$
$$= 24\% \times 25\% + 18\% \times 25\% + 12\% \times 25\% + 6\% \times 25\% = 15\%$$

1 年以后，各只股票的实际收益率为 R_i，很可能与期望值不相等，因此，投资组合的实际收益率很可能不等于 15%。也就是说，证券组合同样存在风险。

二、证券组合的风险

与投资组合的收益不同，投资组合的风险 σ_p 通常并非组合内部单项资产标准差的加权平均数。证券组合的风险不仅取决于组合内的各证券的风险，还取决于各个证券之间的关系。

1. 证券组合的风险

事实上，我们可以利用某些有风险的单向资产组成一个完全无风险的投资组合。假设投资 100 万元，股票 W，M 分别占比 50%。表 2－3 列示了股票 W，M 各自的收益率数据，以及对两只股票各投资 50% 时投资组合的相关数据。从中可以看出，两只股票在单独持有时都具有相当的风险，但构成投资组合 WM 时却不再具有风险。

表 2－3　　股票 W，M 及组合 WM 的收益率（完全负相关）

年度	股票 W(R_M)	股票 M(R_M)	组合 WM(R_P)
2013	40%	－10%	15%
2014	－10%	40%	15%
2015	35%	－5%	15%
2016	－5%	35%	15%
2017	15%	15%	15%
平均收益率	15%	15%	15%
标准差	22.6%	22.6%	0

之所以可以利用股票 W 与 M 构成一个无风险投资组合，是因为二者的收益率相互呈反周期变动——当 W 的收益率下降时 M 的收益率上升，而且一个变量的增加值永远等于另一个变量的减少值，反之亦然。在这种情况下，组合的风险被全部抵消。

再看另一种情况，假设投资 100 万元，股票 W，W′分别占比 50%。表 2 –4 列示了股票 W，W′各自的收益率数据，以及对两只股票各投资 50% 时投资组合的相关数据。从中可以看出，两只股票在单独持有时都具有投资风险，而构成投资组合 WW′时风险并没有任何变化。

表 2 –4　　股票 W，W′及组合 WM 的收益率（完全正相关）

年度	股票 W(R_w)	股票 W′($R_{w'}$)	组合 WW′(R_P)
2013	–10%	–10%	–10%
2014	40%	40%	40%
2015	–5%	–5%	–5%
2016	35%	35%	35%
2017	15%	15%	15%
平均收益率	15%	15%	15%
标准差	22.6%	22.6%	22.6%

之所以股票 W，W′无法分散风险，是因为股票 M 和 M′的变化趋势完全相同，无法取得风险分散的效果。在这种情况下，投资组合无法分散投资风险。

2. 证券组合的风险的衡量

两个变量同时变动的趋势称为相关性，相关系数 ρ 度量了这种趋势。当 ρ = –1 时，股票 W 与 M 的收益率完全负相关，表 2 –3 体现了这种完全负相关关系，也就是说投资组合由完全负相关的股票组成，能够完全分散风险。当 ρ =1 时，股票 W 与 W′的收益率完全正相关，表 2 –4 体现了这种完全正相关关系，也就是说投资组合由完全正相关的股票组成，则无法分散风险。

实际上，各种股票之间不可能完全正相关，也不可能完全负相关，所以不同股票的投资组合可以降低风险，但又不能完全消除风险。一般而言，股票的种类越多，风险越小。

证券组合收益率概率分布的标准差是：

$$\sigma_p = \sqrt{\sum_{j=1}^{m}\sum_{k=1}^{m} W_j W_k \sigma_{jk}} \qquad (2-24)$$

其中，m 是组合内证券种类总数；W_j是第 j 种证券在投资总额中的比例；W_k是 k 种证券在投资总额中的比例；σ_{jk}是第 j 种证券与第 k 中证券收益率的协方差。

（1）协方差的计算。两种证券收益率的协方差，用来衡量它们之间共同变动的程度：

$$\sigma_{jk} = r_{jk}\sigma_j\sigma_k \tag{2-25}$$

其中：ρ_{jk}是证券 j 和证券 k 收益率之间的预期相关系数，σ_j 是第 j 种证券的标准差，σ_k 是第 k 种证券的标准差。

$$相关系数(r) = \frac{\sum_{i=1}^{n}[(x_i - \bar{x}) \times (y_i - \bar{y})]}{\sqrt{\sum_{i=1}^{n}(x_i - \bar{x})^2} \times \sqrt{\sum_{i=1}^{n}(y_i - \bar{y})^2}} \tag{2-26}$$

证券 j 和证券 k 收益率概率分布的标准差的计算方法，前面讲述单项证券标准差时已经介绍过。

相关系数总在 -1 ~ +1 间取值。如前所述，当相关系数为 1 时，表示一种证券收益率的增长总是与另一种证券收益率的增长成比例，反之亦然；当相关系数为 -1 时，表示一种收益率的增长与另一种证券收益率的减少成比例，反之亦然；当相关系数为 0 时，表示缺乏相关性，每种证券的收益率相对于另外的证券的收益率独立变动。

在实务中，两项资产的收益率具有完全正相关和完全负相关的情况几乎是不可能的。一般而言，多数证券的收益率趋于同向变动，因此两种证券之间的相关系数多为小于 1 的正值。因此，会有 $0 < \sigma_p < (w_1\sigma_1 + w_2\sigma_2)$。证券组合收益率的标准差小于组合中各项资产收益率标准差的加权平均值，或者说证券组合的风险小于组合中各项资产风险的加权平均值。因此，在大多数情况下，证券组合能够分散风险，但不能完全消除风险。

一般来讲，随着证券组合中资产个数的增加，证券组合的风险会逐渐降低，当资产的个数增加到一定程度时，证券组合的风险程度将趋于平稳，这时组合风险的降低将非常缓慢直到不再降低。

在证券组合中，能够随着资产种类增加而降低直至消除的风险，被称为非系统性风险；不能随着资产种类增加而分散的风险，被称为系统性风险。

（2）协方差矩阵。根号内双重的 $\sum$ 符号，表示对所有可能配成组合的协方差，分别乘以两种证券的投资比例，然后求其总和。

当 m 为 3 时，所有可能的配对组合的协方差矩阵如下所示：

$$\begin{matrix} \sigma_{1,1} & \sigma_{1,2} & \sigma_{1,3} \\ \sigma_{2,1} & \sigma_{2,2} & \sigma_{2,3} \\ \sigma_{3,1} & \sigma_{3,2} & \sigma_{3,3} \end{matrix}$$

左上角的组合（1，1）是 σ_1 与 σ_1 之积，即标准差的平方，称为方差，此时，$j = k$。从左上角到右下角，共有三种 $j = k$ 的组合，在这三种情况下，影响投资组合标准差的是三种证券的方差。这就是说，对于矩阵对角线位置上的投资组合，其协方差就是各证券自身的方差。

组合 $\sigma_{1,2}$ 代表证券 1 和证券 2 收益率之间的协方差，组合 $\sigma_{2,1}$ 代表证券 2 和证券 1 收益率的协方差，它们的数值是相同的。这就是说需要计算两次证券 1 和证券 2 之间的协方差。对于其他不在对角线上的配对组合的协方差，我们同样计算了两次。

双重求和符号，就是把由各种可能配对组合构成的矩阵中所有的方差项和协方差项加起来。

例如，当 m 为 2 时，所有可能的配对组合的协方差矩阵如下所示：

$$\begin{matrix} \sigma_{1,1} & \sigma_{1,2} \\ \sigma_{2,1} & \sigma_{2,2} \end{matrix}$$

所以，两项证券组合的收益率的标准差为：

$$\sigma_p = \sqrt{w_1^2\sigma_1^2 + w_2^2\sigma_2^2 + 2w_1w_2r_{1,2}\sigma_1\sigma_2} \tag{2-27}$$

【例 2－19】 假设 A 证券的期望收益率为 10%，标准差是 12%。B 证券的期望收益率是 18%，标准差是 20%。假设等比例投资于两种证券，即各占 50%。

该组合的期望收益率为：

$$E(R_p) = \sum W_i \times E(R_i)$$
$$= 10\% \times 50\% + 18\% \times 50\% = 14\%$$

如果两种证券期望收益率的相关系数等于 1，没有任何抵消作用，在等比例投资的情况下该组合的标准差等于两种证券各自标准差的简单算术平均数，即为：

$$\sigma_p = 12\% \times 50\% + 20\% \times 50\% = 16\%$$

如果两种证券期望收益率的相关系数是 0.2，组合的标准差会小于加权平均的标准差，其标准差是：

$$\sigma_p = \sqrt{w_1^2\sigma_1^2 + w_2^2\sigma_2^2 + 2w_1w_2r_{1,2}\sigma_1\sigma_2}$$
$$= \sqrt{0.5 \times 0.5 \times 1 \times 12\%^2 + 2 \times 0.5 \times 0.5 \times 20\% \times 12\% \times 0.2 + 0.5 \times 0.5 \times 1 \times 20\%^2}$$
$$= 12.65\%$$

从这个计算过程可以看出：只要两种证券期望收益率的相关系数小于 1，证券组合期望收益率的标准差就小于各证券期望收益率标准差的加权平均数。

三、两种证券组合的投资比例与有效集

在【例 2－19】中，两种证券的投资比例是相等的。如果投资比例变化了，投资组合的期望收益率和标准差也会发生变化。对于这两种证券其他投资比例的组合，计算结果如表 2－5 所示。

表 2－5　　不同投资比例的组合

组合	对 A 的投资比例	对 B 的投资比例	组合的期望收益率	组合的标准差
1	1	0	10.00%	12.00%
2	0.8	0.2	11.60%	11.11%
3	0.6	0.4	13.20%	11.78%
4	0.4	0.6	14.80%	13.79%
5	0.2	0.8	16.40%	16.65%
6	0	1	18.00%	20.00%

图 2－8 描绘出随着对两种证券投资比例的改变，期望收益率与风险之间的关系。图中黑点与表 2－5 中的六种投资组合一一对应。连接这些黑点所形成的曲线称为机会集，它反映出风险与收益之间的均衡关系。

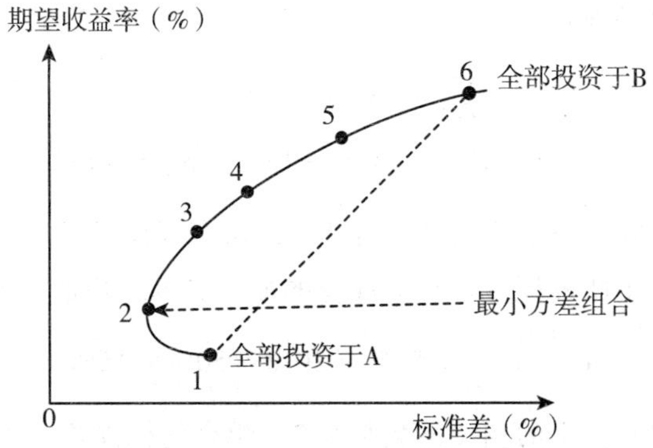

图 2－8　投资于两种证券组合的机会集

该图有几项特征是重要的：

（1）它揭示了分散化效应。比较曲线和以虚线绘制的直线的距离可以判断分散化效应的大小。该直线是由全部投资于 A 和全部投资于 B 所对应的两点连接而成，它是当两种证券完全正相关（无分散化效应）时的机会集曲线。曲线则代表相关系数为 0.2 时的机会集曲线。投资组合的抵消风险的效应可以通过曲线 1～2 的弯曲看出来。从第 1 点出发，拿出一部分货币投资于标准差较大的 B 证券会比将全部货币投资于标准差小的 A 证券的组合标准差还要小。这种结果与人们的直觉相反，揭示了风险分散化的内在特征。

（2）它表达了最小方差组合。曲线最左端的第 2 点组合被称作最小方差组合，它在持有证券的各种组合中有最小的标准差。本例中，最小方差组合是 80% 的货币投资于 A 证券、20% 的货币投资于 B 证券。

(3) 它表达了投资的有效集合。在只有两种证券的情况下，投资者的所有投资机会只能出现在机会集曲线上，而不会出现在该曲线的上方或下方。改变投资比例只会改变组合在机会集曲线上的位置。最小方差组合以下的组合（曲线 1 ~ 2 的部分）是无效的。没有人会打算持有期望收益率比最小方差组合期望收益率还低的投资组合，它们与最小方差组合相比不但标准差大（即风险大），而且收益率也低。本例中，有效集是 2 ~ 6 之间的那段曲线，即从最小方差组合点到最高期望收益率组合点的那段曲线。

四、相关性对风险的影响

图 2 - 9 中，只列示了相关系数为 0.2 和 1 的机会集曲线，如果分别增加相关系数为 0.5、0、 - 1 的曲线，容易发现随着相关系数的变小，机会集曲线越弯曲，风险分散化效应也就越强。完全正相关的投资曲线，不具有风险分散化效应，其机会集是一条直线。完全负相关的投资组合，风险风散化效应最强，其机会集是一条折线。

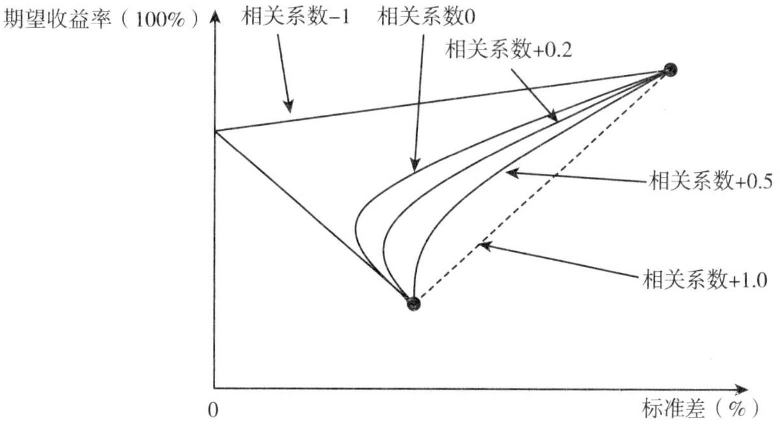

图 2 - 9 相关系数机会集曲线

五、多种证券组合的风险和收益

对于两种以上证券构成的组合，以上原理同样适用。值得注意的是，多种证券组合的机会集不同于两种证券的机会集，两种证券的所有可能组合都落在一条曲线上，而两种以上证券的所有可能组合会落在一个平面中，如图 2 - 10 的阴影部分所示。这个机会集反映了投资者所有可能的投资组合，图中阴影部分中的每一点都与一种可能的投资组合相对应。随着可供投资的证券数量的增加，所有可能的投资组合数量将呈几何级数上升。

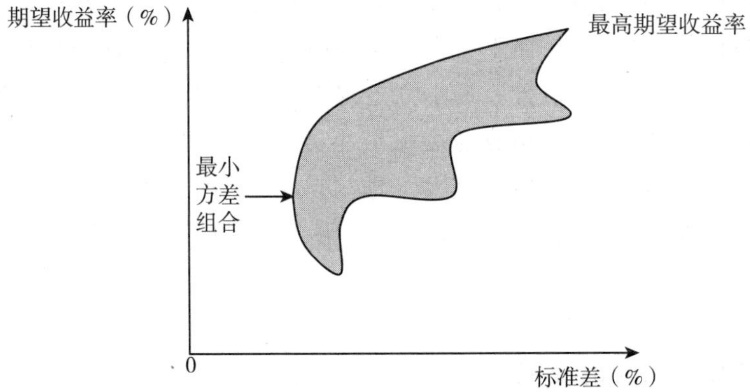

图 2－10　多种证券机会集

六、系统风险和非系统风险

在投资组合的讨论中，我们知道个别资产的风险，有些可以被风散掉，有些则不能。无法风散掉的是系统风险，可以分散掉的是非系统风险。

1. 系统风险

系统风险是指影响所有资产的、不能通过资产组合而消除的风险。这些因素包括战争、经济衰退、通货膨胀、高利率的非预期变动、宏观经济形势的变动、国家经济政策的变化、税制改革、企业会计准则改革、世界能源情况、政治因素等。

由于这些因素会对大多数股票产生负面影响，因此无法通过分散化化投资消除系统风险。虽然系统风险会对很多资产的收益情况产生影响，但是影响程度的大小是有区别的。例如，各种股票处于同一经济系统之中，它们的价格变动具有趋同性，多数股票的收益率在一定程度上正相关。经济繁荣时，多数股票的价格都上涨；经济衰退时，多数股票的价格下跌。尽管涨跌的幅度各股票有区别，但是多数股票的变动方向是一致的。所以，不管投资多样化有多充分，也不可能消除全部风险。

由于系统风险是影响整个资本市场的风险，所以也称“市场风险”。由于系统风险没有有效的方法消除，所以也称“不可分散风险”。

2. 非系统风险

非系统风险，是指发生于个别公司的特有事件造成的风险。例如，个别公司遭受火灾、公司在市场竞争中失败、一家公司的工人罢工、新产品开发失败、失去重要的销售合同、诉讼失败，或者取得一个重要合同等。这类事件是非预期的、随机发生的，它只影响一个或少数公司，不会对整个市场产生太大影响。这种风险可以通过多样化投资来分散，即发生于一家公司的不利事件可以被其他公司的有利事件所抵消。

由于非系统风险是个别公司或个别资产所持有的，因此也称“特殊风险”或“特有风险”。由于非系统风险可以通过多样化投资分散掉，因此也称为“可分散风险”。

对于特定企业而言，公司风险也可以进一步分为经营风险和财务风险。经营风险是指因生产经营方面的原因给企业目标带来不利影响的可能性，比如材料供应、生产组织、销售决策失误等方面带来的风险。财务风险又称筹资风险，是指由于举债而给企业目标带来的可能影响。

前面已经讨论过无论是个别资产还是资产组合，资产风险可以用标准差计量。这个标准差衡量的是它的整体风险。我们把整体风险可以进一步划分为系统风险和非系统风险，如图 2 – 11 所示。

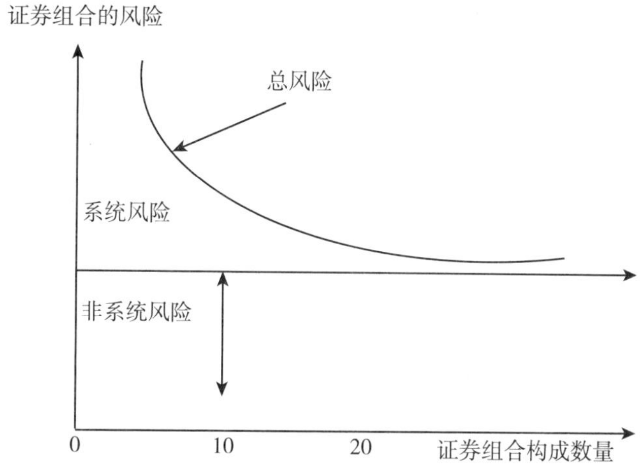

图 2 – 11　投资组合的风险

由于非系统风险可以通过分散化消除，因此一个充分的投资组合几乎没有非系统风险。假设投资人都是理智的，资本市场有效，非系统风险将与资本市场无关，市场将不会给予它任何价格补偿。

由于投资者都是风险回避者，根据风险与收益均衡原理，承担风险会从市场上得到回报，但是回报的大小仅仅取决于系统风险。这就是说，一项资产的期望收益率的高低取决于该资产的系统风险大小。

根据投资组合理论，可以将风险区分为系统风险和非系统风险，并且在高度风散化的资本市场里只有系统风险，并且会得到相应的回报。下面将讨论如何衡量系统风险以及如何给风险定价。

七、系统风险的度量

（一）单项资产的贝塔系数

度量一项资产系统风险的指标是贝塔系数，用希腊字母 β 表示。贝塔系数被定义为某个资产的收益率与市场组合之间的相关性。其计算公式如下：

$$\beta_i = \frac{Cov(R_i, R_M)}{\sigma_M^2} = \frac{\rho_{i,M}\sigma_i\sigma_M}{\sigma_M^2} = \rho_{i,M}\left(\frac{\sigma_i}{\sigma_M}\right) \tag{2-28}$$

其中：分子 $Cov(R_i, R_M)$ 是第 i 种证券的收益率与市场组合收益率之间的协方差。它等于该证券的标准差、市场组合的标准差及两者相关系数的乘积。

根据上式可以看出，一种股票的 β 值的大小取决于：（1）该股票与整个股票市场的相关性；（2）它自身的标准差；（3）整个市场的标准差。

贝塔系数的计算方法有两种：

一种是使用回归直线法。根据数理统计的线性回归原理，β 系数均可以通过同一时期内的资产收益率和市场组合收益率的历史数据，使用线性回归方程预测出来。β 系数就是该线性回归方程的回归系数。

求解回归方程 $y = a + bx$ 系数的计算公式如下：

$$a = \frac{\sum_{i=1}^{n} X_i^2 \times \sum_{i=1}^{n} Y_i - \sum_{i=1}^{n} X_i \times \sum_{i=1}^{n} X_i Y_i}{n\sum_{i=1}^{n} X_i^2 - \left(\sum_{i=1}^{n} X_i\right)^2} \tag{2-29}$$

$$b = \frac{n\sum_{i=1}^{n} X_i Y_i - \sum_{i=1}^{n} X_i \times \sum_{i=1}^{n} Y_i}{n\sum_{i=1}^{n} X_i^2 - \left(\sum_{i=1}^{n} X_i\right)^2} \tag{2-30}$$

【例 2-20】 J 股票历史已获得收益率以及市场历史已获得收益率的有关资料如表 2-6 所示，计算其 β 系数的数据准备过程如表 2-7 和表 2-8 所示。

表 2-6　　计算 β 值的数据

年度	J 股票收益率（Y_i）	市场收益率（X_i）
1	1.8	1.5
2	-0.5	1
3	2	0
4	-2	-2
5	5	4
6	5	3

表 2-7　　回归直线法计算 β 值的数据准备

年度	J 股票收益率（Y_i）	市场收益率（X_i）	X_i^2	X_iY_i
1	1.8	1.5	2.25	2.7
2	-0.5	1	1	-0.5

续表

年度	J股票收益率（Y_i）	市场收益率（X_i）	X_i^2	X_iY_i
3	2	0	0	0
4	-2	-2	4	4
5	5	4	16	20
6	5	3	9	15
合计	11.3	7.5	32.25	41.2

将有关数据代入上式：

$$a=\frac{32.25\times11.3-7.5\times41.2}{6\times32.25-7.5\times7.5}$$

$$=0.4$$

$$b=\frac{6\times41.2-7.5\times11.3}{6\times32.5-7.5\times7.5}$$

$$=1.18$$

直线方程斜率 b，就是该股票的 β 系数。β 系数也可以在 EXCEL 或者相关统计软件中进行数据处理得出相关结果。

另一种方法是按照定义，根据证券与股票指数收益率的相关系数、股票指数的标准差和股票收益率的标准差直接计算。

表 2-8　　公式法计算 β 值的数据准备

年度	J股票收益率（Y_i）	市场收益率（X_i）	$(X_i-\bar{X})$	$(Y_i-\bar{Y})$	$(X_i-\bar{X})\times(Y_i-\bar{Y})$	$(X_i-\bar{X})^2$	$(Y_i-\bar{Y})^2$
1	1.8	1.5	0.25	-0.08	-0.02	0.0625	0.0064
2	-0.5	1	-0.25	-2.38	0.595	0.625	5.6644
3	2	0	-1.25	0.12	-0.15	1.5625	0.0144
4	-2	-2	-3.25	-3.88	12.61	10.5625	15.0544
5	5	4	2.75	3.12	8.58	7.5625	9.7344
6	5	3	1.75	3.12	5.46	3.0625	9.7344
合计	11.3	7.5			27.075	22.875	40.2084
平均数	1.88	1.25					
标准差	2.8358	2.1389					

相关系数的计算：

$$相关系数(\rho)=\frac{\sum_{i=1}^{n}[(x_i-\bar{x})\times(y_i-\bar{y})]}{\sqrt{\sum_{i=1}^{n}(x_i-\bar{x})^2}\times\sqrt{\sum_{i=1}^{n}(y_i-\bar{y})^2}}$$

$$\rho_{im}=\frac{27.075}{\sqrt{22.875}\times\sqrt{40.2084}}$$

$$=0.8927$$

标准差的计算：

$$\sigma=\sqrt{\frac{\sum_{i=1}^{n}(X_i-\bar{X})^2}{n-1}}$$

$$\sigma_M=\sqrt{\frac{22.875}{6-1}}=2.1389$$

$$\sigma_i=\sqrt{\frac{40.2084}{6-1}}=2.8358$$

贝塔系数的计算：

$$\beta_i=\rho_{iM}\left(\frac{\sigma_i}{\sigma_M}\right)=0.8927\times\frac{2.8358}{2.1389}=1.18$$

贝塔系数的经济意义在于，它告诉我们相对于市场组合而言特定资产的系统风险是多少。例如，市场组合相对于它自己的贝塔系数是1；如果一项资产的 $\beta=0.5$，表明它的系统风险是市场组合系统风险的0.5，其收益率的波动性只及一般市场波动性的一半；如果一项资产的 $\beta=2$，说明这种股票的波动幅度为一般市场波动性的2倍。总之，某一股票 β 值的大小反映了该股票收益率波动与整个市场收益率波动之间的相关程度。

【例2-21】仍以【例2-15】为例，假设方案D是一种经过高度分散的基金性资产，可以用来代表市场投资。求各方案的 β 系数。

由于方案D是经过高度分散的基金性资产，可用来代表市场投资，则市场投资收益率为15%，其 β 系数为1。

各方案的 β 系数为：

$$\beta_A=\frac{Cov(r_A,r_D)}{\sigma_D^2}$$

$$=[(10\%-10\%)\times(5\%-15\%)\times0.2+(10\%-10\%)\times(15\%-15\%)\times 0.6+(10\%-10\%)\times(25\%-15\%)\times0.2]\div[(5\%-15\%)^2\times0.2+(15\%-15\%)^2\times0.6+(25\%-15\%)^2\times0.2]=0$$

$$\beta_B=\frac{Cov(r_B,r_D)}{\sigma_D^2}$$

$$= [(6\% - 14\%) \times (5\% - 15\%) \times 0.2 + (11\% - 14\%) \times (15\% - 15\%) \times 0.6 + (31\% - 14\%) \times (25\% - 15\%) \times 0.2] \div [(5\% - 15\%)^2 \times 0.2 + (15\% - 15\%)^2 \times 0.6 + (25\% - 15\%)^2 \times 0.2] = 1.25$$

$$\beta_C = \frac{Cov(r_C, r_D)}{\sigma_D^2}$$

$$= [(22\% - 12\%) \times (5\% - 15\%) \times 0.2 + (14\% - 12\%) \times (15\% - 15\%) \times 0.6 + (-4\% - 12\%) \times (25\% - 15\%) \times 0.2] \div [(5\% - 15\%)^2 \times 0.2 + (15\% - 15\%)^2 \times 0.6 + (25\% - 15\%)^2 \times 0.2] = -1.3$$

$$\beta_D = \frac{Cov(r_D, r_D)}{\sigma_D^2} = 1$$

（二）投资组合的贝塔系数

β 值衡量系统风险，具有可加性。投资组合的 β_p 等于被组合各证券 β 值的加权平均数。

$$\beta_p = \sum_{i=1}^{n} W_i \beta_i \qquad (2-31)$$

式（2－31）中，β_p 表示证券组合的风险系数；W_i 表示第 i 项资产在组合中所占的价值比重；β_i 表示第 i 项资产的 β 系数。

【例 2－22】某证券组合中有三只股票，相关信息如表 2－9 所示，要求计算证券组合的 β 系数。

表 2－9　某证券组合的相关信息

股票	β 系数	股票的每股市价（元）	股票的数量
A	0.7	4	200
B	1.1	2	100
C	1.7	10	100

首先计算 A、B、C 三种股票所占的价值比例：

A 股票比例：$(4 \times 200) \div (4 \times 200 + 2 \times 100 + 10 \times 100) \times 100\% = 40\%$

B 股票比例：$(2 \times 100) \div (4 \times 200 + 2 \times 100 + 10 \times 100) \times 100\% = 10\%$

C 股票比例：$(10 \times 100) \div (4 \times 200 + 2 \times 100 + 10 \times 100) \times 100\% = 50\%$

然后计算加权平均 β 系数，即为证券组合的 β 系数：

$$\beta_p = 40\% \times 0.7 + 10\% \times 1.1 + 50\% \times 1.7 = 1.24$$

第四节　资本市场均衡模型：资本资产定价模型*

1964 年，威廉·夏普（William Sharp）根据投资组合理论提出了资本资产定价模型（CAPM）。资本资产定价模型，是财务学形成和发展过程中最重要的里程碑。它第一次使人们可以量化市场的风险程度，并且能够对风险进行具体定价。

资本资产定价模型的研究对象，是充分组合情况下风险与必要收益率之间的均衡关系。资本资产定价模型可用于回答如下不容回避的问题：为了补偿某一特定程度的风险，投资者应该获得多大的收益率？

一、资本资产定价模型的假设

资本资产定价模型建立在如下基本假设之上：

（1）所有投资者均追求单期财富的期望效用最大化，并以各备选组合的期望收益和标准差为基础进行组合选择。

（2）所有投资者均可以无风险收益率无限制地借入或贷出货币。

（3）所有投资者拥有同样预期，即对所有资产收益的均值、方差和协方差等，投资者均有完全相同的主观估计。

（4）所有资产均可被完全细分，拥有充分的流动性且没有交易成本。

（5）没有税金。

（6）所有投资者均为价格接受者。即任何一个投资者的买卖行为都不会对股票价格产生影响。

（7）所有资产的数量是给定的和固定不变的。

二、资本资产定价模型的基本介绍

资本资产定价模型中，所谓资本资产主要指的是股票资产，而定价则试图解释资本市场如何决定股票收益率，进而决定股票价格。

根据风险与收益的一般关系，某资产的必要收益率是由无风险收益率和资产的风险收益率决定的。即：

$$必要收益率 = 无风险收益率 + 风险收益率$$

资本资产定价模型的一个主要贡献就是解释了风险收益率的决定因素和度量方法，并

---

* 注：带 * 部分内容仅供会计、财务管理、金融专业学生选用，非会计、财务管理、金融专业学生可不讲授。

且给出了下面的一个简单的表达形式：

$$E(r_i)=r_f+\beta_i\times[E(r_M)-r_f] \tag{2-32}$$

这是资本资产定价模型的核心关系式。式（2－32）中，$E(r_i)$表示某资产的必要收益率；β_i 表示该资产的系统风险系数；r_f 表示无风险收益率，通常以短期国债的利率来近似替代；$E(r_M)$表示市场组合收益率，通常用股票价格指数收益率的平均值或所有股票的平均收益率来代替。

三、资本资产定价模型的推导

下面介绍资本资产定价模型的数学推导：

（一）资本市场线（CML）

为了理解资本市场线（CML），我们首先给出 CML 的方程：

$$E(r_p)=r_f+\frac{E(r_M)-r_f}{\sigma_M}\times\sigma_p \tag{2-33}$$

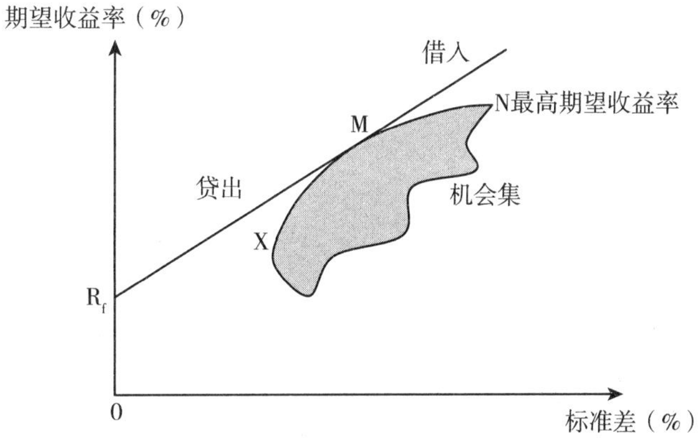

图 2－12　资本市场线：最佳组合的选择

CML 的推导过程：

假设市场组合的风险和预期收益率的期望为$(\sigma_M, E(r_M))$，无风险证券的风险和预期收益率的期望为(σ_f, r_f)（其中：$\sigma_f=0$）。投资者持有市场组合与无风险证券的权重分别为 α 和（$1-\alpha$）。无风险证券与市场组合组成的投资组合 P 的预期收益率期望为 $E(r_p)$，方差为 σ_p^2。那么这个新组合 P 的预期收益率的期望和方差分别为：

$$E(r_p)=\alpha\times E(r_M)+(1-\alpha)\times r_f$$

$$\begin{aligned}\sigma_p^2&=(\alpha\times\sigma_M)^2+((1-\alpha)\times\sigma_f)^2+2\times\alpha\times(1-\alpha)\times\sigma_M\times\sigma_f\times r_{Mf}\\&=\alpha^2\sigma_M^2\end{aligned}$$

所以有：

$$\sigma_p = \alpha\sigma_M$$

可知：$\alpha = \frac{\sigma_p}{\sigma_M}$，代入新组合的 P 的期望公式，得到：

$$\begin{aligned} E(r_p) &= \alpha \times E(r_M) + (1-\alpha) \times r_f \\ &= \frac{\sigma_p}{\sigma_M} \times E(r_M) + \left(1 - \frac{\sigma_p}{\sigma_M}\right) \times r_f \\ &= r_f + \frac{\sigma_p}{\sigma_M} \times (E(r_M) - r_f) \\ &= r_f + \frac{E(r_M) - r_f}{\sigma_M} \times \sigma_p \end{aligned}$$

可见，CML 的斜率为$\frac{E(r_M) - r_f}{\sigma_M}$，它在纵轴上的截距为 r_f，如图 2－12 所示。

任何在资本市场线上资产组合，都是具有均值方差效率的资产组合，而单一证券和无效率的证券组合必然位于该线的下方。处在均衡状态下的证券市场有两个特征：

（1）资本市场线的截距被视为等待（时间）的收益（无风险证券收益率）；

（2）资本市场线的斜率就是承受每一单位风险所得到的收益。

CML 也可以表示为：

$$E(r_p) - r_f = \frac{E(r_M) - r_f}{\sigma_M} \times \sigma_p \qquad (2-34)$$

我们把资本市场上任何一只证券的预期收益率高于无风险收益率的部分称为风险溢价，证券组合的风险溢价为 $E(r_p) - r_f$，市场组合的风险溢价为 $E(r_M) - r_f$，而市场组合的风险溢价除以市场组合的风险水平就是 CML 的斜率，这个斜率被定义为风险的市场均衡价格。风险的市场均衡价格乘以组合的风险水平，就是组合的风险溢价。它把组合收益、组合风险水平、风险的市场均衡价格之间的关系准确地揭示出来。

风险的市场均衡价格是追求高收益、低风险的投资者，通过完善的资本市场交易最终形成的结果。但是，对于每个投资者而言，他是这个价格的接受者。我们也假设投资者总是持有无风险资产和市场组合。仅当投资者持有市场组合和无风险证券的某种组合时，才能用资本市场线来确定组合的预期收益率。但是，资本市场线并不能为我们提供每一个证券的预期收益率。

（二）证券市场线（SML）

为了推导出最终的 CAPM 模型，我们还要再构造一个特殊的投资组合。这个投资组合由某一个证券 i 和市场组合 M 形成的组合。这个证券 i 和市场组合 M 在这个特殊组合中的权重分别为 α 和 $1-\alpha$，其中 $0<\alpha<1$。可以知道：

当 $\alpha=0$ 时，证券市场是均衡的（因为证券 i 可以代表市场中的任何一只证券，如果对任何证券都不存在过度需求，那此时证券市场是均衡的。）；

当 $\alpha>0$ 时，证券市场是不均衡的，也就是说市场上存在着对这个 i 证券的过度需求；

这个特殊组合的预期收益率的期望和标准差分别为 $E(R_p)$ 和 σ_p，且这个 i 证券与市场组合 M 预期收益率之间的协方差为 $COV(r_i, r_M)$。那么，我们可以得到：

$$E(r_p) = \alpha \times E(r_i) + (1-\alpha) \times E(r_M) \tag{2-35}$$

$$\sigma_p = \sqrt{\alpha^2 \times \sigma_i^2 + (1-\alpha)^2 \times \sigma_M^2 + 2 \times \alpha \times (1-\alpha) \times Cov(r_i, r_M)} \tag{2-36}$$

这个方程表示的是证券 i 和市场组合 M 形成的特殊组合的投资可行集，它们所组成的有效前沿是可行集的一个子集。

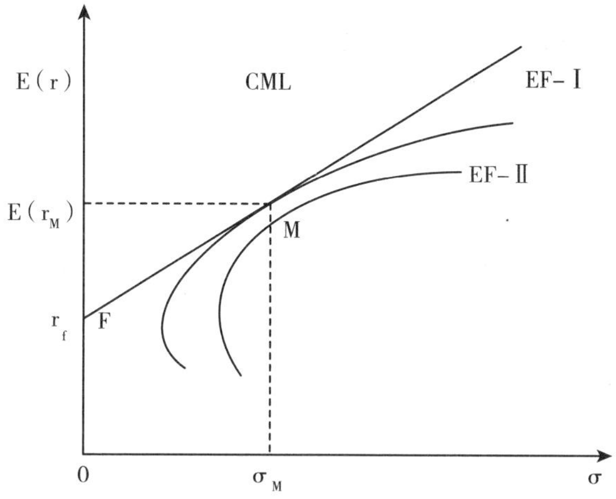

图 2-13 资本市场线：证券 i 和市场组合 M 形成的组合

如图 2-13 所示，EF-Ⅰ是包含全部风险证券的有效前沿，EF-Ⅱ是证券 i 和市场组合 M 形成的特殊组合的有效前沿，因为 i 与 M 的组合的可行集是全部风险证券可行集的一个子集，那么 EF-Ⅱ肯定位于 EF-Ⅰ的右下方，当且仅当 $\alpha=0$ 时，i 和 M 的组合过 M 点，即 EF-Ⅱ过 M 点，那么 EF-Ⅱ必然与 EF-Ⅰ相切，且切点为 M。

那么，EF-Ⅱ在 M 点切线的导数 $\left(\left.\frac{dE(r_p)}{d\sigma_p}\right|_{\alpha=0}\right)$ 和 EF-Ⅰ在 M 点的导数相同，由前面的讨论我们知道 EF-Ⅰ在 M 点的导数即是 CML 的斜率 $\frac{E(r_M)-r_f}{\sigma_M}$，那么：

$$\left.\frac{dE(r_p)}{d\sigma_p}\right|_{\alpha=0} = \frac{E(r_M)-r_f}{\sigma_M}$$

先求出 $\frac{dE(r_p)}{d\sigma_p}$

由前面的讨论，可知：

$$E(r_p) = \alpha \times E(r_i) + (1-\alpha) \times E(r_M)$$

$$\sigma_p = \sqrt{\alpha^2 \times \sigma_i^2 + (1-\alpha)^2 \times \sigma_M^2 + 2 \times \alpha \times (1-\alpha) \times Cov(r_i, r_M)}$$

那么，$\frac{dE(r_p)}{d\sigma_p}=\frac{\frac{dE(r_p)}{d\alpha}}{\frac{d\sigma_p}{d\alpha}}$

$$=\frac{E(r_i)-E(r_M)}{\frac{1}{2}[\alpha^2\times\sigma_i^2+(1-\alpha)^2\times\sigma_M^2+2\times\alpha\times(1-\alpha)\times Cov(r_i,r_M)]^{\frac{1}{2}-1}}$$

$$\times\frac{1}{[2\times\alpha\times\sigma_i^2-2\times(1-\sigma)\times\sigma_M^2+2\times Cov(r_i,r_M)-4\times\alpha\times Cov(r_i,r_M)]}$$

$$=\frac{2\times[E(r_i)-E(r_M)]\times[\alpha^2\times\sigma_i^2+(1-\alpha)^2\times\sigma_M^2+2\times\alpha\times(1-\alpha)\times Cov(r_i,r_M)]^{\frac{1}{2}}}{[2\times\alpha\times\sigma_i^2-2\times(1-\alpha)\times\sigma_M^2+2\times Cov(r_i,r_M)-4\times\alpha\times Cov(r_i,r_M)]}$$

将 $\alpha=0$ 代入上式，可知：

$$\left.\frac{dE(r_p)}{d\sigma_p}\right|_{\alpha=0}=\frac{[E(r_i)-E(r_M)]\times\sigma_M}{Cov(r_i,r_M)-\sigma_M^2}=\frac{E(r_M)-r_f}{\sigma_M}$$

化简这个公式：

$$E(r_i)=r_f+\frac{Cov(r_i,r_M)}{\sigma_M^2}\times[E(r_M)-r_f]$$

设 $\beta_i=\frac{Cov(r_i,\ r_M)}{\sigma_M^2}$，那么，

$$E(r_i)=r_f+\beta_i\times[E(r_M)-r_f] \tag{2-37}$$

这就是 CPAM 模型。

从 CPAM 模型，我们可以看到，任一证券的必要收益率可分为两部分：一部分是无风险利率，另一部分是由于风险存在而增加的溢价，风险越大，第二部分也就越大，亦即对该证券的必要收益率就越大。

在 CAPM 中，β_i 成为证券系统风险的衡量工具，因为 r_f 和 $E(r_M)$是给定的。如果 $\beta_i>1$，说明证券 i 的风险大于证券市场组合 M 的风险，因而 $E(r_i)>E(r_M)$；反之，若 $\beta_i<1$，说明证券 i 的风险小于证券市场组合 M 的风险，因而 $E(r_i)<E(r_M)$。

我们知道，$\beta_i=\frac{Cov(r_i,\ r_M)}{\sigma_M^2}=\frac{\rho_{iM}\sigma_i\sigma_M}{\sigma_M^2}=\frac{\rho_{iM}\sigma_i}{\sigma_M}$，于是，我们可以把 CAPM 模型改写成：

$$\begin{aligned}E(r_i)&=r_f+\beta_i\times[E(r_M)-r_f]\\&=r_f+\frac{\rho_{iM}\sigma_i}{\sigma_M}\times[E(r_M)-r_f]\\&=r_f+\frac{[E(r_M)-r_f]}{\sigma_M}\times\rho_{iM}\sigma_i\end{aligned} \tag{2-38}$$

对于式（2－38），可以这样理解，由于整个市场存在风险，那么给予它的风险补偿应该是 $[E(r_M)-r_f]$，而市场风险的大小是用 σ_M 衡量的，于是 $\frac{[E(r_M)-r_f]}{\sigma_M}$ 就可以理解为“平均单位市场风险的价格”，证券 i 的风险为 σ_i，将它折算成市场风险，则其折算值为 $\rho_{iM}\sigma_i$，将“平均单位市场风险的价格”与证券 i 的市场风险相乘，那么他们的乘积当然就是对证券 i 的风险补偿了。

这样，我们就可以利用资本资产定价模型 $E(r_i)=r_f+\beta_i\times[E(r_M)-r_f]$ 就可以对任一证券的必要收益率作出估计。

关于 β_i，如果证券市场的发展是平稳的，有秩序的，我们可以利用有关历史数据作回归分析，从而得到 β_i 的估计值。

这样，我们可以将 β_i 和 $E(r_i)$ 放在同一个直角坐标系中，得到证券市场线（SML），如图 2－14 所示。

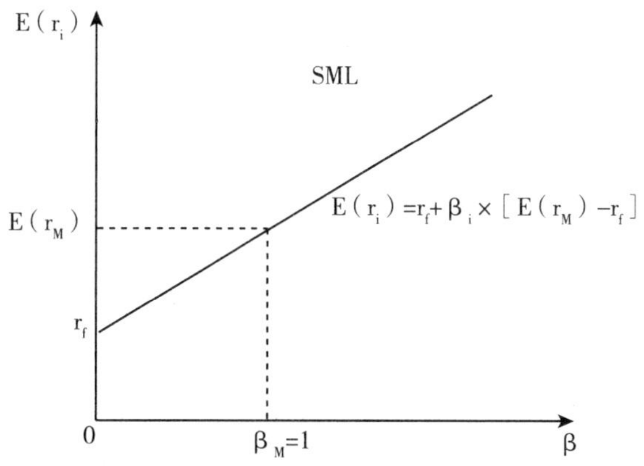

图 2－14 证券市场线（SML）

【例 2－23】仍以【例 2－15】为例，假设方案 D 是一种经过高度分散的基金性资产，可以用来代表市场投资。用资本资产定价模型计算各方案的必要收益率，并评价各方案。

由于方案 D 是经过高度分散的基金性资产，可用来代表市场投资，则市场投资收益率为 15%，其 β 系数为 1；而方案 A 的标准离差为 0，说明是无风险的投资，所以无风险收益率为 10%。

$$
\begin{aligned}
R_A &= R_A+\beta_A\times(R_D-R_A)\\
&=10\%
\end{aligned}
$$

A 方案必要收益率为 10%，期望收益率也为 10%，期望收益率等于必要收益率，A 方案可行。

$$
\begin{aligned}
R_B &= R_A+\beta_B\times(R_D-R_A)\\
&=10\%+1.25\times(15\%-10\%)\\
&=16.25\%
\end{aligned}
$$

B 方案必要收益率为 16.25%，期望收益率为 14%，期望收益率小于必要收益率，B 方案不可行。

$$R_C = R_A + \beta_C \times (R_D - R_A) = 10\% + (-1.3) \times (15\% - 10\%) = 3.5\%$$

C 方案必要收益率为 3.5%，期望收益率为 12%，期望收益率大于必要收益率，C 方案可行。

$$R_D = R_A + \beta_D \times (R_D - R_A) = 10\% + 1 \times (15\% - 10\%) = 15\%$$

D 方案必要收益率为 15%，期望收益率为 15%，期望收益率等于必要收益率，D 方案可行。

由此可以看出，方案 A 和方案 D 的期望收益率等于其必要收益率，方案 C 的期望收益率大于其必要收益率，而方案 B 的期望收益率小于其必要收益率。所以方案 A 方案 C 和方案 D 值得投资，而方案 B 不值得投资。

四、资本资产定价模型的有效性和局限性

资本资产定价模型和证券市场线最大的贡献在于其提供了对风险和收益之间的一种实质性的表述，CAPM 和 SML 首次将“高收益伴随着高风险”这样一种直观认识，用这样简单的关系式表达出来。到目前为止，CAPM 和 SML 是对现实中风险与收益关系最为贴切的表述，因此长期以来，被财务人员、金融从业者以及经济学家作为处理风险的主要工具。

尽管 CAPM 已经得到了广泛的认可，但在实际运用中，仍然存在着一些明显的局限，主要表现在：(1) 某些资产或企业的 β 值难以估计，特别是对一些缺乏历史数据的新兴行业。(2) 由于经济环境的不确定性和不断变化，使得依据历史数据估算出来的 β 值对未来的指导作用必然要打折扣。(3) CPAM 是建立在一系列假设之上的，其中一些假设与实际情况有较大偏差，使得 CAPM 的有效性受到质疑。这些假设包括：市场是均衡的，市场不存在摩擦，市场参与者都是理性的、不存在交易费用、税收不影响资产的选择和交易等。

练习题

一、名词解释

1. 货币时间价值
2. 复利现值

3. 复利终值

4. 年金现值

5. 年金终值

二、简答题

1. 年金是否一定是每年发生一次现金流量？请举例说明？

2. 什么是系统风险和非系统风险？二者有何区别？

3. β 系数的定义是什么？它用来衡量什么性质的风险？β 系数的两种计算方法是什么？

4. 如何理解资本资产定价模型的数学推导过程？

5. 资本市场线与证券市场线的联系和区别？

三、单项选择题

1. 一定时期内每期期初等额收付的系列款项是（　　）。

A. 先付年金　　B. 永续年金　　C. 递延年金　　D. 普通年金

2. 某单位拟建立一项基金，从今年年初开始，每年年初存入银行 10 000 元，若年利率为 8%，（F/A，8%，5）=5.8666，5 年后该项基金的本息和为（　　）元。

A. 63 359　　B. 58 666　　C. 55 061　　D. 45 061

3. 某项年金，前 3 年年初无现金流入，后 5 年每年年初流入 500 万元，若年利率为 10%，其现值为（　　）万元。（P/A，10%，7）=4.8684，（P/A，10%，2）=1.7355，（P/A，10%，5）=3.7908，（P/F，10%，2）=0.8264

A. 2 434　　B. 3 053　　C. 1 424　　D. 1 566

4. 在下列各项中，无法计算出确切结果的是（　　）。

A. 后付年金终值　　B. 预付年金终值

C. 递延年金终值　　D. 永续年金终值

5. 已知（F/A，10%，9）=13.579，（F/A，10%，11）=18.531。则 10 年，10% 的预付年金终值系数为（　　）。

A. 17.531　　B. 15.937　　C. 14.579　　D. 12.579

6. 企业年初借得 50 000 元贷款，10 年期，年利率 12%，每年年末等额偿还。已知年金现值系数（P/A，12%，10）=5.6502，则每年应付金额为（　　）元。

A. 8 849　　B. 5 000　　C. 6 000　　D. 28 251

7. 某公司拟于 5 年后一次还清所欠债务 100 000 元，假定银行利息率为 10%，5 年 10% 的年金终值系数为 6.1051，5 年 10% 的年金现值系数为 3.7908，则应从现在起每年末等额存入银行的偿债基金为（　　）元。

A. 16 379.75　　B. 26 379.66　　C. 379 080　　D. 610 510

8. 某公司向银行借入 12 000 元，借款期为 3 年，每年的还本付息额为 4 600 元，（P/A，7%，3）=2.6243，（P/A，8%，3）=2.5771，则借款利率为（　　）。

A. 6.53%　　B. 7.32%　　C. 7.68%　　D. 8.25%

9. 某公司向银行借款 1 000 万元，年利率为 4%，按季度付息，期限为 1 年，则该借款的实际年利率为（　　）

A. -2.01%　　B. 4.00%　　C. 4.04%　　D. 4.06%

10. 投资者对某项资产合理要求的最低收益率，称为（　　）。

A. 实际收益率　　B. 必要收益率　　C. 预期收益率　　D. 无风险收益率

11. 在计算由两项资产组成的投资组合收益率的方差时，不需要考虑的因素是（　　）。

A. 单项资产在投资组合中所占比重

B. 单项资产的贝塔系数

C. 单项资产的方差

D. 两种资产的相关系数

12. 关于证券投资组合理论的以下表述中，正确的是（　　）。

A. 证券投资组合能消除大部分系统风险

B. 证券投资组合的总规模越大，承担的风险越大

C. 风险最小的组合，其收益最大

D. 一般情况下，随着更多的证券加入到投资组合中，整体风险降低的速度会越来越慢

13. 根据财务管理的理论，公司特有风险通常是（　　）。

A. 不可分散风险　　B. 非系统风险　　C. 基本风险　　D. 系统风险

14. 下列各项中，不能通过证券组合分散的风险是（　　）。

A. 非系统性风险　　B. 公司特别风险

C. 可分散风险　　D. 市场风险

15. 如果整个市场投资组合收益率的标准差是 0.1，某种资产和市场投资组合的相关系数为 0.4，该资产的标准差为 0.5，则该资产的 β 系数为（　　）。

A. 1.79　　B. 0.2　　C. 2　　D. 2.24

四、多项选择题

1. 某公司向银行借入一笔款项，年利率为 10%，分 6 次还清，从第 5 年至第 10 年每年末偿还本息 5 000 元。下列计算该笔借款现值的算式中，正确的有（　　）。

A. 5 000 ×（P/A,10%,6）×（P/F,10%,3）

B. 5 000 ×（P/A,10%,6）×（P/F,10%,4）

C. 5 000 ×［（P/A,10%,9）-（P/A,10%,3）］

D. 5 000 ×［（P/A,10%,10）-（P/A,10%,4）］

2. 下列指标中，能够反映资产风险的有（　　）

A. 预期值　　B. 方差　　C. 标准差　　D. 标准离差率

3. 在选择资产时，下列说法正确的有（　　）。

A. 当预期收益率相同时，风险回避者会选择风险小的

B. 如果风险相同，对于风险回避者而言，将无法选择

C. 如果风险不同，对于风险中立者而言，将选择预期收益大的

D. 当预期收益率相同时，风险追求者会选择风险大的

4. 构成投资组合的证券 A 和证券 B，其标准差分别为 12% 和 8%，其收益分别为 15% 和 10%，则下列表述中正确的有（　　）。

A. 两种资产组合的最高收益率为 15%

B. 两种资产组合的最低收益率为 10%

C. 两种资产组合的收益率有可能会高于 15%

D. 两种资产组合的收益率有可能会低于 10%

5. 下列有关两项资产收益率之间的相关系数表示正确的有（　　）。

A. 当相关系数为 1 时，投资两项资产不能抵消任何投资风险

B. 当相关系数为 -1 时，投资两项资产可以最大程度地抵消风险

C. 当相关系数为 0 时，投资两项资产的组合可以降低风险

D. 两项资产之间的正相关程度越低，其投资组合可分散的投资风险的效果越小

五、计算题

1. 向银行存入本金 1 000 元，年利率为 6%，则 5 年后的终值为多少？（分别用单利和复利计算）

2. 某人在 5 年后需要使用一笔 20 000 元货币，银行利率为 8%，则现在应该一次存入本金多少钱？（分别用单利和复利计算）

3. 存入银行 10 000 元，年利率为 10%，按季复利计息，存款期限 2 年，试计算：

（1）两年后的本利和；

（2）计算其实际利率。

4. 某公司需用一台设备，买价 9 000 元，可用 8 年。如果租用，则每年年初需付租金 1 500 元。假设利率为 8%。

要求：试决定企业应租用还是购买该设备。

5. 某企业全部用银行贷款投资兴建一个工程项目，总投资额为 5 000 万元，假设银行借款利率为 16%。该工程当年建成投产。

请回答：

（1）该工程建成投产后，分 8 年等额归还银行借款，每年年末应还多少？

（2）若该工程建成投产后，每年可获净利 1 500 万元，全部用来归还借款的本息，需多少年才能还清？

6. 银风汽车销售公司针对售价为 25 万元的 A 款汽车提供两种促销方案。a 方案为延期付款业务，消费者付现款 10 万元，余款两年后付清。b 方案为商业折扣，银风汽车销售公司为全款付现的客户提供 3% 的商业折扣。假设利率为 10%，消费者选择哪种方案购买更为合算？

7. 李东今年 30 岁，距离退休还有 30 年。为使自己在退休后仍然享有现有的生活水平，李东认为退休当年年末他必须攒够至少 70 万元存款。假设利率为 10%，为达成此目

标，从现在起的每年年末李东需要存多少钱？

8. 张平于1月1日从银行贷款10万元，合同约定分4年还清，每年年末等额付款。要求：

（1）假设年利率为8%，计算每年年末分期付款额；

（2）计算并填写下表：

还款明细表

单位：元

年次	分期付款额	本年利息	应还贷款减少额	应还贷款余额
0	—	—	—	100 000
1		8 000		
2				
3				
4				
合计				—

9. 某项永久性债券，每年年末均可获得利息收入20 000元，债券现值为250 000元，则该债券的年利率为多少？

10. 东方公司投资了一个新项目，项目投产后每年年末获得的现金流入量如下表所示，折现率为10%，求这一系列现金流入量的现值。

项目现金流入量

单位：元

年次	现金流入量	年次	现金流入量
1	0	6	4 500
2	0	7	4 500
3	2 500	8	4 500
4	2 500	9	4 500
5	4 500	10	3 500

11. 中原公司和南方公司股票的收益率及其概率分布如下表所示：

中原公司和南方公司股票的收益率及其概率分布

经济情况	发生概率	收益率	
		中原公司	南方公司
繁荣	0.30	40%	60%
一般	0.50	20%	20%
衰退	0.20	0%	-10%

要求：

（1）分别计算中原公司和南方公司股票的期望收益率、标准差和标准离差率。

（2）根据以上计算结果，试判断投资者应该投资于中原公司股票还是投资于南方公司股票。

*12. 现有四种证券，资料如下表所示：

证券	A	B	C	D
β系数	1.5	1.0	0.4	2.5

无风险收益率为8%，市场上所有证券的组合收益率为14%。

要求：计算上述四种证券各自的必要收益率。

*13. 国库券的利息率为5%，市场组合的收益率为13%。

要求：

（1）计算市场风险报酬率。

（2）当β值为1.5时，必要收益率应为多少？

（3）如果一项投资计划的β值为0.8，期望收益率为11%，是否应当进行投资？

（4）如果某种股票的必要收益率为12.2%，其β值应为多少？

第三章　企业筹资方式

资金是企业设立、生存和发展的物质基础，是企业开展生产经营活动的基本前提。任何一个企业，为了形成相应的生产经营能力，保证生产经营活动的正常进行，必须拥有一定数量的资金。因此，筹资活动就成了企业财务活动中的一项重要内容和经常性的工作。本章主要介绍了企业筹资渠道与筹资方式、资金需求量的预测方法、权益资金的筹集及负债资金的筹集等内容。

第一节　企业筹资概述

企业的生存与发展离不开资金，因此，企业在其生产经营过程中，应了解企业筹资的分类，并能根据其发展的需要和可能的条件确定相应的投资项目，采用科学合理的方法预测出资金的需求量，选择恰当的筹资方式，通过一定的筹资渠道筹集所需资金。

一、企业筹资的概念和动机

任何企业在创立和发展过程中都需要筹资。下面讲述企业长期筹资的概念和意义。

（一）企业筹资的概念

企业筹资，是指企业为了满足经营活动、投资活动、资本结构管理等方面的需要，通过一定的筹资渠道，采取适当的筹资方式有效获取所需资金的一种财务行为。

企业的筹资可以分为短期筹资和长期筹资。长期筹资是指企业作为筹资主体，根据其经营活动、投资活动和调整资本结构等长期需要，通过长期筹资渠道和资本市场，运用长期筹资方式，经济有效地筹措和集中长期资本的活动。本章主要介绍长期筹资，短期筹资作为营运资本管理的内容，在后续章节介绍。

一个企业从创建到生存发展的整个过程都需要筹集资本。企业最初创建就需要筹集必要的资金进行生产经营活动。企业要长期生存和发展，同样需要持有一定规模的长期资本。企业需要长期资本的原因主要有：购建固定资产，取得无形资产，对外长期投资，垫支永久性流动资产等。企业的长期资本一般是通过投入资本、发行股票、发行债券、长期借款和融资租赁等筹资方式取得或形成的。

（二）企业筹资的动机

企业筹资最基本的目的，对为了企业经营的维持和发展，为企业的经营活动提供资金保障，但每次具体的筹资行为，往往受特定动机的驱动。如为了提供技术水平购置新设备而筹资；为对外投资活动而筹资；为产品研发而筹资；为解决资金周转临时需要而筹资；等等。各种具体的筹资原因，归纳起来表现为四类筹资动机：创立性筹资动机、扩张性筹资动机和调整性筹资动机和混合性筹资动机。

1. 创立性筹资动机

创立性筹资动机，是指企业设立时，为取得资本金并形成开展经营活动的基本条件而产生的筹资动机。根据我国《公司法》《合伙企业法》《个人独资企业法》等相关法律的规定，任何一个企业或公司在设立时都要求有符合企业章程或公司章程规定的全体股东认缴的出资额。企业创立时，要按照企业经营规模核定长期资本需要量和流动资金需要量，构建厂房设备等，安排流动资金，形成企业的经营能力。这样，就需要筹措注册资本和资本公积等股权资金，股权资金不足部分需要筹集银行借款等债务资金。

2. 扩张性筹资动机

扩张性筹资动机，是指企业因扩大经营规模或对外投资需要而产生的筹资动机。企业维持简单再生产所需要的资金是稳定的，通常不需要或很少需要追加筹资。一旦企业扩大再生产，经营规模扩张、开展对外投资，就需要大量追加筹资。具有良好发展前景、处于成长期的企业，往往会产生扩张性的筹资动机。扩张性的筹资活动，在筹资的时间和数量上都要服从于投资决策和投资计划的安排，避免资金的闲置和投资时机的贻误。扩张性筹资的直接结果，往往是企业资产总规模的增加和资本结构的明显变化。

3. 调整性筹资动机

调整性筹资动机，是指企业因调整资本结构而产生的筹资动机。资本结构调整的目的在于降低资本成本，控制财务风险，提升企业价值。企业产生调整性筹资动机的具体原因大致有二：一是优化资本结构，合理利用财务杠杆效应。企业现有资本结构不尽合理的原因有：债务比例过高，有较大的财务风险；股权资本比例较大，企业的资本成本负担较重。这样可以通过筹资增加股权或债务资金，达到调整资本结构的目的。二是偿还到期债务，债务结构内部调整。例如，企业举借长期债务来偿还部分短期债务。又如一些债务即将到期，企业虽然有足够的偿还能力，但为了保持现有的资本结构，可以举借新债以偿还旧债。调整性筹资的目的，是为了调整资本结构，而不是为企业经营活动追加资金，这类筹资通常不会增加企业的资本总额。

4. 混合性筹资动机

在实务中，企业筹资的目的可能不是单纯和唯一的，通过追加筹资，既满足了经营活动、投资活动的资金需要，又达到了调整资本结构的目的，可称之为混合性的筹资动机。如企业对外长期投资需要大量现金，其资金来源通过发行债券解决，这种情况既扩张了企业规模，又使得企业的资本结构有较大的变化。混合性筹资动机一般是基于企业规模扩张和调整资本结构两种目的，兼具扩张性筹资动机和调整性筹资动机的特性，同时增加了企业的资产总额和资本总额，也导致企业的资产结构和资本结构发生变化。

二、企业筹资方式

目前我国企业的筹资方式主要有以下几种。

1. 吸收直接投资

吸收直接投资是指企业按照“共同投资、共同经营、共担风险、共享利润”的原则直接吸收国家、法人、个人投入资金，并由此形成企业资本金的一种筹资方式。

2. 发行股票

发行股票是指股份有限公司通过发行股票这种有价证券筹集自有资金的一种方式。

3. 利用留存收益

利用留存收益是指企业将留存收益转化为投资的过程，它是企业筹集权益性资本的一种重要方式。

4. 向银行借款

向银行借款是指企业根据借款合同从有关银行或非银行金融机构借入的需要还本付息的款项，并由此形成企业的债务性资本的一种筹资方式。

5. 发行公司债券

发行公司债券是指企业通过发行债券筹措债务性资本的一种方式。

6. 利用商业信用

商业信用是指企业在商品交易中的由于延期付款或延期交货所形成的借贷关系，它是企业筹集短期债务资金的一种重要方式。

7. 融资租赁

融资租赁，也称资本租赁或财务租赁，是指出租人根据承租人对租赁物和供货人的选择或认可，将其从供货人处取得的租赁物按融资租赁合同的约定出租给承租人占有、使用，并向承租人收取租金，最短租赁期限为一年的交易活动。对于承租人来说，可以在资产使用寿命期内获得设备使用权，因而使企业能够较快突破资金短缺的限制，尽快形成生产能力。其表面上是企业租入设备等资产，但实质上仍是一种融资行为，因此它是企业筹集长期债务性资本的一种方式。

三、企业筹资的分类

1. 短期筹资与长期筹资

按所筹资金使用期限的长短不同，企业筹资可分为短期筹资与长期筹资两种类型。

短期筹资是指使用期限在一年以内的资金筹集活动。企业所需的短期资金通常采用商业信用、短期银行借款、短期融资券等方式来筹集。

长期筹资是指使用期限在一年以上的资金筹集活动。企业所需的长期资金通常采用吸收直接投资、发行股票、利用留存收益、发行债券、长期借款和融资租赁等方式来筹集。

2. 权益筹资、债务筹资及衍生工具筹资

按所筹资金的权益特性不同，企业筹资可分为权益筹资、债务筹资及衍生工具筹资三种类型。

权益筹资又可称为自有资金筹资，是指企业通过吸收直接投资、发行股票、利用内部留存收益等方式筹集资金。企业采用该类方式筹集资金，一般不用还本，财务风险小，但资金成本相对较高。

债务筹资又可称为借入资金筹资，是指企业通过发行债券、向银行借款、融资租赁、商业信用等方式筹集的资金。企业采用该类方式筹集资金，到期要还本付息，一般财务风险较大，但资金成本相对较低。

衍生工具筹资包括兼具股权与债务特性的混合融资和其他衍生工具融资。我国上市公司目前最常见的混合融资是可转换债券融资，最常见的其他衍生工具融资是认股权证融资。

3. 直接筹资与间接筹资

按是否以金融机构为媒介，企业筹资可分为直接筹资和间接筹资两种类型。

直接筹资是指企业筹集资金时不通过银行等金融机构，而是通过发行股票、债券或直接与资金供应者协商借贷等方法来筹集资金。直接筹资方式主要有吸收直接投资、发行股票、发行债券等，通过直接筹资既可以筹集股权资金，也可以筹集债务资金。

间接筹资是指企业借助银行等金融机构而进行的筹资活动。间接筹资方式主要包括银行借款、非银行金融机构借款、融资租赁等，间接筹资形成的资金主要用于满足企业资金周转的需要。

4. 内部筹资与外部筹资

按资金的来源不同，企业筹资可分为内部筹资和外部筹资两种类型。

内部筹资是指企业通过利润留存而形成的筹资来源。内部筹资的数额主要取决于企业可供分配利润的数额和利润分配政策（股利政策），一般无须额外支付筹资费用，与股票筹资方式相比，其筹资成本相对较低。

外部筹资是指企业向外部筹措资金而形成的筹资来源。不论是刚创办的企业还是处于营运期的企业，仅靠其内部筹资往往难以满足其发展需要。这就需要企业广泛地开展外部筹资，如发行股票、发行债券、向银行借款等。但企业向外部筹集资金需要花费一定的筹资费用，因而会提高筹资成本。

企业要筹集到开展生产经营活动所需的资金，就应了解企业的资金来源渠道和可采用的筹资方式。筹资渠道是指筹措资金来源的方向与通道，体现资金的来源与流量；筹资方式是指企业筹集资金所采用的具体形式。

四、企业筹资的原则

企业筹资管理的基本要求，是要在严格遵守国家法律法规的基础上，分析影响筹资的各种因素，权衡资金的性质、数量、成本和风险，合理选择筹资方式，提高筹资效果。

1. 筹措合法

筹措合法原则是指企业筹资要遵循国家法律法规，合理筹措资金。企业的筹资行为和筹资活动必须遵循国家的相关法律法规，依法履行法律法规和投资合同约定的责任，合法合规筹资，依法披露信息，维护各方的合法权益。

2. 规模适当

规模适当原则是指，要根据生产经营及其发展的需要，合理安排资金需求。企业的筹资规模应与资金需求量相一致，既要避免因资金筹集不足而影响生产经营的正常进行，又要防止资金筹集过多而造成资金闲置。

3. 取得及时

取得及时原则是指，要合理安排筹资时间，适时取得资金。企业筹集资金，需要合理预测确定资金需要的时间。要根据资金需求的具体情况，合理安排资金的筹集到位时间，使筹资与用资在时间上相衔接。既避免过早筹集资金形成的资金投放前的闲置，又防止取得资金的时间滞后，错过资金投放的最佳时间。

4. 来源经济

来源经济原则是指，要充分利用各种筹资渠道，选择经济、可行的资金来源。企业所筹集的资金都要付出资本成本的代价，进而给企业的资金使用提出了最低报酬要求。不同筹资渠道和方式所取得的资金，其资本成本是有差异的。企业应该在考虑筹资难易程度的基础上，合理选择筹资来源，努力降低资本成本。

5. 结构合理

结构合理原则是指，筹资管理要综合考虑各种筹资方式，优化资本结构。企业筹资要综合考虑股份资金与债务资金的关系、长期资金与短期资金的关系、内部筹资与外部筹资的关系，合理安排资本结构，在充分利用财务杠杆的同时，控制财务风险。

五、企业筹资管理

筹资活动是企业资金流转运动的起点，筹资管理要求解决企业为什么要筹资、需要筹集多少资金、从什么渠道以什么方式筹集，以及如何协调财务风险和资本成本，合理安排资本结构等问题。

1. 科学预计资金需要量

任何一个企业，为了形成生产经营能力、保证生产经营正常进行，必须持有一定数量的资金。在正常情况下，企业资金的需求，来源于两个目的：日常经营的资金需要、投资的资金需要。企业创立时，要按照规划的生产经营规模，核定长期资本需要量和流动资金需要量；企业正常营运时，要根据年度经营计划和资金周转水平，核定维持营业活动的日常资金需求量；企业扩张发展时，要根据扩张规模或对外投资对大额资金的需求，安排专项的资金。

2. 合理安排筹资渠道、选择筹资方式

有了资金需求后，企业要解决的问题是资金从哪来并以什么方式取得，这就是筹资渠道的安排和筹资方式的选择问题。

筹资渠道，是指企业筹集资金的来源方向与通道。一般来说，企业最基本的筹资渠道有两条：直接筹资和间接筹资。具体来说，企业的筹资渠道主要有：国家财政投资和财政补贴、银行与非银行金融机构信贷、资本市场筹集、其他法人单位与自然人投入、企业自身积累等。

对于不同渠道的资金，企业可以通过不同的筹资方式取得。企业筹资，总体来说是从企业外部和内部取得的。内部筹资主要依靠企业的利润留存积累。外部筹资主要有两种方式：股权筹资和债务筹资。股权筹资，是企业通过吸收直接投资、发行股票等方式从股东投资者那里取得资金；债务筹资，是企业通过向银行借款、发行债券、利用商业信用、融资租赁等方式从债权人那里取得资金。

3. 降低资本成本、控制财务风险

资本成本是企业筹集和使用资金所付出的代价，包括资金筹集费用和使用费用。在资金筹集过程中，要发生股票发行费、借款手续费、证券印刷费、公证费、律师费等费用，这些属于资金筹集费用。在企业生产经营和对外投资活动中，要发生利息支出、股利支出、融资租赁的资金利息等费用，这些属于资金使用费用。

按不同方式取得的资金，其资本成本是不同的。一般来说，债务资金比股权资金的资本成本要低。同样是债务资金，长期借款、发行债券和融资租赁资本成本也是不同的；同样是股权资金，优先股、普通股、留存收益资本成本同样是有区别的。

尽管债务筹资的资本成本较低，但是由于债务资金有固定合同还款期限，到期必须偿还，因此企业承担的财务风险比股份资金要大一些。如果无力偿还债权人的债务，可能会导致企业破产。因此，在企业筹资管理中，需要权衡债务筹资的风险和收益（表现为较低的资本成本）的关系，合理安排资本结构，控制财务风险。

此外，企业筹资的资本成本，需要通过资金使用所取得的收益来补偿。因此，资本成本的高低，决定了企业资金使用的最低投资报酬率。

第二节 企业筹资预测

企业在筹集资金之前，应当采用一定的方法预测出资金的需求量，只有这样，才能使筹集的资金数量既能满足生产经营的需要，又不会有太多的闲置。因此，资金需求量的预测是企业筹资的数量依据，只有在合理预测资金需求量的基础上才能考虑采取何种方式去筹集所需资金。资金需求量的预测方法有定性预测和定量预测之分，其中，定性预测是指依靠预测者个人的经验、主观分析和判断能力，对未来时期资金的需求量进行估计和推算；定量预测是以历史资料为依据，采用数学模型对未来时期资金需求量进行预测。对资金需求量进行定量预测常用的方法主要有因素分析法、销售百分比预测法和资金习性预测法。

一、因素分析法

因素分析法又称分析调整法，是以有关项目基期年度的平均资金需求量为基础，根据预测年度的生产经营需要和资金周转加速的要求进行分析调整，来预测资金需求量的一种方法。其计算公式为：

$$\text{资金需求量}=\left(\text{基期资金平均占用额}-\text{不合理资金占用额}\right)\times\left(1\pm\text{预测期销售增减率}\right)\times\left(1\pm\text{预测期资金周转速度变动率}\right)\quad(3-1)$$

【例3-1】 兴业公司2017年度资金平均占用额为2 000万元，经分析，其中不合理资金占用额为200万元，预计2018年销售增长率为5%，资金周转加速2%。运用因素分析法预测该公司2010年的资金需求量。

2010年的资金需求量=(2 000-200)×(1+5%)×(1-2%)=1 852.20(万元)

二、销售百分比预测法

销售百分比预测法，简称销售百分比法，是根据财务报表中有关项目与销售收入之间的依存关系预测资金需要量的一种方法。该方法假设在一定的销售收入范围内，财务报表中的敏感项目与销售收入之间的百分比保持不变，非敏感项目的数额保持不变。其中，敏感项目是指通过历史资料判断随销售收入变动而变动的资产和负债项目。

预测的步骤如下：

（一）确定随销售额而变动的资产和负债项目

资产负债表中的报表项目可以根据管理的要求分为经营性和金融性两类。相应的，可以把资产分为经营资产和金融资产，把负债分为经营负债和金融负债。

经营资产是指销售商品或提供劳务所涉及的资产，比如库存现金、应收账款、存货、固定资产、长期股权投资等项目；金融资产是利用经营活动多余资金进行投资所涉及的资产，比如债权性投资。因此，经营资产又可进一步分为经营性流动资产和经营性长期资产，金融资产又进一步可分为短期金融资产和长期金融资产。

经营负债是指销售商品或提供劳务所涉及的负债，比如无息应付票据，应付账款，应付职工薪酬、应交税费等大多数的应付项目；金融负债是筹资活动所涉及的负债，如短期借款、长期借款、应付债券、优先股等。因此，经营负债又进一步可分为经营性流动负债和经营性长期负债，金融负债又进一步分为短期金融负债和长期金融负债。

销售百分比预测法所说的敏感项目主要是指经营性流动资产和经营性流动负债相关项目。

随着销售额的变化，经营资产项目将占用更多的资金。一般情况下，随着销售额的增加，经营性流动资产项目会增加，相应的经营性流动负债也会增加。比如，随着销售增加，存货会增加，应付账款也会相应增加，应付账款的增加会为企业提供暂时性资金。经营性流动资产与经营性流动负债通常与销售额保持稳定的比例关系。

（二）确定有关项目与销售额的稳定比例关系

如果企业资金周转的营运效率保持不变，经营性资产项目与经营性负债项目将会随销售额的变动呈正比例变动，保持稳定的百分比关系。企业应当根据历史资料和同业情况，剔除不合理的资金占用，寻找与销售额的稳定百分比关系。

（三）确定需要增加的筹资数量

预计由于销售增长而需要的资金需求增长额，扣除利润留存后，即为所需要的外部筹资额。即有：

$$外部融资需求量 = \frac{A}{S_1} \times \Delta S - \frac{B}{S_1} \times \Delta S - P \times E \times S_2 \quad (3-2)$$

式（3－2）中：A 为随销售而变化的敏感性资产；B 为随销售而变化的敏感性负债；S_1为基期销售额；S_2为预测期销售额；ΔS 为销售变动额；P 为销售净利率；E 为利润留存率；A/S_1为敏感资产与销售额的关系百分比；B/S_1为敏感负债与销售额的关系百分比。

当然，如果非敏感性资产增加（比如固定资产增加），则外部筹资需要量也相应增加。

【例 3－2】光华公司 2017 年 12 月 31 日的简要资产负债及相关信息如表 3－1 所示。假定光华公司 2017 年销售额 10 000 万元，销售净利率为 10%，利润留存率 40%。2018 年销售额预计增长 20%，公司有足够的生产能力，无须追加固定资产投资。

表 3－1　光华公司资产负债及相关信息表（2017 年 12 月 31 日）　单位：万元

资产	金额	与销售关系	负债与权益	金额	与销售关系
现　金	500	5%	短期借款	2 500	N
应收账款	1 500	15%	应付账款	1 000	10%
存　货	3 000	30%	预提费用	500	5%
固定资产	3 000	N	公司债券	1 000	N
			实收资本	2 000	N
			留存收益	1 000	N
合计	8 000	50%	合计	8 000	15%

首先，确定有关项目及其与销售额的关系百分比。在表 3－1 中，N 表示不变动，是指该项目不随销售的变化而变化。

其次，确定需要增加的资金量。从表 3－1 可以看出，销售收入每增加 100 元，必须增加 50 元的资金占用，但同时自动增加 15 元的资金来源，两者差额的 35% 产生了资金需求。销售额从10 000万元增加到12 000万元，增加了2 000万元，按照35%的比率可预测将增加700万元的资金需求。

最后，确定外部融资需求的数量。2018年的净利润为1 200万元（12 000×10%），利润留存率40%，则将有480万元利润被留存下来，还有220万元的资金必须从外部筹集。

根据光华公司的资料，可求得对外融资的需求量为：

外部融资需求量 = 50%×2 000 − 15%×2 000 − 10%×40%×12 000 = 220（万元）

运用销售百分比法预测企业资金需求量的优点：一是简便易用；二是能够为企业筹资管理提供短期预计的财务报表，以适应外部筹资的需要。但在有关因素发生变动的情况下，必须相应调整原有的销售百分比。

三、资金习性预测法

资金习性预测法是指根据资金习性预测企业未来资金需求量的方法。资金习性是指资金的变动与产销量变动之间的依存关系。按照资金习性，可以把企业资金划分为不变资金、变动资金和半变动资金。不变资金是指在一定的产销量范围内不受产销量变动的影响而保持固定不变的那部分资金；变动资金是指随产销量的变动而同比例变动的那部分资金；半变动资金是指虽然受产销量变化的影响但不成同比例变动的资金。半变动资金可采用一定的方法划分为不变资金和变动资金两部分。

运用资金习性预测法来预测企业的资金需求量主要是通过建立资金习性模型，运用数学方法计算企业的资金需求量。假设产销量为自变量x，资金占用量为因变量y，建立如下资金习性模型：

$$y = a + bx \tag{3-3}$$

式中，a为不变资金，b为单位产销量所需变动资金，其数值可采用回归直线法或高低点法求得。

1. 回归直线法

回归直线法就是应用最小平方法原理，对过去若干期的产销量及资金占用的历史资料进行分析，计算不变资金和单位销售变动资金的一种资金习性分析方法。其计算公式为：

$$a = \frac{\sum x_i^2 \sum y_i - \sum x_i \sum x_i y_i}{n\sum x_i^2 - (\sum x_i)^2} \tag{3-4}$$

$$b = \frac{n\sum x_i y_i - \sum x_i \sum y_i}{n\sum x_i^2 - (\sum x_i)^2} \tag{3-5}$$

或：

$$b = \frac{\sum y_i - na}{\sum x_i}$$

式中，y_i 为第 i 期的资金占用量，x_i 为第 i 期的产销量。

在实际运用中，通常根据过去若干期的产销量及资金占用数额，按上述公式计算就可得出 a、b 的值，然后将 a、b 的值及预测年度的产销量（x）代入 $y = a + bx$ 即可得出预测年度的资金需求量（y）。但根据上述公式，可以看出在采用该方法法时运用人工计算 a、b 的值较为烦琐，但如果运用 EXCEL 软件来计算则要简便得多。

【例 3－3】某企业 2012 年至 2017 年历年产销量和资金变化情况如表 3－2 所示，根据表 3－2 整理出表 3－3。2018 年预计销售量为 2 500 万件，需要预计 2018 年的资金需要量。

表 3－2　　产销量与资金变化情况表

年　度	产销量（x 万件）	资金占用（y 万元）
2012	1 200	1 000
2013	1 100	950
2014	1 000	900
2015	1 200	1 000
2016	1 300	1 050
2017	1 400	1 100

表 3－3　　资金需要量预测表（按总额预测）

年　度	产销量（x 万件）	资金占用（y 万元）	xy	x^2
2012	1 200	1 000	1 200 000	1 440 000
2013	1 100	950	1 045 000	1 210 000
2014	1 000	900	900 000	1 000 000
2015	1 200	1 000	1 200 000	1 440 000
2016	1 300	1 050	1 365 000	1 690 000
2017	1 400	1 100	1 540 000	1 960 000
合计 n＝6	$\sum x = 7\ 200$	$\sum y = 6\ 000$	$\sum xy = 7\ 250\ 000$	$\sum x^2 = 8\ 740\ 000$

$$a = \frac{\sum x_i^2 \sum y_i - \sum x_i \sum x_i y_i}{n\sum x_i^2 - (\sum x_i)^2} = 400$$

$$b = \frac{n\sum x_i y_i - \sum x_i \sum y_i}{n\sum x_i^2 - (\sum x_i)^2} = 0.5$$

解得：$y = 400 + 0.5x$

把 2018 年预计销售量 2 500 万件代入上式，得出 2018 年资金需要量为：

$$y = 400 + 0.5 \times 2\ 500 = 1\ 650(\text{万元})$$

从理论上讲，回归直线法由于运用了最小平方法的原理，其计算过程更为科学，因此它是一种计算结果最为精确的方法。

2. 高低点法

高低点法是指企业通过对若干期资金占用的历史资料进行分析，按照资金习性原理和 $y = a + bx$ 直线方程式，选用最高产销量期和最低产销量期的资金占用量之差，同这两个产销量期的产销量之差进行对比，先求 b 的值，然后代入原直线方程，求出 a 的值，从而推测资金的需求量。其计算公式为：

$$b = \frac{\text{最高产销量期的资金占用量} - \text{最低产销量期的资金占用量}}{\text{最高产销量} - \text{最低产销量}} \quad (3-6)$$

$$a = \text{最高产销量期的资金占用量} - b \times \text{最高产销量}$$

或

$$a = \text{最低产销量期的资金占用量} - b \times \text{最低产销量}$$

按上述公式可计算出 a、b 的值，然后将 a、b 的值及预测年度的产销量（x）代入 $y = a + bx$ 即可得出预测年度的资金需求量（y）。

高低点法简便易行，比较适合在企业资金变动趋势比较稳定的情况下用于企业资金需求量的预测。但在使用该方法时应注意高低点的选择问题，在该方法中，高低点是以业务量为基准确定的，即高点资金占用量是指最高业务量对应的资金占用量，而低点资金占用量指的是最低业务量对应的资金占用量。

在预测企业资金需求量时利用资金习性法的目的是要找到最接近各有关数据点的一条直线，其中高低点法是一种比较简便的方法，但利用这种方法，因为只考虑了两点资料，所以以此建立的预测模型可能不一定是最接近各点的一条直线，其计算结果误差较大。利用回归直线法由于考虑了全部数据，所以计算准确度较高，但其计算方法比较复杂。

第三节　权益资金的筹集

权益资金又称自有资金。从资金运用的角度来看，企业的资产扣除其所有负债后的差额就是企业的净资产，我国会计准则称其为所有者权益。因此，权益资金从本质上说是企业投资者对企业净资产的所有权。权益资金的筹集就是企业向股东筹集资本金的过程，它是企业成立的前提条件。一般来说，企业可通过吸收直接投资、发行股票、利用内部留存收益等方式来筹集权益性资金。

一、吸收直接投资

吸收直接投资，是指企业按照“共同出资、共同经营、共担风险、共享收益”的原则，直接吸收国家、法人、个人和外商投入资金的一种筹资方式。吸收直接投资是非股份制企业筹集权益资本的基本方式，采用吸收直接投资的企业，资本不分为等额股份、无须公开发行股票。吸收直接投资的实际出资额中，注册资本部分，形成实收资本；超过注册资本的部分，属于资本溢价，形成资本公积。

（一）吸收直接投资的出资方式与条件

企业在采用吸收投资方式筹集资金时，投资者可以采用多种方式向企业投资，概括起来主要有以下几种出资方式。

1. 以货币资产出资

以货币资产出资是吸收直接投资中最重要的出资方式。企业有了货币资产，便可获取其他物资，支付各种付费用，满足企业创建开支和随后的日常周转需要。

2. 以实物资产出资

以实物出资就是投资者以厂房、建筑物、设备等固定资产和原材料、燃料、商品等流动资产对企业进行的投资。一般来说，企业吸收的实物应符合如下条件：①确为企业科研、生产、经营所需；②技术性能比较好；③作价应公平合理，实物出资所涉及的实物作价方法应按国家的有关规定执行。

3. 以工业产权出资

以工业产权出资是指以专有技术、商标权、专利权等无形资产对企业进行的投资。一般来说，企业吸收的工业产权应符合如下条件：①有助于企业研究和开发出新的高科技产品；②能帮助企业生产出适销对路的高科技产品；③能帮助企业改进产品质量，提高生产效率；④能帮助企业大幅度降低各种消耗；⑤作价比较合理。值得注意的是，以工业产权投资实际上是将有关技术资本化了，而技术是具有时效性的，会因其不断老化而致使价值不断减少甚至完全丧失。因此，企业在吸收工业产权投资时风险较大，应特别谨慎。

4. 以土地使用权出资

土地使用权是指土地经营者对依法取得的土地在一定时期内有进行建筑、生产或其他活动的权利。投资者也可以用土地使用权来进行投资。一般来说，企业吸收的土地使用权应符合如下条件：①为企业科研、生产、销售活动所需要的；②交通、地理条件比较适宜；③作价公平合理。

5. 以特定债权出资

特定债权，指企业依法发行的可转换债券以及按照国家有关规定可以转作股权的债权。在实践中，企业可以将特定债权转为股权的情形主要有：①上市公司依法发行的可转换债券；②金融资产管理公司持有的国有及国有控股企业债权；③企业实行公司制改制时，经银行以外的其他债权人协商同意，可以按照有关协议和企业章程的规定，将其债权转为股权；④根据《利用外资改组国有企业暂行规定》，国有企业的境内债权人将持有的债权转给外国投资者，企业通过债转股改组为外商投资企业；⑤按照《企业公司制改建有关国有资本管理与财务处理的暂行规定》，国有企业改制时，账面原有应付工资余额中欠发职工工资部分，在符合国家政策、职工自愿的条件下，依法扣除个人所得税后可转为个人投资；未退还职工的集资款也可转为个人投资。

（二）吸收直接投资的优缺点

1. 吸收直接投资的优点

（1）有利于增强企业信誉。吸收直接投资所筹集的资金属于自有资金，能增强企业的信誉和借款能力，对扩大企业的生产经营规模及壮大企业实力具有重要作用。

（2）有利于尽快形成生产能力。吸收直接投资可直接获取投资者的先进设备和先进技术，有利于企业尽快形成生产能力，开拓市场，从而有利于企业的快速发展。

（3）有利于降低财务风险。吸收直接投资可以根据企业的经营状况向投资者支付报酬，若企业经营状况好，则可向投资者多支付一些报酬；若企业经营状况不好，则可少支付报酬或不向投资者支付报酬，财务风险较小。

（4）容易进行信息沟通。吸收直接投资的投资者比较单一，股权没有社会化、分散化，投资者甚至于直接担任公司管理层职务，公司与投资者易于沟通。

2. 吸收直接投资的缺点

（1）资金成本较高。在采用吸收直接投资形成权益性资金后，企业要向投资者支付报酬，所支付的报酬是根据投资者出资的数额和企业实现利润的比率来计算的。因此，采用吸收直接投资方式筹集资金所需负担的资金成本较高，特别是企业经营状况较好和盈利较多时，更是如此。不过，吸收直接投资的手续相对比较简便，筹资费用较低。

（2）公司控制权集中，不利于公司治理。采用吸收直接投资方式筹资，投资者一般要求获得与投资数额相适应的经营管理权。如果某个投资者的投资额比例较大，则该投资者对企业的经营管理就会有相当大的控制权，容易损害其他投资者的利益。

（3）不易于进行产权交易。吸收投入资本由于没有证券为媒介，不利于产权交易，难以进行产权转让。

二、发行普通股股票

股票是股份有限公司为筹集权益资金而发行的有价证券，是投资者投资入股并借以取得股利的凭证。股票代表着其持有者对股份有限公司的所有权，其持有者为公司的股东。股票只能由股份有限公司发行。

普通股是股份有限公司资本构成中最基本的股份，是最重要、最常见的一种股票。普通股是公司资金的基本来源和权益资金的首要来源。

普通股是股份有限公司发行的无特别权利的股份，其基本特点是其投资收益（股息和分红）不是在购买时约定，而是事后根据股票发行公司的经营业绩来确定。公司的经营业绩好，普通股的收益就高；反之，若公司的经营业绩差，普通股的收益就低。同时，普通股股东也基于其资格对公司负有相应义务。我国《公司法》中规定了普通股股东具有遵守公司章程、缴纳股款、对公司负有有限责任、不得退股等义务。

（一）股票的特点和种类

1. 股票的特点

（1）永久性。公司发行股票所筹集的资金属于公司的长期自有资金，没有期限，无须偿还。换言之，股东在购买股票之后，一般情况下不能要求发行企业退还股金。

（2）流通性。股票作为一种有价证券，在资本市场上可以自由流通，也可以继承、赠送或作为抵押品，股票特别是上市公司发行的股票具有很强的变现能力，流动性很强。

（3）风险性。由于股票的永久性，股东成为企业风险的主要承担者。风险的表现形式有：股票价格的波动性、红利的不确定性、破产清算时股东处于剩余财产分配的最后顺序等。

（4）参与性。股东作为股份公司的所有者，拥有参与企业管理的权利，包括重大决策权、经营者选择权、财务监控权、公司经营的建议和质询权等。此外，股东还有承担有限责任、遵守公司章程等义务。

2. 股票的种类

（1）按股东所享受权利和承担义务的不同，可将股票分为普通股股票和优先股股票

普通股股票简称普通股，是股份有限公司依法发行的具有管理权、股利不固定的股票。普通股具有股票的最一般特征，是股份有限公司资本的最基本部分。

优先股股票简称优先股，是股份有限公司依法发行的、相对于普通股具有一定优先权的股票。这种优先权主要体现在股利分配和分取剩余财产的权利上。从法律上来讲，企业对优先股不承担法定的还本义务，因此，通过优先股筹集的资金是企业自有资金的一部分。

（2）按股票票面是否标明金额，可将股票分为面值股票和无面值股票

面值股票是指在股票的票面上标明每张股票金额的股票。票面金额的大小代表股东对公司的原始投资，它在股本总额中的比例反映股东享有的权利和承担的义务的大小。

无面值股票是指不标明每张股票的面值，而仅将企业资金分为若干股份，在股票上载明股份数或股份比例的股票。也就是说，这种股票只在票面上注明每股占公司全部净资产的比例，其价值随公司财产的增减而增减。

（3）按股票票面是否记名，可将股票分为记名股票和无记名股票

记名股票是指在股票上载有股东的姓名或名称并将其记入公司股东名册的一种股票。记名股票要同时附有股权手册，只有同时具备股票和股权手册，才能领取股息和红利。记名股票的转让、继承都要办理过户手续。

无记名股票是指在股票上不记载股东的姓名或名称，也不将股东姓名或名称记入公司股东名册的股票。凡持有无记名股票的人都可以成为公司股东。无记名股票的转让、继承无须办理过户手续，只要将股票交给受让人，就可发生转让效力，转交股权。

（4）按发行对象和上市地区的不同，可将股票分为 A 股、B 股、H 股、N 股和 S 股等

A 股又称人民币股票，是供我国内地个人或法人买卖的、以人民币标明票面金额并以人民币认购和交易的股票。B 股是以人民币标明面值，以外币认购并进行交易的股票。B 股是专供外国和我国香港、澳门、台湾地区投资者买卖的股票。另外，还有 H 股、N 股和 S 股，它们与 B 股的发行对象相同，只是 H 股为在我国香港地区上市的股票，N 股是在美国纽约上市的股票，S 股为在新加坡上市的股票，而 B 股是在深圳和上海上市的股票。

3. 普通股股东的权力

普通股股票的持有人称为普通股股东。普通股股东一般具有以下权利。

（1）公司管理权。普通股股东对公司具有管理权，但是对于大公司来说，普通股股东成千上万，不可能每个股东都能直接对公司进行管理。他们对公司的管理权主要体现为在董事会选举中拥有选举权和被选举权，通过选出的董事会代表所有股东对企业进行管理和控制。具体来说，普通股股东的管理权主要包括投票权、查账权、阻止越权经营的权利等。出席或委托代理人出席股东大会，并依照公司章程规定行使表决权，这是普通股股东参与经营管理的基本方式。

（2）股份转让权。普通股股东有权依法转让其持有的股份，但必须符合《公司法》以及其他法规和公司章程规定的条件和程序。

（3）收益分享权。普通股股东有参与企业股利分配、获取投资收益的权利。

（4）优先认股权。当公司增发普通股股票时，普通股股东拥有优先于其他投资者购买公司所增发的新股票的权利。

（5）剩余财产要求权。当公司解散、清算时，普通股股东对剩余财产有要求权。但是，当公司破产清算时，其财产的变价收入首先要用来清偿债务，然后用来支付优先股股东，最后才能分配给普通股股东。因此，在进行破产清算时，如果公司资不抵债，则普通股股东实际上分不到剩余财产。

（二）股份有限公司的设立

股份有限公司在设立时要发行股票。股份的发行，实行公平、公正的原则，必须同股同权、同股同利。同次发行的股票，每股的发行条件和价格应当相同。任何单位或个人所认购的股份，每股应支付相同的价款。同时，发行股票还应接受国务院证券监督管理机构的管理和监督。

设立股份有限公司，应当有 2 人以上 200 人以下为发起人，其中须有半数以上的发起人在中国境内有住所。股份有限公司的设立，可以采取发起设立或者募集设立的方式。发起设立，是指由发起人认购公司应发行的全部股份而设立公司。募集设立，是指由发起人认购公司应发行股份的一部分，其余股份向社会公开募集或者向特定对象募集而设立公司。

以募集设立方式设立股份有限公司的，发起人认购的股份不得少于公司股份总数的 35%；法律、法规另有规定的，从其规定。

股份有限公司的发起人应当承担下列责任：①公司不能成立时，对设立行为所产生的

债务和费用负连带着责任；②公司不能成立时，对认股人已缴纳的股款，负返回股款并加算银行同期存款利息的连带责任；③在公司设立过程中，由于发起人的过失致使公司利益受到损害的，应当对公司承担赔偿责任。

（三）普通股的首次发行

公司发行股票筹资，应当选择适宜的股票发行方式和销售方式，并恰当地制定发行价格，以便及时募足资本。股票发行具体应执行的管理规定主要包括发行程序、发行方式、销售方式等。

1. 股票初次发行的程序

（1）提出募集股份申请。

（2）公告招股说明书，制作认股书，签订承销协议和代收股款协议。

（3）招认股份，缴纳股款。

（4）召开创立大会，选举董事会、监事会。

（5）办理设立登记，交割股票。

2. 股票的发行方式

股票的发行方式，是指公司通过何种途径发行股票。股票的发行方式可以分为以下两类：

（1）公开间接发行。公开间接发行股票，是指股份公司通过中介机构向社会公众公开发行股票。采用募集设立方式成立的股份有限公司，向社会公开发行股票时，必须由有资格的证券经营中介机构，如证券公司、信托投资公司等承销。这种发行方式的发行范围广，发行对象多，易于足额筹集资本，同时还有利于提高公司的知名度，扩大影响力。但是，公开发行方式审批手续复杂严格，发行成本高。

（2）非公开直接发行。非公开直接发行股票，是指股份公司只向少数特定对象直接发行股票，不需要中介机构承销。用发起设立方式成立和向特定对象募集方式发行新股的股份有限公司，向发起人和向特定对象发行股票，采用直接将股票销售给认购者的自销方式。这种发行方式弹性较大，企业能控制股票的发行过程，节省发行费用。但是，这种发行方式发行范围小，不易及时足额筹集资本，发行后股票的变现性差。

3. 首次公开发行股票的条件

我国《公司法》《证券法》和证监会于2006年5月17日公布的《首次公开发行股票并上市管理办法》就公司首次公开发行股票规定了相应的条件。这些条件适用于在上海证券交易所主板市场上市的公司和在深圳证券交易所中小板市场上市的公司。2009年3月31日，中国证监会公布了《首次公开发行股票并在创业板上市管理暂行办法》。该办法就首次公开发行股票并在创业板上市公司的股票发行条件做出了相应规定。上述两类公司首次公开发行股票的条件不尽相同。

4. 股票的销售方式

股票的销售方式，是指股份有限公司向社会公开发行股票时所采取的股票销售方法。股票销售方式有两类：自行销售和委托中介机构销售。

（1）自行销售方式。股票发行的自行销售方式，是指发行公司自己直接将股票销售给认购者。这种销售方式可由发行公司直接控制发行过程，实现发行意图，并可节约发行费用；缺点是筹资时间长，发行公司要承担全部发行风险，并需要发行公司有较高的知名度、信誉和实力。

（2）委托销售方式。股票发行的委托销售方式，是指发行公司将股票销售业务委托给证券经营机构代理。这种销售方式是发行股票所普遍采用的。我国《公司法》规定，股份有限公司向社会公开发行股票，必须与依法设立的证券经营机构签订承销协议，由证券经营机构承销。委托销售又分为包销和代销两种具体办法。所谓包销，是根据承销协议商定的价格，证券经营机构一次性全部发行公司公开募集的全部股份，然后以较高的价格出售给社会上的认购者。对发行公司来说，包销的办法可及时筹足资本，免于承担发行风险，但股票以较低的价格出售给承销商会损失部分溢价。所谓代销，是证券经营机构代替发行公司代售股票，并由此获取一定的佣金，但不承担股款未募足的风险。

5. 普通股发行定价

股票的发行价格是股票发行时所采用的价格，也就是投资者认购股票时所支付的价格。股票发行价格的确定是股票发行计划中最基本和最重要的内容，它关系到发行人与投资者的根本利益及股票上市后的表现。若发行价过低，将难以满足发行人的筹资需求，影响公司以后的经营，使公司蒙受经济损失，甚至会损害原有股东的利益；而发行价太高，又将增大投资者的风险，增大承销机构的发行风险和发行难度，抑制投资者的认购热情，并会影响股票上市后的市场表现。股票发行价格通常由发行公司根据股票面额、股市行情和其他因素决定。我国《公司法》规定，“股票发行价格可以按票面金额，也可以超过票面金额，但不得低于票面金额。”即我国股票可溢价发行，也可平价发行，但不允许折价发行，这主要是由于资本保全的要求。

根据我国《证券法》的规定，股票发行采取溢价发行的，其发行价格由发行人与承销的证券公司协商确定。发行人通常会参考公司经营业绩、净资产、发展潜力、发行数量、行业特点、股市状态等，确定发行价格。

（四）股票的上市交易

1. 股票上市的目的

公司股票上市的目的是多方面的，主要包括：①便于筹措资金。证券市场是一个资本商品的买卖市场，证券市场上有众多的资金供应者。同时，股票上市经过了证券监督委员会的审查核准并接受严格管理，执行股票上市和信息披露的规定，容易吸引社会资本投资者。另外，公司上市后，还可以通过增发、配股、发行可转换债券等方式进行再融资。②提高公司的知名度。③促进股权流通和转让。股票上市后便于投资者购买，提高了股权的流动性和股票的变现力，便于投资者认购和交易。④便于确定公司价值。股票上市后，公司股价有市价可循，便于确定公司的价值。对于上市公司来说，即时的股票交易行情，就是对公司价值的市场评价。同时，市场行情也为公司收购兼并等资本运作提供询价基础。

但是，股票上市也有对公司不利影响的一面，主要有：①上市成本较高，手续复杂严格。②公司负担较高的信息披露成本，而且信息公开的要求可能会暴露公司商业秘密。③股价有时会歪曲公司的实际情况，影响公司声誉。④可能会分散公司的控制权，造成管理上的困难。

2. 股票上市的条件

公司公开发行的股票进入证券交易所交易，必须受到严格的条件限制。我国《证券法》规定，股份有限公司申请股票上市，应当符合下列条件：①股票经国务院证券监督管理机构核准已公开发行；②公司股本总额不少于人民币 3 000 万元；③公开发行的股份达到公司股份总数的 25% 以上；④公司股本总额超过人民币 4 亿元的，公开发行股份的比例为 10% 以上；⑤公司最近 3 年无重大违法行为，财务会计报告无虚假记载。证券交易所可以规定可以规定高于前款规定的上市条件，并报国务院证券监督管理机构批准。

（五）股权再融资

上市公司在证券市场上发行股票包括公开发行和非公开发行两种类型。

1. 上市公司公开发行股票

上市公司公开发行股票，是指股份有限公司已经上市后，通过证券交易所在证券市场上对社会公开发行股票。上市公司公开发行股票，包括增发和配股两种方式。增发是指上市公司对社会公众发售股票的再融资方式；配股是指上市公司向原有股东配售股票的再融资方式。

2. 上市公司非公开发行股票

上市公司非公开发行股票，是指上市公司采用非公开方式，向特定对象发行股票的行为，也叫定向募集增发。定向增发的对象可以是老股东，也可以是新投资者，但发行对象不超过 10 名，发行对象为境外战略投资者的，应当经国务院相关部门事先批准。

上市公司定向增发优势在于：①有利于引入战略投资者和机构投资者；②有利于利用上市公司的市场化估值溢价，将母公司资产通过资本市场放大，从而提升母公司的资产价值；③定向增发是一种主要的并购手段，特别是资产并购型定向增发，有利于集团企业整体上市，并同时减轻并购的现金流压力。

（六）普通股筹资的优缺点

1. 普通股筹资的优点

公司通过普通股筹集资金的优点主要体现在以下几个方面。

（1）利用普通股筹资没有固定的利息负担。公司有盈余并认为适合分配股利时，就可以分配股利；公司盈余较少，或虽有盈余但资金短缺，或有更有利的投资机会时，就可少支付或不支付股利。

（2）利用普通股筹集的是永久性的资金，没有固定的到期日，不用偿还。只有公司进行清算才需要偿还。它对保证企业最低的资金需求有重要意义。

（3）利用普通股筹资风险小。由于普通股没有固定到期日，不用支付固定的股利，此种筹资实际上不存在不能偿付的风险，因此，财务风险较小。

（4）能增强公司的社会声誉，促进股权流通和转让。普通股筹资，股东的大众化，为公司带来了广泛的社会影响。特别是上市公司，其股票的流通性强，有利于市场确认公司的价值。普通股筹资以股票作为媒介，便于股权的流通和转让，便于吸收新的投资者。

（5）两权分离，有利于公司自主经营管理。公司通过对外发行股票筹资，公司的所有权与经营权相分离，分散了公司控制权，有利于公司自主管理、自主经营。普通股筹资的股东众多，公司的日常经营管理事务主要由公司的董事会和经理层负责。

（6）筹资限制较少。利用优先股或债券筹资，通常有许多限制条款，这些限制条款往往会影响公司经营的灵活性，而利用普通股筹资则限制条款较少。

2. 普通股筹资的缺点

公司通过普通股筹集资金的缺点主要体现在以下几个方面。

（1）资金成本较高。一般来说，普通股筹资的成本要大于债务资金。这主要是因为股利要从净利润中支付，而债务资金的利息可在税前扣除。另外，普通股的发行费用也比较高。

（2）利用普通股筹资容易分散控制权。利用普通股筹资，出售了新的股票，引进了新的股东，容易导致公司控制权的分散，削弱原有股东对公司的控制。

（3）不易及时形成生产能力。普通股筹资吸收的一般都是货币资金，还需要通过购置和建造形成生产经营能力。相对于吸收直接投资方式来说，不易及时形成生产能力。

（4）信息披露要求严格。如果公司股票上市，需要履行严格的信息披露制度，接受公众股东的监督，会带来较大的信息披露成本，也增加了公司保护商业秘密的难度。

（5）股票上市会增加公司被收购的风险。公司股票上市后，其经营状况会受到社会的广泛关注，一旦公司经营或者财务方面出现问题，可能面临被收购的风险。

三、留存收益筹资

企业将其留存收益资本化是形成企业自有资本的重要来源渠道之一。

（一）留存收益筹资的渠道

公司通过留存收益筹资的渠道有以下两种。

1. 盈余公积

盈余公积是指有指定用途的留存净利润，它是公司按照《公司法》的规定从净利润中提取的积累资金，包括法定盈余公积金和任意盈余公积金。盈余公积从性质上来说是一种生产经营积累资金，主要用于企业防范和抵御风险及扩大再生产。具体来说，它可以用于弥补经营亏损、转增资本金，还可用于分配股利。

2. 未分配利润

未分配利润是指公司可分配的净利润扣除所提取的盈余公积金、分配给投资者利润后的余额。未分配利润是未限定具体用途的净利润，这里有两层含义：一是这部分净利润没有分给公司的股东；二是这部分净利润未指定用途。

（二）留存收益的性质

从性质上看，企业通过合法有效的经营所实现的税后净利润，都属于企业的所有者。因此，属于所有者的利润包括分配给所有者的利润和尚未分配留存于企业的利润。

企业将本年度的利润部分甚至全部留存下来的原因很多，主要包括：

第一，收益的确认和计量是建立在权责发生制基础上的，企业有利润，但是不一定有相应的现金流量增加，因而企业不一定有足够的现金将利润全部或部分派给所有者。

第二，法律法规从保护债权人利益和要求企业可持续发展等角度出发，限制企业将利润全部分配出去。《公司法》规定，企业每年的税后利润，必须提取10%的法定盈余公积金。

第三，企业基于自身的扩大和再生产和筹资需求，也会将一部分利润留存下来。

（三）留存收益筹资的优缺点

1. 留存收益筹资的优点

（1）不用发生筹资费用。用留存收益筹资，不用额外支付筹资费用，所以相对于普通股来说，其资本成本较低。

（2）维持公司的控制权分布。用留存收益筹资，不用对外发行股票，由此增加的权益资本不会改变企业的股权结构，不会稀释原有股东的控制权。

（3）增强公司的信誉。留存收益筹资能够使企业保持较大的可支配的现金流，既可解决企业经营发展的资金需要，又能提高企业举债的能力。

2. 留存收益筹资的缺点

（1）筹资数额有限。留存收益筹资最大可能的数额是企业当期的税后利润和上年未分配利润之和。如果企业经营亏损，则不存在这一渠道的资金来源。此外，留存收益过多，股利支付过少，会影响股票投资者的情绪，可能会影响到公司未来利用股票筹资的能力。

（2）资金使用受制约。留存收益中某些项目的使用，如法定盈余公积金等要受国家有关规定的制约。

第四节　长期负债资金的筹集

企业在其生存与发展的过程中，仅通过筹集权益资金是不可能完全满足其需求的，除了权益资金，负债资金的筹集也是企业的一种重要的筹资方式。一般来说可通过向银行借款、发行债券、融资租赁、短期借款、商业信用等方式来筹集负债资金。

长期负债资金是指偿还期在一年以上或超过一年的一个营业周期以上的各种负债资金。企业利用长期负债进行筹资的方式主要有长期借款、发行债券和融资租赁。短期借款和商业信用属于短期债务资金，并入营运资金管理部分予以介绍。

一、长期借款

（一）长期借款的种类及特点

长期借款是指企业为解决自身长期资金的需要向银行等金融机构或其他单位借入，偿还期限在一年以上或超过一年的一个营业周期以上的各种借入资金。

有必要说明的是，关于将借款按使用期限的长短进行分类的标准，各国并不一致，甚至一个国家不同时期这种分类标准也会有差异。有的干脆把借款按期限长短划分为两大类，即短期借款和长期借款。本节就是按这种标准将企业的借款进行分类的。

1. 长期借款的种类

长期借款的种类很多，可按不同标准对其进行分类：按提供贷款的机构，分为政策性银行贷款、商业银行贷款和其他金融机构贷款；按机构对贷款有无担保要求，分为信用贷款和担保贷款；按企业取得贷款的用途，分为基本建设贷款、专项贷款和流动资金贷款。

2. 长期借款的特点

从借款的条件和内容来看，长期借款有其特殊性，主要表现在以下几个方面：①长期借款的数额一般比较大，这是因为长期借款主要用于新产品的开发和推广、生产规模的扩大以及厂房和设备的更新等方面；②长期借款的利率一般要比短期借款的利率高，这主要是因为资金的时间价值因素在发挥作用；③长期借款的利息一般为定期分次支付，本金可于借款到期时一次支付，也可以分期逐次偿还；④长期借款合同多带有对贷款者的保护性条款，这主要是由于贷款者为了保证贷款的安全性而附加的。

（二）长期借款的程序

1. 提出申请，银行审批

企业根据筹资需求向银行提出书面申请，按银行要求的条件和内容填报借款申请书。银行按照有关政策和贷款条件，对借款企业进行信用审查，核准公司申请的借款金额和用款计划。银行审查的主要内容包括：公司的财务状况、信用情况、盈利的稳定性、发展前景、借款投资项目的可行性、抵押品和担保情况。

2. 签订合同，取得借款

借款申请获批准后，银行与企业进一步协商贷款的具体条件，签订正式的借款合同，核定贷款的数额、利率、期限和一些约束性条款。借款合同签订后，企业在核定的贷款指标范围内，根据用款计划和实际需要，一次或分次将贷款转入公司的存款结算户，以便使用。

（三）长期借款的保护性条款

长期借款的金额高、期限长、风险大，除借款合同的基本条款之外，债权人通常还在借款合同中附加各种保护性条款，以确保企业按要求使用借款和按时足额偿还借款。保护性条款一般有以下三类：

1. 例行性保护条款

这类条款作为例行常规，在大多数借款合同中都会出现。主要包括：①定期向提供贷款的金融机构提交公司财务报表，以使债权人随时掌握公司的财务状况和经营成果；②保持存货储备量，不准在正常情况下出售较多的非产成品存货，以保持企业正常生产经营能力；③及时清偿债务，包括到期清偿应缴纳税金和其他债务，以防被罚款而造成不必要的现金流失；④不准以资产作其他承诺的担保或抵押；⑤不准贴现应收票据或出售应收账款，以避免或有负债等。

2. 一般性保护条款

一般性保护条款是对企业资产的流动性及偿债能力等方面的要求条款，这类条款应用于大多数借款合同，主要包括：①保持企业的资产流动性。要求企业需持有一定最低额度的货币资金及其他流动资产，以保持企业资产的流动性和偿债能力，一般规定了企业必须保持的最低营运资金数额和最低流动比率数值。②限制企业非经营性支出。如限制支付现金股利、购入股票和职工加薪的数额规模，以减少企业资金的过度外流。③限制企业资本支出的规模。控制企业资产结构中的长期资产的比例，以减少公司日后不得不变卖固定资产以偿还贷款的可能性。④限制企业再举债的规模。目的是防止其他债权人取得对公司资产的优先求偿权。⑤限制公司的长期投资。如规定公司不准投资于短期内不能收回资金的项目，不得未经银行等债权人同意而与其他公司合并等。

3. 特殊性保护条款

这类条款是针对某些特殊情况而出现在部分借款合同中的条款，只有在特殊情况下才能生效。主要包括：要求公司的主要领导人购买人身保险；借款的用途不得改变；违约惩罚条款等。

上述各项条款结合使用，将有利于全面保护银行等债权人的权益。但借款合同是经双方充分协商后决定的，其最终结果取决于双方谈判能力的大小，而不是完全取决于银行等债权人的主观愿望。

（四）银行借款的信用条件

按照国际惯例，银行借款往往附加一些信用条件，主要有授信额度、周转授信协议、补偿性余额。

（1）授信额度。授信额度是借款企业与银行间正式或非正式协议规定的企业借款的最高限额。通常在授信额度内，企业可随时按需要向银行申请借款。例如，在正式协议下，约定某企业的授信额度为5 000万元，该企业已借用3 000万元且尚未偿还，则该企业仍可申请2 000万元，银行将予以保证。但在非正式协议下，银行并不承担按最高借款限额保证贷款的法律义务。

（2）周转授信协议。周转授信协议是一种经常被大公司使用的正式授信额度。与一般授信额度不同，银行对周转信用额度负有法律义务，并因此向企业收取一定的承诺费用，一般按企业使用的授信额度的一定比率（2‰左右）计算。

（3）补偿性余额。补偿性余额是银行要求借款企业保持按贷款限额或实际借款额的

10% ~20% 的平均存款余额留存银行。银行通常有这种要求，目的是降低银行贷款风险，提高贷款的有效利率，以补偿银行的损失。例如，如果某企业需借款 80 000 元以清偿到期债务，贷款银行要求维持 20% 的补偿性余额，那么该企业为了获取 80 000 元必须借款 100 000 元。如果名义利率为 8%，则实际利率为：

$$\frac{100\ 000 \times 8\%}{100\ 000 \times (1-20\%)} = 10\%$$

在银行附加上述信用条件的情况下，企业取得的借款属于信用借款。

（五）长期借款筹资的优缺点

（1）长期借款筹资的优点。企业通过长期借款筹集资金的优点主要表现以下几个方面：①筹资速度快。与发行证券筹资相比，长期借款一般所需时间较短，可以迅速地获取所需资金。②借款弹性较大。企业可通过与金融机构直接商谈来确定借款的时间、数量和利息；在借款期间，如果企业情况发生了变化，也可与金融机构进行协商，修改借款的数量和条件。③借款筹资成本较低。一方面借款利息可在税前利润中扣除，有抵税的作用；另一方面借款也无须支付大量的发行费用。④可以发挥财务杠杆的作用。长期借款的利息是按借款合同规定的利率计算的，在投资报酬率大于借款利率的情况下，企业所有者将会因财务杠杆的作用而得到更多的收益。

（2）长期借款筹资的缺点。企业利用长期借款筹资也有一定的缺陷，主要表现在以下几个方面：①筹资风险较高。企业举借长期借款，必须按期还本付息，在企业经营状况不佳的情况下可能会产生不能偿付的风险，甚至有可能会导致企业破产。②借款的限制性条款比较多。企业与银行签订的借款合同中，一般都有一些限制性条款，这些条款可能会限制企业的经营活动。③通过长期借款筹资数量有限。出于对信贷资金安全性的考虑，金融机构一般都不愿借出巨额的长期借款。

二、发行公司债券

（一）公司债券的定义和特点

公司债券，是指筹资公司为筹集借入资金，依照法定程序而发行的，约定在一定期限内向债权人还本付息的有价证券。债券的发行人是债务人，投资于债券的人是债权人。

公司债券与股票虽然都是有价证券，都是企业筹集长期资金的方式，但二者有很大的区别，其区别主要表现在以下方面。

（1）二者的性质不同。股票是主权资本的证明，其持有者是企业的所有者（股东）；而公司债券是企业债权债务的证明，其持有者是企业的债权人。

（2）二者的持有人对企业拥有的权限不同。股票持有者有权参与企业重大的生产经营决策，而债券持有人则没有这方面的权力。

（3）二者的期限不同。股票没有到期日，而债券都规定有还本付息的期限。

（4）二者的持有人参与企业的收益分配不同。股票持有者是参与企业税后利润的分配，而债券持有人获得的利息是按固定数额在税前支付的。

（5）二者的持有人对企业承担的经济责任不同。股票的持有者以出资额为限，对企业承担有限经济责任，而债券持有人对企业不承担经济责任。

（二）公司债券的种类

公司债券可按不同的标准进行分类，主要的分类方式如下。

（1）按债券是否记名，可分为记名债券和无记名债券。在债券券面上注明债权人姓名或名称并在发行公司的债权人名册上进行登记的债券称为记名债券，反之则称为无记名债券。

（2）按能否转换为公司股票，可分为可转换债券和不可转换债券。若在一定时期内，可以按规定的价格或一定的比例，由持有人自由地选择是否转换为本公司普通股的债券称为可转换债券；反之则为不可转换债券。一般来讲，可转换债券的利率要低于不可转换债券的利率。按照我国《公司法》的规定，发行可转换债券的主体只限于股份有限公司中的上市公司。

（3）按有无特定的财产担保，可分为抵押债券和信用债券。发行公司以特定财产作为抵押品而发行的债券称为抵押债券。没有特定财产作为抵押，仅凭债券发行人的信用发行的债券称为信用债券。

（4）按债务本息的偿还方式不同，可分为到期一次偿还债券和分期偿还债券。发行公司于债券到期日一次集中清偿债券本息的债券称为到期一次偿还债券；一次发行而分期、分批偿还本息的债券称为分期偿还债券。

（5）按债券利率的不同，可分为固定利率债券和浮动利率债券。将利率明确记载于债券上，并按这一固定利率向债权人支付利息的债券，称为固定利率债券；利率按某一标准（如政府债券利率、银行存款利率）的变化而作同方向调整的债券，称为浮动利率债券。

（三）债券的发行资格与条件

在我国，根据《公司法》的规定，股份有限公司和有限责任公司，具有发行债券的资格。根据《证券法》规定，公开发行公司债券，应当符合下列条件：①股份有限公司的净资产不低于人民币 3 000 万元，有限责任公司的净资产不低于人民币 6 000 万元；②累计债券余额不超过公司净资产额的 40%；③最近 3 年平均可分配利润足以支付公司债券 1 年的利息；④筹集的资金投向符合国家产业政策；⑤债券的利率不超过国务院限定的利率水平；⑥国务院规定的其他条件。公开发行公司债券筹集的资金，必须用于核准的用途，不得用于弥补亏损和非生产性支出。

根据《证券法》规定，公司债券要上市交易，应当进一步符合下列条件：①公司债券的期限为 1 年以上；②公司债券实际发行额不少于人民币 5 000 万元；③公司申请债券上市时应符合法定的公司债券发行条件。上述条件既适用于普通公司债券，也适用于上市公司可转换债券。

（四）债券的发行价格

债券的发行价格是债券发行时使用的价格，即投资者购买债券时所支付的价格。公司在发行债券之前，必须做出价格决策。影响债券发行价格的因素有债券面值、票面利率、市场利率和债券期限等。

1. 决定债券发行价格的因素

公司债券发行价格的高低，主要取决于以下四个因素。

（1）债券面额。债券的票面金额是决定债券发行价格的最基本因素。债券发行价格的高低，从根本上取决于债券面额的大小。一般而言，债券面额越大，发行价格越高。但是，如果不考虑利息因素，债券面额是债券的到期价值，即债券的未来价值，而不是债券的现在价值，即发行价格。

（2）票面利率。债券的票面利率是债券的名义利率，通常在发行债券之前即已确定，并在债券票面上注明。一般而言，债券的票面利率越高，发行价格越高；反之，发行价格越低。

（3）市场利率。债券发行时的市场利率是衡量债券票面利率高低的参照系，两者往往不一致，因此共同影响债券的发行价格。一般而言，债券的市场利率越高，债券的发行价格越低；反之，发行价格越高。

（4）债券期限。同银行借款一样，债券的期限越长，债权人的风险越大，要求的利息报酬越高，债券的发行价格就可能较低；反之，发行价格可能较高。

债券的发行价格是上述四项因素综合作用的结果。

2. 确定债券发行价格的方法

理论上，公司债券的发行价格通常有三种情况，即平价、溢价和折价。平价是指以债券的票面金额作为发行价格，多数公司债券采用平价发行。溢价是指按高于债券面额的价格发行债券；折价是指按低于债券面额的价格发行债券。

根据货币时间价值原理，债券发行价格由两部分构成：一部分是债券面额以市场利率作为折现率折算的现值；另一部分是各期利息（通常表现为年金形式）以市场利率作为折现率折算的现值。因此，债券的发行价格可按下列公式测算：

$$\text{债券发行价格} = \frac{F}{(1+R_M)^n} + \sum_{t=1}^{n} \frac{I}{(1+R_M)^t} \qquad (3-7)$$

式（3－7）中，F 表示债券面额，即债券到期偿付的本金；I 表示债券年利息，即债券面额与债券票面年利率的乘积；R_M 表示债券发售时的市场利率；n 表示债券期限；t 表示债券付息期数。

【例 3－4】某公司发行面额为 100 元，票面利率 10%、期限 10 年的债券，每年末付息一次。其发行价格可分下列三种情况来分析测算。

（1）如果市场利率为 8%，低于票面利率，该债券属于溢价发行。其发行价格为：

$$100 \times (P/F, 8\%, 10) + 100 \times 10\% \times (P/A, 8\%, 10) = 113.4(\text{元})$$

（2）如果市场利率为 10%，与票面利率一致，该债券属于平价发行。其发行价格为：

$$100 \times (P/F, 10\%, 10) + 100 \times 10\% \times (P/A, 10\%, 10) = 100(\text{元})$$

（3）如果市场利率为 12%，高于票面利率，该债券属于折价发行。其发行价格为：

$$100\times(P/F,12\%,10)+100\times10\%\times(P/A,12\%,10)=88.7(\text{元})$$

结论：

当市场利率低于票面利率时，债券的发行价格高于面值，即溢价发行；

当市场利率等于票面利率时，债券的发行价格等于面值，即平价发行；

当市场利率高于票面利率时，债券的发行价格低于面值，即折价发行。

由此可见，在债券的票面金额、票面利率和期限一定的情况下，发行价格因市场利率不同而有所不同。债券之所以会存在溢价发行和折价发行，是因为资金市场上的利息率是经常变化的，而债券券面上的利息率，一经印出，便不宜再进行调整。从债券的开印到正式发行，往往需要经过一段时间，在这段时间内，如果资金市场上的利率发生变化，就要靠调整发行价格的方法来使债券顺利发行，因为不论何时投资者的投资收益率都要保持在与市场利率相等的水平上。

在实务中，根据中国证监会发布的《公司债券发行试点办法》等有关规定，公司债券发行可以采用向上市公司股东配售、网下发行、网上资金收购、网上分销等方式的一种或几种方式的组合，发行利率或发行价格通过询价方式确定。

（五）债券筹资的优缺点

（1）债券筹资的优点。利用发行债券筹集资金的优点主要体现在以下几个方面。①利用债券筹资的资金成本较低。债券筹资的成本要比股票筹资的成本低，因为债券的发行费用较低，而且其利息可在税前支付，从而减轻了企业的税收负担。②利用债券筹资可保证企业的控制权。因为债券的持有人无权干涉企业的管理和决策，不会分散股东对企业的控制权。③利用债券筹资可以发挥财务杠杆作用。由于债券利息负担固定，在企业投资效益良好的情况下，更多的收益可用于分配给股东，增加其财富，或留归企业以扩大经营。

（2）债券筹资的缺点。利用发行债券筹集资金也有其缺陷，主要体现在以下几个方面。①筹资风险较高。利用债券筹资，在企业经营不景气时，要向债券持有人还本付息，会给企业带来更大的困难，甚至可能会导致企业破产清算。②限制条款多。发行债券的契约书中往往有一些限制条款。这种限制比短期债务严格得多，可能会影响企业的正常发展和以后的筹资能力。③筹资额度有限。利用债券筹资有一定的额度限制，当公司的负债比率超过一定程度后，债券筹资的成本会迅速上升，有时甚至会发行不出去。

三、融资租赁

融资租赁筹资是企业一种特殊的筹资方式，适用于各类企业。

（一）租赁的含义

租赁是出租人以收取租金为条件，在契约或合同规定的期限内，将资产租借给承租人使用的一种经济行为。租赁行为在实质上具有借贷属性，但其直接涉及的是物而不是钱。

在租赁业务中，出租人主要是各种专业租赁公司，承租人主要是其他各类企业，租赁物大多为设备等固定资产。

租赁活动由来已久。现在租赁已经成为企业筹集资金的一种方式，用于补充或部分替代其他筹资方式。在租赁业务发达的条件下，它为企业所普遍采用，是企业筹集资金的一种特殊方式。

（二）租赁的种类及特点

现代租赁的种类很多，通常按性质分为经营租赁和融资租赁两大类。

(1) 经营租赁。经营租赁又称营运租赁，是由出租人向承租企业提供租赁设备，并提供设备维修保养和人员培训等的服务性业务。经营租赁通常为短期租赁。承租企业采用经营租赁的目的主要不是融通资本，而是获得设备的短期使用以及出租人提供的专门技术服务。从承租企业无须先筹资再购买设备即可享有设备使用权的角度来看，经营租赁也有短期筹资的功效。

经营租赁的特点主要有：①承租企业根据需要可随时向出租人提出租赁资产；②租赁期较短，不涉及长期而固定的义务；③在设备租赁期内，如有新设备出现或不需用租入设备时，承租企业可按规定提前解除租赁合同，这对承租企业比较有利；④出租人提供专门服务；⑤租赁期满或合同中止时，租赁设备由出租人收回。

(2) 融资租赁。融资租赁又称资本租赁、财务租赁，是由租赁公司按照承租企业的要求融资购买设备，并在契约或合同规定的较长期限内提供给承租企业使用的信用性业务，是现代租赁的主要类型。承租企业采用融资的主要目的是融通资本。一般融资的对象是资本，而融资租赁集融资与融物于一身，具有借贷性质，是承租企业筹集长期借入资本的一种特殊方式。

融资租赁通常为长期租赁，可满足承租企业对设备的长期需求，故有时也称为资本租赁。主要特点有：①一般由承租企业向租赁公司提出正式申请，由租赁公司融资购进设备租给承租企业使用；②租赁期限较长，大多为设备使用年限的一半以上；③租赁合同比较稳定，在规定的租期内非经双方同意，任何一方不得中途解约，有利于维护双方的权益；④由承租企业负责设备的维修保养和投保事宜，但无权自行拆卸改装；⑤租赁期满时，按事先约定的办法处置设备，一般有续租、留购或退还三种选择，通常由承租企业留购。

（三）融资租赁的形式

融资租赁包括直接租赁、售后租回和杠杆租赁三种形式。

(1) 直接租赁。直接租赁是融资租赁的主要形式，是指承租人直接向出租人租入所需要的资产，并按期支付租金的一种租赁形式。

(2) 售后租回。售后租回，即根据协议，企业将某资产卖给出租人，再将其租回使用。

(3) 杠杆租赁。杠杆租赁涉及承租人、出租人和资金出借者三方当事人。从承租人的角度来看，这种租赁与其他租赁形式并无区别，同样是按合同的规定，在基本租赁期内定期支付定额租金，取得资产的使用权。但对出租人而言，出租人只付出购买资产所需的部分资金

（所要购买的资产价款的20%～40%）作为自己的投资，另外以该资产作为担保向资金出借者借入其余资金。因此，出租人既是借款人，同时又拥有对资产的所有权，既收取租金又要偿付债务。如果出租人不能按期偿还借款，该资产的所有权就要转归资金的出借者。

（四）融资租赁租金的计算

（1）融资租赁租金的构成。融资租赁租金包括设备价款、租息及合理的利润。租息又可分为租赁公司的融资成本、租赁手续费等。设备价款是租金的主要内容，它由设备的买价、运杂费和途中保险费等构成。

（2）融资租赁租金的计算方法。融资租赁的租金一般采用分次支付的方式，具体来说，按支付间隔期长短，可以分为年付、半年付、季付和月付等方式；按支付时期先后，可以分为先付租金和后付租金两种方式；按每期支付的金额是否相等，可分为等额支付和不等额支付两种方式。

在我国的租赁业务中，计算租金的方法一般采用等额年金法。等额年金法是利用年金现值的计算公式经变换后计算每期支付的租金的方法。在等额年金法下，通常要根据资本成本率作为折现率。后付等额租金方式下每年年末支付租金的计算公式为：

$$A=\frac{PVA_n}{(P/A,i,n)} \tag{3-8}$$

式（3－8）中，A表示每年支付的租金；PVA_n表示等额租金现值，即年金现值；（P/A，i，n）表示等额租金现值系数，即年金现值系数；n表示支付租金期数；i表示资本成本率。

【例3－5】某企业于2018年1月1日从租赁公司租入一套设备，价值50万元，租期为5年，预计租赁期满时的残值为1.5万元，归承租企业。租金每年年末支付一次，资本成本率为11%。则承租企业每年年末支付的租金为：

$$\frac{50}{(P/A,11\%,5)}=\frac{50}{3.696}=13.53(\text{万元})$$

此例如果为先付等额租金方式，则每年初支付租金为：

$$\frac{50}{(P/A,11\%,4)+1}=\frac{50}{3.102+1}=12.19(\text{万元})$$

为便于有计划地安排租金的支付，承租企业可编制租金摊销计划表。现根据例3－5的有关资料编制租金摊销计划表，如表3－4所示。

表3－4　租金摊销计划表　　单位：元

日期	支付租金（1）	应计租金（2）=（4）×11%	本金减少（3）=（1）－（2）	应还本金（4）
2018年1月1日	—	—	—	500 000
2018年12月31日	135 280	55 000	80 280	419 720

续表

日期	支付租金（1）	应计租金（2）=（4）×11%	本金减少（3）=（1）-（2）	应还本金（4）
2019年12月31日	135 280	46 169	89 111	330 609
2020年12月31日	135 280	36 367	98 913	231 696
2021年12月31日	135 280	25 487	109 793	121 903
2022年12月31日	135 280	13 377*	121 903	0
合计	676 400	176 400	500 000	—

注：*含尾差。

（五）融资租赁筹资的优缺点

（1）融资租赁筹资的优点。采取融资租赁筹资的优点主要表现在以下几个方面。①筹资速度快。因为租赁是筹资与设备购置同时进行，可以缩短设备的购进、安装时间，使企业尽快形成生产能力。②限制条款少。如前所述，债券和长期借款都有相当多的限制条款，虽然类似的限制在租赁公司中也有，但相对来说还是少一些。③设备淘汰风险小。因为多数租赁协议都规定由出租人承担设备陈旧过时的风险，所以利用租赁融资可减少这一风险。④财务风险小。租金在整个租期内分摊，不用到期归还大量本金，可适当减少不能到期一次偿付的风险。⑤税收负担轻。融资租赁的租金可在税前扣除，具有抵免所得税的效用。

（2）融资租赁筹资的缺点。采取融资租赁筹资的最主要缺点是筹资成本较高。一般来说，其租金要比举借银行借款或发行债券所负担的利息高得多。在企业财务困难时，固定的租金也会构成一项较重的财务负担。

第五节　衍生工具筹资*

前面分别介绍了权益性资金和债务性资金的筹集，本节介绍衍生金融工具筹资。衍生工具通常包括优先股、可转换债券和认股权证。

一、优先股

优先股是依据《公司法》，在一般规定的普通种类股份之外，另行规定的其他种类股份，其股份持有人优先于普通股股东分配公司利润和剩余财产，但参与公司决策管理等权利受到限制。2013年11月30日，国务院发布《关于开展优先股试点的指导意见》，宣布开展优先股试点。《指导意见》对目前开展优先股试点的范围、条件、发行方式、信息披露和交易等都做出了原则性规定，具体规则由中国证监会制定。2014年3月，中国证监会发布了《优先股试点管理办法》。

（一）优先股的特点

优先股是相对普通股而言的，是较普通股具有某些优先权利，同时也受到一定限制的股票。优先股的含义主要体现在“优先权利”上，包括优先分配股利和优先分配公司剩余财产，具体的优先条件须由公司章程予以明确规定。

优先股与普通股具有某些共性，如优先股亦无到期日，公司运用优先股所筹资本亦属股权资本。但是，它又具有公司债券的某些特征。

与普通股相比，优先股主要具有如下特点：

（1）优先分配固定的股利。优先股股东通常优先于普通股股东分配股利，且其股利一般是固定的，受公司经营状况和盈利水平的影响较小。所以，优先股类似固定利息的债券。

（2）优先分配公司的剩余财产。当公司因解散、破产等进行清算时，优先股股东将优先于普通股股东分配公司的剩余财产。

（3）优先股股东一般无表决权。在公司股东大会上，优先股股东一般没有表决权，通常也无权参与公司的经营管理，仅在涉及优先股股东权益问题时享有表决权。因此，优先股股东不大可能控制整个公司。

（4）优先股可由公司赎回。发行优先股的公司，按照公司章程的有关规定，根据公司的需要，可以一定的方式将所发行的优先股购回，以调整公司的资本结构。

（二）优先股的种类

按不同的标准，可对优先股作以下不同的分类。

（1）按是否可转换为公司的普通股股票，优先股可分为可转换优先股与不可转换优先股。可转换优先股是指公司允许优先股股东在未来一定时间内以事先规定的固定转换价格和比率将优先股转换成相应的普通股股票。不可转换优先股是指不具有上述特种权利的优先股。

（2）按是否参与公司剩余利润分配，优先股可分为参与优先股和非参与优先股。参与优先股是指不仅能取得固定股利，还有权与普通股一同参与利润分配的股票。非参与优先股则是指只能按票面固定利率取得股利，不得与普通股股东一起分享公司剩余利润的优先股。

（3）按是否有赎回的权利，优先股可分为可赎回优先股和不可赎回优先股。可赎回优先股是指股份有限公司在未来一定时间可以按事先规定的价格收回的优先股。不可赎回优先股是指未附有上述权利的优先股。

（4）按股利是否累积，优先股可分为累积优先股和非累积优先股。累积优先股是指在公司经济效益欠佳的年份，欠发的优先股股利可以累积计算，到经济效益好的年份可以一并补发的优先股。非累积优先股是指在公司经济效益欠佳年份欠发的优先股股利，以后不再补发的优先股，也就是说该种优先股只能按当年利润分取股利。

（三）公开发行优先股的条件

（1）发行人范围。在试点阶段，公开发行优先股的发行人限于证监会规定的上市公司，非公开发行优先股的发行人限于上市公司和非上市公众公司。除上市公司和非上市公众公司外，其他公司尚不能发行优先股。

（2）发行条件。按照《指导意见》的要求，公司已发行的优先股不得超过公司普通股股份总数的50%，且筹资金额不得超过发行前净资产的50%，已回购、转换的优先股不纳入计算。公司公开发行优先股以及上市公司非公开发行优先股的其他条件适用《证券法》的规定。非上市公众公司非公开发行优先股的条件由证监会另行规定。

（3）优先股公开发行时的特殊要求。为了保护公众投资者，《指导意见》要求公开发行优先股的公司，必须在公司章程中规定以下事项：①采取固定股息率；②在有可分配税后利润的情况下必须向优先股股东分配股息；③未向优先股股东足额派发股息的差额部分应当累计到下一会计年度；④优先股股东按照约定的股息率分配股息后，不在同普通股股东一起参加剩余利润分配。

（4）优先股发行时的信息披露。公司应当在发行文件中详尽说明优先股股东的权利义务，充分揭示风险。同时，应按规定真实、准确、完整、及时、公平地披露或者提供信息，不得有虚假记载、误导性陈述或重大遗漏。

（四）优先股的发行定价

优先股每股票面金额为100元。发行价格和票面股息率应当公允、合理，不得损害股东或其他利益相关方的合法利益，发行价格不得低于优先股票面金额，即不得折价发行。

公开发行优先股的价格或票面股息率以市场询价或证监会认可的其他公开方式确定。非公开发行优先股的票面股息率不得高于最近两个会计年度的年均加权平均净资产收益率。

（五）利用优先股筹资的优缺点

优先股既像公司债券，又像公司股票，因此优先股筹资属于混合筹资，其筹资特点兼有债务筹资和股权筹资性质。

（1）利用优先股筹资的优点：①有利于丰富资本市场的投资结构。优先股有利于为投资者提供多元化投资渠道，增加固定收益型产品。看重现金股利的投资者可投资优先股，而希望分享公司经营成果成长的投资者则可以选择普通股。②有利于股份公司股权资本结构的调整。公司资本结构的调整，既包括债务资本和股权资本的结构调整，也包括股权资本的内部结构调整。③有利于保障普通股收益和控制权。优先股的每股收益是固定的，只要净利润增加并且高于优先股股息，普通股每股收益就会上升。另外，优先股股东无表决权，因此不影响普通股股东对企业的控制权，也基本上不会稀释原普通股的权益。④有利于降低公司财务风险。优先股股利不是公司必须偿付的一项法定债务，如果公司财务状况恶化、经营成果不佳，这种股利可以不支付，从而相对避免了企业的财务负担。

（2）利用优先股筹资的缺点：①可能给股份公司带来一定财务压力，资本成本相对于债务较高。优先股所支付的股利要从税后净利润中支付，不像债务利息那样可在税前扣除，因此其筹资成本较高；股利支付相对于普通股具有固定性，针对固定股息率优先股、强制分红优先股、可累计优先股而言，股利支付的固定性可能成为企业的一项财务负担。②发行优先股，通常有许多限制条款。

二、可转换债券

可转换债券有时简称为可转债，是指由公司发行并规定债券持有人在一定期限内按约定的条件可将其转换为发行公司普通股的债券。

（一）可转换债券的特性

从筹资公司的角度看，发行可转换债券具有债务与股权筹资的双重属性。利用可转换债券筹资，发行公司赋予可转换债券的持有人可将其转换为该公司股票的权利。因而，对发行公司而言，在可转换债券转换之前需要定期向持有人支付利息。如果在规定的转换期限内，持有人未将可转换债券转换为股票，发行公司还需要到期偿付债券本金，在这种情形下，可转换债券筹资与普通债券筹资相似，具有债务筹资的属性。如果在规定的转换期限内，持有人将可转换债券转换为股票，则发行公司将债券负债转化为股东权益，从而具有股权筹资的属性。

（二）可转换债券的发行资格与条件

根据国家有关规定，上市公司和重点国有企业具有发行可转换债券的资格，但应经省级政府或者国务院有关企业主管部门推荐，报证监会审批。《上市公司证券发行管理办法》规定，上市公司发行可转换债券，除了应当符合增发股票的一般条件之外，还应当符合以下条件：

（1）最近 3 个会计年度加权平均净资产收益率平均不低于 6%。扣除非经常性损益后的净利润与扣除前的净利润相比，以低者作为加权平均净资产收益率的计算依据；

（2）本次发行后累计公司债券余额不超过最近一期期末净资产额的 40%；

（3）最近 3 个会计年度实现的年均可分配利润不少于公司债券 1 年的利息。

上市公司可以公开发行认股权和债券分离交易的可转换公司债券（简称“分离交易的可转换公司债券”）。所谓分离交易的可转换公司债券是指发行人一次捆绑发行公司债券和认股权证两种交易品种，并可同时上市、分别交易的公司债券形式。分离交易的可转换公司债券并非实际意义上的债转股，认股权证行权后其债券仍会存在。也就是说，认股权证行权后，并不妨碍持有债券的投资者继续获得债券存续期内各期债券利息。该债券由于附认股权证，其发行时的到期收益率低于市场水平，上市交易会出现折价。因此，该债券发行时，只有认股权证的价值高于债券折价损失，才对投资者有利。因此，这种一次审批两次融资的方式降低了上市公司的发行成本。但是，相比一般的可转换公司债券而言，分离交易的可转换公司债券将面临更大的付息压力，而且其发行条件更为严格。因此，这种融资方式更适合规模较大的上市公司。

根据《上市公司证券发行管理办法》的规定，发行分离交易的可转换公司债券，除了符合公开增发股票的一般条件外，还应当符合下列条件：

（1）公司最近一期期末经审计的净资产不低于人民币15亿元；

（2）最近3个会计年度实现的年均可分配利润不少于公司债券1年的利息；

（3）最近3个会计年度经营活动产生的现金流量净额平均不少于公司债券1年的利息，但最近3个会计年度加权平均净资产收益率平均不低于6%（扣除非经常性损益后的净利润与扣除前的净利润相比，以低者作为加权平均净资产收益率的计算依据）的除外；

（4）本次发行后累计公司债券余额不超过最近一期期末净资产额的40%，预计所附认股权全部行权后募集的资金总量不超过拟发行公司债券金额。

（三）可转换债券的期限、面值和利率

可转换公司债券的期限最短为1年，最长为6年。可转换公司债券每张面值100元。可转换公司债券的利率由发行公司与主承销商协商确定，但必须符合国家的有关规定。

（四）可转换债券的转换

（1）可转换债券的转换期限。可转换债券的转换期限是指按发行公司的约定，持有人可将其转换为股票的期限。可转换公司债券自发行结束之日起6个月后方可转换为公司股票，转股期限由公司根据可转换债券的存续期限及公司财务状况确定。债券持有人对转换股票或者不转换股票有选择权，转换股票的于转股的次日成为发行公司的股东。

（2）可转换债券的转换价格。可转换债券的转换价格是指以可转换债券转换为股票的每股价格。这种转换价格通常由发行公司在发行可转换债券时约定。转股价格应不低于募集说明书公告日前20个交易日该公司股票交易均价和前一交易日的均价。

按照我国的实际情况，上市公司发行可转换债券的，以发行可转换债券前一个月的平均价格为基准，上浮一定幅度作为转换价格。重点国有企业发行可转换债券的，以拟发行股票的价格为基准，折扣一定比例作为转换价格。

【例3-6】某上市公司拟发行可转换债券，发行前一个月该公司股票的平均价格经测算为每股20元。预计本股票的未来价格有明显的上升趋势，因此确定上浮的幅度为25%。则该公司可转换债券的转换价格为：

$$20\times(1+25\%)=25(\text{元})$$

可转换债券的转换价格并非固定不变。公司发行可转换债券并约定转换价格后，由于又增发新股、配股及其他原因引起公司股份发生变动的，应当及时调整转换价格，并向社会公布。

（3）可转换债券的转换比率。可转换债券的转换比率是以每份可转换债券所能转换的股份数，等于可转换债券的面值除以转换价格。

$$\text{转换比率}=\frac{\text{债券面值}}{\text{转换价格}}$$

【例3-7】某上市公司发行的可转换债券每份面值100元，转换价格为每股25元，则转换比率为：

$$100 \div 25 = 4(\text{股})$$

即每份可转换债券可以转换 4 股股票。

可转换债券持有人请求转换时，其所持债券面额有时不足以转换为 1 股股票的余额，发行公司应当以现金偿付。例如，前例每份可转换债券的面额 100 元，转换价格在发行时为 25 元，发行后根据有关情况变化决定调整为 27 元。某持有人持有 10 份可转换债券，总面额 1 000 元，决定转换为股票，则其转换股票股数为 37 股，同时可转换债券总面额尚有不足以转换为 1 股股票的余额 1 元，在这种情况下，发行公司应对该持有人交付股票 37 股，另付现金 1 元。

（五）可转换债券的相关条款

（1）赎回条款。赎回条款是指发债公司按事先约定的价格买回未转股债券的条件规定，赎回一般发生在公司股票价格在一段时期内连续高于转股价格达到某一幅度时。赎回条款通常包括：不可赎回期间与赎回期间，赎回价格（一般高于可转换债券的面值）；赎回条件（分为无条件赎回和有条件赎回）等。

发债公司在赎回债券之前，要向债券持有人发出赎回通知，要求他们在将债券转股与卖回给发债公司之间作出选择。一般情况下，投资者大多会将债券转换为普通股。可见，设置赎回条款最主要的功能是强制债券持有者积极行使转股权，因此又被称为加速条款。同时也能使发债公司避免在市场利率下降后，继续向债券持有人按照较高的票面利率支付利息所蒙受的损失。

（2）回售条款。回售条款是指债券持有人有权按照事先约定的价格将债券卖回给发债公司的条件规定。回售一般发生在公司股票价格在一段时期内连续低于转股价格达到某一幅度时。回售对于投资者而言实际上是一种卖权，有利于降低投资者的持券风险。与赎回一样，回售条款也有回售时间、回售价格和回售条件等规定。

（3）强制性转换条款。强制性转换条款是指在某些条件具备之后，债券持有人必须将可转换债券转换为股票，无权要求偿还债券本金的条件规定。可转换债券发行之后，其股票价格可能出现巨大波动。如果股价长期低于转股价格，又未设计赎回条款，投资者不会转股。这种情况下，公司可设置强制性转换条款保证可转换债券顺利地转换成股票，预防投资者到期集中挤兑引发公司破产的悲剧。

（六）可转换债券筹资的优缺点

1. 可转换债券筹资的优点

发行可转换债券是一种特殊的筹资方式，其优点主要是：

（1）有利于降低资本成本。可转换债券的利率通常低于普通债券，故在转换前，可转换债券的资本成本低于普通债券；转换为股票后，又可节省股票的发行成本，从而降低股票的资本成本。

（2）有利于筹集更多资本。可转换债券的转换价格通常高于发行时的股票价格，因此，可转换债券转换后，其筹资额大于当时发行股票的筹资额；另外也有利于稳定公司的股价。

（3）有利于调整资本结构。可转换债券是一种兼具债务筹资和股权筹资双重性质的筹资方式。可转换债券在转换前属于发行公司的一种债务，若发行公司希望可转换债券持有人转股，还可以借助诱导，促其转换，借以调整资本结构。

（4）有利于避免筹资损失。当公司的股票价格在一段时期内连续高于转换价格超过某一幅度时，发行公司可按赎回条款中事先约定的价格赎回未转换的可转换债券，从而避免筹资上的损失。

2. 可转换债券筹资的缺点

可转换债券筹资也有不足，主要表现为：

（1）转股后可转换债券筹资将失去利率较低的好处。

（2）若确需股票筹资，但股价并未上升，可转换债券持有人不愿转股时，发行公司将承受偿债压力。

（3）若可转换债券转股时股价高于转换价格，则发行遭受筹资损失。

（4）回售条款的规定可能使发行公司遭受损失。当公司的股票价格在一段时期内连续低于转换价格并达到一定幅度时，可转换债券持有人可按事先约定的价格将所持债券回售公司，从而使发行公司受损。

三、认股权证

发行认股权证是上市公司的一种特殊筹资手段，其主要功能是辅助公司的股权性筹资，并可直接筹措现金。

（一）认股权证的特点

认股权证是由股份有限公司发行的可认购其股票的一种买入期权。它赋予持有者在一定期限内以事先约定的价格购买发行公司一定股份的权利。

对于筹资公司而言，发行认股权证是一种特殊的筹资手段。认股权证本身含有期权条款，其持有者在认购股份之前，对发行公司既不拥有债权也不拥有股权，而是只拥有股票认购权。尽管如此，发行公司可以通过发行认股权证筹取现金，还可以用于公司成立时对承销商的一种补偿。

（二）认股权证的作用

在公司的筹资实务中，认股权证的运用十分灵活，对发行公司具有一定的作用。

（1）为公司筹集额外的现金。认股权证不论是单独发行还是附带发行，大多都为发行公司筹取一笔额外现金，增强公司的资本实力和运营能力。

（2）促进其他筹资方式的运用。单独发行的认股权证有利于将来发售股票。附带发行的认股权证可促进其所依附证券发行的效率。例如，认股权证依附于债券发行，用以促进债券的发售。

（三）认股权证的种类

在国内外的公司筹资实务中，认股权证的形式多种多样，可分为不同种类。

（1）长期与短期认股权证。认股权证按允许认股的期限可分为长期认股权证和短期认股权证。长期认股权证的认股期限通常持续几年，有的是永久性的。短期认股权证的认股期限比较短，一般在 90 天以内。

（2）单独发行与附带发行的认股权证。认股权证按发行方式可分为单独发行的认股权证和附带发行的认股权证。单独发行的认股权证是指不依附于其他证券而独立发行的认股权证。附带发行的认股权证是指依附于债券、优先股、普通股或短期票据发行的认股权证。

（3）备兑认股权证与配股权证。备兑认股权证是每份备兑权证按一定比例含有几家公司的若干股份。配股权证是确认股东配股权的证书，它按股东的持股比例定向派发，赋予股东以优惠的价格认购发行公司一定份数的新股。

练习题

一、名词解释

企业筹资　股票　债券　优先股　可转换债券　认股权证

二、简答题

1. 试分析股票上市对公司的利弊。

2. 试分析债券发行价格的决定因素。

3. 试说明发行债券筹资的优缺点。

4. 试说明长期借款筹资的优缺点。

*5. 试说明优先股筹资的优缺点。

*6. 试说明可转换债券的属性以及转换期、转换价格和转换比率。

*7. 试说明可转换债券筹资的优缺点。

*8. 试分析认股权证的特点和作用。

三、单项选择题

1. 根据财务管理理论，按企业所取得资金的权益特性不同，可将筹资分为（　　）。

A. 直接筹资和间接筹资

B. 内部筹资和外部筹资

C. 权益筹资、债务筹资和衍生工具筹资

D. 短期筹资和长期筹资

2. 下列筹资方式中属于混合筹资方式的是（　　）。

A. 认股权证筹资　　B. 发行可转换债券

C. 吸收直接投资　　D. 融资租赁

3. 下列筹资方式中，既可以筹集长期资金，也可以融通短期资金的是（　　）。

A. 向金融机构借款　　B. 发行股票

C. 利用商业信用　　D. 吸收直接投资

4. 与发行股票筹资相比，吸收直接投资的优点是（　　）。

A. 易于进行产权交易　　B. 资本成本较低

C. 有利于提高公司声誉　　D. 筹资费用较低

5. 下列各项中，与留存筹资相比，属于吸收直接投资特点是（　　）。

A. 资本成本较低　　B. 筹资速度较快

C. 筹资规模有限　　D. 形成生产能力较快

6. 与股票筹资相比，下列各项中，属于债务筹资缺点的是（　　）。

A. 财务风险较大　　B. 资本成本较高

C. 稀释股东控制权　　D. 筹资灵活性小

7. 出租人既出租某项资产，又以该项资产为担保借入资金的租赁方式是（　　）。

A. 直接租赁　　B. 售后回租　　C. 杠杆租赁　　D. 经营租赁

8. 下列各项中，不属于融资租赁租金构成内容的是（　　）。

A. 设备原价　　B. 租赁手续费

C. 租赁设备的维护费用　　D. 垫付设备价款的利息

9. 企业向租赁公司租入一台设备，价值 500 万元，合同约定租赁期满时残值 5 万元归租赁公司所有，租期为 5 年，租费综合率为 12%，若采用先付租金的方式，则平均每年支付的租金为（　　）万元。

[（P/A，12%，4）=3.0373；（P/A，12%，5）=3.6048；（P/F，12%，5）=0.5674]

A. 123.8　　B. 138.7　　C. 123.14　　D. 108.6

10. 下列各项中，不属于普通股股东拥有的权利是（　　）。

A. 优先认股权　　B. 优先分配收益权

C. 股份转让权　　D. 剩余财产要求权

11. 与配股相比，定向增发的优势是（　　）。

A. 有利于社会公众参与

B. 有利于保持原有的股权结构

C. 有利于促进股权的流通转让

D. 有利于引入战略投资者和机构投资者

12. 下列关于留存收益筹资的表述中，错误的是（　　）。

A. 留存收益筹资可以维持公司的控制权结构

B. 留存收益筹资不会发生筹资费用，因此没有资本成本

C. 留存收益来源于提取的盈余公积金和留存于企业的利润

D. 留存收益筹资有企业的主动选择，也有法律的强制要求

13. 某公司发行可转换债券，每张面值为 1 000 元，转换比率为 20，则该可转换债券的转换价格为（　　）元/股。

A. 20　　B. 50　　C. 30　　D. 25

14. 甲企业上年度资产平均占用额为 5 000 万元，经分析，其中不合理部分 700 万元，

预计本年度销售增长 8%，资金周转加速 3%。则预测本年度资金需要量为（　　）万元。

A. 4 834.98　　B. 4 504.68

C. 4 327.96　　D. 3 983.69

15. 丁公司 2016 年的敏感资产和敏感负债总额分别为 2 600 万元和 800 万元，实现销售收入 5 000 万元。公司预计 2017 年的销售收入将增长 20%，销售净利率为 8%，股利支付率为 40%。则该公司采用销售百分比法预测 2017 年需从外部追加资金需要量为（　　）万元。

A. 312　　B. 93.33　　C. 72　　D. 160

四、多项选择题

1. 下列各项中，属于企业筹资管理应当遵循的原则有（　　）。

A. 依法筹资原则　　B. 负债最低原则

C. 规模适度原则　　D. 结构合理原则

2. 下列各项中，属于“吸收直接投资”与“发行普通股”筹资方式相比的缺点有（　　）。

A. 限制条件多　　B. 不易进行产权交易

C. 控制权分散　　D. 资本成本高

3. 与负债筹资相比，股票筹资的特点有（　　）。

A. 财务风险大　　B. 资本成本高

C. 信息沟通与披露成本较大　　D. 分散控制权

4. 留存收益是企业内源性股权筹资的主要方式，下列各项中，属于该种筹资方式特点的有（　　）。

A. 筹资数额有限　　B. 不存在资本成本

C. 不发生筹资费用　　D. 改变控制权结构

5. 与发行股票筹资相比，融资租赁的特点有（　　）。

A. 筹资限制条件较少　　B. 形成生产能力较快

C. 资本成本负担较低　　D. 财务风险较小

6. 长期借款筹资与长期债券筹资相比，其特点有（　　）。

A. 筹资速度快　　B. 筹资弹性大

C. 筹资费用大　　D. 债务利息高

7. 影响融资租赁每期租金的因素有（　　）。

A. 设备买价　　B. 利息

C. 租赁手续费　　D. 租赁支付方式

8. 留存收益的筹资途径包括（　　）。

A. 盈余公积金　　B. 资本公积金

C. 未分配利润　　D. 股本

9. 下列各项中，属于盈余公积金用途的有（　　）。

A. 弥补亏损　　B. 转增股本　　C. 扩大经营　　D. 分配股利

10. 按照我国《优先股试点管理办法》的有关规定，上市公司公开发行优先股应当（　　）。

A. 采取固定股息率

B. 在有可分配税后利润的情况下必须向优先股股东分配股息

C. 对于累积优先股，未向优先股股东足额派发股息的差额部分应累积到下一个会计年度，对于非累积优先股则无需累积

D. 优先股股东按照约定的股息率分配股息后，特殊情况下还可同普通股股东一起参加剩余利润分配

五、计算题

1. 蓝天公司按照年利率5%向银行借款100万元，期限3年；根据公司与银行签订的贷款协议，银行要求保持贷款总额的15%的补偿性余额，不按复利计息。

要求：试计算蓝天公司实际可用的借款额和实际负担的年利率。

2. 东方航空股份有限公司拟发行面额100元，票面利率6%，5年期债券一批，每年年末付息一次。

要求：试分别计算该债券在不同市场利率下的发行价格：（1）市场利率为5%；（2）市场利率为6%；（3）市场利率为7%。

3. 武汉钢管有限责任公司采用融资租赁方式，于2018年1月1日从租赁公司租入设备一台，设备价款2 000 000元，租期4年；双方约定，租赁期满后设备归承租方所有，租赁期间折现率为10%，以后付年金方式支付租金。

要求：

（1）测算武汉钢管有限责任公司该设备每年年末应支付的租金额；

（2）编制武汉钢管有限责任公司该设备租金摊销计划表。

第四章　资本成本与资本结构

筹集资本不仅要选择合适的方式，还要考虑不同筹资方式的资本成本，安排合理的资本结构。优化资本结构是企业筹资活动必须考虑的问题，也是合理规避财务风险的一个重要方面。资本成本和杠杆效应是进行资本结构决策的基础。

第一节　资本成本

资本成本是衡量资本结构优化程度的标准，也是对投资获得经济效益的最低要求，通常用资本成本率表示。企业所筹集的资本付诸使用以后，只有项目的投资报酬率高于资本成本率，才能表明所筹集的资本取得了较好的经济效益。

一、资本成本概述

（一）资本成本的概念

资本成本是指企业为筹集和使用资本而付出的代价，包括筹资费用和占用费用。资本成本是资本所有权与资本使用权分离的结果。对出资者而言，由于让渡了资本使用权，必须要求取得一定的补偿，资本成本表现为让渡资本使用权所带来的投资报酬。对筹资者而言，由于取得了资本使用权，必须支付一定代价，资本成本表现为取得资本使用权所付出的代价。资本成本可以用绝对数表示，也可以用相对数表示。用绝对数表示的资本成本，主要由以下两个部分构成。

1. 筹资费用

筹资费用，是指企业在资本筹措过程中为获取资本而付出的代价，如向银行支付的借款手续费，因发行股票、公司债券而支付的发行费等。筹资费用通常在资本筹集时一次性发生，在资本使用过程中不再发生，因此，视为筹资数额的一项扣除。

2. 占用费用

占用费用，是指企业在资本使用过程中因占用资本而付出的代价，如向银行等债权人支付的利息，向股东支付的股利等。占用费用是因为占用了他人资本必须支付的，是资本成本的主要内容。

（二）资本成本的作用

1. 资本成本是比较筹资方式、选择筹资方案的依据

各种资本的资本成本率是比较、评价各种筹资方式的依据。在评价各种筹资方式时，一般会考虑的因素包括对企业控制权的影响、对投资者吸引力的大小、融资的难易和风险、资本成本的高低等，而资本成本是其中的重要因素。在其他条件相同时，企业筹资应选择资本成本率最低的方式。

2. 综合资本成本是衡量资本结构是否合理的重要依据

企业财务管理目标是企业价值最大化，企业价值是企业资产带来的未来现金流量的贴现值。计算企业价值时，经常采用企业的综合资本成本作为贴现率，当综合资本成本最小时，企业价值最大，此时的资本结构是企业理想的资本结构。

3. 资本成本是评价投资项目可行性的主要标准

任何投资项目，如果它预期的投资报酬率超过该项目使用资金的资本成本率，则该项目在经济上就是可行的。因此，资本成本率是企业用以确定项目要求达到的投资报酬率的最低标准。

4. 资本成本是评价企业整体业绩的重要依据

一定时期企业资本成本率的高低，不仅反映企业筹资管理的水平，还可以作为评价企业整体经营业绩的标准。企业的生产经营活动，实际上就是所筹集资本经过投放后形成资产的营运，企业的总资产税后报酬率应高于其平均资本成本率，这样才能带来剩余收益。

（三）资本成本的类型

资本成本的表现形式很多，按不同的划分依据可分为不同的类型。

（1）资本成本按来源可分为债务资本成本和权益资本成本。债务资本成本主要包括银行借款成本和公司债券成本；权益资本成本主要包括优先股成本、普通股成本和留存收益成本。

（2）资本成本按计算方法分为个别资本成本、综合资本成本和边际资本成本。个别资本成本是指按单一筹资方式计算的资本成本，如银行借款成本、公司债券成本、优先股成本、普通股成本、留存收益成本等；综合资本成本是指若干筹资方式组合的资本成本，通常按加权平均的方式进行计算；边际资本成本是指每增加单位筹资额而相应增加的资本成本。

（3）资本成本按时间可分为长期资本成本和短期资本成本。长期资本成本是指使用期限在一年以上或一个营业周期以上资本的成本；短期资本成本是指使用期限在一年以内或一个营业周期以内资本的成本。短期资本因为使用期限短，周转快，金额相对较小，对企业的影响相对较小，所以在考察资本成本时，通常不予考虑。而长期资本使用期限较长，金额大，风险高，对企业产生的影响较大，所以本章对资本成本的分析，主要是针对长期资本，主要包括银行长期借款、公司债券（长期债券）、优先股、普通股、留存收益等。

下面分别介绍个别资本成本、综合资本成本、边际资本成本的计算。

（四）资本成本率计算的基本模式

（1）一般模式。为了便于分析比较，资本成本通常用不考虑货币时间价值的一般通用模型计算。计算时，将初期的筹资费用作为筹资额的一项扣除，扣除筹资费用后的筹资额称为筹资净额，一般模式通用的计算公式是：

$$资本成本率=\frac{年资金占用费}{筹资总额-筹资费用}=\frac{年资金占用费}{筹资总额\times(1-筹资费用率)} \quad (4-1)$$

（2）贴现模式。对于金额大、时间超过1年的长期资本，更为准确一些的资本成本计算方式是采用贴现模式，即将债务未来还本付息或股权未来股利分红的贴现值与目前筹资净额相等时的贴现率作为资本成本率。即：

$$筹资净额现值-未来资本清偿额现金流量现值=0$$

$$资本成本率=所采用的贴现率$$

二、个别资本成本

个别资本成本是指单一筹资方式的资本成本，包括银行长期借款成本、公司债券成本、融资租赁资本成本、优先股成本、普通股成本和留存收益成本等。其中，前三类是债务资本成本，后三类是权益资本成本。个别资本成本的高低，用相对数即资本成本率表达。

（一）长期借款资本成本

银行借款因其手续简便、费用低、效率高等特点成为众多公司筹资的首选。银行借款资本成本包括借款利息和借款手续费用，手续费用是筹资费用的具体表现。利息费用在税前支付，可以起抵税作用，一般计算税后资本成本率，以便与权益资本成本率具有可比性。银行借款的资本成本率按一般模式计算为：

$$K_b=\frac{年利率\times(1-所得税税率)}{1-手续费率}$$

$$=\frac{i\times(1-T)}{1-f} \quad (4-2)$$

式中：K_b是指银行借款的资本成本率；i是指银行期借款年利率；f是指筹资费用率；T是指所得税税率。

如何理解利息的抵税效用？我们举例来说明。

【例4-1】红瑞公司2017年的营业利润是250万元，公司的总资本是1 000万元，公司所得税税率是25%。

（1）若总资本1 000万元全部为普通股筹资，假设需要支付50万元的现金股利，公司承担现金股利和企业所得税分别为多少？

$$现金股利=50万元$$

$$所得税 = 250 \times 25\% = 62.5(万元)$$

公司支付 50 万元现金股利，支付 62.5 万元企业所得税。

（2）若总资本中有 1 000 万元全部是银行借款，利率是 5%，假设不需要支付现金股利，公司承担利息费用和企业所得税分别为多少？如果选择债务筹资，会为企业节约多少企业所得税？

$$利息费用 = 1\,000 \times 5\% = 50(万元)$$

$$税前利润 = 250 - 50 = 200(万元)$$

$$所得税 = 200 \times 25\% = 50(万元)$$

公司支付 50 万元利息费用，支付 50 万元企业所得税。

二者相比较，不难看出，如果公司选择债务筹资，会节约 12.5 万元的企业所得税。根据税法规定，利息费用可以在企业所得税税前扣除，如果选择债务筹资，企业会因承担利息费用而少交企业所得税；如果选择股权筹资，企业支付的现金股利不能在税前扣除。因为计算不同筹资方式的资本成本是为了满足筹资决策的需要，为了与股权筹资相对比，债务筹资需要考虑利息抵税效用。本例中，公司承担的银行借款利息费用是 50 万元，利息的税前抵扣使公司少交了 12.5 万元企业所得税，考虑所得税因素后公司实际承担的利息费用是 37.5 万元。所以在计算银行借款资本成本率以及后续其他债务筹资资本成本率时，需要考虑所得税因素。

需要特别提出的是，公式（4-2）中的利率 I 是指年实际利率，要注意长期借款的名义利率和实际利率间的转换。

【例 4-2】某企业取得 5 年期长期借款 200 万元，年利率 10%，每年付息一次，到期一次还本，借款费用率 0.2%，企业所得税税率 25%，该项借款的资本成本率为：

$$K_b = \frac{10\% \times (1 - 25\%)}{1 - 0.2\%} = 7.52\%$$

考虑时间价值，该项长期借款的资本成本计算如下（M 为名义借款额）：

$$M(1 - f) = \sum_{t=1}^{n} \frac{I_t(1 - T)}{(1 + K_b)^t} + \frac{M}{(1 + K_b)^n}$$

$$200 \times (1 - 0.2\%) = 200 \times 10\% \times (1 - 25\%) \times (P/A, K_b, 5) + 200 \times (P/F, K_b, 5)$$

$$199.6 = 15 \times (P/A, K_b, 5) + 200 \times (P/F, K_b, 5)$$

根据插值法计算：

当 $K_b = 7\%$ 时，$15 \times (P/A, 7\%, 5) + 200 \times (P/F, 7\%, 5) = 204.10$

当 $K_b = 8\%$ 时，$15 \times (P/A, 8\%, 5) + 200 \times (P/F, 8\%, 5) = 196.01$

$$\frac{i - 7\%}{8\% - 7\%} = \frac{199.6 - 204.10}{196.01 - 204.10}$$

$$K_b = 7.56\%$$

（二）公司债券资本成本

公司债券资本成本包括债券利息和债券发行费用。通过发行长期债券筹集资本，可以是溢价发行、平价发行或折价发行。债券利息按债券发行约定定期支付，发行费用在发行完成时一次性支付。其资本成本率按一般模式计算为：

$$K_b = \frac{\text{年利息} \times (1 - \text{所得税税率})}{\text{债券筹资总额} \times (1 - \text{手续费率})} = \frac{I(1-T)}{L(1-f)} \qquad (4-3)$$

式中：L 为公司债券筹资总额；I 为公司债券年利息。

【例 4－3】 红瑞公司以 110 元的价格，溢价发行面值为 100 元、期限 5 年、票面利率为 7% 的公司债券一批。每年付息一次，到期一次还本，发行费用率 3%，所得税税率 25%，该批债券的资本成本率为：

$$K_b = \frac{100 \times 7\% \times (1 - 25\%)}{110 \times (1 - 3\%)} = 4.92\%$$

考虑时间价值，该项公司债券的资本成本计算如下：

$$110 \times (1 - 3\%) = 100 \times 7\% \times (1 - 25\%) \times (P/A, K_b, 5) + 100 \times (P/F, K_b, 5)$$

$$106.7 = 5.25 \times (P/A, K_b, 5) + 100 \times (P/F, K_b, 5)$$

根据插值法计算：

$K_b = 3\%$ 时，$5.25 \times (P/A, 3\%, 5) + 100 \times (P/F, 3\%, 5) = 110.30$

$K_b = 4\%$ 时，$5.25 \times (P/A, 4\%, 5) + 100 \times (P/F, 4\%, 5) = 105.56$

$$\frac{i - 3\%}{4\% - 3\%} = \frac{106.7 - 110.3}{105.56 - 110.3}$$

$$K_b = 3.76\%$$

（三）融资租赁资本成本

融资租赁各期的租金中，包含有本金每期的偿还和各期手续费用（即租赁公司的各期利润），其资本成本率只能按贴现模式计算。

【例 4－4】 某企业于 2017 年 1 月 1 日从租赁公司租入一套设备，价值 60 万元，租期 6 年，租赁期满时预计残值 5 万元，归租赁公司。租金每年年末支付一次，每年支付租 131 283 元，则：

$$600\,000 - 50\,000 \times (P/F, K_b, 6) = 131\,283 \times (P/A, K_b, 6)$$

查表得：

得：$K_b = 10\%$

（四）优先股资本成本

相对于普通股而言，优先股具有股息相对固定的特点，而且没有到期日，股息表现为永续年金的形式。优先股资本成本率的计算公式如下：

$$K_s = \frac{D}{P_n(1-f)} \tag{4-4}$$

式中：K_s为优先股资本成本率；D 为优先股年固定股息；P_n为优先费用率股发行价格；f 为筹资费用率。

【例 4－5】某上市公司发行面值 100 元的优先股，规定的年股息率为 9%。该优先股溢价发行，发行价格为 120 元；发行时筹资费用率为发行价的 3%。则该优先股的资本成本率为：

$$K_s = \frac{100 \times 9\%}{120 \times (1-3\%)} = 7.73\%$$

（五）普通股资本成本

普通股资本成本主要是向股东支付的各期股利。由于各期股利并不一定固定，随企业各期收益波动，当然也取决于企业的股利政策，因此普通股的资本成本只能按贴现模式计算，并假定各期股利的变化呈一定规律性。如果是上市公司普通股，其资本成本还可以根据该公司股票收益率与市场收益率的相关性，按资本资产定价模型估计。理论上普通股成本的计算有多种方法，这里主要介绍股利折现模型、资本资产定价模型和风险溢价模型三种方法：

1. 股利折现模型

股利折现模型可分为股利零成长模型和股利固定增长模型两种形式。

（1）股利零成长模型。

股利零成长模型是假设企业在未来一定时期内股利分配零成长，维持原来的分配水平不变。在这种情况下，普通股的资本成本率 K_s为：

$$K_s = \frac{D}{P_0 - F} \times 100\% = \frac{D}{P_0 \times (1-f)} \times 100\% \tag{4-5}$$

式中，K_s为普通股资本成本率，D 为每年固定股利，P_0为普通股筹资额，F 为普通股筹资费用，f 为普通股筹资费用率，$F = P_0 \times f$。

【例 4－6】红瑞公司计划 2017 年 1 月发行普通股股票筹资，股票发行价格为 10 元/股，发行费用率为 10%，公司预计每年发放股利 2 元/股，则该普通股资本成本率为：

$$K_s = \frac{2}{10 \times (1-10\%)} \times 100\% = 22.2\%$$

（2）股利固定增长模型。

股利固定增长模型是指假设企业在未来一定时期内股利每年按固定的比例增长。假定资本市场有效，股票市场价格与价值相等。假定某股票本期支付的股利为 D_0，未来各期股利按 g 速度增长。目前股票市场价格为 P_0，则普通股资本成本为：

$$K_s = \frac{D_0(1+g)}{P_0(1-f)} + g = \frac{D_1}{P_0(1-f)} + g \qquad (4-6)$$

对于股利固定增长的股票来说，其每年股利构成如下等比数列：

$$D_1$$

$$D_2 = D_1 \times (1+g)$$

$$D_3 = D_1 \times (1+g)^2$$

$$D_t = D_1 \times (1+g)^{t-1}$$

$$V_0 = \sum_{t=1}^{\infty} \frac{D_t}{(1+R_s)^t} = \frac{D_1}{1+R_s} + \frac{D_2}{(1+R_s)^2} + \cdots + \frac{D_t}{(1+R_s)^t}\cdots$$

$$= \frac{D_1}{1+R_s} + \frac{D_1 \times (1+g)}{(1+R_s)^2} + \cdots + \frac{D_1 \times (1+g)^{t-1}}{(1+R_s)^t}\cdots$$

假设 $R_s > g$，所以$\frac{1+g}{1+R_s} < 1$，所以有：

$$V_0 = \frac{D_1}{R_s - g} = \frac{D_0 \times (1+g)}{R_s - g}$$

因为资本市场有效，所以：

$$P_0 = V_0 = \frac{D_0 \times (1+g)}{R_s - g} = \frac{D_1}{R_s - g}$$

所以有：

$$K_s = R_s = \frac{D_0(1+g)}{P_0} + g = \frac{D_1}{P_0} + g$$

如果进一步把普通股筹资费考虑进去，就得到了普通股资本成本计算公式：

$$K_s = \frac{D_0(1+g)}{P_0(1-f)} + g = \frac{D_1}{P_0(1-f)} + g$$

【例 4-7】 红瑞公司拟通过增发普通股股票方式筹资，股票市价 30 元，筹资费用率 2%，本年发放现金股利每股 0.6 元，预期股利年增长率为 10%。则：

$$K_s = \frac{0.6 \times (1+10\%)}{30 \times (1-2\%)} + 10\% = 12.24\%$$

2. 资本资产定价模型

在资本市场上，股票的市场价格不断波动，具有一定的风险。理论研究表明，公司股票在一定时期内在特定的资本市场上的风险是一定的。根据资本资产定价模型，普通股的资本成本率的计算公式为：

$$K_s = R_f + \beta(R_m - R_f) \qquad (4-7)$$

式中，R_f为无风险报酬率，R_m为股票市场平均报酬率。

【例4-8】红瑞公司普通股β系数为1.5，此时一年期国债利率5%，市场平均报酬率15%，则该普通股资本成本率为：

$$K_s = 5\% + 1.5 \times (15\% - 5\%) = 20\%$$

3. 风险溢价模型

按照风险与收益对等原则，风险越大，对应的报酬率就越高。普通股股东承担的风险要大于债券投资者，因此，普通股的股东可以在债券收益的基础上再要求一定的风险溢价。在这种情况下，普通股的资本成本为：

$$K_s = K_{dt} + RP_c \tag{4-8}$$

式中：K_{dt}——税后债务成本；

RP_c——股东比债权人承担更大风险所要求的风险溢价。

风险溢价是凭借经验估计的。一般认为，某企业普通股风险溢价对其自己发行的债券来讲，大约在3%~5%之间。对风险较高的股票用5%，风险较低的股票用3%。

【例4-9】红瑞公司债券资本成本率为8%，普通股股东要求4%的风险溢价收益率，则该普通股的资本成本率为：

$$K_s = 8\% + 4\% = 12\%$$

（六）留存收益资本成本

公司的留存收益来源于净利润，归属于股东权益。从表面看，留存收益不花费资本成本。实际上，股东愿意将其留用于公司，其必要报酬率与普通股相同，要求与普通股等价的报酬。因此，留存收益也有资本成本，是一种典型的机会成本。留存收益资本成本的估计与普通股相似，但无须考虑筹资费用。

三、综合资本成本

综合资本成本是指多元化融资方式下的加权平均资本成本，反映着企业资本成本整体水平的高低。在衡量和评价单一融资方案时，需要计算个别资本成本；在衡量和评价企业筹资总体的经济性时，需要计算企业的平均资本成本。平均资本成本用于衡量企业资本成本水平，确立理想的资本结构。

企业平均资本成本，是以各项个别资本在企业总资本中的比重为权数，对各项个别资本成本率进行加权平均而得到的总资本成本率。计算公式为：

$$K_w = \sum_{j=1}^{n} K_j W_j \tag{4-9}$$

式中，K_w表示平均资本成本；K_j表示第j种个别资本成本率；W_j表示第j种个别资本在全部资本中的比重。

具体计算步骤如下。

（1）计算某一个别资本的权数：

$$W_j=\frac{\text{某一个别资本筹资额}}{\text{总筹资额}}\times100\%$$

（2）计算个别资本成本率 K_j，按前面讲述的方法计算。

（3）计算综合资本成本率 K_w。

【例 4－10】 红瑞公司 2017 年 1 月计划筹资 4 000 万元。发行面值为 100 元的公司债券 10 万份，平价发行，通过发行债券筹资 1 000 万元，筹资费用率为 2%，债券年利率为 5%，每年付息一次。发行普通股 300 万股，发行价为 10 元/股，累计筹资 3 000 万元，筹资费用率为 4%，第一年预期股利为 1.2 元/股，以后每年按 5% 的比率增长。所得税率为 25%，计算该筹资方案的平均资本成本。

（1）计算各种筹资方式占总筹资额的比例。

$$\text{债券占筹资总额的比例}=1\ 000\div4\ 000\times100\%=25\%$$

$$\text{普通股占筹资总额的比例}=3\ 000\div4\ 000\times100\%=75\%$$

（2）计算个别资本成本。

$$\text{债券成本率}=\frac{100\times5\%\times(1-25\%)}{100\times(1-2\%)}=3.83\%$$

$$\text{普通股成本率}=\frac{1.2}{10\times(1-4\%)}\times100\%+5\%=17.5\%$$

（3）计算综合资本成本率。

$$\text{综合资本成本}=25\%\times3.83\%+75\%\times17.5\%=14.08\%$$

在综合资本成本率的计算中，个别资本成本率的确定，在前面已经讲过了。那么如何确定权数呢？通常情况下，以各项个别资本在企业总资本中所占比重为权数。这里存在着一个权数价值的选择问题，即各项个别资本成本按什么价值来确定权数。理论上可供选择的价值形式有以下三种。

（1）账面价值。即以各项个别资本的账面价值来确定权数。其优点是资料容易取得，可以直接从资产负债表中查到。其缺点是，当债券和股票的市价脱离账面价值较大时，会影响其准确性；同时，账面价值反映的是过去的资本结构，不适用于对未来的筹资决策。

（2）现行市价。即以各项个别资本的现行市价来确定权数。其优点是能够反映实际的资本成本。但现行市价处于经常变动之中，不易取得；而且现行市价反映的只是现时的资本结构，同样不适用于未来的筹资决策。

（3）目标价值。即以未来预计的目标市场价值来确定权数。对于公司筹措新资、反映期望的资本结构来说，目标价值是有益的，但目标价值的确定难免具有主观性。

四、边际资本成本

任何一个企业都不可能以一定的资本成本筹集到无限多的资本，超过一定的限度，资本成本就会发生变化。一般随着筹资规模的扩大，个别资本成本率会逐步上升。

边际资本成本是指每增加一个单位资本而相应增加的资本成本。实际上，边际资本成本通常在某一筹资区间范围内保持稳定，当企业筹资超过该范围时，边际资本成本就会提高。因此，即使企业保持原有的资本结构，仍有可能导致综合资本成本上升。

边际资本成本分析主要用于两个方面：一是追加筹资，二是筹资规划。追加筹资时，边际资本成本率按加权平均法计算，权数按目标资本结构确定。

【例 4－11】红瑞公司 2018 年设定的目标资本结构为：银行借款 30%、公司债券 10%、普通股 60%，拟追加筹资 200 万元，个别资本成本率分别为：银行借款 5%、公司债券 6%、普通股 10%，追加筹资的边际资本成本率如表 4－1 所示：

表 4－1　　　　边际资本成本计算表

筹资方式	目标资本结构	追加筹资额	个别资本成本	边际资本成本
银行借款	30%	60 万元	5%	1.5%
公司债券	10%	20 万元	6%	0.6%
普通股	60%	120 万元	10%	6%
合计	100%	200 万元	—	8.1%

通过计算，追加筹资的边际资本成本率为 8.1%。

如果是用于筹资规划，可以按下面的步骤来确定边际资本成本。

（1）需要综合考虑各影响因素，分析个别资本的资本成本率、筹资分界点和目标资本结构。

（2）需要确定筹资突破点 T，以确定筹资总额范围。所谓筹资突破点，是指在目标资本结构的条件下可以筹集到的资本总额。换言之，在筹资突破点以内筹资，资本成本不会改变；一旦超过了筹资突破点，即使保持目标资本结构，其资本成本也会增加。筹资突破点 T 的计算公式为：

$$T=\frac{\text{个别资本筹资分界点}}{\text{目标资本结构}}$$

（3）计算边际资本成本，按目标资本结构和个别资本成本率确定各筹资总额范围内的边际资本成本率。

第二节 杠杆效应

杠杆效应原本是物理现象——人们通过利用杠杆，可以用较小的力量移动较重物体的现象。

财务管理中也存在着类似的杠杆效应，表现为：由于固定费用的存在而导致某一财务变量以较小的幅度变动时，另一相关财务变量会以较大幅度变动。杠杆效应对企业的影响具有正反两方面的作用。合理运用杠杆效应，有助于企业合理规避风险，提高资本使用效率。而过分利用杠杆效应，会增加企业的风险，当经营环境恶化的时候，也会使企业陷入困境。

财务管理中的杠杆效应有三种：经营杠杆效应，财务杠杆效应，复合杠杆效应。

一、相关概念

（一）固定成本和变动成本

企业成本从会计意义上通常划分为生产成本和期间费用。但是，在财务管理活动中，成本除了会计意义上的划分外，还有很多分类方法，关键看管理层在进行决策时需要什么样的成本信息。将成本划分为固定成本和变动成本是其中一种比较常用的分类。将成本划分为固定成本和变动成本，主要是根据成本性态也即成本随产量变化的关系来划分的。

固定成本是指在一定的条件范围内成本总额保持固定不变的成本。其特性主要表现为：①成本总额保持固定不变，不随产量的变化而变化；②单位产品承担的固定成本随产量的增加而减少，是产量的反比例函数。

变动成本是指随产量变化而相应发生变化的成本，是产量的正比例函数。而单位产品的变动成本在一定时期保持不变。变动成本的特性有：①单位变动成本保持不变；②变动成本总额随产量的增加而相应增加，随产量的减少而相应减少，是产量的正比例函数。

企业在生产经营过程中发生的管理费用和营业费用都可以分解成固定成本和变动成本，企业的总成本是固定成本和变动成本之和。

（二）边际贡献

边际贡献（M）也称为边际毛益，是指每增加销售一个单位产品而给企业贡献的利润，表现为销售收入减去变动成本。边际贡献分为边际贡献总额和单位产品边际贡献，其中边际贡献总额等于销售收入总额减去变动成本总额，单位产品边际贡献等于产品销售单价减去产品单位变动成本。可用公式表示为：

$$\begin{aligned}\text{边际贡献总额} &= \text{销售量}\times\text{销售单价}-\text{销售量}\times\text{单位变动成本}\\ \text{单位产品边际贡献} &= \text{单价}-\text{单位变动成本}\end{aligned} \quad (4-10)$$

（三）息税前利润

息税前利润（EBIT）是指除了利息费用和所得税之外，其他的所有成本费用均已从销售收入中扣除而计算出来的利润。它表明企业获取的利润与资本的来源没有关系，只与产品、管理水平等相关。其计算公式为：

$$息税前利润 = 边际贡献总额 - 固定成本 \tag{4-11}$$

（四）税前利润

税前利润是指在息税前利润的基础上，考虑利息费用而计算出来的利润，为企业扣除所得税之前的利润总额。其计算公式为：

$$税前利润 = 息税前利润 - 利息费用 \tag{4-12}$$

（五）税后利润

税后利润是指企业扣除所得税之后计算的利润净额。其计算公式为：

$$税后利润 = 税前利润 - 所得税 = 税前利润 \times (1 - 所得税税率) \tag{4-13}$$

（六）每股利润

每股利润（EPS）是指普通股股东持有的每一股份可以享有的利润。其计算公式为：

$$每股利润 = (税后利润 - 优先股股利) \div 普通股股份 \tag{4-14}$$

二、经营杠杆效应

（一）经营杠杆效应

经营杠杆效应，也称为营业杠杆效应、营运杠杆效应，是指企业经营成本中因存在固定成本，而使得息税前利润变动幅度超过销售收入变动幅度的现象。在同等营业收入条件下，固定成本在总成本中所占的比重较大时，单位产品分摊的固定成本额也较大；当产品销售量发生变动时，单位产品分摊的固定成本额也会随之变动，最后导致利润更大幅度的变动。经营杠杆对企业的杠杆作用表现在正反两个方面，正效应表现为当销售收入以一定的幅度增长时，息税前利润以更大的幅度增长；反之，当销售收入以一定的幅度下降时，息税前利润也会以更大的幅度下降。

（二）经营杠杆系数

通常用经营杠杆系数（DOL）来反映经营杠杆的作用程度。经营杠杆系数也称经营杠杆程度，是指息税前利润变动率相当于销售量变动率的倍数。其计算公式为：

$$DOL = \frac{息税前利润变动率}{销售量变动率} \tag{4-15}$$

为了便于计算，上述公式可以转换为：

$$DOL = \frac{EBIT + F}{EBIT}$$

式中，EBIT 为息税前利润，F 为固定成本。

经营杠杆系数表明：当销售量以一定的比例变动时，息税前利润以 DOL 倍数的幅度变动。即当销售量以一定的比例上升时，息税前利润以 DOL 倍数的比例增加；而当销售量以一定的比例下降时，息税前利润以 DOL 倍数的比例下降。

【例 4－12】 2017 年红瑞公司的固定成本总额为 80 万元，变动成本率为 60%，销售收入为 400 万元。计算其经营杠杆系数。

$$经营杠杆系数 = \frac{400 - 400 \times 60\%}{400 - 400 \times 60\% - 80} = 2$$

经营杠杆系数等于 2 表明：当企业的销售额增长 10% 时，息前税前利润将增长 20%；反之，当企业销售额下降 10% 时，息前税前利润也将下降 20%。

经营杠杆系数不是固定不变的。当企业的固定成本总额、单位产品的变动成本、销售价格、销售数量等因素发生变动时，经营杠杆系数也会发生变动。由计算公式可知，企业的固定成本越高，经营杠杆系数越大，杠杆效应越明显。

（三）经营杠杆系数和经营风险

经营杠杆系数可以反映企业的经营风险。经营风险是指企业因经营管理上的原因而导致的息税前利润变动的风险，与企业资本结构没有关系。影响经营风险的因素很多，如产品单价、销售量、固定成本、变动成本、市场需求等。应该明确的是，经营杠杆本身不是经营风险的根源，杠杆效应也不是企业息税前利润大幅变动的原因，而是通过经营杠杆系数，可以量化这些因素变动对息税前利润的影响程度。经营杠杆系数越高，杠杆效应越明显，企业的经营风险也越大。

利用经营杠杆系数可以分析企业不同销售情况下的息税前利润，有利于企业分析经营风险，合理作出经营决策。

三、财务杠杆效应

（一）财务杠杆效应

财务杠杆效应是指企业总资本中因债务利息、优先股股息等固定性资本成本的存在而使得每股利润的变动幅度超过息税前利润变动幅度的现象。当息税前利润一定时，固定性资本成本越高，普通股股东所分担的固定费用就越大。当息税前利润发生变动时，普通股股东所分担的固定费用也会随之发生变动，最终导致每股利润的变动幅度超过息税前利润的变动幅度。财务杠杆对企业的杠杆作用也表现在正反两个方面，正效应表现为当息税前利润以一定幅度增长时，普通股的每股利润以更大的幅度增长；反之，当息税前利润以一定的幅度下降时，普通股的每股利润将以更大的幅度下降。

（二）财务杠杆系数

通常用财务杠杆系数（DFL）来衡量财务杠杆效应，并评价财务风险的高低。财务杠杆系数又称财务杠杆程度，是指普通股每股利润变动率相当于息前税前利润变动率的倍数。计算公式为：

$$DFL = \frac{\text{每股利润变动率}}{\text{息税前利润变动率}} \tag{4-16}$$

通过变量转换，可将上述公式变换为：

$$DFL = \frac{EBIT}{EBIT - I - P/(1 - T)}$$

式中，EBIT 为息税前利润，I 为利息费用，T 为所得税率，P 为优先股股息。

财务杠杆系数表明：当息税前利润以一定的幅度变动时，每股利润以更大的幅度变动。即息税前利润以一定的比例增长时，每股利润以 DFL 倍数的幅度增长；而当息税前利润以一定的比例下降时，每股利润以 DFL 倍数的幅度下降。

【例 4－13】2017 年红瑞公司的息税前利润为 80 万元，公司的借入资本为 500 万元，利率为 5%，优先股 100 万元，股息率为 12%，普通股股本为 400 万元，所得税率为 25%。则公司财务杠杆系数为：

$$DFL = \frac{80}{80 - 25 - 12/(1 - 25\%)} = 2.05$$

经营杠杆系数等于 2.05 表明：如果公司的息税前利润增长 10%，则每股利润增长 20.5%；如果公司的息税前利润下降 10%，则每股利润将下降 20.5%。

财务杠杆系数不是一成不变的。当利率、盈利能力、资本结构等因素变动时，财务杠杆系数也会相应地发生变动。观察财务杠杆系数的计算公式，可以发现，利息费用、优先股股息等固定费用越高，财务杠杆系数越大。

（三）财务杠杆系数与财务风险

财务杠杆系数可以反映企业的财务风险。财务风险是指企业因负债筹资而产生的风险，与资本结构密切相关，主要表现为能不能按期偿还到期债务。影响财务风险的因素很多，资本结构只是其中的一个方面。在资本结构中，负债资金所占比例越大，财务杠杆效应越明显，财务杠杆系数也越大，相应的财务风险也越大。

实际上，当企业的资金回笼迅速，盈利能力较好，高于负债资金的利率时，充分利用财务杠杆，可以大大提高股东的每股收益。但是，当企业资金回笼出现问题，盈利能力下降时，同样杠杆效应，可以使股东的每股收益大幅下滑，财务风险将不期而至。

因此，企业适度利用财务杠杆，将财务风险控制在一定的范围内，不失为一种明智的选择。一旦财务杠杆系数超过了警戒线，就要调整资本结构，以降低财务风险。

四、总杠杆效应

（一）总杠杆效应

总杠杆效应也称联合杠杆效应，是指企业销售收入的变动而使得普通股每股利润以更大幅度变动的现象。它综合地反映了企业利用财务杠杆和经营杠杆给普通股每股利润带来的影响。前已述及，经营杠杆是通过扩大销售量影响息前税前利润，而财务杠杆是通过息前税前利润影响普通股的每股利润，最终影响到普通股股东的收益。而且，这两种杠杆作用是相互影响和有关联的。如果企业同时利用经营杠杆和财务杠杆，那么销售额变动对普通股收益的影响就会更大，总的风险也就更高。

（二）总杠杆系数

对经营杠杆和财务杠杆的综合利用程度，可以用总杠杆系数（DTL）来衡量。总杠杆系数是指每股利润变动率相当于销售量变动率的倍数，其计算公式为：

$$DTL=\frac{\text{每股利润变动率}}{\text{销售量变动率}} \tag{4-17}$$

在公式中引入中间变量——息税前利润变动率，公式可以变换为：

$$DTL=\frac{\text{每股利润变动率}}{\text{息税前利润变动率}}\times\frac{\text{息税前利润变动率}}{\text{销售量变动率}}$$

观察公式可以发现，总杠杆系数是经营杠杆系数和财务杠杆系数的乘积，即：

$$DTL=DOL\times DFL$$

分别将 DOL 和 DFL 的计算公式代入上式，可以将公式变换为：

$$DTL=\frac{EBIT+F}{EBIT-I-P/(1-T)} \tag{4-18}$$

式（4－18）中，EBIT 为息税前利润，F 为固定成本，I 为利息费用，P 为优先股股息，T 为所得税税率。

【例 4－14】红瑞公司长期资本总额为 200 万元，其中长期负债占 50%，利率为 10%，公司销售额为 50 万元，固定成本总额为 5 万元，变动成本率为 60%，则复合杠杆系数可确定如下：

$$EBIT=50-5-50\times60\%=15(\text{万元})$$

$$I=200\times50\%\times10\%=10(\text{万元})$$

$$DCL=\frac{EBIT+F}{EBIT-I-P/(1-T)}=\frac{15+5}{15-10}=4$$

（三）总杠杆效应和企业风险

企业风险包括经营风险和财务风险。只要企业同时存在固定成本和利息费用，就存在经营风险和财务风险，也就存在复合杠杆效应。企业销售量的变动通过息税前利润的变动，传导至普通股每股利润，使得普通股每股利润发生更大幅度的变动，通过层层放大，总杠杆比单一的经营杠杆或财务杠杆能产生更大的效应。

总杠杆系数可以反映企业风险。一般说来，在总杠杆系数一定的情况下，经营杠杆系数和财务杠杆系数存在此消彼长的关系。也就是说，经营杠杆系数较高（低）的企业只能在较小（大）的程度上使用财务杠杆，才能将企业风险控制在一定水平。这也揭示了企业风险管理的策略，即在保持一定的企业风险水平下，经营杠杆系数小的企业，可以适度利用财务杠杆，扩大债务资本规模，保持较高的财务杠杆系数；而财务杠杆系数较小的企业，可以适度利用经营杠杆，扩大固定资产投资，维持较高的经营杠杆系数。总之，只要控制适度，企业可以利用两种杠杆的多种组合，达到既控制企业风险又取得杠杆效应的目的。

第三节　资本结构*

资本结构是企业筹资管理的核心。企业应综合考虑各种影响因素，运用适当的方法确定最佳资本结构，并在以后追加筹资时继续保持。若现行资本结构不合理，则应通过筹资活动进行调整，使其趋于合理，以达到最优化。

一、资本结构概述

（一）关于资本结构和举债经营

资本结构是指企业总资本中各种债务资本和权益资本的比例。由于流动负债在总资本中所占比重较低，而且经常变动，在资本结构研究中往往忽略不计。因此，资本结构侧重研究长期资本来源中债务资本与权益资本的比例关系。

债务资本是企业通过外部债权人对企业的投资，企业使用债权人的投资进行营业就是举债经营。通过举债经营，为企业和股东创造更大的经济利益，被认为是最精明的举动。例如，红瑞公司有资本 100 万元，资本收益率为 20%，则红瑞公司的税前利润是 20 万元；如果公司从银行借入 100 万元资本，利率为 8%，则公司息税前利润是 40 万元，归还银行 8 万元利息后，公司税前利润是 32 万元，比没有债务资本时的利润多了 12 万元。对于普通股股东来说，同样是 100 万元的权益资本，利用债务资本时，享有 32 万元的利润，而没有利用债务资本，则只能享有 20 万元的利润。因此，在经济处于上升阶段和通货膨胀比重较严重的情况下，举债经营无论对企业还是对股东都是有益处的。原因如下。

（1）举债可以降低资本成本。债务资本的利息率一般低于企业权益资本的股息率或分红率；并且，债务的利息在税前支付，企业可以减少所得税，因而债务资本成本总是低于权益资本成本。

（2）举债可以获得杠杆利益。由于债务利息一般是相对固定的，随着税息前利润的增加，单位利润所负担的固定利息就会减少，企业所有者所分得的税后利润就会随之增加。

（3）举债可以增加权益资本收益。除了杠杆利益的原因之外，还由于在经济上升阶段，企业经营比较顺利，获利水平往往较高。特别是投资收益率大于债务资本利息率时，企业举债越多，其权益资本的收益率就会提高，从而给股东带来超额利润。

（4）举债可以减少货币贬值的损失。在通货膨胀日益加重的情况下，利用举债扩大再生产，比利用权益资本更为有利，可以减少通货膨胀造成的贬值损失。

但是，举债经营也存在一些缺陷。主要表现为如下几点。

（1）资本来源不稳定。如果权益资本比重过低，负债比例过大，企业再举债会因风险过大而被贷款方拒绝。

（2）资本成本可能升高。虽然债务资本成本一般都小于权益资本成本，似乎举债始终是有利的，但是，随着企业负债比例逐步提高，债权人在提供贷款时会逐步提高利息率或提出额外要求，这势必会增加资本成本，给企业经营带来压力。在企业负债率超过一定幅度之后，使用债务资本的资本成本会超过使用权益资本的资本成本。

（3）可能会出现财务风险。如果企业举债后资本使用不当，或者宏观经济不景气，企业投资报酬率甚至低于借款利息，这就会降低股东的净资产利润，财务风险就会凸现。

（4）现金流量需求的增加。举债以后意味着要定期向债权人付出现金，如果企业收益质量稍差或财务状况不佳，企业的信誉与财务形象将受到损害，再融资的资本成本会提高。过度的负债、对未来的盲目乐观、不良的经营管理和财务管理是很多问题企业破产或被兼并的主要原因。

（5）增加破产的风险。按照《企业破产法》的规定，若企业不能清偿到期债务，债权人可以向人民法院提出对企业进行重整或者破产清算的申请。盲目利用债务资本，超过了企业的还债能力，就会给企业带来破产的风险。

（二）关于资本结构理论

（1）净利理论。这种理论认为，债务资本成本总是小于权益资本成本，企业利用债务资本，可以加大财务杠杆效应，降低总资本成本，并且会提高企业价值。因此，举债越多，资本成本越低，倘若举债100%，则公司价值最大。该理论的缺陷是，没有考虑财务风险对资本成本和企业价值的影响。

（2）经营利润理论。该理论认为，无论企业财务杠杆如何变动，综合资本成本和企业价值都是固定的。其假设是，债务资本成本越低，债务资本越多，会迫使企业降低权益资本的份额，增大了权益资本的风险，从而使权益资本成本上升。因此，资本结构与资本成本和企业价值无关，资本结构的选择也毫无意义。该理论的缺陷是，过分夸大了财务风险的作用，忽略了资本成本与资本结构之间的内在联系。

（3）传统理论。该理论认为，财务杠杆的利用伴随着财务风险，从而伴随着债务资本和权益资本成本的提高；同时，综合资本成本与负债权益比率密切相关，资本成本不能独立于资本结构之外。因此，最佳资本结构是客观存在的。具体而言，当企业负债在一定范围之内，债务资本成本与权益资本不会显著增加，并且相对稳定，一旦超过该范围，则开始上升。所以，最佳资本结构就是在债务资本的边际成本等于权益资本的边际成本那一点上。

（4）MM 理论。MM 理论包括无公司税的 MM 理论和公司税的 MM 理论。该理论建立在一系列的基本假设之上。无公司税的 MM 理论的结论是：资本结构不影响企业价值和资本成本。有公司税的 MM 理论的结论是：负债会因税赋节约而增加企业价值，负债越多，企业价值越大，权益资本的所有者获得的收益也越大。

（5）权衡理论。MM 理论没有考虑财务困难成本与代理成本。权衡理论认为，负债企业的价值等于无负债企业价值加上税赋节约，减去预期财务困难成本的现值和代理成本的现值。最优资本结构存在于税赋节约与财务困难成本和代理成本相互平衡的点上。财务困难成本是指企业因资本周转不灵而发生的成本。财务困难成本发生在有负债的企业里，而且负债越多，固定利息越大，收益下降的概率增加，从而导致财务困难成本发生的概率就越高，势必会提高企业资本成本，降低企业价值。代理成本是指处理股东和经理之间以及债券持有者与经理之间的关系而发生的成本。它实际上是一种监督成本。代理成本的发生会提高负债成本从而减少负债利益。权衡理论的贡献在于，它是在 MM 理论的基础上，充分考虑财务困难成本和代理成本这两个因素来研究资本结构。

二、资本结构的影响因素

利用债务资本虽然可以发挥财务杠杆作用，但同时会给企业带来一定的财务风险，因此选择债务资本必须要在风险和报酬之间进行权衡，控制企业负债规模。除此之外，影响资本结构的还有以下一些重要因素。

（1）企业经营者与所有者的态度。从经营者的角度看，一旦发生财务危机，其利益将受到重大的影响，故经营者就可能较少地使用财务杠杆、尽量减低债务资本的比例。相反，所有者往往不愿意分散其控制权，故不愿增发新股而要求经营者去举债。经营者与所有者在资本结构这个重大问题上的矛盾，往往使得企业财务人员无所适从，资本结构的最终决定权在所有者或其代表（如董事会）手中。

（2）企业信用等级与债权人的态度。企业能否以借债的方式筹资和能筹集到多少资本，不仅取决于企业经营者和所有者的态度，而且取决于企业信用等级和债权人的态度。如果企业的信用等级不高，而且负债率已经较高，债权人将不愿意向企业提供信用，从而使企业无法达到它所希望达到的负债水平。

（3）政府税收。因为利息费用可以在应税所得额中合法抵扣，即举债可以享受税收抵减的好处。所以，一国的所得税率越高，则举债融资的好处就越大，企业资本结构中债务资本的比重会大些。

（4）企业的盈利能力。盈利能力强的企业可以产生大量的税后利润，其内部积累可以在很大程度上满足企业扩大再生产的资本需求，对债务资本的依赖程度较低。

(5) 企业的资产结构。技术密集型企业的资产中固定资产所占比重较高，总资产周转速度较慢，这些企业中必须有相当比重的资本作为后盾。劳动密集型企业的流动资产所占比重很大，资产周转速度快，这些企业对负债特别是短期负债很看重。

(6) 企业的成长性。在其他因素相同的条件下，发展速度快的企业对外部资本的依赖性较强。因此，增长率较高的企业倾向于使用更多的债务资本。

(7) 法律限制。法律对于企业的筹资行为是有限制的。如我国《公司法》第 161 条规定：累计债券总额不超过公司净资产的 40%。这就使得企业资本结构中债券的比重受到限制。

(8) 行业差异。一般而言，从事公用事业的企业有责任提供持续不断的服务，因而其在运用财务杠杆时就谨慎得多，举债较少。

(9) 国别差异。由于历史文化因素的影响，各国融资传统存在差异，有些国家的企业偏好债务融资，另一些国家在融资上比较谨慎，倾向于维持较低的负债率。欧洲经济合作组织的统计数据表明：平均来讲，日本公司的债务与总资产的比率是 85%，德国公司是 63%，美国公司仅为 37%。在美国，财务经理们普遍认为，谨慎地、有节制地使用债务有利于提高公司的价值。

三、资本结构决策的方法

(一) 最优资本结构的含义

根据资本结构理论，最优资本结构是客观存在的。在最优资本结构这个点上，企业的加权平均资本成本最低，同时企业价值达到最大。

所谓最优资本结构，是指在一定时期最适宜的条件下，综合资本成本最低而企业价值最大时的资本结构。毫无疑问，最优资本结构是一个理性的企业理财者所追求的目标，因此又称为目标资本结构。

(二) 优化资本结构的决策方法

1. 资本成本比较法

这种方法就是通过确定和比较企业的各种可能的筹资组合方案的综合资本成本，选择综合资本成本最低的方案。该方案下的资本结构即为最优资本结构。这种方法侧重于从资本投入的角度对资本进行优选分析。

利用比较资本成本法优化资本结构，首先要计算各种方案下的综合资本成本，然后再根据企业的具体情况，考虑其他影响因素，对各个方案进行修正，选择综合资本成本率最低的方案为最佳筹资方案，达到优化资本结构的目的。

【例 4 - 15】 红瑞公司需筹集 100 万元长期资本，可以从贷款、发行债券、发行普通股三种方式筹集，其个别资本成本率已分别测定，有关资料如表 4 - 2 所示。

表 4-2　　红瑞公司资本结构

筹款方式	资本结构			个别资本成本率
	A 方案	B 方案	C 方案	
贷款	40%	30%	20%	6%
发行债券	10%	15%	20%	8%
发行普通股	50%	55%	60%	9%
合计	100%	100%	100%	

首先，分别确定三种方案的综合资本成本 K。

A 方案下：$K=40\%\times6\%+10\%\times8\%+50\%\times9\%=7.7\%$

B 方案下：$K=30\%\times6\%+15\%\times8\%+55\%\times9\%=7.95\%$

C 方案下：$K=20\%\times6\%+20\%\times8\%+60\%\times9\%=8.2\%$

本例中，假设其他因素对方案选择影响甚小，则 A 方案的综合资本成本最低。这样，该公司的资本结构为贷款 40 万元、发行债券 10 万元、发行普通股 50 万元。

2. *每股收益分析法*

资本结构是否合理，可以通过每股收益的变化进行分析。一般而言，凡是能够提高每股利润的资本结构就是合理的（实际上不考虑由于每股利润提高而相应增加的风险）；反之，则认为不合理。然而，每股收益的变化，不仅受到资本结构的影响，还能受到销售收入的影响。要处理这三者的关系，则必须运用“每股收益无差别点”的方法来分析。

每股收益无差别点是指两种或两种以上筹资方案下普通股每股收益相等时的息税前利润点，亦称息税前利润平衡点，有时亦称筹资无差别点。运用这种方法，根据每股收益无差别点，可以分析判断在什么情况下可利用债务筹资来安排及调整资本结构，进行资本结构决策。

每股收益计算公式为：

$$每股收益=\frac{净利润-优先股股利}{普通股股数} \tag{4-19}$$

假设没有优先股，公司计划利用发行普通股方式筹资，则每股收益为：

$$EPS_{股}=\frac{(EBIT-I_{原})\times(1-T)}{N_{原}+\Delta N}$$

假设没有优先股，公司计划利用发行公司债券方式筹资，则每股收益为：

$$EPS_{债}=\frac{(EBIT-I_{原}-\Delta I)\times(1-T)}{N_{原}}$$

则：

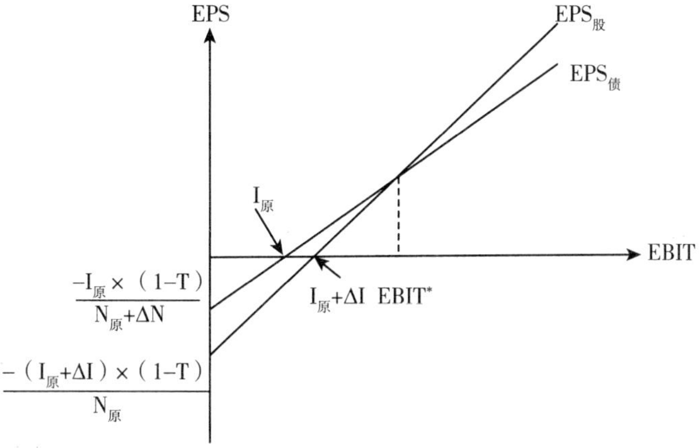

图 4－1　每股收益无差别点法决策原理展示图

根据图 4－1 可知：

当 $EPS_{股}=EPS_{债}$ 时的息税前利润点 $EBIT^*$，就是每股收益无差别点。

当公司预计 $EBIT>EBIT^*$ 时，应该选择财务杠杆效应较大的筹资方式，即债务筹资方案；当公司预计 $EBIT=EBIT^*$ 时，两种筹资方案均可；当公司预计 $EBIT<EBIT^*$ 时，应该选择财务杠杆效应较小的筹资方式，即股权筹资方案。

这种方法侧重于从资本的产出角度作分析。下面举例加以说明。

【例 4－16】红瑞公司 2018 年资本结构为：长期资本总额为 600 万元，其中债务 200 万元，普通股股本 400 万元，每股面值 100 元，4 万股全部发行在外，目前市场价每股 300 元。债务利息率 10%，所得税率 25%。2009 年公司由于扩大业务追加筹资 200 万元，有如下两种筹资方案可供选择。

甲方案：全部发行普通股，向现有股东配股，4 配 1，每股配股价 200 元，配发 10 000 股。

乙方案：向银行贷款取得所需长期资本 200 万元，因风险增加银行要求的利息率为 15%。

根据会计人员的测算，追加筹款后销售额可望达到 800 万元，变动成本率为 50%，固定成本为 180 万元。

$$息税前利润=销售收入-变动成本-固定成本$$

$$EBIT=800-800\times50\%-180=220(万元)$$

$$EPS=\frac{(EBIT-I)\times(1-T)-P}{N}$$

式中，N 为发行在外的普通股，S 为销售额，V 为变动成本总额，其余字母含义同前。

$$甲方案:EPS=\frac{(EBIT-20)\times(1-25\%)}{4+1}$$

$$乙方案:EPS=\frac{(EBIT-50)\times(1-25\%)}{4}$$

令上述两式相等，求得：EBIT = 170 万元。

170 万元即为两个方案的筹资无差别点。在此点上，两个方案的每股利润相等，均为 21.10 元。而企业的预期销售额 800 万元时的息税前利润是 220 万元，大于无差别点时的息税前利润 170 万元，所以资本结构中负债比重较高的方案即乙方案为较优方案。

3. 公司价值比较法

公司价值比较法是在充分反映公司财务风险的前提下，以公司价值的大小为标准，经过测算确定公司最佳资本结构的方法。

公司价值比较法需要测算公司的总价值和综合资本成本率，并以公司价值最大化为标准比较确定公司的最佳资本结构。

公司价值等于其长期债务和股票的折现价值之和。在测算公司价值时，这种测算方法可用公式表示为：

$$V = B + S \tag{4-20}$$

式中，V 表示公司的总价值，即公司总的折现价值；B 表示公司长期债务的折现价值；S 表示公司股票的折现价值。

其中，为了简化测算过程，设长期债务（含长期借款和长期债券）的现值等于其面值（或本金）；股票的现值按公司未来净收益的折现值测算，其测算公式为：

$$S = \frac{(EBIT - I)(1 - T)}{K_s} \tag{4-21}$$

式中，S 表示公司股票的折现价值；EBIT 表示公司未来的年息税前利润；I 表示公司长期债务年利息；T 表示公司所得税税率；K_S表示公司股票资本成本率。

在公司价值测算的基础上，如果公司的全部长期资本由长期债务和普通股组成，则公司的全部资本成本率即综合资本成本率可按下列公式测算：

$$K_W = K_B \times \frac{B}{V} \times (1 - T) + K_S \times \frac{S}{V} \tag{4-22}$$

式中，K_W表示公司综合资本成本率；K_B表示公司长期债务税前资本成本率，可按公司长期债务年利率计算；K_S表示公司普通股资本成本率；其他符号含义同前。

在上述测算公式中，为了考虑公司筹资风险的影响，普通股资本成本率可运用资本资产定价模型来测算，即

$$K_s = R_F + \beta \times (R_M - R_F) \tag{4-23}$$

式中，K_S表示公司普通股投资的必要报酬率，即公司普通股的资本成本率；R_F表示无风险报酬率；R_M表示所有股票的市场报酬率；β 表示公司股票的贝塔系数。

【例 4-17】 ABC 公司现有全部长期资本均为普通股资本，无长期债务资本和优先股资本，账面价值 20 000 万元。公司认为这种资本结构不合理，没有发挥财务杠杆作用，准备举借长期债务购回部分普通股予以调整。公司预计息税前利润为 5 000 万元，假定公司

所得税税率为25%。经测算，目前的长期债务年利率和普通股资本成本如表4－3所示。

表4－3　　ABC公司在不同长期债务规模下的债务年利率和普通股资本成本率测算表

B(万元)	K_B(%)	β	R_F(%)	R_M(%)	K_S(%)
0	—	1.20	10	14	14.8
2 000	10	1.25	10	14	15.0
4 000	10	1.30	10	14	15.2
6 000	12	1.40	10	14	15.6
8 000	14	1.55	10	14	16.2
10 000	16	2.10	10	14	18.4

在表4－3中，当B＝2 000万元，$\beta=1.25$，$R_F=10\%$，$R_M=14\%$时，

$$K_S=10\%+1.25\times(14\%-10\%)=15.0\%$$

其余同理计算。

根据表4－3的资料，运用前述公司价值和公司资本成本率的测算方法，可以测算在不同长期债务规模下的公司价值和公司资本成本率，如表4－4所示，可据以比较确定公司的最佳资本结构。

表4－4　　ABC公司在不同长期债务规模下的公司价值和资本成本率测算表（税率为25%）

B(万元)	S(万元)	V(万元)	K_B(%)	K_S(%)	K_W(%)
0	25 337.84	25 337.84	0	14.80	14.80
2 000	24 000.00	26 000.00	10	15.00	14.42
4 000	22 697.37	26 697.37	10	15.20	14.05
6 000	20 576.92	26 576.92	12	15.60	14.11
8 000	17 962.96	25 962.96	14	16.20	14.44
10 000	13 858.70	23 858.70	16	18.40	15.72

在表4－4中，当B＝4 000万元，$K_B=10\%$，$K_S=15.2\%$以及EBIT＝5 000万元时，则：

$$S=\frac{(5\ 000-4\ 000\times10\%)\times(1-25\%)}{15.20\%}=22\ 697.37(\text{万元})$$

$$V=4\ 000+22\ 697.37=26\ 697.37(\text{万元})$$

$$K_W=10\%\times\frac{4\ 000}{26\ 697.37}\times(1-25\%)+15.2\%\times\frac{22\ 697.37}{26\ 697.37}=14.05\%$$

其余同理计算。

从表4－4中可以看到，在没有长期债务资本的情况下，ABC公司的价值就是其原有普通股资本的价值，此时V＝S＝25 337.84万元。当ABC公司开始利用长期债务资本部分替换普通股资本时，公司的价值开始上升，同时公司资本成本率开始下降；直到长期债务资本达到4 000万元时，公司的价值最大（26 697.37万元），同时公司的综合资本成本率最低（14.05%）；而当公司的长期债务资本超过4 000万元后，公司的价值开始下降，公司的资本成本率同时上升。因此可以确定，ABC公司的长期债务资本为4 000万元时的资本结构为最佳资本结构。此时，ABC公司的长期资本价值总额为26 697.37万元，其中普通股资本价值22 697.37万元，占公司总资本价值的比例为85%（22 697.37/26 697.37）；长期债务资本价值4 000万元，占公司总资本价值的比例为15%（4 000/26 697.37）。

当税率为33%时，ABC公司在不同长期债务规模下的公司价值和资本成本率如表4－5所示：

表4－5　ABC公司在不同长期债务规模下的公司价值和资本成本率测算表（税率为33%）

B(万元)	S(万元)	V(万元)	K_B(%)	K_S(%)	K_W(%)
0	22 640.00	22 640.00	0	14.80	14.80
2 000	21 440.00	23 440.00	10	15.00	14.29
4 000	20 280.00	24 280.00	10	15.20	13.79
6 000	18 380.00	24 380.00	12	15.60	13.74
8 000	16 050.00	24 050.00	14	16.20	13.93
10 000	12 380.00	22 380.00	16	18.40	15.69

通过表4－5，可知：

当税率为33%时，当B＝6 000万元，公司的价值最大（24 380.00万元），同时公司的综合资本成本率最低（13.74%）。

比较表4－5和表4－4，可以得出如下结论：

第一，当企业所得税税率降低时，会提高公司价值。

第二，当企业所得税税率变化时，会影响公司最优资本结构的选择。当税率降低时，利息的抵税作用相对减小，公司最有资本结构中债务筹资的比例降低（由表4－5中的B＝6 000万元降低到表4－4中的B＝4 000万元）。

与资本成本比较法和每股收益分析法相比，公司价值比较法充分考虑了公司的财务风险和资本成本等因素的影响，进行资本结构的决策以公司价值最大为标准，更符合公司价值最大化的财务目标；但其测算原理和测算过程较为复杂，通常用于资本规模较大的上市公司。

（三）资本结构的动态管理

在企业财务管理实践中，资本结构其实是在不断地变动的。当发现现有的资本结构不合理，可采用以下方法进行动态管理。

（1）债转股、股转债。当企业资产负债率过高或过低，通过与现有的债权人、所有者协商的办法来改善资本结构。对于可转换债券可以设计赎回条款敦促债权人尽快行使转换权。通过债权转换成股权，或者股权转换成债权，可以有效地调整资本结构。

（2）从外部取得增量资本。企业可以通过目标资本结构管理，通过外部融资如发行新债券、举借新贷款、进行融资租赁、发行新的股票等方式，来优化资本结构。

（3）调整现有负债结构。企业通过与债权人协商，可将短期负债转为长期负债，或将长期负债转为短期负债，收回发行在外的可提前收回债券。还可采用债务托管、债务转移负担等方法降低公司负债水平，达到优化资本结构的目的。

（4）调整权益资本结构。企业可以通过对权益资本内部的调整如优先股转换为普通股，通过股票回购减少公司股本等方式，增加或减少权益资本的比例，调整资本结构。

（5）通过兼并、控股、分立等方式，改善企业的资本结构。

优化资本结构的方式多种多样，但是频繁地调整资本结构，将给企业的经营管理带来不稳定风险。因此，调整资本结构必须在充分调查分析的基础上慎重进行。

练习题

一、名词解释

资本成本　经营杠杆效应　财务杠杆效应　资本结构

二、简答题

1. 试分析资本成本对企业财务管理的作用。
2. 试说明经营杠杆的基本原理和经营杠杆系数的测算方法。
3. 试说明财务杠杆的基本原理和财务杠杆系数的测算方法。
4. 试对企业资本结构的影响因素进行定性分析。
5. 试说明资本成本比较法的基本原理和决策标准。
6. 试说明每股收益分析法的基本原理和决策标准。
7. 试说明公司价值比较法的基本原理和决策标准。

三、单项选择题

1. 某企业发行了期限 5 年的长期债券 10 000 万元，年利率为 8%，每年年末付息一次，到期一次还本，债券发行费率为 1.5%，企业所得税税率为 25%，该债券的资本成本率为（　　）。

A. 6%　　B. 6.09%　　C. 8%　　D. 8.12%

2. 某公司发行总面额为 500 万元的 10 年期债券，票面利率 12%，发行费用率为 5%，公司所得税税率为 25%。该债券采用溢价发行，发行价格为 600 万元，若采用一般模式该债券的资本成本为（　　）。

A. 8.46%　　B. 7.89%　　C. 10.24%　　D. 9.38%

3. 某公司发行总面额 1 000 万元，票面利率为 10%，偿还期限 4 年，发行费率 4%，所得税税率为25%的债券，该债券发行价为980万元，则采用贴现模式债券资本成本为（　　）。[（P/A，9%，4）=3.2397；（P/F，9%，4）=0.7084；（P/A，10%，4）=3.1699；（P/F，10%，4）=0.6830]

A. 8%　　B. 9%　　C. 9.35%　　D. 9.97%

4. 某公司普通股目前的股价为25元/股，筹资费率为6%，刚刚支付的每股股利为2元，股利固定增长率2%，则该企业利用留存收益的资本成本为（　　）。

A. 10.16%　　B. 10%　　C. 8%　　D. 8.16%

5. 已知某公司股票的β系数为0.5，短期国债收益率为6%，市场平均报酬率为10%，则该公司股票的资本成本为（　　）。

A. 6%　　B. 8%　　C. 10%　　D. 16%

6. 在不考虑筹款限制的前提下，下列筹资方式中个别资本成本最高的通常是（　　）。

A. 发行普通股　　B. 留存收益筹资

C. 长期借款筹资　　D. 发行公司债券

7. 在下列各项中，不能用于平均资本成本计算的是（　　）。

A. 市场价值权数　　B. 目标价值权数

C. 账面价值权数　　D. 边际价值权数

8. 为反映现时资本成本水平，计算平均资本成本最适宜采用的价值权数是（　　）。

A. 账面价值权数　　B. 目标价值权数

C. 市场价值权数　　D. 历史价值权数

9. 如果企业一定期间内的固定性经营成本和固定性资本成本均不为零，则由上述因素共同作用而导致的杠杆效应属于（　　）。

A. 经营杠杆效应　　B. 财务杠杆效应

C. 总杠杆效应　　D. 风险杠杆效应

10. 某公司经营风险较大，准备采取系列措施降低经营杠杆程度，下列措施中，无法达到这一目的的是（　　）。

A. 降低利息费用　　B. 降低固定成本水平

C. 降低变动成水本　　D. 提高产品销售单价

11. 如果企业的资本来源全部为自有资本，且没有优先股存在，则企业财务杠杆系数（　　）。

A. 等于0　　B. 等于1　　C. 大于1　　D. 小于1

12. 下列各项中，将会导致经营杠杆效应最大的情况是（　　）。

A. 实际销售额等于目标销售额

B. 实际销售额大于目标销售额

C. 实际销售额等于盈亏临界点销售额

D. 实际销售额大于盈亏临界点销售额

13. 某企业某年的财务杠杆系数为2.5，经营杠杆系数为2，销量的计划增长率为

10%，假定其他因素不变，则该年普通股每股收益（EPS）的增长率为（　　）。

A. 20%　　B. 25%　　C. 30%　　D. 50%

14. 下列各项中，运用普通股每股收益（每股收益）无差别点法确定最佳资本结构时，需计算的指标是（　　）。

A. 息税前利润　　B. 营业利润　　C. 净利润　　D. 利润总额

15. 下列关于最佳资本结构的表述中，错误的是（　　）。

A. 最佳资本结构在理论上是存在的

B. 资本结构优化的目标是提高企业价值

C. 企业平均资本成本最低时资本结构最佳

D. 企业的最佳资本结构应当长期固定不变

四、多项选择题

1. 在计算下列各项资本的资本成本时，需要考虑筹资费用的有（　　）。

A. 普通股　　B. 债券　　C. 长期借款　　D. 留存收益

2. 下列有关杠杆表述正确的有（　　）。

A. 经营杠杆能够扩大市场和生产等因素变化对利润变动的影响

B. 财务杠杆效应是指由于固定性资本成本（利息等）的存在，而使得企业的普通股收益（或每股收益）变动率大于销售收入变动率的现象

C. 只要企业融资方式中存在固定性资本成本，就存在财务杠杆效应

D. 只要企业存在固定性经营成本，就存在总杠杆效应

3. 在边际贡献大于固定成本的情况下，下列措施中有利于降低企业整体风险的有（　　）。

A. 增加产品销量　　B. 提高产品单价

C. 提高资产负债率　　D. 节约固定成本支出

4. 下列各项因素中，影响经营杠杆系数计算结果的有（　　）。

A. 销售单价　　B. 销售数量　　C. 资本成本　　D. 所得税税率

5. 下列各项中，可用于确定企业最优资本结构的方法有（　　）。

A. 高低点法　　B. 公司价值分析法

C. 加权平均资本成本比较法　　D. 每股收益分析法

五、计算题

1. 三通公司拟发行5年期、利率6%、面额100元的债券；预计发行价格为55元，发行费用率2%；公司所得税税率25%。

要求：利用非贴现模式测算三通公司该债券的资本成本率。

2. 三通公司拟发行5年期、利率6%、面额100元的债券；预计发行价格为55元，发行费用率2%；公司所得税税率25%。

要求：利用贴现模式测算三通公司该债券的资本成本率。

3. 四方公司拟发行优先股50万股，发行总价150万元，预计年股利率8%，发行费

用 6 万元。

要求：试测算四方公司该优先股的资本成本率。

4. 五虎公司普通股现行市价为每股 20 元，现准备增发 8 万股新股，预计发行费用率为 5%，第一年每股股利 1 元，以后每年股利增长率为 5%。

要求：试测算五虎公司本次增发普通股的资本成本率。

5. 六郎公司年度销售净额为 28 000 万元，息税前利润为 8 000 万元，固定成本为 3 200 万元，变动成本率为 60%；资本总额为 20 000 万元，其中债务资本比例占 40%，平均年利率 8%。

要求：试分别计算该公司的营业杠杆系数、财务杠杆系数和联合杠杆系数。

6. A 公司拟添置一套市场价格为 6 000 万元的设备，需筹集一笔资金。现有三个筹资方案可供选择（假定各方案均不考虑筹资费用）；

（1）发行普通股。该公司普通股的 β 系数为 2，一年期国债利率为 4%，市场平均报酬率为 10%。

（2）发行债券。该债券期限 10 年，票面利率 8%，按面值发行。公司适用的所得税税率为 25%。

（3）融资租赁。该项租赁租期 6 年，每年年末支付租金 1 400 万元，期满租赁资产残值为零。

表 4－6　　时间价值系数表

K	(P/F, K, 6)	(P/A, K, 6)
10%	0.5645	4.3553
12%	0.5066	4.1114

要求：

（1）利用资本资产定价模型计算普通股资本成本。

（2）利用非贴现模式（即一般模式）计算债券资本成本。

（3）利用贴现模式计算融资租赁资本成本。

（4）根据以上计算结果，为 A 公司选择筹资方案。

7. 某公司 2016 年的净利润为 750 万元，所得税税率为 25%。该公司全年固定性经营成本总额为 1 500 万元，公司年初发行了一种 5 年期债券，数量为 1 万张，每张面值为 1 000 元，发行价格为 1 100 元，债券年利息为当年利息总额的 10%，发行费用占发行价格的 2%，计算确定的 2017 年的财务杠杆系数为 2。

要求：根据上述资料计算如下指标：

（1）2016 年利润总额；

（2）2016 年利息总额；

（3）2016 年息税前利润总额；

（4）2016 年债券资本成本（采用一般模式，计算结果保留两位小数）；

(5) 2017 年的经营杠杆系数。

(6) 若 2017 年销售收入增加 10%，2017 年每股收益增长率为多少。

*8. 七奇公司在初创时准备筹集长期资本 5 000 万元，现有甲、乙两个备选筹资方案，有关资料如表 4－7 所示。

表 4－7

筹资方式	筹资方案甲		筹资方案乙	
	筹资额（万元）	个别资本成本率（%）	筹资额（万元）	个别资本成本率（%）
长期借款	800	7.0	1 100	7.5
公司债券	1 200	8.5	400	8.0
普通股	3 000	14.0	3 500	14.0
合计	5 000	—		

要求：试分别计算该公司甲、乙两个筹资方案的综合资本成本率，并据以比较选择筹资方案。

*9. 八发公司 2017 年长期资本总额为 1 亿元，其中普通股 6 000 万元（240 万股），长期债务 4 000 万元，利率 10%。假定公司所得税税率为 25%。2018 年公司预定将长期资本总额增至 1.2 亿元，需要追加筹资 2 000 万元。现有两个追加筹资方案可供选择：(1) 发行公司债券，票面利率 12%；(2) 增发普通股 80 万股。预计 2018 年息税前利润为 2 000 万元。

要求：

(1) 测算两个追加筹资方案下无差别点的息税前利润和无差别点的普通股每股收益；

(2) 测算两个追加筹资方案下 2018 年普通股每股收益，并据以作出选择。

*10. 九天公司的全部长期资本为股票资本（S），账面价值为 1 亿元。公司认为目前的资本结构极不合理，打算发行长期债券并购回部分股票予以调整。公司预计年度息税前利润为 3 000 万元，公司所得税税率假定为 25%。经初步测算，九天公司不同资本结构（或不同债务资本规模 B）下的贝塔系数（β）、长期债券的年利率（K_B）、股票的资本成本率（K_S）以及无风险报酬率（R_F）和市场平均报酬率（R_M）如表 4－8 所示。

表 4－8

B(万元)	K_B(%)	β	R_F(%)	R_M(%)	K_S(%)
0	—	1.15	10	14	14.60
1 000	10	1.20	10	14	14.80
2 000	12	1.25	10	14	15.00
3 000	14	1.30	10	14	15.20
4 000	16	1.35	10	14	15.40
5 000	18	1.40	10	14	15.60

要求：试测算不同债务规模下的公司价值，并据以判断选择公司最佳资本结构。

第五章 项目投资

投资，广义地讲，是指特定经济主体（包括政府、企业和个人）以本金回收并获利为基本目的，将货币、实物资产等作为资本投放于某一个具体对象，以在未来较长期间内获取预期经济利益的经济行为。企业投资，是企业为获取未来长期收益而向一定对象投放资金的经济行为。例如，构建厂房设备、兴建电站、购买股票债券等经济行为，均属于投资行为。

企业投资按照内容不同可分为项目投资、证券投资和其他投资，本章主要介绍项目投资。项目投资是企业为保证生产经营持续和规模扩张而必须进行的重大经济活动，对企业的稳定与发展以及盈利潜力和长期偿债能力有着十分重要的影响。

第一节 项目投资管理

在市场经济条件下，企业能否把资本投放到收益高、回收快、风险小的项目上去，对企业的生存和发展具有十分重要的意义。为便于项目投资决策，本节主要阐述项目的概念、种类、特点和管理原则。

一、项目的含义与种类

项目是指具有明确目标的一系列复杂并相互关联的活动。公司尤其是实业公司为实现增长，进而达到财务管理目标，往往进行项目投资。开发新产品、建造生产线都是实业公司的重要项目，需要投入资本等资源并需要进行项目的资本预算。开发新产品、建造生产线项目，具有目标性、长期性、唯一性、不可逆性等基本特征。经营性长期资产投资项目可分为五种类型：

1. 新产品开发或现有产品的规模扩张项目。通常需要添置新的固定资产，并增加企业的营业现金流入。

2. 设备或厂房的更新项目。通常需要更换固定资产，但不改变企业的营业现金收入。

3. 研究与开发项目。通常不直接产生现实的收入，而是得到一项是否投产新产品的选择权。

4. 勘探项目。通常使企业得到一些有价值的信息。

5. 其他项目。包括劳动保护设施建设、购置污染控制装置等。这些决策不直接产生营业现金流入，而使企业在履行社会责任方面的形象得到改善。它们有可能减少未来的现金流出。

二、项目评价的程序

投资项目的评价一般包含下列基本步骤：

1. 提出各种项目的投资方案。新产品方案通常来自研发部门或营销部门，设备更新的建议通常来自生产部门等。
2. 估计投资方案的相关现金流量。
3. 计算投资方案的价值指标，如净现值、内含报酬率等。
4. 比较价值指标与可接受标准。
5. 对已接受的方案进行再评价。

三、项目投资的特点

项目投资是对企业内部各种生产经营资产的长期投资。与企业的短期投资和对外长期投资比较，项目投资具有如下特点：

1. 投资金额多

项目投资特别是整体性战略投资通常需要较多的资金，而且必须要一次性垫支相当数额的资金，其投资金额往往是企业或其投资人多年的积累，在企业总资产中占有相当大的比例。因此项目投资大部分时候不仅要占用企业自有资金，还要借用较多的债务资金，对企业未来的财务状况会产生深远的影响。

2. 投资周期长

项目投资由于资金量大，通常建设过程比较复杂，特别是整体性项目投资，不仅需要进行经济效益论证，而且必须经过环境影响评估，然后通过必要的立项建设程序才可以施工，所以建设期通常都比较长。

项目投资在未来的使用期限内，随着生产的进行，逐渐地、分次地转移到它所生产的产品或劳务中去，发挥作用的时间比较长。因此通常需要多年才能收回投资，对企业未来的生产经营活动和长期经济效益将产生重大影响，其投资决策的成败对企业未来的命运将产生决定性作用。

3. 投资变现难

项目投资具有“专门性”投资特性，一旦投放资本，由于其资产的专用性，往往难以变现，或者不得不按清算价格处理而遭受巨大损失。正因为如此，项目投资比购买一般流动资产的风险大得多。

4. 投资回报高

项目投资由于门槛较高，风险较大，客观上具有追逐较高利润的条件，也必须有丰厚的回报作诱因。同时，项目投资通常伴随着技术进步或科技创新，能够创造较高的技术独占效益。

四、项目投资的管理要求

项目投资由于风险大、周期长、环节多和相关因素复杂等，一旦决策失误，对企业未来的经营活动、长期经济效益和长期偿债能力都将产生重大而深远的影响，甚至会导致企业破产。因此，企业对项目投资要进行深入细致的调查研究和科学严密的可行性分析。

1. 充分调查市场，慎重确定投资方向

项目投资是增加未来的生产能力，而且会在较长的时间内起作用。在市场经济条件下，特别在买方市场条件下，企业的生产必须盯紧市场需求、按需生产才能产生效益。同时，企业在进行项目投资前，还需要认真研究国家产业政策和社会发展动向，比如当前面对全球气候变暖和能源危机，“低碳经济”和“绿色消费”成为时尚，企业项目投资必须顺应时代潮流，投资和开发节能、环保、安全、卫生的消费品。

2. 科学评价项目，全面论证投资效益

项目投资的最终目的是为了增加企业未来盈利能力，科学评价和预测项目未来的效益十分重要。科学评价和预测项目，一是要根据先进的经济学思想，从多角度对项目的未来效益进行评价，也可以进行“不可行”论证，以便从正反两个方面比较优劣；二是要运用现代化工具和手段，提高预测的及时性和准确性。

3. 足额筹措资金，确保及时执行投资

项目投资的资金需要量一般比较大，必须做好资金需要量的预测，足额筹措投资所需资金，杜绝“半拉子项目”现象。二十世纪中叶以来，投资失败的很多案例都与项目资金不足有关，因此要在科学预测资金需要量的前提下，及时足额筹措资金。同时，在资金有保障的情况下，要尽快组织项目实施，减少资金占用时间，尽早发挥资金使用效益。

4. 及时反馈进程，努力控制投资风险

项目投资通常时间比较长，俗话说“计划没有变化快”，不管多么周密的计划，都会遭遇特殊情况。项目执行过程中，要随时监测突发情况，建立快速反应机制，尽可能防患于未然，特别要及时关注由于国家利率、汇率和财政政策调整给项目投资带来的影响，积极应对，努力控制投资风险。

第二节 项目投资的现金流量分析

为了客观地评价项目投资的可行性，避免人为因素影响评价结论，项目投资评价的依据通常使用现金流量指标。

一、现金流量概念

项目投资决策中所说的现金流量是指与项目投资决策有关的现金流入和流出的数量，它是评价项目投资方案是否可行时必须事先计算的一个基础性指标。

在项目投资决策中，需要用特定指标对投资的可行性进行分析，这些指标的计算都是以投资项目的现金流量为基础的。因此，现金流量是评价投资方案是否可行时必须事先计算的一个基础性数据。

按照现金流动的方向，可以将项目投资活动的现金流量分为现金流入量、现金流出量和净现金流量。一个方案的现金流入量是指该方案引起的现金收入的增加额；现金流出量是指该方案引起的企业现金收入的减少额；净现金流量是指一定期间内现金流入量与现金流出量的差额。现金流入量大于现金流出量，净现金流量为正值；反之，净现金流量为负值。

在一般情况下，投资决策中的现金流量通常指净现金流量（NCF）。这里，所谓的现金既指库存现金、银行存款等货币性资产，也可以指相关非货币性资产（如原材料、设备等）的变现价值。

二、现金流量的构成

按照现金流量的发生时间，投资活动的现金流量又可分为初始现金流量、营业现金流量和终结现金流量。因为使用这种分类方法计算现金流量比较方便，所以下面将详细分析这三种现金流量包括的主要内容。

（一）初始现金流量

初始现金流量是指开始投资时发生的现金流量。投资阶段的现金流量主要是现金流出量，即在该投资项目上的原始投资，包括在长期资产上的投资和垫支的营运资金。一般情况下，初始阶段中固定资产的原始投资通常在年内一次性投入（如购买设备）。如果原始投资不是一次性投入（如工程建造），则应把投资归属于不同投入年份之中。

（1）长期资产投资。它包括在固定资产、无形资产、递延资产等长期资产上的购入、建造、运输、安装、试运行等方面所需的现金支出，如购置成本、运输费、安装费等。

（2）营运资金垫支。在一般情况下，当公司开办一个新业务并使销售额扩大后，对存货和应收账款等经营性流动资产的需求也会增加，公司必须筹措新的资金以满足这种额外需求；另一方面，公司扩充的结果，应付账款与一些应付费用等经营性流动负债也会同时增加，从而降低公司营运资金的实际需要。所谓营运资本的需要，指增加的经营性流动资产与增加的经营性流动负债之间的差额。

（二）营业现金流量

营业现金流量是指投资项目投入生产经营后，在其寿命周期内由于生产经营所产生的现金流量。营业现金流量一般按年计算。这里，现金流入一般是指营业现金收入。现金流出是指营业现金支出和缴纳的税金。

在正常营业阶段，由于营运各年的营业收入和付现成本数额比较稳定，因此营业阶段各年现金流量一般为：

$$\begin{aligned}\text{营业现金流量(NCF)} &= \text{营业收入} - \text{付现成本}\\ &= \text{营业利润} + \text{非付现成本}\end{aligned} \tag{5-1}$$

式中，非付现成本主要是固定资产年折旧费用、无形资产摊销费用、资产减值准备等。

所得税是投资项目的现金支出，即现金流出量。考虑所得税对投资项目现金流量的影响，投资项目正常营运阶段所获得的营业现金流量，可按下列公式进行测算：

$$\begin{aligned}\text{营业现金流量(NCF)} &= \text{营业收入} - \text{付现成本} - \text{所得税}\\ &= \text{税后营业利润} + \text{非付现成本}\\ &= \text{收入} \times (1 - \text{所得税税率}) - \text{付现成本} \times (1 - \text{所得税税率}) +\\ &\quad\ \text{非付现成本} \times \text{所得税税率}\end{aligned} \tag{5-2}$$

（三）终结现金流量

终结阶段的现金流量主要是现金流入量，包括固定资产变价净收入、固定资产变现净损益的影响和垫支营运资金的收回。

（1）固定资产变价净收入。投资项目在终结阶段，原有固定资产将退出生产经营，企业对固定资产进行清理处置。固定资产变价净收入，是指固定资产出售或报废时的出售价款或残值收入扣除清理费用后的净额。

（2）固定资产变现净损益对现金净流量的影响。

固定资产变现净损益对现金净流量的影响用公式表示如下：

$$\text{固定资产变现净损益对现金净流量的影响} = (\text{账面价值} - \text{变价净收入}) \times \text{所得税税率} \tag{5-3}$$

如果（账面价值 - 变价净收入）>0，则意味着发生了变现净损失，可以抵税，减少现金流出，增加现金净流量。如果（账面价值 - 变价净收入）<0，则意味着实现了变现净收益，应该纳税，增加现金流出，减少现金净流量。

变现时固定资产账面价值是指固定资产账面原值与变现时按照税法规定计提的累计折旧的差额。如果变现时，按照税法的规定，折旧已经全部计提，则变现时固定资产账面价值等于税法规定的净残值；如果变现时，按照税法规定，折旧没有全部计提，则变现时固定资产账面价值等于税法规定的净残值与剩余的未计提折旧之和。

（3）垫支营运资金的收回。

当投资方案的寿命周期快要结束时，公司将与项目有关的存货出售，应收账款变为现金，应付账款和应付费用也随之偿付，营运资本恢复到原有水平。通常，在进行投资分析时，假定开始时筹措的营运资本在项目结束时收回。

三、投资项目现金流量的估计

事实上，估计项目投资方案的总投资以及该方案每年能产生的现金流量会涉及很多变量，并且可能需要企业多个部门的参与。例如，需要市场部门负责预测市场需求量以及售价；需要研发部门估计投资的研发成本、设备购置、厂房建筑等；需要生产部门负责估计工艺设计、生产成本等；需要财务部门协调各参与部门的人员，为销售和生产等部门建立共同的基本假设条件，估计资本成本以及相关的现金流量等。

在确定投资方案相关的现金流量时，应遵循的基本原则是：只有增量现金流量才是与项目相关的现金流量。所谓增量现金流量，是指接受或拒绝某个投资方案后，企业总现金流量因此发生的变动。只有那些由于采纳某个项目引起的现金支出增加额，才是该项目的现金流出；只有那些由于采纳某个项目引起的现金流入增加额，才是该项目的现金流入。

为了正确计算投资方案的增量现金流量，需要正确判断哪些支出会引起企业总现金流量的变动，哪些支出不会引起企业总现金流量的变动。在进行这种判断时，要注意以下几个问题：

（一）区分相关成本和非相关成本

相关成本是指与特定决策有关的、在分析评价时必须加以考虑的成本。例如，差额成本、未来成本、重置成本、机会成本等都属于相关成本。与此相反，与特定决策无关的、在分析评价时不必加以考虑的成本是非相关成本。例如，沉没成本、账面成本等往往是非相关成本。

例如，某公司在2013年曾经打算新建一个车间，并请一家咨询公司做过可行性分析，支付咨询费2万元。后来由于公司有了更好的投资机会，该项目被搁置下来，该笔咨询费作为费用已经入账了。2018年旧事重提，在进行投资分析时，这笔咨询费是否仍是相关成本呢？答案应当是否定的。该笔支出已经发生，不管公司是否采纳新建一个车间的方案，它都已无法收回，与公司未来的总现金流量无关。

（二）不要忽视机会成本

在投资方案的选择中，如果选择了一个投资方案，则必须放弃投资于其他途径的机会。其他投资机会可能取得的收益是实行本方案的一种代价，被称为这项投资方案的机会成本。

例如，上述公司新建车间的投资方案，需要使用公司拥有的一块土地。在进行投资分析时，因为公司不必动用资金去购置土地，可否不将此土地的成本考虑在内呢？答案是否定的。因为该公司若不利用这块土地兴建车间，则它可将这块土地移作他用，并取得一定的收入。只是由于在这块土地上新建车间才放弃了这笔收入，而这笔收入代表新建车间使用土地的机会成本。假设这块土地出售可净收入 20 万元，它就是新建车间的机会成本。值得注意的是，可能公司当初以 10 万元取得这块土地的使用权，但是应该以现行市价作为该土地使用权的机会成本。

（三）要考虑投资方案对公司其他项目的影响

当我们采纳一个新项目后，该项目可能对公司的其他项目造成有利或不利的影响。

例如，若新建车间生产的产品上市后，原有其他产品的销路可能减少，而且整个公司的销售额也许并不增加甚至减少。因此，公司在进行投资分析时，不应将新车间的销售收入作为增量收入来处理，而应扣除其他项目因此减少的销售收入。当然，也可能发生相反的情况，新产品上市后将促进其他项目的销售增长。这要看新项目和原有项目是竞争关系还是互补关系。

当然，诸如此类的交互影响，事实上很难准确计量。但决策者在进行投资分析时仍要将其考虑在内。

四、营业现金流量的计算

营业现金流量的计算通常有以下三种方法：

（一）根据营业现金流量的定义计算

根据营业现金流量的定义，可得出如下计算公式：

$$营业现金流量=营业收入-付现成本-所得税 \qquad (5-4)$$

这种方法简单明了，易学易懂。但是，付现成本在现有的会计核算体系中没有现成的资料，增加了获取数据的难度，所以通常对其进行会计转换，利用会计利润倒推计算。

【例 5-1】五环集团拟投资一条乒乓球生产线，投产后预计年营业收入为 1 000 万元，总成本费用为 800 万元，其中，外购原材料、燃料和动力费为 400 万元，工资及福利费为 230 万元，折旧费为 120 万元，其他费用为 50 万元，没有财务费用，年应交增值税 10.2 万元，所得税率 25%，假设没有其他税项。计算该生产线年度营业现金流量。

$$该生产线年度付现成本=400+230+50=680(万元)$$

$$应缴所得税=(1\,000-800)\times25\%=50(万元)$$

$$营业现金流量=1\,000-680-50=270(万元)$$

注意，增值税是价外税，既不构成现金流入，亦不构成现金流出。

（二）根据年末税后净利润倒推计算

根据年末税后净利润倒推计算，可得出如下计算公式：

$$营业现金流量 = 税后净利 + 折旧 \quad (5-5)$$

公式中的折旧是通常的表述，事实上更准确的表述应该是各种非现金成本，因此还应包括长期待摊费用的摊销以及其他应计费用的预提等。

税后净利和折旧是会计核算的两个主要账户，可以及时提供准确的数据信息，而且比根据定义进行计算更简洁，因此本计算方法最常用。为了便于记忆，可以这样理解公式，净利润是企业的净现金流量，由于折旧等非付现成本抵减了利润，所以将这部分未引起现金流出的成本加进来即为项目当年的现金净流入量。本方法可以由方法一经过严密的数学推导得到，不再赘述。

【例 5-2】 相关数据同例 5-1，计算该生产线年度营业现金流量。

$$该生产线年度利润 = 1\ 000 - 800 = 200(万元)$$

$$税后净利 = 200 \times (1 - 25\%) = 150(万元)$$

$$营业现金流量 = 150 + 120 = 270(万元)$$

（三）根据所得税对收入和折旧的影响计算

利用会计利润倒推的方法计算项目营业现金流量诚然比较简洁，但是，企业税后利润并不是实时提供的，一般都在年末决算后才可以确定。另外，除非是独立核算的项目，一般局部项目投资并没有单独核算其经营利润，其税后净利更无从说起。根据所得税法的立法精神，企业收入要交税，成本费用（含折旧）可抵税，而项目的收入和相应成本费用比较容易确定。因此，可根据这一原理设计如下计算营业现金流量的方法：

$$营业现金流量 = 收入 \times (1 - 税率) - 付现成本 \times (1 - 税率) + 折旧 \times 税率 \quad (5-6)$$

【例 5-3】 相关数据同例 5-1，计算该生产线年度营业现金流量。

$$该生产线年付现成本 = 400 + 230 + 50 = 680(万元)$$

$$该生产线年营业现金流量 = 1\ 000 \times (1 - 25\%) - 680 \times (1 - 25\%) + 120 \times 25\% = 270(万元)$$

五、现金流量计算的综合训练

【例 5-4】 长江汽车准备购入一台设备以扩充生产能力，计划投资 12 000 万元，建设期为两年，首期投入 8 000 万元，第二年投入 4 000 万元。投产时需垫支营运资金 3 000 万元，设备寿命期为 5 年，期末有残值收入 200 万元，采用双倍余额递减法计提折旧，经营期间该设备每年可获得收入 10 000 万元，付现成本第一年为 4 000 万元，以后随着设备逐步变得陈旧，将逐年增加修理费 400 万元。假设所得税率为 25%。计算该设备寿命期内的现金流量。

先通过表 5-1 计算该设备的营业现金流量。

表 5－1　　　　设备营业现金流量计算表　　　　单位：万元

项目 \ 年份	1	2	3	4	5
销售收入(1)	10 000	10 000	10 000	10 000	10 000
付现成本(2)	4 000	4 400	4 800	5 200	5 600
折旧(3)	4 800	2 880	1 728	1 196	1 196
税前净利(4)＝(1)－(2)－(3)	1 200	2 720	3 472	3 604	3 204
所得税(5)＝(4)×25%	300	680	868	901	801
税后净利(6)＝(4)－(5)	900	2 040	2 604	2 703	2 403
现金流量(7)＝(6)＋(3)	5 700	4 920	4 332	3 899	3 599

表中折旧计算根据双倍余额递减法计算，最后两年为第三年末折余值减去预计残值除以 2 求得。例如，第一年折旧额＝12 000÷5×2＝4 800；第二年折旧额＝（12 000－4 800）÷5×2＝2 880；依次类推。

再通过表 5－2 计算该设备寿命期内的现金流量。

表 5－2　　　　设备现金流量计算表　　　　单位：万元

项目 \ 年份		0	1	2	3	4	5	6	7
初始现金流量	固定资产投资	－8 000	－4 000						
	垫支营运资金			－3 000					
营业现金流量	营业现金流量				5 700	4 920	4 332	3 899	3 599
终结现金流量	固定资产殖值变价								200
	垫支营运资金收回								3 000
	现金流量合计	－8 000	－4 000	－3 000	5 700	4 920	4 332	3 899	6 799

六、投资决策中采用现金流量的原因

(1) 盈亏是按照权责发生制确定的分期损益，而现金流量是根据收付实现制确定的分期损益，两者既有联系又有区别。

如表 5－3 所示，假如有一投资项目，建设期为 5 年，第四年投产并产生效益，投产时垫支流动资金 200 万元，项目经营期 5 年，期满无残值并收回垫支流动资金 200 万元，所得税税率按 25% 计算，贴现率为 12%，分别用直线折旧法和年数总和法计算项目的利润和现金流量，比较两种方案可以得出如下结论：

表 5－3 投资方案的现金流量分析与利润分析比较 单位：万元

年份	1	2	3	4	5	6	7	8	合计
投资	－200	－200	－200	－600	－300				－1 500
流动资金				－200				200	
销售收入				1 000	1 120	1 120	1 120	1 120	5 480
方案一：直线折旧法									
付现成本				700	800	800	800	800	3 900
折旧				240	315	315	315	315	1 500
利润				60	5	5	5	5	80
所得税（25%）				15	1.25	1.25	1.25	1.25	20
净现金流量	－200	－200	－200	－515	18.75	318.75	318.75	518.75	60
方案二：加速折旧法									
付现成本				700	800	800	800	800	3 900
折旧（年数总和法）				400	440	330	220	110	1 500
利润				－100	－120	－10	100	210	80
所得税（25%）一般按直线法折旧计算				15	1.25	1.25	1.25	1.25	20
净现金流量	－200	－200	－200	－515	18.75	318.75	318.75	518.75	60

（2）项目投资分析中现金流动状况比盈亏状况更重要。

一个投资项目能否顺利实施，主要取决于有无实际现金支付能力，而不在于是否有利润。分析表 5－1 中第 4 年的财务状况可知：若按照直线折旧法计算利润，当年年盈利 60 万元，需要支付所得税 15 万元，尚有 45 万元利润可供分配。但是，从现金状况看，当年不仅没有现金结余，反而需要净增加现金投入 515 万元，如果资金不能到位，项目将面临停产。

进一步看，项目投资的回收期一般较长，现金投入后构成项目资产的价值，需要在未来相当长的时期内逐步回收，并不全部转变成当年的现实成本，但是这些投入的现金却被实实在在地占用了，不能再用于其他成本或费用的开支。同时，建立在权责发生制基础上的利润又包括了未实际收到现金的收入，这样利润在事实成本“低算”和事实效益“高算”的基础上“被拔高”，已经不能真实反映企业的流动状况，因而不宜用作项目投资决策的依据。

（3）项目投资分析中现金流动状况比盈亏状况更客观。

通过分析表 5－1 中两种折旧方案下的利润分布不难发现，在直线折旧方案中，第一年利润高达60万元，以后每年有利润5万元。而在年数总和法折旧方案中，前三年均亏损，且高达230万元，后两年则利润很高。

再看现金流量分析，可见利润受人为因素影响较大，带有明显的主观性。

由于税法一般规定按直线法计算折旧，因此加速折旧法方案中各年所征税与直线法方案相同，各年现金流量亦相同。即使考虑折旧的影响，各年现金流量受到的影响也很小。显然现金流量的分布受人为因素干扰少得多，体现出更客观的特点。

（4）项目投资分析中现金流量有利于科学地考虑时间价值因素。

项目投资一般周期较长，资金的时间价值不能被忽略，而且项目投资通常需要多渠道筹措资金，特别是从金融机构借入的资金，都会在借款合同中实实在在地规定时间价值（即利率）的计算办法，这种利息又会引起现金流出，因此企业财务必须慎重考虑资金的时间因素。利润指标是期间指标，不能够很好地对应现金收付的时点，因此在投资决策分析中不方便计算时间价值，会影响决策的准确性。

从表5-1中不难发现：不管是直线法折旧方案，还是加速法折旧方案，二者利润的合计额均为80万元，二者现金流量与所征税的合计额也均为80万元。这正是项目投资决策中可以用现金流量指标替代利润指标的原因。

第三节　项目投资评价方法

项目投资评价方法按是否考虑资金时间价值可分为非折现项目投资评价方法和折现项目投资评价方法两大类。非折现项目投资评价方法在评价中不考虑资金时间价值因素，因此又称为静态评价方法，包括会计报酬率和回收期。此类评价方法计算简单、通俗易懂，通常用作初步推断。折现项目投资评价方法是指在评价中考虑资金时间价值因素的方法，因此又称动态评价方法，包括：净现值、年金净流量、现值指数和内含报酬率。此类评价方法计算较复杂，但更贴近实际，更为科学合理。

一、非折现项目投资评价方法

非折现项目投资评价方法把不同时间的货币收支看成是等效的，因而忽略了货币的时间价值，一般在选择方案时起辅助作用。常见的非折现项目投资评价方法有两种：会计报酬率和回收期。

1. 会计报酬率

这种方法计算简便，应用范围很广。它在计算时使用会计报表上的数据，以及普通会计的收益和成本观念。

其计算公式为：

$$会计报酬率 = \frac{年平均净收益}{原始投资额} \times 100\% \tag{5-7}$$

【例 5-5】根据例 5-4 的资料，计算该项目的会计报酬率。

$$该项目的年平均净收益为 = (900 + 2\ 040 + 2\ 604 + 2\ 703 + 2\ 403) \div 5 = 2\ 130(万元)$$

$$则该项目的会计报酬率 = (2\ 130 \div 15\ 000) \times 100\% = 14.20\%$$

会计报酬率的优点是：它是一种衡量盈利性的简单方法，使用的概念易于理解；使用财务报告数据，容易取得；考虑了整个项目寿命期的全部利润；该方法揭示了采纳一个项目后财务报表将如何变化，使经理人员知道业绩的预期，以便于项目的后续评价。

会计报酬率的缺点是：使用账面收益而非现金流量，忽视了折旧对现金流量的影响；忽视了净收益的时间分布对项目经济价值的影响。

2. 回收期（PP）

回收期（payback period），是指投资项目的未来现金净流量与原始投资额相等时所经历的时间，即原始投资额通过未来现金流量回收所需要的时间。

投资者希望投入的资本能以某种方式尽快地收回来，收回的时间越长，所担风险就越大。因而，投资方案回收期的长短是投资者十分关心的问题，也是评价方案的优劣标准之一。用回收期指标评价方案时，回收期越短越好。如果企业设定有投资回收期的预期，则短于预期回收期的项目可行；如果有多个项目均可行，则投资回收期越短越好。

该方法包括两种形式：一种是包括建设期的投资回收期，另一种是不包括建设期的投资回收期。前者是在后者的基础上加上建设期。下面主要介绍不包括建设期的投资回收期法。

投资回收期的计算，根据项目投资后每年净现金流量是否相等可分为以下两种计算方法：

（1）每年现金流量相等。在每年净现金流量相等的情况下，相关计算公式为：

$$项目投资回收期 = \frac{原始投资额(I)}{年净现金流量(NCF)} \tag{5-8}$$

【例 5-6】根据例 5-4 的资料，假定长江汽车经营期每年现金净流量 4 000 万元，预计设备投资回收期为 2 年，计算该项目的投资回收期并评价该项目投资优劣。

$$项目投资总额 = 8\ 000 + 4\ 000 + 3\ 000 = 15\ 000$$

$$项目投资回收期 = 15\ 000 \div 4\ 000 = 3.75(年)$$

显然，该项目投资回收期长于预期，方案不可行。

（2）每年现金流量不相等。当生产经营期积年净现金流量不相等时，不能采用前面介绍的公式进行计算。这时要先计算累计净现金流量，当累计净现金流量为 0 时，此年限即为投资回收期；当累计净现金流量无法直接找到 0 时，可在 0 值相邻两年中用插值法确定项目投资回收期，相关计算公式为：

$$投资回收期 = n - 1 + \frac{第\ n-1\ 年年末尚未收回的投资额}{第\ n\ 年的净现金流量} \quad (5-9)$$

式中，n 为累计净现金流量由负转正的年份。

【例 5－7】根据例 5－4 的资料，假定长江汽车预计该项目投资回收期 3 年，计算该项目投资回收期并评价该设备投资的优劣。

根据表 5－2 整理、计算累计现金流量如表 5－4 所示。

表 5－4 **项目投资回收期计算** 单位：万元

项目 \ 年份	0	1	2	3	4	5	6	7
现金流量合计	－8 000	－4 000	－3 000	5 700	4 920	4 332	3 899	6 799
累计现金流量	－8 000	－12 000	－15 000	－9 300	－4 380	－48	3 851	10 650

该项目建设期 2 年，第三年开始投产，第六年累计现金流量由负转正，因此该项目投资不含建设期的回收期为 =（4－1）+48 ÷ 3 899 = 3.01（年）

可见，该项目投资回收期长于企业预期，方案不可行。

投资回收期法使用的指标概念通俗易懂，计算简便，易于采用，在一定程度上反映了投资项目的风险程度。此法主要不足是没有考虑资金的时间价值，也没有考虑投资项目的整个寿命周期的获利能力，对于回收期长的大型投资项目容易造成决策失误，往往需要配合其他方法使用。

二、折现项目投资评价方法

折现项目投资评价方法即考虑资金的时间价值因素的投资评价方法。该方法主要有三个具体的评价指标，即净现值、年金净流量、现值指数和内含报酬率。

（一）净现值（NPV）

投资项目投入使用后的净现金流量，按资本成本率或企业要求达到的报酬率折算为现值，减去初始投资（如果投资期超过一年，则初始投资为各年投资额现值和）以后的余额叫做净现值（net present value，NPV）。其计算公式表示为：

$$NPV = \left[\frac{NCF_1}{(1+K)^1} + \frac{NCF_2}{(1+K)^2} + \cdots + \frac{NCF_n}{(1+K)^n}\right] - C$$

$$= \sum_{t=1}^{n} \frac{NCF_t}{(1+K)^t} - C \quad (5-10)$$

如果项目投资后，每年的净现金流量（NCF）相等，假定 C 为初始投资额（如果投资期超过一年，则为各年投资额现值和），则净现值计算公式可以简化为：

$$NPV = NCF \times (P/A, i, n) - C \quad (5-11)$$

在决策中，若净现值大于或等于零，表明该项目的报酬率大于或等于预定的贴现率，方案可取；反之，则方案不可取。在选择互斥的决策中，净现值大于零且金额最大的为最优方案。

【例 5 -8】根据例 5 -4 的资料，假定长江汽车资本成本率为 8%，投资于每年初全部投入，年现金净流入于每年末发生。计算该项目投资净现值并评价该项目投资的优劣。

根据表 5 -2 的资料，项目第一年投资 8 000 万元为年初投入，即现值。第二年初投入相当于第一年末投入，折现系数为 0.93。从第三年开始，转入正常经营期，每年末现金流入分别折现。其相关计算结果如表 5 -5 所示。

表 5 -5　　项目投资净现值计算表　　单位：万元

年份		1	2	3	4	5	6	7
现金流量合计	-8 000	-4 000	-3 000	5 700	4 920	4 332	3 899	6 799
现值系数（i=8%）	1.0000	0.9259	0.8573	0.7938	0.7350	0.6806	0.6302	0.5835
各年现金流量现值	-8 000.00	-3 703.60	-2 571.90	4 524.66	3 616.20	2 948.36	2 457.15	3 967.22
净现值	-8 000.00	-11 703.60	-14 275.50	-9 750.84	-6 134.64	-3 186.28	-729.13	3 238.09

$$
\begin{aligned}
NPV &= -8\,000-4\,000\times(P/F,8\%,1)-3\,000\times(P/F,8\%,2)+5\,700\times(P/F,8\%,3)+4\,920\\
&\quad\times(P/F,8\%,4)+4\,332\times(P/F,8\%,5)+3\,899\times(P/F,8\%,6)+6\,799\times(P/F,8\%,7)\\
&= -8\,000-4\,000\times0.9259-3\,000\times0.8573+5\,700\times0.7938+4\,920\times0.7350+4\,332\\
&\quad\times0.6806+3\,899\times0.6302+6\,799\times0.5835\\
&= -14\,275.5+17\,513.59\\
&= 3\,238.09(\text{万元})
\end{aligned}
$$

净现值法简便易行，其主要的优点在于：

第一，适用性强，能基本满足项目年限相同的互斥投资方案的决策。

第二，能灵活地考虑投资风险。净现值法在所设定的贴现率中包含投资风险报酬率要求，就能有效地考虑投资风险。

净现值法也有明显的缺陷，主要表现在：

第一，所采用的贴现率不易确定。如果两方案采用不同的贴现率贴现，采用净现值法不能够得出正确结论。同一方案中，如果要考虑投资风险，要求的风险报酬率不易确定。

第二，不适宜于独立投资方案的比较决策。独立投资方案，是指两个以上投资项目互不依赖，可以同时并存。如对外投资购买甲股票或购买乙股票，它们之间并不冲突。

第三，净现值法有时也不能对寿命期不同的互斥投资方案进行直接决策。两个项目由于寿命期不同，因而净现值是不可比的。要采用净现值法对寿命期不同的投资方案进行决策，需要将各方案均转化为相等寿命期进行比较。

（二）年金净流量（ANCF）

项目期间内全部净现金流量的总现值或总终值折算为等额年金的平均现金净流量，称为年金净流量（annual NCF）。年金净流量的计算公式为：

$$年金净流量=\frac{净现金流量总现值}{年金现值系数}$$
$$=\frac{净现金流量总终值}{年金终值系数} \tag{5-12}$$

与净现值指标一样，年金净流量指标的结果大于零，说明每年平均的现金流入能抵补现金流出，投资项目的净现值大于零，方案的报酬率大于所要求的报酬率，方案可行。在两个以上寿命期不同的投资方案比较时，年金净流量越大，方案越好。

【例5-9】根据例5-8的资料，计算该项目年金净流量。

$$年金净流量=\frac{3\ 238.09}{(P/A,8\%,7)}=\frac{3\ 238.09}{5.2064}=621.94(万元)$$

【例5-10】甲、乙两个投资方案，甲方案需一次性投资10 000元，可用8年，残值2 000元，每年取得税后营业利润3 500元；乙方案需一次性投资10 000元，可用5年，无残值，第一年获利3 000元，以后每年递增10%。如果资本成本率为10%，应采用哪种方案？

甲方案营业期每年NCF $=3\ 500+(10\ 000-2\ 000)\div 8=4\ 500$(元)

乙方案营业期各年NCF：

第一年 $=3\ 000+10\ 000\div 5=5\ 000$(元)

第二年 $=3\ 000\times(1+10\%)+10\ 000\div 5=5\ 300$(元)

第三年 $=3\ 000\times(1+10\%)^2+10\ 000\div 5=5\ 630$(元)

第四年 $=3\ 000\times(1+10\%)^3+10\ 000\div 5=5\ 993$(元)

第五年 $=3\ 000\times(1+10\%)^4+10\ 000\div 5=6\ 392.3$(元)

甲方案净现值 $=4\ 500\times(P/A,10\%,8)+2\ 000\times(P/F,10\%,8)-10\ 000$

$=4\ 500\times 5.3349+2\ 000\times 0.4665-10\ 000$

$=24\ 007.05+933-10\ 000=14\ 940.05$(元)

乙方案净现值 $=5\ 000\times(P/F,10\%,1)+5\ 300\times(P/F,10\%,2)+5\ 630\times(P/F,10\%,3)+5\ 993\times(P/F,10\%,4)+6\ 392.3\times(P/F,10\%,5)-10\ 000=5\ 000\times 0.9091+5\ 300\times 0.8264+5\ 630\times 0.7513+5\ 993\times 0.6830+6\ 392.3\times 0.6209-10\ 000=4\ 545.5+4\ 379.92+4\ 229.82+4\ 093.22+3\ 968.98-10\ 000=11\ 217.44$(元)

比较净现值，应该选择甲方案。但是两项目使用年限不同，净现值是不可比的，应考虑它们的年金净流量。

甲方案年金净流量 $=14\ 940.05\div(P/A,10\%,8)=14\ 940.05\div 5.3349=2\ 800.44$(元)

乙方案年金净流量 $=11\ 217.44\div(P/A,10\%,5)=11\ 217.44\div 3.7908=2\ 959.12$(元)

尽管甲方案净现值大于乙方案，但它是8年内取得的，而乙方案的净现值是5年取得的。两种方案的期限不同，不能直接比较净现值，必须把净现值折算到每一年。乙方案年金净流量高于甲方案，因此，乙方案优于甲方案。

年金净流量法是净现值法的辅助方法，它适用于期限不同的投资方案决策。但是，它也具有净现值法同样的缺点，不便于对原始投资额不相等的独立投资方案进行决策。

（三）现值指数（PVI）

现值指数（present value index）是投资项目的未来现金净流量现值与原始投资额现值之比。计算公式为：

$$\text{现值指数}=\frac{\text{未来现金净流量现值}}{\text{原始投资额现值}} \tag{5-13}$$

从现值指数的计算公式可知，现值指数的计算结果有三种：大于1，等于1，小于1。若现值指数大于或等于1，方案可行，说明方案实施后的投资报酬率高于或等于必要报酬率；若现值指数小于1，方案不可行，说明方案实施后的投资报酬率低于必要报酬率。现值指数越大，方案越好。

【例5-11】 根据例5-8的资料，计算该项目现值指数。

$$\text{现值指数}=\frac{17\ 513.59}{14\ 275.5}=1.23$$

现值指数大于1，说明该项目可行。

【例5-12】 有两个独立投资方案，有关资料如表5-6所示。

表5-6　　净现值计算表　　单位：元

项　　目	方案A	方案B
原始投资额现值	30 000	3 000
未来现金净流量现值	31 500	4 200
净现值	1 500	1 200

从净现值绝对数看，方案A大于方案B，似乎应采用方案A；但从投资额来看，方案A的原始投资额现值大大超过了方案B。所以，在这种情况下，如果仅仅用净现值来判断方案的优劣，就难以作出正确的比较和评价。按现值指数法计算：

$$\text{A方案的现值指数}=\frac{31\ 500}{30\ 000}=1.05$$

$$\text{B方案的现值指数}=\frac{4\ 200}{3\ 000}=1.40$$

计算结果表明，方案B的现值指数大于方案A，应当选择方案B。

现值指数法也是净现值法的辅助方法。由于现值指数是未来现金净流量现值与所需投资额现值之比，是一个相对数指标，反映了投资效率，所以，用现值指数指标来评价独立投资方案，可以克服净现值指标不便于对原始投资额现值不同的独立投资方案进行比较和评价的缺点，从而对方案的分析评价更加合理、客观。

（四）内含报酬率（IRR）

内含报酬率（internal rate of return），是指对投资方案未来的每年现金净流量进行贴现，使所得的现值恰好与原始投资额现值相等，从而使净现值等于零时的贴现率。

内含报酬率法的基本原理是：在计算方案的净现值时，以必要报酬率作为贴现率计算，净现值的结果往往是大于零或小于零，这说明方案实际可能达到的投资报酬率大于或小于必要报酬率；而当净现值等于零时，说明两种报酬率相等。根据这个原理，内含报酬率法就是要计算出使净现值等于零时的贴现率，这个贴现率就是投资方案的实际可能达到的投资报酬率。

内含报酬率是一个相对数指标，采用这一指标进行决策分析时：如果投资方案的内含报酬率大于资本成本，该方案为可行方案；如果投资方案的内含报酬率小于资本成本，则该方案为不可行方案；如果几个投资方案的内含报酬率均大于资本成本，且各方案的投资额相同，则采用内含报酬率最大的方案。如果各投资方案的内含报酬率均大于资本成本，且各方案的投资额不相同，其决策标准是：

$$\mathrm{MAX}[(\text{投资额}_n \times (\text{内含报酬率}_n - \text{资本成本})]$$

计算内部报酬率（IRR）通常通过求解下面以 IRR 为未知数的方程的办法求得：

$$\sum_{t=0}^{m} \frac{NCF_t}{(1+IRR)^t} - \sum_{t=m+1}^{n} \frac{NCF_t}{(1+IRR)^t} = 0 \qquad (5-14)$$

式（5－14）中，m 为投资建设期，n 为项目整个寿命期，包含投资建设期和经营期。如果项目投资是一次性完成投产，投资额为 C，则上式可简化为：

$$\sum_{t=1}^{n} \frac{NCF_t}{(1+IRR)^t} - C = 0 \qquad (5-15)$$

对于上述方程，根据每年 NCF 是否相等有两种方法。

1. 项目投产后每年的现金流量相等

若项目投产后每年的现金流量相等，均为 NCF，且投资为一次性完成，投资总额为 C，则方程可简写为：

$$NCF \times (P/A, i, n) - C = 0 \qquad (5-16)$$

通过查年金系数表，并结合使用“插值法”，就可以求出项目的内部报酬率 IRR.

【例 5－13】假定长江汽车公司投资 12 000 万元购置一条生产线，经营期 5 年，当年投产且经营期每年现金净流量 4 000 万元，预期资金成本 8%。计算该项目的内部报酬率，并评价该项目投资的优劣。

假设该项目内部报酬率为 IRR，根据给定的条件可知：

$$4\,000 \times (P/A, IRR, 5) - 12\,000 = 0$$

$$(P/A, IRR, 5) = 3$$

查 5 年期年金现值系数表可知：

当 i＝18% 时，（P/A，18%，5）＝3.1272

当 i = 20% 时，（P/A，20%，5）= 2.9906

因此，IRR 一定介于 18% 和 20% 之间，用插值法可求得：

$$\begin{aligned} IRR &= 18\% + [(20\% - 18\%)/(3.1272 - 2.9906) \times (3.1272 - 3)] \\ &= 18\% + 1.86\% = 19.86\% \end{aligned}$$

由于该项目内部报酬率显著高于预期资金成本，因此该项目可行。

2. 项目投产后每年的现金流量不相等

如果项目投产后，每年的现金流量不相等，则求解的主要步骤如下。

（1）预估贴现率 IRR_1，计算净现值 NPV_1。

（2）若 $NPV_1 > 0$，则取 $irr_2 > irr_1$，继续计算 NPV_2，如此类推，直到 $NPV_n = 0$，NPV_n 为零对应的 IRR_n 即为该项目的内部报酬率。

（3）若 $NPV_n > 0$ 且 $NPV_{n+1} < 0$，则采用插值法计算项目内部报酬率 IRR。

贴现率	净现值
IRR_1	$NPV_1 > 0$
IRR	0
IRR_2	$NPV_2 < 0$

根据插值法原理，有如下等式：

$$\frac{IRR - IRR_1}{IRR_2 - IRR_1} = \frac{NPV_1}{NPV_1 - NPV_2}$$

求解 IRR 如下：

$$IRR = \frac{NPV_1}{NPV_1 - NPV_2} \times (IRR_2 - IRR_1) + IRR_1 \tag{5-17}$$

【例 5-14】根据例 5-4 的资料。假定预期资金成本 8%，计算该项目内部报酬率，并评价该项目投资的优劣。

根据给定的资料设定 IRR_1，IRR_2 分别为 13% 和 14%，计算相应项目净现值如表 5-7 所示。

表 5-7　　项目投资净现值计算表　　单位：万元

年份	0	1	2	3	4	5	6	7
现金流量合计	-8 000.00	-4 000.00	-3 000.00	5 700.00	4 920.00	4 332.00	3 899.00	6 799.00
现值系数 IRR = 13%	1.00	0.88	0.78	0.69	0.61	0.54	0.48	0.43
各年现金流量现值	-8 000.00	-3 520.00	-2 340.00	3 933.00	3 001.20	2 339.28	1 871.52	2 923.57
净现值	-8 000.00	-11 520.00	-13 860.00	-9 927.00	-6 925.80	-4 586.52	-2 715.00	208.57
现值系数 IRR = 14%	1.00	0.88	0.77	0.67	0.59	0.52	0.46	0.40
各年现金流量现值	-8 000.00	-3 520.00	-2 310.00	3 819.00	2 902.80	2 252.64	1 793.54	2 719.60
净现值	-8 000.00	-11 520.00	-13 830.00	-10 011.00	-7 108.20	-4 855.56	-3 062.02	-342.42

显然，该项目内部报酬率介于13%和14%之间，用插值法计算：

$$IRR = \frac{208.57}{208.57-(-342.42)} \times (14\% - 13\%) + 13\%$$

$$= 13\% + 0.38\% = 13.38\%$$

由于项目内部报酬率高于预期资金成本率，因而方案可行。

内含报酬率法的优点：

第一，内含报酬率反映了投资项目可能达到的报酬率，易于被高层决策人员所理解。

第二，对于独立投资方案的比较决策，如果各方案原始投资额现值不同，可以通过计算各方案的内含报酬率，反映各独立投资方案的获利水平。

内含报酬率法的缺点：

第一，计算复杂，不易直接考虑投资风险大小。

第二，在互斥投资方案决策时，如果各方案的原始投资额现值不相等，有时无法作出正确决策。某一方案原始投资额低，净现值小，但内含报酬率较高；而另一方案原始投资额高，净现值大，但内含报酬率可能较低。

第四节 项目投资实务

现代计算工具可以显著提高财务计算效率，为财务决策的科学性和多角度深入分析提供了有力的支撑，本节专门讨论应用现代计算工具解决项目投资决策的问题。

一、现金流量二重分析

现金流量是项目投资决策的主要依据，鉴于现金流量分析的复杂性，特别是大型项目现金流量的分析会涉及项目的多个阶段，和较长的经营时期，在考虑资金时间价值的情况下，必须将项目先分阶段分析，然后再对每个阶段进行序时分析，这样才能保证项目决策的准确性。为此，本节构建了“现金流量二重分析”模型，从两个维度对项目寿命期内的现金流量进行分解分析。

（一）现金流量二重分析表

项目投资分为三个阶段，即初始阶段、营业阶段和终结阶段，每个阶段均可能跨越多年，在每个时间段还可能出现期初或期末等区别。为此，可以构建一个二维的表格，将项目投资的各个阶段在纵向上分别列示，以防遗漏，而将项目的持续时间在横向上列示，这样项目投资的全部现金流量就可以完整地呈现在一张二维表格（即现金流量二重分析表）中（见表5-8）。

表 5-8　　现金流量二重分析表　　单位：万元

阶段 \ 年份		0	1	2	3	4	……	n
初始阶段	项目初始投资（1）							
	原设备变价（2）							
	原设备清理税负（3）							
	垫支流动资金（4）							
	其他现金支付（5）							
	初始阶段现金净流量（6）=（1）+（2）+（3）+（4）+（5）							
营业阶段	销售收入（7）							
	付现成本（8）							
	折旧（9）							
	摊销（10）							
	利润（11）=（7）-（8）-（9）-（10）							
	所得税（12）=（11）×税率							
	营业外现金收付（13）							
	营业现金净流量（14）=（7）-（8）-（12）-（13）							
终结阶段	项目残值变价收入（15）							
	项目残值税负（16）							
	垫支流动资金回收（17）							
	其他现金收付（18）							
	终结阶段现金净流量（19）=（15）+（16）+（17）+（18）							

其中 0 表示项目的起始点，1，2，……分别表示第一年末、第二年末等。各阶段现金流量项目根据实际情况填列，特别是营业阶段现金流量，根据掌握的资料可以采用不同的现金流量计算办法，设计不同的现金流量项目。

这样，任何一个投资项目的现金流量分析，均可通过完成上述二维表格，完整地记录项目的投资结构和时间。在此基础上结合考虑资金时间价值，就可以清晰地展现项目寿命期内的现金流量状况，便于对投资项目进行评价。

（二）现金流量二重分析表的应用

【例 5－15】 长江汽车拟投资建设一家分厂，项目投资方案如下。

项目原始投资额 65 亿元，其中，固定资产投资 50 亿元，流动资产投资 10 亿元，无形资产投资 5 亿元，全部投资 60% 即 39 亿元为企业自有资金；其余 40% 即 26 亿元为兴鄂商业银行借入（假定全部用于固定资产建设），第一年年初到账 20 亿元，剩余部分于第二年年初一次性到账，借款期限从第一笔到账起计算，共 7 年，年利率 5%，每年年末支付利息。该分厂计划建设期 2 年，第一年年初投入 45 亿元，第二年年初投入 10 亿元，流动资产投资 10 亿元于第二年年末投入。经营期 10 年，固定资产按直线法计提折旧，期满有 4 亿元净残值。无形资产从投产年度起分 10 年摊销完毕，流动资金于终结点一次收回。预计项目投产后，每年发生的相关营业收入（不含增值税）为 38 亿元，付现成本为 12.9 亿元，所得税税率 25%。利用现金流量二重分析表分析该项目各年现金流量。

根据题目给定资料和现金流量的计算原则，为避免重复计算资金时间价值，投资来源不区分借入和自有，均视同自有资金。相对应地，各年借入资金利息亦不计入现金流量，但是它会影响项目原值和折旧，在经营期还会影响当期所得税。

$$\text{该项目固定资产原值} = 50 + 20 \times 5\% \times 2 + 6 \times 5\% = 52.3(\text{亿元})$$

$$\text{每年折旧} = (52.3 - 4) \div 10 = 4.83(\text{亿元})$$

$$\text{无形资产每年摊销} = 5 \div 10 = 0.5(\text{亿元})$$

$$\text{经营期前 5 年每年利息} = 26 \times 5\% = 1.3(\text{亿元})$$

具体现金流量计算如表 5－9 所示。

由表 5－9 可知，该分厂项目寿命期全部现金流量计算出来后，根据项目投资评价方法，可以分别进行静态或动态评价指标的计算，对项目的可行性进行评价。

项目投资评价指标，特别是动态评价指标的计算比较复杂，手工计算工作量很大，而现有的计算软件和工具可以轻松解决这些计算问题。下面主要介绍运用 EXCEL 工具进行项目投资评价的几个常用函数和模型。

二、投资决策模型——现金流量二重分析决策模型

现金流量二重分析表用于分析项目投资的现金流量，在结合上述投资决策函数使用，可以方便地对任何投资项目进行多角度的分析，确保投资决策的科学性。将现金流量二重分析表与财务函数结合构造的项目投资决策模型即为现金流量二重分析决策模型。

现金流量二重分析决策模型进行投资项目决策分四步进行：

表 5－9　　长江汽车分厂项目现金流量二重分析表　　单位：亿元

阶段	年份	0	1	2	3	4	5	6	7	8	9	10	11	12
初始阶段	项目初始投资（1）	－45	－10											
	原设备变价（2）													
	原设备清理税负（3）													
	垫支流动资金（4）			－10										
	其他现金支付（5）													
	初始阶段现金净流量（6）＝（1）＋（2）＋（3）＋（4）＋（5）	－45	－10	－10	0	0	0	0	0	0	0	0	0	
营业阶段	销售收入（7）				38	38	38	38	38	38	38	38	38	38
	付现成本（8）				12.9	12.9	12.9	12.9	12.9	12.9	12.9	12.9	12.9	12.9
	折旧（9）				4.83	4.83	4.83	4.83	4.83	4.83	4.83	4.83	4.83	4.83
	摊销（10）				1.8	1.8	1.8	1.8	1.8	0.5	0.5	0.5	0.5	0.5
	利润（11）＝（7）－（8）－（9）－（10）		0	0	18.47	18.47	18.47	18.47	18.47	19.77	19.77	19.77	19.77	19.77
	所得税（12）＝（11）×税率		0.00	0.00	4.62	4.62	4.62	4.62	4.62	4.94	4.94	4.94	4.94	4.94
	营业外现金收付（13）													
	营业现金净流量（14）＝（7）－（8）－（12）－（13）	0.00	0.00	0.00	20.48	20.48	20.48	20.48	20.48	20.16	20.16	20.16	20.16	20.16

续表

阶段	年份	0	1	2	3	4	5	6	7	8	9	10	11	12
终结阶段	项目残值变价收入（15）													4
	项目残值税负（16）													10
	垫支流动资金回收（17）													
	其他现金收付（18）													
	终结阶段现金净流量（19）=（15）+（16）+（17）+（18）	0	0	0	0	0	0	0	0	0	0	0		14
项目现金净流量（20）=（6）+（14）+（19）		-45.00	-10.00	-10.00	20.48	20.48	20.48	20.48	20.48	20.16	20.16	20.16	20.16	34.16

（1）根据项目资料建立“现金流量二重分析表”；

（2）根据决策评价指标建立“现金流量二重分析决策模型”；

（3）根据给定资料，录入已知参数；

（4）根据模型自动计算各项评价指标，进行项目投资决策[①]。

【例 5-16】 相关数据同例 5-15，假设税法规定按年限平均法计提折旧，预期项目资金成本为 10%。利用现金流量二重分析决策模型评价该项目并进行投资决策。

（1）根据例 5-15 中的数据，建立现金流量二重分析决策模型。

在现金流量二重分析决策模型中，净现值和内含报酬率两个评价指标分别用项目投资评价函数计算。

（2）根据题目给定的资料录入项目初始投资、垫支流动资金、各年销售收入、各年付现成本、各年摊销费用等相关数据。

（3）利用函数自动计算各年现金流量和项目评价指标（见表 5-10）。

（4）根据计算结果可知，该项目净现值为 45.49 亿元，大于 0；内含报酬率 20.22%，大于预期 10% 的报酬率，因此该项目可行。

【例 5-17】 相关数据同例 5-15，假设税法规定按年数总和法计提折旧，预期项目资金成本为 10%。利用现金流量二重分析决策模型评价该项目并进行投资决策。

（1）根据例 5-15 中的数据，建立现金流量二重分析决策模型。

在现金流量二重分析决策模型中，净现值和内含报酬率两个评价指标分别用项目投资评价函数计算。

（2）根据题目给定的资料录入项目初始投资、垫支流动资金、各年销售收入、各年付现成本、各年摊销费用等相关数据。

（3）利用函数自动计算各年现金流量和项目评价指标（见表 5-11）。

（4）根据计算结果可知，该项目净现值为 46.35 亿元，大于 0；内含报酬率 20.54%，大于预期 10% 的报酬率，因此该项目可行。

比较表 5-11 和表 5-10 可知，如果税法规定可以按照年数总和法计提折旧，那么在其他条件不变的情形下，相比较年数总和法计提折旧而言，可以提高项目净现值和内含报酬率。事实上，折旧的会计计算方法本身不影响现金流量，但是税法口径的折旧计算方法的不同会影响到企业所得税相关的现金流量，进而对净现值和内含报酬率指标的计算产生影响。

第四步骤在实验部分详细讲解。

表 5-10　长江汽车分厂项目现金流量二重分析模型

单位：亿元

阶段	年份	0	1	2	3	4	5	6	7	8	9	10	11	12
初始阶段	项目初始投资（1）	-45.00	-10.00											
	原设备变价（2）													
	原设备清理税负（3）													
	垫支流动资金（4）			-10.00										
	其他现金支付（5）													
	初始阶段现金净流量（6）=（1）+（2）+（3）+（4）+（5）	-45.00	-10.00	-10.00	—	—	—	—	—	—	—	—	—	—
营业阶段	销售收入（7）				38.00	38.00	38.00	38.00	38.00	38.00	38.00	38.00	38.00	38.00
	付现成本（8）				12.90	12.90	12.90	12.90	12.90	12.90	12.90	12.90	12.90	12.90
	折旧（9）				4.83	4.83	4.83	4.83	4.83	4.83	4.83	4.83	4.83	4.83
	摊销（10）				0.50	0.50	0.50	0.50	0.50	0.50	0.50	0.50	0.50	0.50
	利息（11）				1.30	1.30	1.30	1.30	1.30					
	应纳税所得额（12）=（7）-（8）-（9）-（10）-（11）				18.47	18.47	18.47	18.47	18.47	19.77	19.77	19.77	19.77	19.77
	所得税（13）=（12）×税率				4.62	4.62	4.62	4.62	4.62	4.94	4.94	4.94	4.94	4.94
	营业外现金收付（14）													
	营业现金净流量（15）=（7）-（8）-（13）+（14）	—	—	—	20.48	20.48	20.48	20.48	20.48	20.16	20.16	20.16	20.16	20.16

续表

阶段	年份	0	1	2	3	4	5	6	7	8	9	10	11	12
终结阶段	项目残值变价收入（16）													4.00
	项目残值税负（17）													
	垫支流动资金回收（18）													10.00
	其他现金收付（19）													
	终结阶段现金净流量（20）=（16）+（17）+（18）+（19）	—	—	—	—	—	—	—	—	—	—	—	—	14.00
项目现金净流量（21）=（6）+（15）+（20）		-45.00	-10.00	-10.00	20.48	20.48	20.48	20.48	20.48	20.16	20.16	20.16	20.16	34.16
项目净现值		45.49												
项目内含报酬率		20.22%												

表 5-11 长江汽车分厂项目现金流量二重分析模型 单位：亿元

阶段	年份	0	1	2	3	4	5	6	7	8	9	10	11	12
初始阶段	项目初始投资（1）	-45.00	-10.00											
	原设备变价（2）													
	原设备清理税负（3）													
	垫支流动资金（4）			-10.00										
	其他现金支付（5）													
	初始阶段现金净流量（6）=（1）+（2）+（3）+（4）+（5）	-45.00	-10.00	-10.00	—	—	—	—	—	—	—	—	—	—

续表

阶段	年份	0	1	2	3	4	5	6	7	8	9	10	11	12
营业阶段	销售收入（7）				38.00	38.00	38.00	38.00	38.00	38.00	38.00	38.00	38.00	38.00
	付现成本（8）				12.90	12.90	12.90	12.90	12.90	12.90	12.90	12.90	12.90	12.90
	折旧（9）				8.78	7.90	7.03	6.15	5.27	4.39	3.51	2.63	1.76	0.88
	摊销（10）				0.50	0.50	0.50	0.50	0.50	0.50	0.50	0.50	0.50	0.50
	利息（11）				1.30	1.30	1.30	1.30	1.30					
	应纳税所得额（12）=（7）-（8）-（9）-（10）-（11）				14.52	15.40	16.27	17.15	18.03	20.21	21.09	21.97	22.84	23.72
	所得税（13）=（12）×税率				3.63	3.85	4.07	4.29	4.51	5.05	5.27	5.49	5.71	5.93
	营业外现金收付（14）													
	营业现金净流量（15）=（7）-（8）-（13）+（14）	—	—	—	21.47	21.25	21.03	20.81	20.59	20.05	19.83	19.51	19.39	19.17
终结阶段	项目残值变价收入（16）													4.00
	项目残值税负（17）													
	垫支流动资金回收（18）													10.00
	其他现金收付（19）													
	终结阶段现金净流量（20）=（16）+（17）+（18）+（19）	—	—	—	—	—	—	—	—	—	—	—	—	14.00
项目现金净流量（21）=（6）+（15）+（20）		-45.00	-10.00	-10.00	21.47	21.25	21.03	20.81	20.59	20.05	19.83	19.61	19.39	33.17
项目净现值		46.35												
项目内含报酬率		20.54%												

第五节 项目投资决策实例

前面主要介绍了项目投资决策的基本原理，在现实投资中，项目投资涉及的情况往往很复杂，需要综合运用多种方法进行比较分析，才能作出科学合理的决策。本节将应用上述决策评价方法和模型，探讨比较典型的几类项目投资实例。

一、固定资产更新决策

随着科学技术迅猛发展，固定资产更新换代越来越快。旧设备在能耗等方面往往落后于新设备。在这种情况下，企业要考虑是否进行更新，即继续使用旧资产还是使用新资产，另一个决策是决定选择什么样的资产来进行更新。

（一）固定资产更新决策的基本原理

固定资产更新通常不会改变企业的生产能力，所以通常不会增加企业的营业收入，即使有少量的残值变价收入，也不会有实质性收入增加。在这样的替换重置方案中，现金流量主要表现为现金流出量的差异。可以通过比较方案现金流出量现值的方法对方案的优劣进行评价，现金净流出量的现值小的方案优先，因为在收入相等的前提下，现金流出量少则净现金流量大。

在进行固定资产更新决策时应注意以下几个特殊问题。

（1）使用旧固定资产方案通常没有初始现金投入，也不存在清理原固定资产的费用和税收调整事项。旧固定资产变价收入和因为变价产生的税收调整事项只作为使用新固定资产方案的现金流量加以考虑，在维持旧固定资产方案中，属于不相关因素。

（2）使用新固定资产方案的垫支流动资金必须要考虑原固定资产清理后回收的垫支流动资金，如果这些回收的垫支流动资金产生盈利，也必须考虑税收调整事项。

（3）当固定资产更新未涉及收入变化时，无法确切知道不同方案所得税的变化，所以在分析各方案的营业现金流量时，要采用税收影响现金流量法，其计算公式为：

$$营业现金净流量=收入\times(1-税率)-付现成本\times(1-税率)+折旧\times税率 \tag{5-18}$$

（4）本办法只适用于两个期限相同的方案，因为两个期限不同的方案在比较时，其付现成本累计值不相同，而且先到期方案的更新问题也必须考虑。为了简化决策过程，对于期限不同的两个方案可以比较其年均净现值。

（5）为了简化计算，如果方案中涉及大修理等特别付现成本，直接加入当年付现成本中；反之，如果存在预提或摊销费用，直接并入折旧中。

（二）建立固定资产更新决策模型

根据固定资产更新的特点，决策模型中现金流量分析部分要对上述现金流量二重分析表进行改造，主要对经营阶段的现金净流量计算公式进行调整。

【例5－18】长江汽车现有一台机床已用三年，目前拟用1台新机床替换。该公司所得税税率25%，资本成本率8%，均按直线折旧法计提折旧。其余资料如表5－12所示。

表5－12　新旧设备资料　单位：万元

项目	旧机床	新机床
原价	840	765
税法残值	40	45
税法使用年限（年）	8	6
已使用年限（年）	3	0
尚可使用年限（年）	6	6
垫支营运资金	100	110
大修理支出	180（第2年）	90（第4年）
每年营运成本	130	70
变现价值	400	765
最终报废残值	55	60

运用固定资产更新决策模型分析使用新旧设备两个方案的现金流量和净现值如表5－13和表5－14。两个表格中涉及特殊处理均进行了标注，主要计算公式在项目栏中进行了说明。

表5－13　旧机床现金流量二重分析模型　单位：万元

阶段	年份	0	1	2	3	4	5	6
初始阶段	项目初始投资（1）							
	原设备变价（2）	-400.00						
	原设备清理税负（3）	-35.00						
	垫支流动资金（4）	-100.00						
	其他现金支付（5）							
	初始阶段现金净流量（6）=（1）+（2）+（3）+（4）+（5）	-535.00	0.00	0.00	0.00	0.00	0.00	0.00

续表

阶段 \ 年份		0	1	2	3	4	5	6
营业阶段	销售收入（7）							
	付现成本（8）		130.00	310.00	130.00	130.00	130.00	130.00
	折旧（9）		100.00	100.00	100.00	100.00	100.00	
	营业现金净流量（10）=（7）×（1－25%）－（8）×（1－25%）+（9）×25%	0.00	－72.50	－207.50	－72.50	－72.50	－72.50	－97.50
终结阶段	项目残值变价收入（11）							55.00
	项目残值税负（12）							－3.75
	垫支流动资金回收（13）							100.00
	其他现金收付（14）							
	终结阶段现金净流量（15）=（11）+（12）+（13）+（14）	0.00	0.00	0.00	0.00	0.00	0.00	151.25
项目现金净流量（16）=（6）+（10）+（15）		－535.00	－72.50	－207.50	－72.50	－72.50	－72.50	53.75
项目净现值		－906.34						

表 5－14　新机床现金流量二重分析模型　单位：万元

阶段 \ 年份		0	1	2	3	4	5	6
初始阶段	项目初始投资（1）	－765.00						
	原设备变价（2）							
	原设备清理税负（3）							
	垫支流动资金（4）	－110.00						
	其他现金支付（5）							
	初始阶段现金净流量（6）=（1）+（2）+（3）+（4）+（5）	－875.00	0.00	0.00	0.00	0.00	0.00	0.00

续表

阶段	年份	0	1	2	3	4	5	6
营业阶段	销售收入（7）							
	付现成本（8）		70.00	70.00	70.00	160.00	70.00	70.00
	折旧（9）		120.00	120.00	120.00	120.00	120.00	120.00
	营业现金净流量(10)＝(7)×(1－25%)－(8)×(1－25%)＋(9)×25%	0.00	－22.50	－22.50	－22.50	－90.00	－22.50	－22.50
终结阶段	项目残值变价收入（11）							60.00
	项目残值税负（12）							－3.75
	垫支流动资金回收（13）							110.00
	其他现金收付（14）							
	终结阶段现金净流量（15）＝(11)＋(12)＋(13)＋(14)	0.00	0.00	0.00	0.00	0.00	0.00	166.25
项目现金净流量（16）＝(6)＋(10)＋(15)		－875.00	－22.50	－22.50	－22.50	－90.00	－22.50	143.75
项目净现值		－923.86						

模型中－400万元为使用旧设备的机会成本，为继续使用旧设备所丧失的旧设备变现价值；“原设备清理税负”金额为35万元，是因为如果现在处置旧设备，原机床账面价值540万元，实际变现400万元，清理亏损140万元，抵减所得税流出35万元；税法规定设备使用年限8年，第9年不再计提折旧，因而第9年折旧为0；设备到期税法规定残值为40万元，实际残值为55万元，清理收益15万元，引起所得税现金流出增加3.75万元，所以期末项目残值税负调整为－3.75万元。

“项目残值税负”－3.75万元，是因为项目残值税法规定为45万元，实际清理变现60万元，清理收益15万元，增加所得税现金流出3.75万元。

比较两个方案的净现值可知，更新设备是不划算的，因为该方案净现金流出量的现值比使用旧设备还要多，在同等收入的情况下，现金流出量大的方案不可取。

以上两个方案寿命期相同，如果两个方案寿命期不同，则应该比较年均净现值。

【例5－19】长江汽车有一台在用设备拟更新，所得税税率25%，资本成本率8%，均按年数总和法计提折旧。其余资料如表5－15所示。

表 5－15　　新旧设备资料　　单位：万元

项目	旧设备	新设备
原价	350	360
预计使用年限（年）	10	10
已使用年限（年）	4	0
尚可使用年限	6	10
税法残值	50	40
最终报废残值	105	80
变现价值	100	360
每年营运成本	105	80

运用固定资产更新决策模型分析使用新旧设备两个方案的现金流量、净现值和年金净流量，如表 5－16 和表 5－17 所示。

表 5－16　　旧设备现金流量二重分析模型　　单位：万元

阶段	年份	0	1	2	3	4	5	6
初始阶段	项目初始投资（1）							
	原设备变价（2）	－100.00						
	原设备清理税负（3）	－16.14						
	垫支流动资金（4）							
	其他现金支付（5）							
	初始阶段现金净流量（6）＝（1）＋（2）＋（3）＋（4）＋（5）	－116.14	0.00	0.00	0.00	0.00	0.00	0.00
营业阶段	销售收入（7）							
	付现成本（8）		105.00	105.00	105.00	105.00	105.00	105.00
	折旧（9）		32.73	27.27	21.82	16.36	10.91	5.45
	营业现金净流量（10）＝（7）×（1－25%）－（8）×（1－25%）＋（9）×25%	0.00	－70.57	－71.93	－73.30	－74.66	－76.02	－77.39

续表

阶段		年份 0	1	2	3	4	5	6
终结阶段	项目残值变价收入（11）							105.00
	项目残值税负（12）							-13.75
	垫支流动资金回收（13）							
	其他现金收付（14）							
	终结阶段现金净流量（15）=（11）+（12）+（13）+（14）	0.00	0.00	0.00	0.00	0.00	0.00	91.25
项目现金净流量（16）=（6）+（10）+（15）		-116.14	-70.57	-71.93	-73.30	-74.66	-76.02	13.86
项目净现值		-399.21						
年金净流量		-86.36						

首先，仍然是进行现金流量分析，旧设备变价 100 万元为继续使用旧设备的机会成本，另外还会发生设备清理引起的税务调整事项；使用新设备则需要投资。

其次，假定设备更新并不影响营业收入的变化，主要分析各年现金流出量。使用旧设备的比较起点为该设备的第 5 年，其现金流出量为：

$$-105\times(1-25\%)+32.73\times25\%=-70.57\text{（万元）}$$

其中，折旧根据年数总和法计算：$(350-50)\times6\div55=32.73$（万元）

依此类推。

再次，计算两个方案的净现值，比较两个方案的计算结果可见，使用旧设备现金流出量的现值小于使用新设备的现金流出量的现值。但是，此时还不能够确定哪个方案更优，因为两个方案的寿命期不同。

最后，计算两个方案的年金净流量，将两个方案进行比较后可知，仍然使用旧设备更优。

二、设备大修与改良决策

设备大修与改良是固定资产更新的特殊形式，其目的在于恢复或增加设备生产能力，此类决策首先要求大修或改良后的净现值增加，如果大修或改良方案的寿命期不同，还应比较各方案的年金净流量才能作出决策。

表 5－17 新设备现金流量二重分析模型 单位：万元

阶段	年份	0	1	2	3	4	5	6	7	8	9	10
初始阶段	项目初始投资（1）	－360.00										
	原设备变价（2）											
	原设备清理税负（3）											
	垫支流动资金（4）											
	其他现金支付（5）											
	初始阶段现金净流量（6）＝（1）＋（2）＋（3）＋（4）＋（5）	－360.00	0.00	0.00	0.00	0.00	0.00	0.00	0.00	0.00	0.00	0.00
营业阶段	销售收入（7）											
	付现成本（8）		80.00	80.00	80.00	80.00	80.00	80.00	80.00	80.00	80.00	80.00
	折旧（9）		58.18	52.36	46.55	40.73	34.91	29.09	23.27	17.45	11.54	5.82
	营业现金净流量（10）＝（7）×（1－25%）－（8）×（1－25%）＋（9）×25%	0.00	－45.45	－46.91	－48.36	－49.82	－51.27	－52.73	－54.18	－55.64	－57.09	－58.55
终结阶段	项目残值变价收入（11）											80
	项目残值税负（12）											－10
	垫支流动资金回收（13）											
	其他现金收付（14）											
	终结阶段现金净流量（15）＝（11）＋（12）＋（13）＋（14）	0.00	0.00	0.00	0.00	0.00	0.00	0.00	0.00	0.00	0.00	70.00
项目现金净流量（16）＝（6）＋（10）＋（15）		－360.00	－45.45	－46.91	－48.35	－49.82	－51.27	－52.73	－54.18	－55.64	－57.09	11.45
项目净现值		－670.36										
年金净流量		－99.90										

【例5－20】长江汽车3年前购入一台价值50 000万元的生产线，使用年限为5年，期满无残值，直线法折旧。该生产线每年生产产品8 000万件，每件产品售价15元，单位变动成本为10元，年付固定成本为18 000万元。现准备投资12 000万元对该生产线进行改良，改良后可延长生产线寿命2年。改良支出在今后3年内摊销，其余因素不变。假定资本成本率为10%，所得税税率25%。请作出是否改良的决策。

运用固定资产更新决策模型分析改良和不改良两个方案的现金流量、净现值和年金净流量，如表5－18和表5－19所示。

表5－18　　不改良方案现金流量二重分析模型　　单位：万元

阶段 \ 年份		0	1	2
初始阶段	项目初始投资（1）			
	原设备变价（2）			
	原设备清理税负（3）			
	垫支流动资金（4）			
	其他现金支付（5）			
	初始阶段现金净流量（6）=(1)+(2)+(3)+(4)+(5)	0.00	0.00	0.00
营业阶段	销售收入（7）		120 000.00	120 000.00
	变动付现成本（8）		80 000.00	80 000.00
	固定付现成本（9）		18 000.00	18 000.00
	折旧（10）		10 000.00	10 000.00
	营业现金净流量（11）=(7)×(1－25%)－(8＋9)×(1－25%)＋(9)×25%	0.00	19 000.00	19 000.00
终结阶段	项目残值变价收入（12）			
	项目残值税负（13）			
	垫支流动资金回收（14）			
	其他现金收付（15）			
	终结阶段现金净流量（16）=(12)+(13)+(14)+(15)	0.00	0.00	0.00
项目现金净流量（17）=(6)+(11)+(16)		0.00	19 000.00	19 000.00
项目净现值		32 975.21		
年金净流量		19 000.00		

不改良方案就是维持正常运转，不存在建设投入等，因而初始阶段现金流量为0。该生产线期末无残值，亦未考虑流动资金返回的因素，因而终结阶段现金流量也为0。所以只需考虑营业阶段现金流量。

营业阶段现金流入量为销售收入，即120 000万元；付现成本由两个部分组成，变动成本为每年80 000万元，加上固定成本18 000万元，每年付现成本共计98 000万元。折旧根据直线折旧法计算，每年计提10 000万元。

表5－19　　改良方案现金流量二重分析模型　　单位：万元

阶段	年份	0	1	2		
初始阶段	项目初始投资（1）	－12 000.00				
	原设备变价（2）					
	原设备清理税负（3）					
	垫支流动资金（4）					
	其他现金支付（5）					
	初始阶段现金净流量（6）=（1）+（2）+（3）+（4）+（5）	－12 000.00	0.00	0.00	0.00	0.00
营业阶段	销售收入（7）		120 000.00	120 000.00	120 000.00	120 000.00
	变动付现成本（8）		80 000.00	80 000.00	80 000.00	80 000.00
	固定付现成本（9）		18 000.00	18 000.00	18 000.00	18 000.00
	折旧（10）		14 000.00	14 000.00	4 000.00	0.00
	营业现金净流量（11）=（7）×（1－25%）－（8+9）×（1－25%）+（9）×25%	0.00	20 000.00	20 000.00	17 500.00	16 500.00
终结阶段	项目残值变价收入（12）					
	项目残值税负（13）					
	垫支流动资金回收（14）					
	其他现金收付（15）					
	终结阶段现金净流量（16）=（12）+（13）+（14）+（15）	0.00	0.00	0.00	0.00	0.00
项目现金净流量（17）=（6）+（11）+（15）		－12 000.00	20 000.00	20 000.00	17 500.00	16 500.00
项目净现值		47 128.47				
年金净流量		14 867.66				

改良方案要在期初增加投入12 000万元。生产线改良并不影响其折旧年限，故该生产线改良后前两年折旧仍然为10 000万元/年，另外还有改良支出摊销每年4 000万元；第三年不再计提折旧，但要摊销改良支出4 000万元；第四年既无折旧，亦无改良支出摊销。

从两个方案净现值看，改良方案的净现值增加了，所以可以肯定改良方案的收益率高于预期的资金成本率，初步判断是可行的。但是，进一步比较两个方案的年均净现值可以发现，改良后的方案年均净现值反而降低了，可见改良方案是可行方案，但不是最佳方案，改良后收益率降低了。

三、投资时机决策

对于资源开发型项目，由于其天然的稀缺性，其产品价格会随着开采的进行呈现逐步升高的趋势，当然未来的收益增长要权衡资金成本率的高低，只有当价格上涨的幅度高于折现的程度时才可能有真正的收益。另一方面，开采企业也会随着资源的储量减少，开采难度增加，从而增加生产成本，所以资源开采企业存在投资时机的决策问题。

【例5-21】江城钢铁厂拥有一座铁矿，铁矿石的价格在不断上升，根据预测，五年后价格将上升50%，因此江城钢铁厂需要进行开发时机的决策。据分析，如果现在开发，其初始固定资产投资为100亿元，流动资产投资5亿元，每吨售价1万元，年付现成本8亿元；如果五年后开发，其初始固定资产投资为120亿元，流动资产投产6亿元，每吨售价1.5万元，每年付现成本10亿元。假定该企业资本成本6%，所得税税率25%，建设期均为1年，所形成的固定资产均无残值，从第二年开始投产，投产后五年开采完毕，每年产销量为200万吨。请为江城钢铁厂作出开采时机决策。

运用“现金流量二重分析决策模型”分析该厂现在开采和5年后开采两方案的现金流量及相应的评价指标如表5-20和表5-21所示。

表5-20　　江城钢铁厂现在开发现金流量二重分析模型　　单位：亿元

阶段	年份	0	1	2	3	4	5	6
初始阶段	项目初始投资（1）	-100.00						
	原设备变价（2）							
	原设备清理税负（3）							
	垫支流动资金（4）		-5.00					
	其他现金支付（5）							
	初始阶段现金净流量（6）=（1）+（2）+（3）+（4）+（5）	-100.00	-5.00	0.00	0.00	0.00	0.00	0.00

续表

阶段 \ 年份		0	1	2	3	4	5	6
营业阶段	销售收入（7）			200.00	200.00	200.00	200.00	200.00
	付现成本（8）			8.00	8.00	8.00	8.00	8.00
	折旧（9）			20.00	20.00	20.00	20.00	20.00
	营业现金净流量（10）=（7）×（1－25%）－（8）×（1－25%）+（9）×25%	0.00	0.00	149.00	149.00	149.00	149.00	149.00
终结阶段	项目残值变价收入（11）							
	项目残值税负（12）							
	垫支流动资金回收（13）							5.00
	其他现金收付（14）							
	终结阶段现金净流量（15）=（11）+（12）+（13）+（14）	0.00	0.00	0.00	0.00	0.00	0.00	5.00
项目现金净流量（16）=（6）+（10）+（15）		－100.00	－5.00	149.00	149.00	149.00	149.00	154.00
项目净现值		490.92						
年金净流量		99.84						

表 5－21　江城钢铁厂五年后开发现金流量二重分析模型　单位：亿元

阶段 \ 年份		0	5	6	7	8	9	10	11
初始阶段	项目初始投资（1）		－120.00						
	原设备变价（2）								
	原设备清理税负（3）								
	垫支流动资金（4）			－6.00					
	其他现金支付（5）								
	初始阶段现金净流量（6）=（1）+（2）+（3）+（4）+（5）	0.00	－120.00	－6.00	0.00	0.00	0.00	0.00	0.00

续表

阶段	年份	0	5	6	7	8	9	10	11
营业阶段	销售收入（7）				300.00	300.00	300.00	300.00	300.00
	付现成本（8）				10.00	10.00	10.00	10.00	10.00
	折旧（9）				24.00	24.00	24.00	24.00	24.00
	营业现金净流量（10）=（7）×（1－25%）－（8）×（1－25%）+（9）×25%	0.00	0.00	0.00	223.50	223.50	223.50	223.50	223.50
终结阶段	项目残值变价收入（11）								
	项目残值税负（12）								
	垫支流动资金回收（13）								6.00
	其他现金收付（14）								
	终结阶段现金净流量（15）=（11）+（12）+（13）+（14）	0.00	0.00	0.00	0.00	0.00	0.00	0.00	6.00
项目现金净流量（16）=（6）+（10）+（15）		0.00	－120.00	－6.00	223.50	223.50	223.50	223.50	223.50
项目净现值		572.95							
年金净流量		116.52							

注：模型中前五年忽略，加上一年建设期，项目寿命期共为11年。

经计算可知：江城钢铁厂如果现在即开发该铁矿，项目净现值比较五年后开发要少82.03亿元，年均减少现金流入16.68亿元，所以应该等待五年后，铁矿石价格上涨到1.5万元/吨时再进行开采。由于开采量巨大，铁矿石收入增加的幅度远大于成本增长。

四、投资期决策

项目投资期即项目建设期，一个项目如果采用集中施工力量、交叉作业、加班加点等举措，通常可以缩短投资期，使项目提前竣工投产。但是，加速建设，赶工期往往需要增大投资，这就需要进行优化决策。

【例5－22】江城钢铁厂拟建一条新生产线，正常投资期3年，每年投资5 000万元，第4～18年每年净现金流量3 000万元；如果把投资期缩短为2年，每年需投资8 000万元，竣工投产后的项目寿命和每年现金净流量不变。假定两个方案均需垫支流动资金6 000万元，该企业资本成本6%，项目到期残值率为5%，要求对是否缩短建设期作出决策。

由于题目直接给出了营业现金净流量，所以运用“现金流量二重分析决策模型”分析该厂投资期分别为3年和2年两方案的现金流量和相应的评价指标如表5－22和表5－23所示。

表5－22　江城钢铁厂三年期建厂方案现金流量二重分析模型　单位：亿元

阶段	年份	0	1	2	3	4	5	18
初始阶段	项目初始投资（1）	－5 000.00	－5 000.00	－5 000.00				
	原设备变价（2）							
	原设备清理税负（3）							
	垫支流动资金（4）				－6 000.00			
	其他现金支付（5）							
	初始阶段现金净流量(6)=(1)+(2)+(3)+(4)+(5)	－5 000.00	－5 000.00	－5 000.00	－6 000.00	0.00	0.00	0.00
营业阶段	销售收入（7）							
	付现成本（8）							
	折旧（9）							
	营业现金净流量(10)=(7)×(1－25%)－(8)×(1－25%)+(9)×25%	0.00	0.00	0.00	0.00	3 000.00	3 000.00	3 000.00
终结阶段	项目残值变价收入(11)							750.00
	项目残值税负（12）							
	垫支流动资金回收(13)							6 000.00
	其他现金收付（14）							
	终结阶段现金净流量(15)=(11)+(12)+(13)+(14)	0.00	0.00	0.00	0.00	0.00	0.00	6 750.00
项目现金净流量（16）=(6)+(10)+(15)		－5 000.00	－5 000.00	－5 000.00	－6 000.00	3 000.00	3 000.00	9 750.00
项目净现值		7 623.92						

注：项目6～17年同第5年，故忽略；营业现金流量已经给出，故忽略具体项目。

表 5－23　　江城钢铁厂两年期建厂方案现金流量二重分析模型　　单位：亿元

阶段	年份	0	1	2	3	4	5	17
初始阶段	项目初始投资（1）	－8 000.00	－8 000.00					
	原设备变价（2）							
	原设备清理税负（3）							
	垫支流动资金（4）			－6 000.00				
	其他现金支付（5）							
	初始阶段现金净流量（6）＝（1）＋（2）＋（3）＋（4）＋（5）	－8 000.00	－8 000.00	－6 000.00	0.00	0.00	0.00	0.00
营业阶段	销售收入（7）							
	付现成本（8）							
	折旧（9）							
	营业现金净流量（10）＝（7）×（1－25%）－（8）×（1－25%）＋（9）×25%	0.00	0.00	0.00	3 000.00	3 000.00	3 000.00	3 000.00
终结阶段	项目残值变价收入（11）							800.00
	项目残值税负（12）							
	垫支流动资金回收（13）							6 000.00
	其他现金收付（14）							
	终结阶段现金净流量（15）＝（11）＋（12）＋（13）＋（14）	0.00	0.00	0.00	0.00	0.00	0.00	6 800.00
项目现金净流量（16）＝（6）＋（10）＋（15）		－8 000.00	－8 000.00	－6 000.00	3 000.00	3 000.00	3 000.00	9 800.00
项目净现值		7 569.73						

注：项目 6～16 年同第 5 年，故忽略；营业现金流量已经给出，故忽略具体项目。

由于 3 年投资期的净现值比两年投资期多 54.19 万元，所以应该按照正常建设周期即三年建设期投资。

五、风险投资决策

项目投资由于期限较长，收益和成本很难准确预测，存在着不同程度的风险，风险预测在资金时间价值和风险价值一章中已经介绍，风险投资决策主要在上述未考虑风险的项目投资评价方法的基础上，考虑风险因素即可，概括起来有两种：调整贴现率，调整现金流量。

（一）按风险调整贴现率

按风险调整贴现率就是将与特定项目投资有关的风险报酬加入到企业资金成本或必要报酬率中，以此作为该投资项目的贴现率，据以进行投资决策的方法。

用风险报酬调整贴现率以后，投资项目的具体决策方法与无风险时基本相同，在此不再赘述。这种方法对风险大的项目采用较高的贴现率，对风险小的项目采用较低的贴现率，简单明了，便于理解，因此被广泛采用。但是这种方法把时间价值和风险价值混在一起，人为地假定风险一年比一年大，不是十分合理。

（二）按风险调整现金流量

按风险调整现金流量就是根据投资项目的风险大小，对各年不确定的现金流量进行调整，以调整后的现金流量进行投资决策分析。

最常用的调整现金流量的办法是确定约当量法。即把不确定的各年现金流量，按照一定的系数（通常称为约当量系数）折算为大约相当于确定的现金流量的金额，然后，利用无风险贴现率来评价风险投资项目的分析方法。其中约当量系数一般根据项目现金流量的离差率和经验来确定。比如，根据经验，项目现金流量的离差率为 0.01 ~ 0.07 时，约当量系数为 1；离差率为 0.08 ~ 0.15 时，约当量系数为 0.9 等。

约当量系数确定以后，就可以将风险投资项目各年现金流量换算为确定的现金流量，利用无风险项目投资评价办法即可以作出决策。

练习题

一、名词解释

项目　现金流量　会计报酬率　回收期　净现值　内含报酬率

二、简答题

1. 项目投资有何特点？它与其他资产管理相比有何特殊要求？
2. 在项目投资评价中为什么使用现金流量，而未使用利润这个通用的会计指标？
3. 试述“现金流量二重分析表”的主要特征。
4. 运用现金流量二重分析决策模型进行投资项目决策的基本原理和关键步骤是什么？

三、单项选择题

1. C 公司对某投资项目的分析与评价资料如下：该投资项目适用的所得税率为 25%，

年税后营业收入为750万元，税后付现成本为375万元，税后净利润225万元。那么，该项目年营业现金净流量为（　　）。

A. 550　　B. 375　　C. 225　　D. 425

2. 某公司预计M设备报废时的净残值为3 500元，税法规定净残值为5 000元，该公司适用的所得税税率为25%，则该设备报废引起的预计现金净流量为（　　）元。

A. 3 125　　B. 3 875　　C. 4 625　　D. 5 375

3. 已知某投资项目的原始投资额现值为100万元，净现值为25万元，则该项目的现值指数为（　　）。

A. 0.25　　B. 0.75　　C. 1.05　　D. 1.25

4. 某投资方案，当贴现率为8%时，其净现值为108元，当贴现率为10%时，其净现值为-25元。该方案的内含报酬率为（　　）。

A. 9.78%　　B. 9.12%　　C. 9.62%　　D. 10.14%

5. 丁公司拟投资一个项目，投资在初始一次投入，经测算，该项投资的营业期为4年，每年年末的现金净流量相等，静态投资回收期为2.6667年，则该投资项目的内含报酬率为（　　）%。(P/A,16%,4)=2.7982(P/A,18%,4)=2.6901(P/A,20%,4)=2.5887

A. 17.47　　B. 18.46　　C. 19.53　　D. 19.88

6. 某公司计划投资建设一条新生产线，投资总额为60万元，预计新生产线投产后每年可为公司新增净利润4万元，生产线的年折旧额为6万元，则该投资的静态回收期为（　　）年。

A. 5　　B. 6　　C. 10　　D. 15

7. 某投资项目各年的预计净现金流量分别为：$NCF_0=-200$万元，$NCF_1=-50$万元，$NCF_{2\sim3}=100$万元，$NCF_{4\sim11}=250$万元，$NCF_{12}=150$万元，则该项目的静态投资回收期为（　　）。

A. 2.0年　　B. 2.5年　　C. 3.2年　　D. 4.0年

8. 某企业计划投资一个项目，初始投资额为100万元，年折旧率为10%，无残值，项目寿命期10年，预计项目每年可获净利15万元，公司资本成本率为8%，则该项目动态投资回收期为（　　）。(P/A,8%,4)=3.3121，(P/A,8%,5)=3.9927，(P/A,8%,6)=4.6229

A. 4.93年　　B. 5.13年　　C. 4.85年　　D. 5.01年

9. 下列各项中，不属于静态投资回收期优点的是（　　）。

A. 计算简便　　B. 便于理解

C. 能够反映投资风险大小　　D. 正确反映项目投资经济效益

10. 下列各项因素，不会对投资项目内含报酬率指标计算结果产生影响的是（　　）。

A. 原始投资额　　B. 资本成本

C. 项目计算期　　D. 现金净流量

11. 在下列方法中，可以直接用于项目寿命期不相同的多个互斥方案比较决策的方法是（ ）。

A. 净现值法　　B. 年金净流量法

C. 内含报酬率法　　D. 现值指数法

12. 某企业拟进行一项固定资产投资项目决策，资本成本为12%，有四个方案可供选择。其中甲方案的项目寿命期为10年，净现值为1 000万元，乙方案的现值指数为0.85；丙方案的项目寿命期为15年，年金净流量为150万元；丁方案的内部收益率为10%。最优的投资方案是（ ）。

A. 甲方案　　B. 乙方案　　C. 丙方案　　D. 丁方案

13. 年末ABC公司正在考虑卖掉现有的一台闲置设备。该设备于8年前以40 000元购入，税法规定的折旧年限为10年，按直线法计提折旧，预计残值率为10%，已提折旧28 800元：目前可以按10 000元价格卖出，假设所得税率30%，卖出现有设备对本期现金流量的影响是（ ）。

A. 减少360元　　B. 减少1 200元

C. 增加9 640元　　D. 增加10 360元

14. 已知某设备原值60 000元，税法规定残值率为10%，最终报废残值5 000元，该公司所得税率为40%，则该设备最终报废由于残值带来的现金流入量为（ ）元。

A. 5 400　　B. 6 000　　C. 5 000　　D. 4 600

四、多项选择题

1. 在考虑所得税影响的情况下，下列可用于计算营业现金净流量的算式中，正确的有（ ）。

A. 税后营业利润+非付现成本

B. 营业收入-付现成本-所得税

C.（营业收入-付现成本）×（1-所得税税率）

D. 营业收入×（1-所得税税率）+非付现成本×所得税税率

2. 在其他因素不变的情况下，下列财务评价指标中，指标数值越大表明项目可行性越强的有（ ）。

A. 净现值　　B. 现值指数　　C. 内含报酬率　　D. 动态回收期

3. 某企业正在讨论两个投资方案A方案寿命期10年，净现值为400万元，内含报酬率为10%；B方案寿命期10年，净现值为300万元，内含报酬率为15%。据此可以认定（ ）。

A. 若AB两方案是互斥方案，则A方案较好

B. 若AB两方案是互斥方案，则B方案较好

C. 若AB两方案是独立方案，则A方案较好

D. 若AB两方案是独立方案，则B方案较好

4. 下列有关固定资产更新决策表述正确的有（ ）。

A. 从决策性质看固定资产更新决策属于独立方案的决策类型

B. 固定资产更新决策方法比较适合采用内含报酬率法

C. 寿命期相同的设备重置决策可以采用净现值法进行决策

D. 寿命期不同的设备重置决策可以采用年金净流量法进行决策

五、计算题

1. 江城公司拟购入一台设备以扩充生产能力。需投资 100 万元，使用寿命 5 年，采用直线法计提折旧，5 年后设备无残值，5 年中每年销售收入为 80 万元，每年付现成本 30 万元，设备当年投入使用，使用时需垫支流动资金 30 万元。假定企业所得税率 25%。资本成本率为 10%。

要求：（1）计算该项目投资的现金流量。

（2）计算该项目的净现值。

2. 本通汽车公司拟投资 36 000 万元购置一条生产线，建设期 1 年，投产时垫支流动资金 9 000 万元，使用寿命 15 年，税法规定采用年数总和法计提折旧，期满有 5% 的残值，投产后每年增加销售收入 30 000 万元，付现成本前五年每年 12 000 万元，以后随着设备陈旧，将逐年增加修理费 1 200 万元。假定所得税税率 25%。资本成本率为 6%。

要求：（1）计算该项目投资的现金流量。

（2）计算该项目的净现值。

3. 文苑超市项目预计需要原始投资 125 万元，其中固定资产投资 100 万元，开办费投资 5 万元，流动资产投资 20 万元，建设期 1 年，建设期资本化利息 10 万元，固定资产投资和开办费投资于建设期起点投入，流动资金于完工时投入。该超市寿命期 10 年，按直线法计提折旧，期满有 10 万元净残值，开办费于投产当年一次摊销完毕，从经营期第一年起连续 5 年归还借款利息 11 万元，流动资金于终结点一次收回，投产后每年净利润 25 万元，假定资本成本率为 10%。

要求：（1）计算该项目投资的现金流量。

（2）计算该项目的净现值。

4. 好好汽车用品专卖店预计总投资 240 万元，其中第一年投入 140 万元，第 2 年投入 100 万元，第 3 年开始投入使用，使用寿命为 4 年，项目期满有残值 5%，按直线法计提折旧，在项目投入使用时需垫支流动资金 40 万元。该项目每年带来营业收入 220 万元，支付现金成本 110 万元。企业所得税税率为 25%，资本成本率为 10%。

要求：（1）计算该项目投资的现金流量。

（2）计算该项目的净现值。

（3）计算该项目内含报酬率。

（4）评价该项目是否可行。

5. 乙公司现有生产线已满负荷运转，鉴于其产品在市场上供不应求，公司准备购置一条生产线，公司及生产线的相关资料如下：

资料一：乙公司生产线的购置有两个方案可供选择；A 方案生产线的购买成本为 7 200 万元，预计使用 6 年，采用直线法计提折旧，预计净残值率为 10%，生产线投产时需要投入营运资金 1 200 万元，以满足日常经营活动需要，生产线运营期满时垫支的营运资金全部收回，生产线投入使用后，预计每年新增销售收入 11 880 万元，每年新增付现成本 8 800 万元，假定生产线购入后可立即投入使用。

B 方案生产线的购买成本为 200 万元，预计使用 8 年，当设定贴现率为 12% 时净现值为 3 228. 94 万元。

资料二：乙公司适用的企业所得税税率为 25%，不考虑其他相关税金，公司要求的最低投资报酬率为 12%。

资料三：乙公司目前资本结构（按市场价值计算）为：总资本 40 000 万元，其中债务资本 16 000 万元（市场价值等于其账面价值，平均年利率为 8%），普通股股本 24 000 万元（市价 6 元/股，4 000 万股），公司今年的每股股利（DO）为 0. 3 元，预计股利年增长率为 10%。且未来股利政策保持不变。

资料四：乙公司投资所需资金 7 200 万元需要从外部筹措，有两种方案可供选择；方案一为全部增发普通股，增发价格为 6 元/股。方案二为全部发行债券，债券年利率为 10%，按年支付利息，到期一次性归还本金。假设不考虑筹资过程中发生的筹资费用。乙公司预期的年息税前利润为 4 500 万元。

要求：

（1）根据资料一和资料二，计算 A 方案的下列指标：

①投资期现金净流量；②年折旧额；③生产线投入使用后第 1－5 年每年的营业现金净流量；④生产线投入使用后第 6 年的现金净流量；⑤净现值。

（2）分别计算 A、B 方案的年金净流量，据以判断乙公司应选择哪个方案，并说明理由。

（3）根据资料二，资料三和资料四：

①计算方案一和方案二的每股收益无差别点（以息税前利润表示）；②计算每股收益无差别点的每股收益；③运用每股收益分析法判断乙公司应选择哪一种筹资方案，并说明理由。

（4）假定乙公司按方案二进行筹资，根据资料二、资料三和资料四计算：

①乙公司普通股的资本成本；②筹资后乙公司的加权平均资本成本。

6. 乙公司是一家机械制作企业，适用的企业所得税率为 25%，该公司要求的最低收益率为 12%，为了节约成本支出，提升运营效率和盈利水平，拟对正在使用的一台旧设备予以更新。其他资料如下：

资料一：新旧设备数据资料如表 5－24 所示。

表 5－24　　乙公司新旧设备资料　　单位：万元

项目	使用旧设备	购置新设备
原值	4 500	4 800
预计使用年限（年）	10	6

续表

项目	使用旧设备	购置新设备
已用年限（年）	4	0
尚可使用年限（年）	6	6
税法残值	500	600
最终报废残值	400	600
目前变现价值	1 900	4 800
年折旧	400	700
年付现成本	2 000	1 500
年营业收入	2 800	2 800

资料二：相关货币时间价值系数如表5－25所示。

表5－25　　货币时间价值系数

期限（n）	5	6
（P/F，12%，n）	0.5674	0.5066
（P/A，12%，n）	3.6048	4.1114

要求：

（1）计算与购置新设备相关的下列指标：①税后年营业收入；②税后年付现成本；③每年折旧抵税；④残值变价收入；⑤残值净收益纳税；⑥第1～5年现金净流量（$NCF_{1\sim5}$）和第6年现金净流量（NCF_6）；⑦净现值（NPV）。

（2）计算与使用旧设备相关的下列指标：①目前账面价值；②目前资产报废损益；③资产报废损益对所得税的影响；④残值报废损失减税。

（3）已知使用旧设备的净现值（NPV）为943.29万元，根据上述计算，做出固定资产是否更新的决策，并说明理由。

第六章　证券投资

在金融市场中，证券的种类多种多样。因此，证券投资的种类也是多种多样，常见的证券投资有债券投资、股票投资、基金投资等。其中，债券投资是指企业通过购买政府、金融机构或其他企业发行的债券以获取收益的行为；股票投资是指企业通过购买其他企业的股票以获取盈利或控制权的行为；基金投资是指企业通过购买由专业投资机构发行的基金股份或受益凭证来获取收益的行为。

第一节　证券投资概述

证券资产是企业进行金融投资所形成的资产。证券投资不同于项目投资，项目投资的对象是实体性经营资产，经营资产是直接为企业生产经营服务的资产，如固定资产、无形资产等，它们往往是一种服务能力递减的消耗性资产。证券投资的对象是金融资产，金融资产是一种以凭证、票据或者合同合约形式存在的权力性资产，如股票、债券及其他衍生证券等。

一、证券投资的目的

（一）利用闲置资金，增加企业收益

企业在生产经营过程中，由于各种原因有时会出现资金闲置、现金结余较多的情况。这些闲置的资金可以投资于股票、债券等有价证券上，谋取投资收益。

（二）分散资金投向，降低投资风险

投资风散化，是指将资金投资于多个相关程度较低的项目，实行多元化经营，能够有效地分散投资风险。当某个项目经营不景气而利润下降甚至亏损时，其他项目可能会获取较高的收益。将企业的资金分成内部经营投资和对外证券投资两个部分，实现了企业投资的多元化。

（三）提高资产的流动性，增强偿债能力

资产流动性强弱是影响企业财务安全性的主要因素。除现金等货币性资产外，有价证券投资是企业流动性最强的资产，是企业速动资产的主要构成部分。在企业需要支付大量现金，而现有现金储备又不足时，可以通过变卖有价证券迅速取得大量现金，保证企业的及时支付。

（四）稳定客户关系，保障生产经营

企业生产经营环节中，供应和销售是企业与市场相联系的重要通道。没有稳定的原材料供应来源，没有稳定的销售客户，都会使企业的生产经营中断。为了保持与供销客户良好而稳定的业务关系，可以对业务关系链的供销企业进行投资，保持对他们一定的债券或股权，甚至控股。这样，就可以对关联企业的生产经营施加影响和控制，保障企业的生产经营顺利进行。

二、证券资产的特点

（一）价值虚拟性

证券资产不能脱离实体资产而完全独立存在，但证券资产的价值不是完全由实体资本的现实生产经营活动决定的，而是取决于契约性权利所能带来的未来现金流量，是一种未来现金流量折现的资本化价值。如债券投资代表的是未来按合同规定收取利息和本金的权利，股票投资代表的是对发行股票企业的经营控制权、财务控制权、收益分配权、剩余财产追索权等股东权利。

（二）可分割性

实体项目投资的经营资产一般具有整体性要求，如新建一座分厂，往往是厂房、设备、配套流动资产的结合。而证券资产可以分割为一个最小的投资单位，如一股股票、一份债券等，这就是证券资产的可分割性。

（三）持有目的多元性

实体项目投资的经营资产往往是为消耗而持有，为流动资产的加工提供生产条件。证券资产的持有目的是多元的，既可能是为未来变现而持有，也可能是为谋取资本利得而持有，还有可能是为取得其他企业的控制权而持有。

（四）强流动性

证券资产一般都是上市证券，有活跃的交易市场可供及时转让。

（五）高风险性

证券资产是一种虚拟资产，决定了金融投资受公司风险和市场风险的双重影响，不仅发行证券资产的公司业绩影响着证券资产投资的报酬率，资本市场平均报酬率变化也会给金融投资带来直接的市场风险。

三、证券投资的风险

由于证券资产的市价波动频繁，证券投资的风险往往较大。获取投资收益是证券投资的主要目的，证券投资的风险是投资者无法获得预期投资收益的可能性。按风险性质划分，证券投资的风险分为系统性风险和非系统性风险两大类别。

（一）系统性风险

证券资产的系统性风险，是指由于外部经济环境因素变化引起整个资本市场不确定性加强，从而对所有证券都产生影响的共同性风险。系统性风险影响到资本市场上的所有证券，无法通过投资多元化而加以避免，也称为不可分散风险。

比如，利率风险就属于系统性风险。利率风险是指由于市场利率变动引起证券资产价值变化的可能性。市场利率是由宏观的货币供给与货币需求关系对比来决定的，当货币供给大于货币需求时，市场利率下降，反之则市场利率上升。市场利率代表了金融市场上投资者要求的必要报酬率水平，会引起证券资产价格发生变化。市场利率与证券资产价格呈反方向变化：市场利率上升，证券资产价格下跌；市场利率下降，证券资产价格上升。

（1）价格风险。

价格风险是指由于市场利率上升，而使证券资产价格普遍下跌的可能性。当证券持有期间的市场利率上升，证券资产价格就会下跌，投资者因持有证券资产而遭受损失，形成价格风险。

需要说明的是，这里的证券资产价格波动并不是指证券资产发行者的经营业绩变化而引起的个别证券资产的价格波动，而是由于资本供应关系引起的全体证券资产的价格波动。

（2）再投资风险。

再投资风险是由于市场利率下降，而造成的无法通过再投资而实现预期收益的可能性。市场利率下降造成证券资产价格上升，投资者如果在高位买入证券资产，那么未来的价格风险就会比较高。由于投资者尚未买入证券资产，我们把这种风险叫做再投资风险。

（3）购买力风险。

购买力风险是指由于通货膨胀而使货币购买力下降的可能性。通货膨胀会使证券资产投资的本金和收益贬值，名义报酬率不变而实际报酬率降低。

如果通货膨胀长期延续，投资人会把资本投向实体性资产以求保值，对证券资产的需求量减少，引起证券资产价格下跌。

（二）非系统性风险

证券资产的非系统性风险，是指由特定经营环境或特定事件变化引起的不确定性，从而对个别证券资产产生影响的特有性风险。非系统性风险可以通过持有证券资产的多元化来抵消，也称为可分散风险。

非系统性风险是公司特有风险，源于每个公司自身特有的经营活动和财务活动。从公司内部管理的角度，公司特有风险表现为经营风险和财务风险。从资本市场投资者的角度，公司特有风险表现为违约风险、变现风险、破产风险。

（1）违约风险。

违约风险是指证券资产发行者无法按时兑付证券资产利息和偿还本金的可能性。违约风险是投资于收益固定型有价证券资产的投资者经常面临的，多发生于债券投资中。

（2）变现风险。

变现风险是指证券资产持有者无法在市场上以正常的价格平仓出货的可能性。在同一证券资产市场上，各种有价证券的变现力是不同的，交易越频繁的证券资产，其变现能力越强。

（3）破产风险。

破产风险是指在证券资产发行者破产清算时投资者无法收回应得权益的可能性。公司制企业的有限责任使得当公司破产清算时，债券资产投资者可能会遭受投资损失。而股票资产投资者本身就承担着公司破产风险。

四、证券投资的基本程序

证券投资基本程序主要包括选择投资对象、开户与委托、交割与清算以及过户等环节。

（一）选择投资对象

企业进行证券投资首先要选择合适的投资对象，即选择投资于何种证券，投资于哪家企业的证券。投资对象的选择是证券投资最关键的一步，它关系到投资的成败。

（二）开户与委托

投资者在进行证券买卖之前，首先要到证券营业部或证券登记机构开立证券账户。证券账户用来记载投资者进行证券买卖以及拥有证券的数额和品种的情况。投资者在开户并选择好投资于何种证券后，就可以选择合适的证券经纪人，委托其买卖证券。

（三）交割与清算

投资者委托证券经纪人买卖各种证券之后，就要及时办理证券交割。所谓证券交割，是指买入证券方交付价款领取证券，卖出证券方收取价款的活动。

（四）过户

证券过户是指投资者从交易市场买进证券后，到证券的发行公司办理变更持有人姓名的手续。证券过户一般只限于记名股票。办理过户的目的是为了保障投资者的权益。只有及时办理过户手续，才能成为新股东，享有应有的权利。

第二节　债券投资

企业要进行债券投资，必须判断准备投资的债券是否具有投资价值。判断某特定债券是否具有投资价值的方法，主要是比较债券的价值和债券市场价格，或者比较债券的内部收益率和必要收益率。一般情况下，当债券的价值大于债券市场价格或债券的内部收益率高于必要收益率时，就认为该债券具有投资价值。

一、债券价值的评估

债券价值是指发行者按照合同规定从现在至债券到期日所支付的款项（包括支付利息和偿还本金）的现值。计算现值时使用的折现率，取决于当前的利率和现金流量的风险水平，一般用市场利率或者投资人要求的最低收益率来作为折现率我们一般把投资人要求的最低收益率叫做必要收益率。

（一）债券估价的基本模型

典型的债券是采用固定利率，每年计算并支付利息、到期归还本金。按照这种模式，债券价值计算的基本模型是：

$$PV=\frac{I_1}{(1+i)^1}+\frac{I_2}{(1+i)^2}+\cdots+\frac{I_n}{(1+i)^n}+\frac{M}{(1+i)^n} \tag{6-1}$$

式（6－1）中，PV 为债券价值；I_n—第 n 年的利息；M 为到期的本金；i 为折现率，一般采用当时的市场利率或投资人要求的最低收益率即必要收益率；n 为债券到期前的年数。

如果每年的利息相等的话，则

$$PV=I\times(P/A,i,n)+M\times(P/F,i,n)$$

【例 6－1】 泰丰高新技术股份有限责任公司拟于 2018 年 5 月 1 日发行面额为 1 000 元的债券，其票面利率为 8%，每年 5 月 1 日计算并支付一次利息，并于 5 年后的 4 月 30 到期。同等风险投资的必要报酬率为 10%，则债券的价值为：

$$\begin{aligned}PV&=80\times(P/A,10\%,5)+1\ 000\times(P/F,10\%,5)\\&=80\times3.7908+1\ 000\times0.6209\\&=924.28(\text{元})\end{aligned}$$

通过以上模型可以看出，如果债券的面值和票面利率一定的情况下，影响债券定价的因素主要有如下几种。

（1）折现率。

折现率越高，债券价值越小。当折现率高于票面利率时，债券价值低于其票面价值；当折现率低于票面利率时，债券价值高于其票面价值；当折现率等于票面利率时，债券价值等于其票面价值。

在【例 6－1】中，折现率是 8%，则债券价值为：

$$\begin{aligned}PV&=80\times(P/A,8\%,5)+1\ 000\times(P/F,8\%,5)\\&=80\times3.9927+1\ 000\times0.6806\\&=1\ 000(\text{元})\end{aligned}$$

在【例 6－1】中，折现率是 6%，则债券价值为：

$$PV = 80 \times (P/A, 6\%, 5) + 1\,000 \times (P/F, 6\%, 5)$$
$$= 80 \times 4.2124 + 1\,000 \times 0.7473$$
$$= 1\,084.29(\text{元})$$

（2）到期时间。

债券的到期时间，是指当前日至债券到期日之间的时间间隔。随着时间的延续，债券的到期时间逐渐缩短，至到期日时该间隔为零。

对于平息债券，在折现率一直保持不变的情况下，不管它高于或低于票面利率，债券价值随到期时间的缩短逐渐向债券面值靠近，至到期日债券价值等于债券面值。这种变化如图 6－1 所示。当折现率高于票面利率时，随着时间向到期日靠近，债券价值逐渐提高，最终等于债券面值；当折现率等于票面利率时，债券价值一直等于票面价值；当折现率低于票面利率时，随着时间向到期日靠近，债券价值逐渐下降，最终等于债券面值。

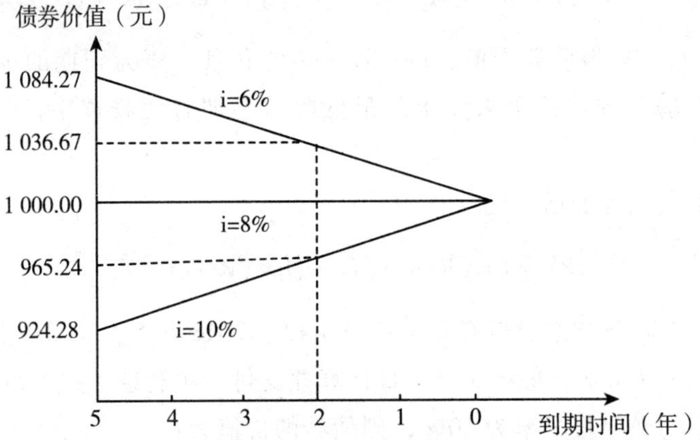

图 6－1　债券价值与到期时间

图 6－1 显示的是连续支付利息的情景，或者说是支付期无限小的情景。如果不是这样，而是每间隔一段时间支付一次利息，债券价值会呈现周期性波动，例如前面所述的流通债券价值的周期性波动情况。

在【例 6－1】中，如果到期时间缩短至 2 年，在年折现率等于 10% 的情况下，债券价值为：

$$PV = 80 \times (P/A, 10\%, 2) + 1\,000 \times (P/F, 10\%, 2)$$
$$= 80 \times 1.7355 + 1\,000 \times 0.8264$$
$$= 965.24(\text{元})$$

在年折现率不变（10%）的情况下，到期时间为 5 年时，债券价值为 924.28 元，3 年后到期时间为 2 年时债券价值上升至 965.24 元，向面值 1 000 元靠近了。

在【例 6－1】中，如果到期时间缩短至 2 年，在年折现率等于 6% 的情况下，债券价值为：

$$
\begin{aligned}
PV &= 80 \times (P/A,6\%,2) + 1\,000 \times (P/F,6\%,2) \\
&= 80 \times 1.8334 + 1\,000 \times 0.8900 \\
&= 1\,036.67(\text{元})
\end{aligned}
$$

在年折现率为6%并维持不变的情况下，到期时间为5年时债券价值为1 084.72元，3年后下降至1 036.67元，向面值1 000元靠近了。

在年折现率为8%并维持不变的情况下，到期时间为2年时，债券价值为：

$$
\begin{aligned}
PV &= 80 \times (P/A,8\%,2) + 1\,000 \times (P/F,8\%,2) \\
&= 80 \times 1.7833 + 1\,000 \times 0.8573 \\
&= 1\,000(\text{元})
\end{aligned}
$$

在折现率等于票面利率时，到期时间的缩短对债券价值没有影响。

综上所述，对于平息债券，当折现率一直保持至到期日不变时，随着到期时间的缩短，债券价值逐渐接近其票面价值。如果付息期无限小则债券价值表现为一条直线。

如果折现率在债券发行后发生变动，债券价值也会因此而变动。随着到期时间的缩短，折现率变动对债券价值的影响越来越小。这就是说，债券价值对折现率特定变化的反应越来越不灵敏。

从上述计算中，可以看到，如果折现率从8%上升到10%，债券价值从1 000元降至924.28元，下降了7.6%。在到期时间为2年时，折现率从8%上升至10%，债券价值从1 000元降至965.24元，仅下降3.5%。

（3）利息支付频率。

随着利息支付频率的加快，折价发行的债券价值会下降；随着利息支付频率的加快，溢价发行的债券价值会上升。

（二）其他模型

1. 纯贴现债券

纯贴现债券是指承诺在未来某一确定日期作某一单笔支付的债券。这种债券在到期日前购买人不能得到任何现金支付，因此也称为“零息债券”。零息债券没有标明利息计算规则的，通常采用按年计息的复利计算规则。

纯贴现债券的价值公式如下：

$$
PV = \frac{F}{(1+i)^n} \tag{6-2}
$$

【例6-2】 有一纯贴现债券，面值1 000元，20年期。假设折现率为10%，计算该债券价值。

$$
PV = \frac{1\,000}{(1+10\%)^{20}} = 148.64(\text{元})
$$

【例6-3】 有一5年期国库券，面值1 000元，票面利率12%，单利计息，到期时一次还本付息。假设折现率为10%（复利、按年计息），计算该国库券的价值。

$$PV=\frac{1\ 000+1\ 000\times12\%\times5}{(1+10\%)^5}=993.48(元)$$

在到期日一次还本付息债券，实际上也是一种纯贴现债券，只不过到期日不是按票面额支付而是按本利和做单笔支付。

2. 流通债券

流通债券是指已发行并在二级市场上流通的债券。它们不同于新发行债券，已经在市场上流通了一段时间，在估价时需要考虑现在至下一次利息支付的时间因素。

流通债券的特点是：①到期时间小于债券发行在外的时间；②估价的时点不在发行日，可以是任何时点，会产生“非整数计息期”问题。

流通债券的估价方法有两种：①以现在为折算时间点，历年现金流量按非整数计息期折现。②以最近一次付息时间或最后一次付息时间为折算时间点，计算历次现金流量现值，然后将其折算到现在时点。无论采用哪种方法，都需要计算非整数期的折现系数。

【例 6-4】 有一面值为 1 000 元的债券，票面利率为 8%，每年支付一次利息，2015 年 5 月 1 日发行，2020 年 4 月 30 日到期。现在是 2018 年 4 月 1 日，假设投资的折现率为 10%，该债券的价值是多少？

在时间坐标上标示该债券的现金流（见图 6-2）。

第一种计算办法是分别计算四笔现金流入的现值，然后求和。由于计息期数不是整数，而是 1/12，13/12，25/12，需要用计算器计算现值因数。

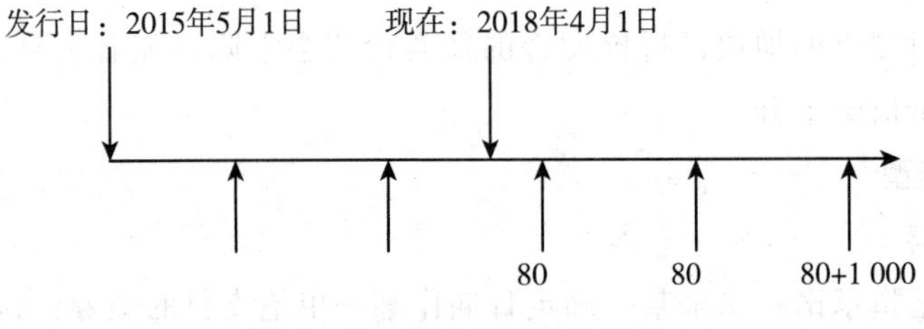

图 6-2　流通债券的价值

第二种计算办法是先计算 2018 年 5 月 1 日的价值，然后将其折算为 4 月 1 日的价值。

$$2018年5月1日价值=80+80\times1.7355+1\ 000\times0.8264=1\ 045.24(元)$$

$$2018年4月1日价值=1\ 045.24/(1+10\%)^{1/12}=1\ 037(元)$$

流通债券的价值在两个付息日之间呈周期性变动。对于折价发行债券来说，发行后价值逐渐升高，在付息日由于割息而价值下降，然后又逐渐上升。总的趋势是波动上升，如图 6-3 所示。越临近付息日，利息的现值越大，债券的价值有可能超过面值。付息日后债券的价值下降，会低于其面值。

3. 永久债券

永久债券是指没有到期日，永不停止定期支付利息的债券。优先股通常也被看作永久债券。永久债券的价值计算公式如下：

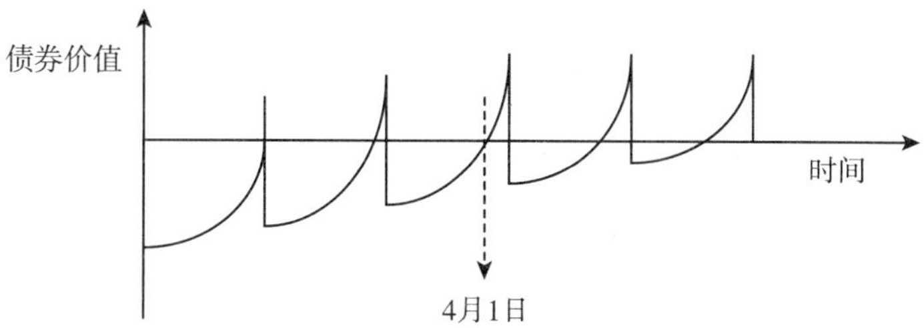

图 6－3 流通债券价值的周期性

$$PV=\frac{利息额}{折现率} \tag{6-3}$$

【例 6－5】 有一永久债券，每年付息 40 元。假设年折现率为 10%，则其价值为：

$$PV=\frac{40}{10\%}=400(元)$$

二、债券的内部收益率

债券的内部收益率，是指按当前市场价格购买债券并持有至到期日或转让日所产生的预期报酬率，也就是债券投资项目的内含报酬率。它是使未来现金流量现值等于债券购入价格的折现率。在债券估价的基本模型中，如果用债券的购买价格 P 代替债券价值 V，就能求出债券的内部收益率。也就是说，用该内部收益率贴现所决定的债券价值，刚好等于债券目前的购买价格。

计算内部收益率的方法是求解含有折现率的方程，即：

$$购进价格=每年利息\times年金现值系数+面值\times复利现值系数$$

$$P=I\times(P/A,i,n)+M\times(P/F,i,n) \tag{6-4}$$

式（6－4）中：P—债券的价格；I—每年的利息；M—面值；n—到期的年数；i—折现率。

【例 6－6】 泰丰高新技术股份有限责任公司于 2018 年 2 月 1 日用平价购买了一张面额为 1 000 元的债券，其票面利率为 8%，每年 2 月 1 日计算并支付一次利息，并于 5 年后的 1 月 31 日到期。该公司持有该债券至到期日，计算其内部收益率。

$$1\ 000=80\times(P/A,i,5)+1\ 000\times(P/F,i,5)$$

解该方程要用“插值法”。

用 i＝8% 试算：

$$\begin{aligned}&80\times(P/A,8\%,5)+1\ 000\times(P/F,8\%,5)\\&=80\times3.9927+1\ 000\times0.6806\\&\approx1\ 000(元)\end{aligned}$$

可见，平价购买的每年付息一次的债券的到期收益率等于票面利率。

如果债券的价格高于面值，则情况将发生变化。例如，买价是 1 105 元，则：

$$1\ 105 = 80 \times (P/A, i, 5) + 1\ 000 \times (P/F, i, 5)$$

通过前面试算已知，i = 8% 时等式右方为 1 000 元，小于 1 105，可判断收益率低于 8%。降低折现率，进一步试算：

用 i = 6% 试算：

$$\begin{aligned} & 80 \times (P/A, 6\%, 5) + 1\ 000 \times (P/F, 6\%, 5) \\ & = 80 \times 4.212 + 1\ 000 \times 0.747 \\ & = 1\ 083.96(\text{元}) \end{aligned}$$

由于折现结果仍小于 1 105，还应进一步降低折现率。用 i = 4% 试算：

$$\begin{aligned} & 80 \times (P/A, 4\%, 5) + 1\ 000 \times (P/F, 4\%, 5) \\ & = 80 \times 4.452 + 1\ 000 \times 0.822 \\ & = 1\ 178.16(\text{元}) \end{aligned}$$

折现结果高于 1 105，可以判断收益率高于 4%，低于 6%。用插值法计算近似值：

$$R = 4\% + \frac{1\ 178.16 - 1\ 105}{1\ 178.16 - 1\ 083.96} \times (6\% - 4\%) = 5.55\%$$

从此例可以看出，如果买价和面值不等，则内部收益率和票面利率不同。

三、债券投资决策

债券投资决策主要是对投资的时机、投资的期限、拟购入的债券等做出选择的过程，在决策过程中应该考虑一系列约束条件的限制，包括可支配的资金数额约束、投资收益率要求、投资风险偏好等。债券投资决策的结果应该是在符合约束条件要求的情况下尽可能实现投资目标。一般情况下，若债券的价值大于其价格，或债券到期收益率大于必要收益率，企业就应该投资该债券，反之，则不应投资该债券。

【例 6-7】泰丰高新技术股份有限责任公司在 2018 年 1 月 1 日购买一张面值为 1 000 元的新发行债券，其票面利率为 8%，5 年后到期，每年 12 月 31 日付息一次，到期归还本金。

（1）假定 2018 年 1 月 1 日以 950 元购买该债券并拟持有至到期，公司要求的最低收益率为 6%。请计算该债券内部收益率并为该公司做出决策：是否在 2018 年 1 月 1 日购买该债券？

$$950 = 80 \times (P/A, i, 5) + 1\ 000 \times (P/F, i, 5)$$

采用逐次测试法，按折现率 9% 测试：

$$V = 80 \times 3.8897 + 1\ 000 \times 0.6499$$
$$= 961.08(\text{元})(\text{大于 950 元,应提高折现率再次测试})$$

按折现率 10% 测试：

$$V = 80 \times 3.7908 + 1\ 000 \times 0.6209$$
$$= 924.16(\text{元})$$

使用内插法：

$$i = 9\% + [(950 - 961.08) \div (924.16 - 961.08)] \times (10\% - 9\%)$$
$$= 9.3\%$$

该债券内部收益率为 9.3%，公司要求的最低收益率为 6%，该债券的内部收益率超过了公司要求的最低收益率，应该投资该债券。

（2）假定 2018 年 1 月 1 日以 950 元购买该债券并拟持有至到期，2018 年 1 月 1 日该公司要求的最低收益率 6%。请计算此时债券的价值并为该公司做出决策：是否应该在 2018 年 1 月 1 日购买该债券？

$$V = 80 \times (P/A,6\%,2) + 1\ 000 \times (P/F,6\%,2)$$
$$= 80 \times 1.8334 + 1\ 000 \times 0.8900$$
$$= 1\ 036.67(\text{元})$$

该债券的价值为 1 036.67 元，市场价格为 950 元，应该买入该债券。

（3）假定 2018 年 1 月 1 日的市场价格为 1 070 元，公司要求的最低收益率为 6%。请计算此时购买债券的内部收益率并为该公司做出决策：是否应该在 2018 年 1 月 1 日购买该债券？$1\ 070 = 80 \times (P/A,i,2) + 1\ 000 \times (P/F,i,2)$

采用逐次测试法，按折现率 5% 测试：

$$V = 80 \times (P/A,5\%,2) + 1\ 000 \times (P/F,5\%,2)$$
$$= 80 \times 1.8594 + 1\ 000 \times 0.9070$$
$$= 1\ 055.75(\text{元})(\text{小于 1 070 元,应降低折现率再次测试})$$

按折现率 4% 测试：

$$V = 1\ 075.49(\text{元})(\text{大于 1 070,说明收益率应在 4\% ~ 5\% 之间})$$
$$i = 4\% + [(1\ 075.49 - 1\ 070) \div (1\ 075.49 - 1\ 055.75)] \times (5\% - 4\%)$$
$$= 4.28\%$$

该债券的内部收益率为 4.28%，公司要求的最低收益率为 6%，没有达到公司的要求，所以不应该买入该债券。

（4）假定 2018 年 1 月 1 日的市场价格为 1 070 元，公司要求的最低收益率为 6%。请计算此时购买债券的价值并为该公司做出决策：是否应该在 2018 年 1 月 1 日购买该债券？

$$
\begin{aligned}
V &= 80 \times (P/A,6\%,2) + 1\,000 \times (P/F,6\%,2) \\
&= 80 \times 1.8334 + 1\,000 \times 0.8900 \\
&= 1\,036.67(\text{元})
\end{aligned}
$$

该债券的价值为 1 036.67 元，市场价格为 1 070 元，该债券市场价格大于债券价值，所以不应该买入该债券。

第三节　股票投资

企业进行股票投资的关键在于寻找具有投资价值的股票，而判断某公司股票是否具有投资价值一般采取三种方法，即评估股票价值、计算预期收益率和进行市盈率分析。一般情况下，若股票价值高于市场价格或者预期收益率高于必要报酬率，则认为该股票具有投资价值。

企业进行股票投资的目的主要有两种：一是获利，即作为一般的证券投资，获取股利收入及股票买卖差价；二是控股，即通过购买某一企业的大量股票以达到控制该企业的目的。

一、股票价值分析

股票的价值是指股票的内在价值。在评价股票内在价值方面，目前通常采用现金流量折现的方法，即股票的内在价值为投资于该股票预期获得的未来现金流量的现值。评估股票的内在价值的目的在于寻找目前市场价格低于内在价值（价值被低估）的股票而进行投资。

（一）股票估价的基本模型

股票带给持有者的现金流入包括两部分：股利收入和出售时的售价。股票的内在价值由一系列的股利和将来出售股票时售价的现值所构成。

如果投资者不打算永久持有该股票，而在一段时间后出售，那么他的未来现金流入是所产生的股利和出售时的股价。这个现金流入的现值就是股票的价值：

$$V = \frac{D_1}{(1+R_s)^1} + \frac{D_2}{(1+R_s)^2} + \cdots + \frac{D_n}{(1+R_s)^n} + \frac{P}{(1+R_s)^n} \qquad (6-5)$$

式（6－5）中，D_n 为第 n 年的股利，R_s 为折现率，即必要的收益率，n 为年份，P 为预计股票出售价格。

【例 6－8】某企业打算购入 A 公司股票，预定持有 3 年，预期收益率为 10%，持有期终了时每股市价预计为 30 元，预计该股票 3 年分得的股利分别为 3 元、4 元和 4.5 元。该股票的价值为：

$$V = 3\times(P/F,10\%,1)+4\times(P/F,10\%,2)+4.5\times(P/F,10\%,3)+30\times(P/F,10\%,3)$$
$$=3\times0.9091+4\times0.8246+4.5\times0.7513+30\times0.7513$$
$$=31.95(元)$$

如果股东永远持有股票，他只获得股利，从而形成一个永续的现金流入。这个现金流入的现值就是股票的价值：

$$V=\frac{D_1}{(1+R_s)^1}+\frac{D_2}{(1+R_s)^2}+\cdots+\frac{D_n}{(1+R_s)^n}+\cdots=\sum_{t=1}^{\infty}\frac{D_t}{(1+R_s)^t} \qquad (6-6)$$

在有效的资本市场上，上面两个模型是统一的，因为股票预计未来出售价格也是由股票未来股利的现值决定的。

式（6－6）是股票估价的基本模型，其在实际应用时，面临的主要问题是如何预计未来每年的股利，以及如何确定折现率。

股利的多少，取决于每股盈利和股利支付率两个因素。对其估计的方法是历史资料的统计分析，例如回归分析、时间序列的趋势分析等。股票评价的基本模型要求无限期地预计历年的股利（D_t），实际上不可能做到。因此应用的模型都是各种简化办法，如使每年股利相同或保持固定比率增长等。

折现率的主要作用是把所有未来不同时间的现金流入折算为现在的价值。折算现值的比率应当是投资者所要求的收益率。

（二）零增长股票的价值

假设未来股利不变，其支付过程是一个永续年金，则股票价值为：

$$V=\frac{D}{R_s} \qquad (6-7)$$

【例6－9】 每年分配股利2元，最低报酬率为10%，则：

$$V=2\div10\%=20(元)$$

这就是说，该股票每年可带来2元的收益，在市场利率为10%的条件下，它相当于20元资本的收益，所以其价值是20元。当然，市场上的股价不一定就是20元，还要看投资人对风险的态度，可能高于或低于20元。

如果当时的市价不等于股票价值，例如市价为16元，每年固定股利2元，则其预期报酬率为：

$$R=2\div16\times100\%=12.5\%$$

可见，市价低于股票价值时，预期报酬率高于最低报酬率。

（三）固定增长股票的价值

企业的股利不应当是固定不变的，而应当不断增长。各公司的增长率不同，但就整体的平均增长率来说应等于国民生产总值的增长率，或者说是真实的国民生产总值增长率加通货膨胀率。

假设泰丰高新技术股份有限责任公司今年的股利为 D_0，则 t 年的股利应为：

$$D_t = D_0 \times (1+g)^t$$

若 $D_0 = 2$，$g = 10\%$，则 5 年后的每年股利为：

$$D_t = D_0 \times (1+g)^t = 2 \times (1+10\%)^5 = 3.22(\text{元})$$

固定成长股票的股价计算公式如下：

$$V = \sum_{t=1}^{\infty} \frac{D_0 \times (1+g)^t}{(1+R_s)^t}$$

当 g 为常数，并且 $R_s > g$ 时，通过求极限上式可简化为：

$$V = \frac{D_0 \times (1+g)}{(R_s - g)} = \frac{D_1}{(R_s - g)}$$

【例 6-10】 泰丰高新技术股份有限责任公司要求报酬率为 10%，年增长率为 5%，今年的股利为 2 元，明年的股利为 2.10 元，计算股票的内在价值。

$$\text{股票的内在价值 } V = (2 \times 1.05) \div (0.10 - 0.05) = 42(\text{元})$$

如果现在市场价格低于 42 元，则该股票有投资价值，应该购入。反之，则没有投资价值，不应购入。

（四）非固定增长股票的价值

在现实生活中有的公司股利是不固定的。例如，在一段时间里高速增长，在另一段时间里正常固定增长或固定不变。在这种情况下，就要分段计算，才能确定股票的价值。

【例 6-11】 泰丰高新技术股份有限责任公司持有的永新股份有限公司股票，投资必要报酬率为 10%。预计永新股份有限公司未来 3 年股利将高速增长，增长率为 10%。在此以后转为正常增长，增长率为 5%。公司最近支付的股利是 2 元。计算该公司股票的内在价值。

首先，计算非正常增长期的股利现值（见表 6-1）。

表 6-1　非正常增长期的股利现值计算　　单位：元

年份	股利（D_t）	复利现值系数（10%）	现值（PVD_t）
1	2×1.1=2.2	0.9091	2
2	2.2×1.1=2.42	0.8264	2
3	2.42×1.1=2.662	0.7513	2
	合计（3 年股利的现值）		6

其次，计算第三年年底的普通股内在价值：

$$V_3=\frac{D_3\times(1+g)}{R_s-g}=\frac{2.662\times1.05}{10\%-5\%}=55.902(元)$$

计算其现值：

$$PV(V_3)=55.902\times(P/F,10\%,3)=55.902\times0.7513=42(元)$$

最后，计算股票目前的内在价值：$P_0=6+42=48$（元）

如果现在市场价格低于48元，则该股票有投资价值，应该购入。反之，则没有投资价值，不应购入。

二、股票收益率分析

前面主要讨论如何估计股票的价值，以判断某种股票是否被市场高估或低估。现在，假设股票价格是公平的市场价格，证券市场处于均衡状态，即在任一时点证券价格都能完全反映有关该公司的任何可获得的公开信息，而且证券价格对新信息能迅速做出反应。在这种假设条件下，股票的期望收益率等于其必要的收益率。

根据固定增长股利模型可知：

$$P_0=\frac{D_1}{R-g} \tag{6-8}$$

式（6-8）中，P_0 为当前股价。

如果把公式移项整理，求 R，可以得到：

$$R=\frac{D_1}{P_0}+g \tag{6-9}$$

由上述公式可知，股票的总收益率可以分为两个部分：第一部分是 D_1/P_0，叫做股利收益率，它是根据预期现金股利除以当前股价计算出来的；第二部分是增长率 g，叫做股利增长率。由于股利的增长速度也即股价的增长速度，因此 g 可以解释为股价增长率或资本利得收益率。g 的数值可以根据公司的可持续增长率估计。P_0 是股票市场形成的价格，只要能预计出下一期的股利，就可以估计出股东预期报酬率，在有效市场中股东预期收益率就是与该股票风险相适应的必要报酬率。

【例6-12】 有一只股票的价格为20元，预计下一期的股利是1元，该股利将以大约10%的速度持续增长。该股票的期望报酬率为：

$$R=1/20+10\%=15\%$$

如果用15%作为必要报酬率，则一年后的股价为：

$P_1=D_1\times(1+g)/(R-g)=1\times(1+10\%)/(15\%-10\%)=22(元)$

如果现在用20元购买该股票，年末将收到1元股利，并且得到2（22-20）元的资本利得，则

$$总报酬率 = 股利收益率 + 资本利得收益率$$
$$= 1/20 + 2/20$$
$$= 5\% + 10\%$$
$$= 15\%$$

上例验证股票期望报酬率模型的正确性。该模型可以用来计算特定公司风险情况下股东要求的必要报酬率，也就是公司的权益资本成本。这就是说，股东期望或者要求公司赚取15%的收益。如果股东的要求大于15%，则不会进行这种投资；如果股东的要求小于15%，就会争购该股票，使得价格上升。既然股东们接受了20元的价格，则表明股东要求的报酬率是15%。

在现实中，由于信息不对称等因素的影响，股票预期的收益率并不一定等于投资者的必要报酬率。当预期收益率大于或等于投资必要报酬率，一般就认为该股票有投资价值；反之则没有投资价值。

三、市盈率分析

前面计算股票价值和报酬率的模型运用的关键在于要预计未来的股利和确定折现率，对于一般投资者来说很难做到。市盈率分析是一种粗略衡量股票价值的方法，易于掌握，在证券市场上得到广泛运用。

（一）用市盈率估计股价的高低

市盈率就是股票市价和每股盈利的比率。市盈率可以粗略反映股价的高低，表示投资者愿意用盈利的多少倍的价格购买这种股票，是市场对该股票的评价。

$$市盈率(倍) = \frac{每股市价}{每股盈利} \tag{6-10}$$

$$股票价格 = 该股票市盈率 \times 该股票每股盈利$$

$$股票价值 = 行业平均市盈率 \times 该股票每股盈利$$

根据证券机构或刊物提供的同类股票过去若干年的平均市盈率，乘以当前的每股盈利，可以得出股票的公平价值。用它和当前市价比较，可以看出价格是否合理。

【例6-13】泰丰高新技术股份有限责任公司股票每股盈利2元，市盈率为12倍，行业平均市盈率为15倍，计算股票价格和股票价值。

$$股票价格 = 2 \times 12 = 24(元)$$
$$股票价值 = 2 \times 15 = 30(元)$$

（二）用市盈率估计股票风险

一般认为，股票的市盈率比较高，表明投资者对该公司的未来充满信心。但是，当股市受到不正常因素的干扰时，某些股票的市价被哄抬到不应有的高度，市盈率会很高。通常认为，超过20倍的市盈率是不正常的，很可能是股价下跌的前兆，风险很大。

股票的市盈率比较低，表明投资者对公司的未来缺乏信心，不愿意购买此类公司的股票，此类股票的风险较大。通常认为，市盈率在5倍以下，其前景比较悲观。

过高或过低的市盈率都不是好兆头，市盈率在5~20倍之间是比较正常的，但并不绝对。研究时应关注拟投资股票市盈率的长期变化，估计其正常值，作为分析的基础。各行业的正常值有区别，预期将发生通货膨胀或提高利率时市盈率会普遍下降；预期公司利润率增长时，市盈率会上升；债务比重大的公司市盈率较低。

练习题

一、名词解释

内部收益率　必要收益率　市盈率

二、简答题

1. 证券投资的风险主要包括哪些?

2. 如何进行债券投资决策?

3. 如何进行股票投资决策?

三、单项选择题

1. 持续通货膨胀期间，投资人把资本投向实体性资产，减持证券资产，这种行为所体现的证券投资风险类别是（　　）

A. 经营风险　　B. 变现风险

C. 再投资风险　　D. 购买力风险

2. ABC公司拟于20×1年1月1日发行面额为1 000元的债券，其票面利率为8%，每年12月31日计算并支付一次利息，并于5年后的1月1日到期。同等风险投资的必要报酬率为10%，则债券的价值为（　　）。

A. 1 000　　B. 1 013.56　　C. 924.28　　D. 956.13

3. 当其他因素不变，下列哪个因素上升会使债券的内在价值下降（　　）。

A. 票面价值　　B. 票面利率　　C. 市场利率　　D. 购买价格

4. 市场利率和债券期限对债券价值都有较大的影响，下列相关表述中，不正确的是（　　）。

A. 市场利率上升会导致债券价值下降

B. 长期债券的价值对市场利率的敏感性小于短期债券

C. 债券期限越短，债券票面利率对债券价值的影响越小

D. 债券票面利率与市场利率不同时，债券面值与债券价值存在差异

5. 债券内含报酬率的计算公式中不包含的因素是（　　）。

A. 票面利率　　B. 债券面值　　C. 市场利率　　D. 债券期限

6. 某投资者购买A公司股票，并且准备长期持有，要求的最低收益率为11%，该公司本年的股利为0.6元/股，预计未来股利年增长率为5%，则该股票的内在价值是

（　　）元/股。

A. 10.0　　B. 10.5　　C. 11.5　　D. 12.0

7. 如果不考虑影响股价的其他因素，固定增长股票的价值（　　）。

A. 与市场利率成正比　　B. 与预期股利成反比

C. 与预期股利增长率成正比　　D. 与预期股利增长率成反比

8. 若股利增长率是 10%，A 公司 2015 年支付的每股股利是 0.5 元，2015 年末的股价是 40 元，股东期望的收益率是（　　）。

A. 10%　　B. 11.25%　　C. 12.38%　　D. 11.38%

四、多项选择题

1. 下列各项中，属于证券资产特点的有（　　）。

A. 可分割性　　B. 高风险性

C. 强流动性　　D. 持有目的多元性

2. 下列属于证券投资的目的有（　　）。

A. 分散资金投向，降低投资风险

B. 利用闲置资金，增加企业收益

C. 稳定客户关系，保障生产经营

D. 提高资产的流动性，增强偿债能力

3. 证券投资的风险分为可分散风险和不可分散风险两大类，下列各项中，属于可分散风险的有（　　）。

A. 研发失败风险　　B. 生产事故风险

C. 通货膨胀风险　　D. 利率变动风险

4. 下列属于证券投资系统风险的有（　　）。

A. 违约风险　　B. 再投资风险

C. 购买力风险　　D. 价格风险

5. 股票投资的收益包括（　　）。

A. 股利收益　　B. 利息收益

C. 股利再投资收益　　D. 转让价差收益

五、计算题

1. 某公司在 2018 年 1 月 1 日平价发行新债券，每张面值 1 000 元，票面利率 10%，5 年到期，每年 12 月 31 日付息。

要求：

（1）2018 年 1 月 1 日购买该债券并持有债券至到期日的内部收益率是多少？

（2）假定 2019 年 1 月 1 日的市场利率下降到 8%，那么此时债券的价值是多少？

（3）假定 2019 年 1 月 1 日的市价为 1 040 元，此时购买该债券并持有债券至到期日的内部收益率是多少？（分别采用插值法和简便算法进行计算）

2. 某公司股票的 β 系数为 2.5，目前无风险收益率为 6%，市场上所有股票的平均报酬率为 10%，若该股票为固定增长股，增长率为 6%，预计一年后的每股股利为 1.5 元。

要求：

（1）测算该股票投资人要求的必要收益率；

（2）该股票的价格为多少时可购买；

（3）若股票目前的市价为 14 元，预期 1 年后的市价为 15 元，那么投资人持有一年后出售的内部收益率为多少？

第七章　营运资金管理

营运资金是指流动资产和流动负债的差额，是投入日常经营活动（营业活动）的资金。营运资金管理可以分为流动资产管理和流动负债管理两个方面，前者是对营运资金投资的管理，后者是对营运资金筹资的管理。

第一节　营运资金管理的主要内容

营运资金管理主要解决两个问题，一是如何确定短期资产的最佳持有量；二是如何筹措短期资金。具体而言，这两个问题分别涉及每一种短期资产以及每一种短期负债的管理方式与管理策略的制定。因此，从本质上看，营运资金管理包括短期资产和短期负债的各个项目，体现了对公司短期性财务活动的概括。通过对营运资金的分析，我们可以了解短期资产流动性、短期资产变现能力和短期偿债能力。

一、营运资金的特点

为了有效地管理企业的营运资金，必须研究营运资金的特点，以便有针对性地进行管理。营运资金一般具有如下特点：

1. 营运资金的来源具有多样性

与筹集长期资金的方式相比，企业筹集营运资金的方式较为灵活多样，通常有银行短期借款、短期融资券、商业信用、应交税费、应付股利、应付职工薪酬等多种内外部融资方式。

2. 营运资金的数量具有波动性

流动资产的数量会随企业内外条件的变化而变化，时高时低，波动很大。季节性企业如此，非季节性企业也如此。随着流动资产数量的变动，流动负债的数量也会相应发生变动。

3. 营运资金的周转具有短期性

企业占用在流动资产上的资金，通常会在一年或超过一年的一个营业周期内收回，对企业影响的时间比较短。根据这一特点，营运资金可以用商业信用、银行短期借款等短期筹资方式来加以解决。

4. 营运资金的实物形态具有变动性和易变现性

企业营运资金的占用形态是经常变化的，营运资金的每次循环都要经过采购、生产、销售等过程，一般按照现金、材料、在产品、产成品、应收账款、现金的顺序转化。为此，在进行流动资产管理时，必须在各项流动资产上合理配置资金数额，企业应该特别重视现金、应收账款和存货的管理，做到结构合理，以促进资金周转顺利进行。

二、营运资金管理的原则

企业的营运资金在全部资金中占有较大比重，而且周转期短。对营运资金进行管理，既要保证有足够的资金满足企业生产经营需要，又要保证企业能按时、足额地偿还各种到期债务。企业进行营运资金管理，应遵循以下原则：

1. 认真分析生产经营状况，合理确定营运资金的需要数量

企业营运资金的需要量取决于生产经营规模和营运资金的周转速度，同时也受到市场及产、供、销的影响。企业应综合考虑各种因素，合理确定营运资金的需要量。

2. 在保证生产经营需要的前提下，节约使用资金

营运资金具有流动性强的特点，但是流动性越强的资产其收益性就越差。例如，如果企业的资产全部都是现金，则不能带来任何投资收益（将现金存入银行而获得的利息收入对于企业而言算不上真正的投资收益）。如果企业持有的营运资金过多，会降低企业的收益。因此，企业在保证生产经营需要的前提下，要控制流动资金占用，使其纳入计划预算的良性范围，既要满足经营需要，又不能安排过量而造成浪费。

3. 加速营运资金的周转，提高资金的利用效率

当企业的生产经营规模一定时，短期资产的周转速度与营运资金的需要量呈反向变化。适度加快存货的周转，缩短应收账款的收款期，延长应付账款的付款期，可以减少营运资金的需要量，从而提高资金的利用效率。

4. 合理安排短期资产与短期负债的比例关系，保障企业有足够的短期偿债能力

企业的短期负债主要是用短期资产来偿付。当企业的短期资产相对短期负债过少时，一旦短期负债到期，而企业又无法通过其他途径筹措到短期资金，就容易出现到期无法偿债的情况。因此，企业要安排好二者的比例关系，从而保证有足够的资金偿还短期负债。

三、流动资产的投资策略

一个企业必须选择与其业务需要和管理风格相符合的流动资产投资策略。如果企业管理政策趋于保守，就会保持较高的流动资产与销售收入比率，保证更高的流动性（安全性），但盈利能力也更低；如果管理者偏向于为了更高的盈利能力而愿意承担风险，那么它将保持一个低水平的流动资产与销售收入比率。

流动资产的投资策略有以下三种类型（见图 7－1）。

1. 紧缩的流动资产投资策略

在紧缩的流动资产投资策略下，企业维持低水平的流动资产与销售收入比率。需要说

明的是，这里的流动资产通常只包括生产经营过程中产生的存货、应收款项以及现金等经营性流动资产，而不包括股票、债券等金融性流动资产。

紧缩的流动资产投资策略可以节约流动资产的持有成本，例如节约持有资金的机会成本。但与此同时可能伴随着更高风险，这些风险表现为更紧的应收账款信用政策，更低的存货占用水平，以及缺乏现金用于偿还应付账款等。但是，只要不可预见的事件没有损坏企业的流动性而导致严重的问题发生，紧缩的流动资产投资策略就会提高企业效益。

2. 宽松的流动资产投资策略

在宽松的流动资产投资策略下，企业通常会维持高水平的流动资产与销售收入比率。也就是说，企业将保持高水平的现金和有价证券、高水平的应收账款和高水平的存货。在这种策略下，由于较高的流动性，企业的财务与经营风险较小。但是，过多的流动资产投资，无疑会承担较大的流动资产持有成本，提高企业的资金成本，降低企业的收益水平。

3. 适中的流动资产投资策略

适中的流动资产投资策略要求企业在一定的销售水平上保持适中的流动资产，既不过高也不过低，流入的现金恰好满足支付的需要，存货也恰好满足生产和销售所用。这种政策的特点是风险和报酬的平衡。

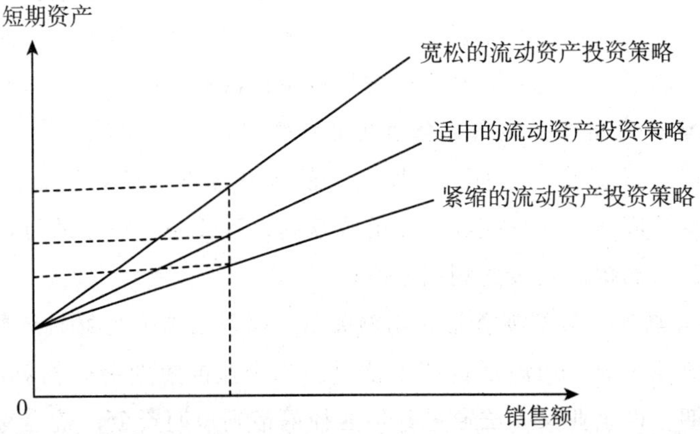

图 7－1　流动资产投资策略

四、流动资产的融资策略

流动资产融资策略，是指总体上如何为流动资产融资，采用短期资金来源还是长期资金来源，或者兼而有之。制定流动资产融资策略，就是确定流动资产所需资金中短期资本和长期资本的比例。流动资产的投资策略，决定了投资的总量，也就是需要融资的总量。流动资产的融资策略，主要决定筹资的来源结构。

流动资产按照投资需求的时间长短分为两部分：永久性流动资产和波动性流动资产。永久性流动资产是指那些即使企业处于经营淡季也仍然需要保留的、用于满足企业长期、稳定运行的流动资产所需的资金。波动性流动资产是那些受季节性、周期性影响的流动资产需要的资金，如季节性存货、销售旺季的应收账款等。

资金来源按照融资期限可分为长期来源和短期来源。长期来源包括经营性流动负债、长期负债以及权益资本；短期来源主要是指筹资性流动负债。经营性流动负债，是指直接产生于企业持续经营中的负债，如商业信用筹资和日常运营中产生的其他应付款，以及应付职工薪酬、应付利息、应交税费等。筹资性流动负债，是指为了满足临时性流动资金需要所发生的负债，如商业零售企业春节前为了满足节日销售需要，超量购入货物而举借的短期银行借款。

流动资产的融资策略可以分为：期限匹配融资策略、保守融资策略和激进融资策略三种基本类型。

（一）期限匹配融资策略

期限匹配融资策略的特点是：尽可能贯彻融资的匹配原则，即长期投资由长期资金支持，短期投资由短期资金支持。融资的匹配原则，不仅适用于流动资金筹集，也适用于长期资本筹资，具有普遍适用性。

从投资需求上看，永久性流动资产是长期需求，应当用长期资金支持。只有季节性变化引起的资金需求才是真正的短期需求，可以用短期资金来源支持。现实中的期限匹配融资策略是指长期占用的资金（包括永久性流动资产）应由长期资金来源支持，短期占用的资金（只是波动性流动资产，不是全部流动资产）应由短期资金来源支持。

期限匹配融资策略的特点是：对于波动性流动资产，用筹资性流动负债筹集资金，也就是利用短期银行借款等短期金融负债工具取得资金；对于永久性流动资产和长期资产，用长期负债和权益资金筹集。该政策可以用以下公式表示：

$$非流动资产+永久性流动资产=股东权益+长期债务+经营性流动负债$$

$$波动性流动资产=筹资性流动负债$$

期限匹配融资策略如图 7－2 所示。

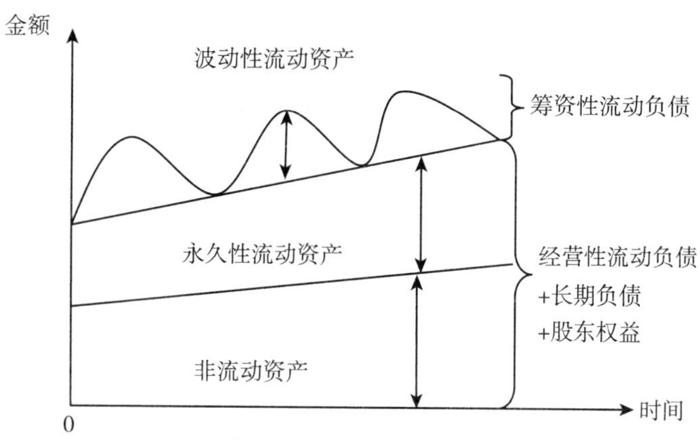

图 7－2 期限匹配融资策略

（二）保守融资策略

在保守融资策略中，长期来源支持非流动资产、永久性流动资产和部分波动性流动资产。企业通常以长期来源为波动性流动资产的平均水平融资，短期来源仅用于为剩余的波动性流动资产提供融资支持。保守型融资策略如图 7 – 3 所示。

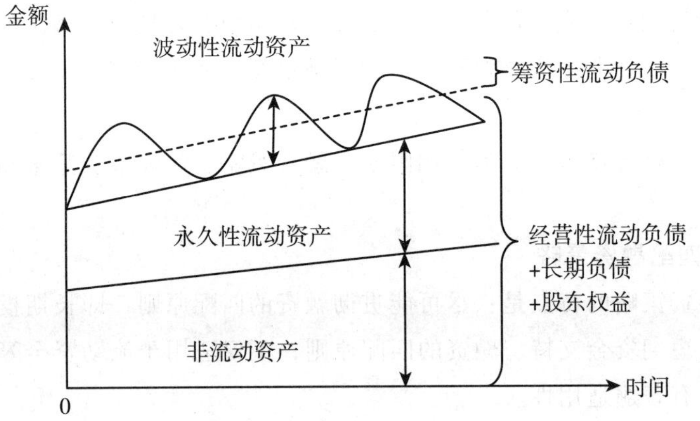

图 7 – 3　保守融资策略

在保守型融资策略下，一方面，由于短期金融负债所占比重较小，所以企业无法偿还到期债务的风险较低，同时蒙受短期利率变动损失的风险也较低。然而，另一方面，却会因长期负债资本成本高于短期金融负债的资本成本，以及经营淡季时资金有剩余但仍需负担长期负债利息，从而降低企业的收益。所以，保守型融资策略是一种风险和收益均较低的营运资金筹资策略。

（三）激进融资策略

在激进融资策略中，筹资性流动负债不但融通波动性流动资产的资金需要，还解决部分永久性流动资产的资金需要。极端激进的筹资政策是全部永久性流动资产都采用短期借款。该筹资政策如图 7 – 4 所示。

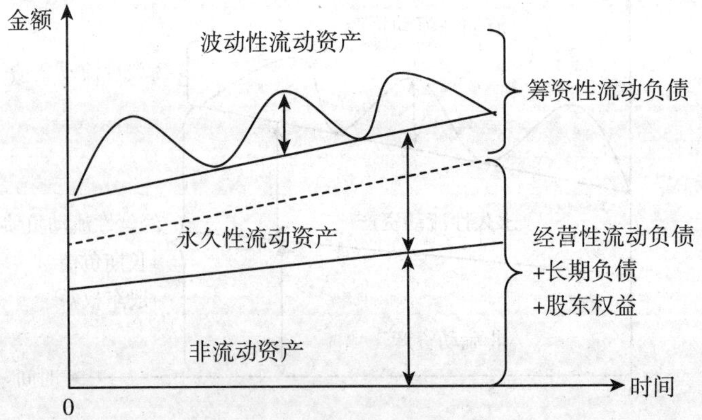

图 7 – 4　激进融资策略

在激进融资策略下，一方面，由于筹资性流动负债的资本成本一般低于长期负债和权益资金的资本成本，而激进型筹资策略下筹资性流动负债所占比重较大，所以该政策下企业的资本成本较低。但是另一方面，为了满足长期性资产的长期资金需要，企业必然要在筹资性流动负债到期后重新举债或申请债务展期，这样企业便会更经常地举债和还债，从而加大筹资困难和风险；不仅如此，还可能会导致由于短期负债利率的变动而增加企业资本成本的风险。所以，激进融资策略是一种收益性和风险性均较高的营运资本融资策略。

第二节　现金管理

本节所讲的现金是指企业的货币资产，包括库存现金、存入银行及其他金融机构并可随时用于支付的款项、其他货币性资产和现金等价物等。现金是企业流动资产中流动性最强的资产，企业在生产经营过程中必须持有一定数量的现金以保证其支付能力，稳定生产经营，降低财务风险，增加偿债能力。但是持有现金过多，会使企业的收益降低，现金不能直接为企业赚取收益，因此企业必须加强现金管理，尽量减少现金闲置数量，提高现金利用率。

一、现金管理的目的与内容

现金由于其本身的交换功能，能被大众广泛接受，可立即用来购买商品、支付劳务和偿还债务，但企业持有现金的原因还有很多。

（一）持有现金的动机

企业持有现金的原因主要包括交易性需求、预防性需求、投机性需求。

（1）交易性需求。它是指企业为了满足日常生产经营活动中的各种支付需要而持有现金。企业在生产经营活动中，购买原材料、支付运杂费、发放工资、交纳税款、派发现金股利等都必须用现金支付。由于企业每天的现金收入与支出在时间和数量上，通常存在一定的差异，因此，企业必须持有一定数量的现金，才能应付日常各项支出，保证生产经营活动稳定进行。

（2）预防性需求。它是指企业为应付意外事件而必须保持一定数量的现金的需要。现在企业所面临的市场环境和经济活动日趋复杂，对未来现金的需要量有很大的不确定性。比如价格变化、销售不畅、应收账款不能按时回收以及地震、水灾等意外事件的发生，都会影响企业的现金收支计划，使现金收支出现不平衡。因此，为了保证未来意外事件的现金支付需要，也为了保证未来生产经营活动能顺利进行，企业必须持有比日常支付所需现金更多的现金余额。

（3）投机性需求。它是指企业持有一定数量的现金以备满足某种投机行为的现金需要。投机的动机不尽相同，如当证券市场出现剧烈动荡时，可利用手头持有的现金抢购有价证券以取得巨大收益；当市场上可能出现的良好的投资机会，如在某些商品、原材料和其他资产价格回落的季节，可用手头持有的现金大量收购，此时只有持有大量的现金，才能抓住这转瞬即逝的机会。

由于各种需要所需现金可以调节使用，企业持有现金总额并不等于各种需要所需现金余额的简单相加，前者通常小于后者。另外，上述各种需要所需现金，并不要求必须是货币形态，也可以是能够随时变现的有价证券以及能够随时融入现金的其他各种存在形态。

（二）现金管理的目的

一般而言，流动性越强的资产，其收益性相对越差。现金这一资产的特点就是流动性好，但营利能力差。如果为了保证企业的支付能力而储备大量的现金，由于库存现金不能给企业带来收益，而银行存款的利息率也远低于企业的资金利润率，从而会降低企业的获利能力；另一方面，如果企业的现金储备量太小，又可能造成现金短缺，从而影响到企业的生产经营活动，或者丧失投机的机会。这样，企业便面临现金不足和现金过量两方面的问题。企业对现金管理的目的，就是要在资产的流动性和盈利性之间作出选择，以获取最大的长期利益。更进一步说，就是将现金持有量降至最低限度，并使之能获得最大的经济效益。

（三）现金管理的内容

现金管理的主要内容包括：编制现金收支计划，以便合理估计未来的现金需求；对日常的现金收支进行控制，力求加速收款，延缓付款；用特定的方法确定最佳现金余额，当企业实际的现金余额与最佳现金余额不一致时，采用短期筹资策略或采用归还借款和投资于有价证券等策略来达到理想状况。现金管理的内容如图 7－5 所示。

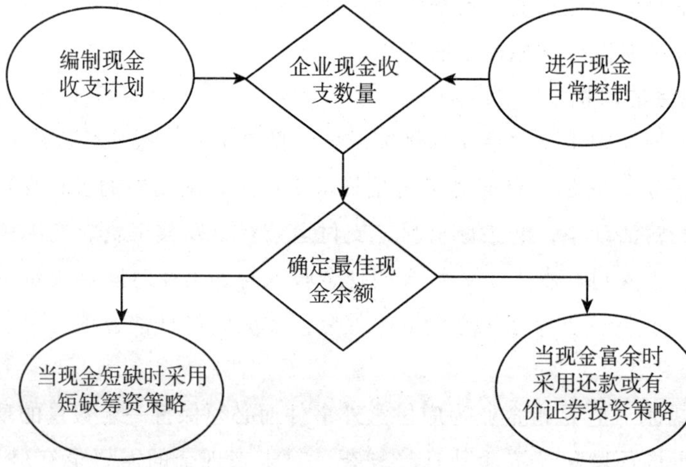

图 7－5　现金管理的内容

二、最佳现金持有量确定

如何确定最佳现金余额是现金管理的核心内容。下面介绍几种确定最佳现金持有量的方法。

（一）成本模型

成本模型是通过分析持有现金的成本，寻找持有成本最低的现金持有量。

企业持有现金，将会有三种成本：

1. 机会成本

现金的机会成本，是指企业因持有一定现金余额丧失的再投资收益。再投资收益是企业不能同时用该现金进行有价证券投资所产生的机会成本，这种成本在数额上等于资金成本。例如，某企业的资本成本为6%，年均持有现金 100 万元，则该企业每年持有现金的机会成本为 6 万元（100×6%）。放弃的再投资收益即机会成本属于变动成本，它与现金持有量的多少密切相关，即现金持有量越大，机会成本越大，反之就越小。

2. 管理成本

现金的管理成本，是指企业因持有一定数量的现金而发生的管理费用。例如管理人员工资、安全措施费用等。一般认为这是一种固定成本，这种固定成本在一定范围内和现金持有量之间没有明显的比例关系。

3. 短缺成本

现金短缺成本是指在现金持有量不足，又无法及时通过有价证券变现加以补充所给企业造成的损失，包括直接损失与间接损失。现金的短缺成本随现金持有量的增加而下降，随现金持有量的减少而上升，即与现金持有量负相关。

成本分析模式是根据现金相关成本，分析预测其总成本最低时现金持有量的一种方法。其计算公式为：

最佳现金持有量下的现金相关成本 = min(管理成本 + 机会成本 + 短缺成本)

其中，管理成本属于固定成本，机会成本是正相关成本，短缺成本是负相关成本。因此，成本分析模式是要找到机会成本、管理成本和短缺成本所组成的总成本曲线中最低点所对应的现金持有量，把它作为最佳现金持有量。可用图 7－6 表示。

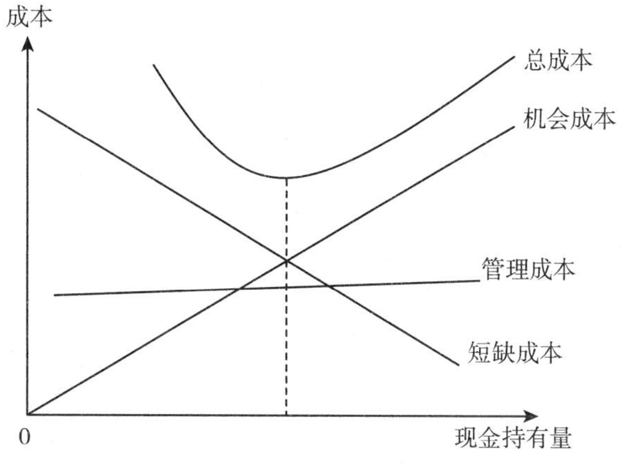

图 7－6　成本模型的现金成本

运用成本分析模式确定最佳现金持有量的步骤如下：

（1）根据不同现金持有量测算并确定有关成本数值；

（2）按照不同现金持有量及有关成本资料编制最佳现金持有量测算表；

（3）根据现金持有量测算表，选取机会成本和短缺成本之和最小的现金持有量，就是最佳现金持有量。

【例7－1】 蓝天公司现有甲、乙、丙、丁四种现金持有方案，有关成本资料如表7－1所示。

表7－1　　蓝天公司现金持有量备选方案　　单位：万元

项目	甲	乙	丙	丁
现金持有量	2 000	3 000	4 000	5 000
机会成本率	10%	10%	10%	10%
短缺成本/万元	420	260	80	0

根据表7－1编制公司最佳现金持有量测算表，如表7－2所示。

表7－2　　最佳现金持有量测算表　　单位：万元

项目	甲	乙	丙	丁
现金持有量	2 000	3 000	4 000	5 000
机会成本	200	300	400	500
短缺成本	420	260	80	0
总成本	620	560	480	500

通过比较可知，丙方案的总成本最低，因此4 000万元即为最佳现金持有量。

（二）存货模型

从上面的分析中我们已经知道，企业平时持有较多的现金，会降低现金的短缺成本，但也会增加现金占用的机会成本；而平时持有较少的现金，则会增加现金的短缺成本，却能减少现金占用的机会成本。如果企业平时只持有较少的现金，在有现金需要时（如手头的现金用尽），通过出售有价证券换回现金（或从银行借入现金），便能既满足现金的需要，避免短缺成本，又能减少机会成本。因此，适当的现金与有价证券之间的转换，是企业提高资金使用效率的有效途径。具体持有的现金数量，与企业奉行的营运资金政策有关。采用宽松的流动资产投资策略，保留较多的现金则转换次数较少；采用紧缩的流动资产投资策略，保留较少的现金则转换次数较多。因此，如何确定有价证券与现金的每次转换量，是一个需要研究的问题。这可以应用现金持有量的存货模式解决。

企业每次以有价证券转换回现金是要付出代价的（如支付经纪费用），这被称为现金的交易成本。现金的交易成本与现金转换次数、每次的转换量有关。假定现金每次的交易成本是固定的，在企业一定时期现金使用量确定的前提下，每次以有价证券转换回现金的金额越大，企业平时持有的现金量便越高，转换的次数便越少，现金的机会成本越高，现金的交易成本就越低；反之，每次转换回现金的金额越低，企业平时持有的现金量便越低，转换的次数会越多，现金的机会成本越低，现金的交易成本越高。因此，现金机会成本与持有量成正比，现金交易成本与持有量成反比。在图 7－7 中，现金的机会成本和交易成本是两条随现金持有量呈不同方向发展的曲线，两条曲线交点对应的现金持有量，即为总成本最低的现金持有量。

运用存货模式确定最佳现金持有量时，要做以下假设：企业所需现金可以通过证券变现取得，且证券变现的不确定性很小；企业预算期内现金需要量可以预测；现金的支出过程比较稳定，当现金余额降至零时，均可通过部分证券变现得到补充；证券的报酬率以及每次固定性交易费用可以获悉。如果这些基本条件得到满足，企业就可以用存货模式来确定现金的最佳持有量。

假设：T——一定期间的现金需求量；

C——现金最佳持有量；

K——持有现金的机会成本率（有价证券的利息率）；

F——每次出售有价证券以补充现金所需的交易成本；

TC——现金管理相关总成本。

则总成本 TC 的计算公式为：

$$TC = K \times \frac{C}{2} + F \times \frac{T}{C} \qquad (7-1)$$

即：现金管理相关总成本 = 机会成本 + 交易成本

现金管理相关总成本与持有机会成本、交易成本的关系如图 7－7 所示。

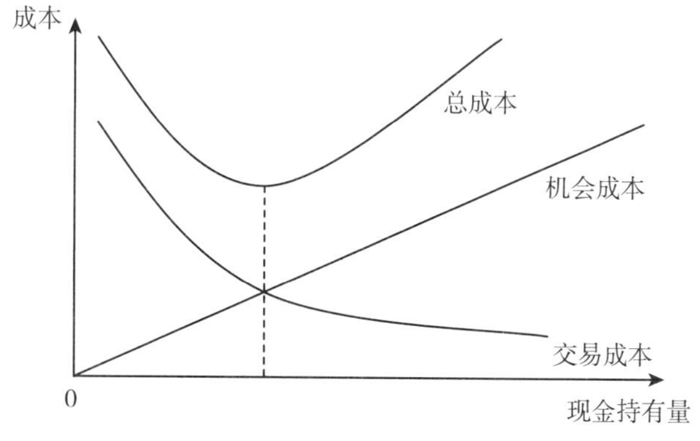

图 7－7 存货模型的现金成本

从图 7－7 可以看出，持有现金的机会成本与证券变现的交易成本相等时，现金管理的相关总成本最低，此时的现金持有量为最佳现金持有量。即：

$$C = \sqrt{2T \times \frac{F}{K}} \qquad (7-2)$$

此时，现金管理总成本为：

$$TC = \sqrt{2T \times F \times K} \tag{7-3}$$

【例 7-2】 蓝天公司现金收支平稳，预计全年（360 天计算）现金总需求为 100 000 元，现金与有价证券交易成本每次为 200 元，有价证券利率为 10%，则该企业的最佳现金持有量为：

$$C = \sqrt{\frac{2TF}{K}} = \sqrt{\frac{2 \times 100\ 000 \times 200}{10\%}} = 20\ 000(\text{元})$$

$$TC = \sqrt{2TFK} = \sqrt{2 \times 100\ 000 \times 200 \times 10\%} = 2\ 000(\text{元})$$

该企业现金最佳持有量 20 000 元，每年将有价证券转换为现金的次数为：

$$100\ 000 \div 20\ 000 = 5(\text{次})$$

现金持有量的存货模式是一种简单、直观的确定最佳现金持有量的方法；但它也有缺点，主要是假定现金的流出量稳定不变，实际上这种情况很少出现。相比而言，那些适用于现金流量不确定的控制最佳现金持有量的方法，就显得更具有普遍应用性。

（三）随机模型

随机模式是在现金需求量难以预知的情况下进行现金持有量控制的方法。对企业来讲，现金需求量往往波动大且难以预知，但企业可以根据历史经验和现实需要，测算出一个现金持有量的控制范围，即制定出现金持有量的上限和下限，将现金量控制在上下限之内。当现金量达到控制上限时，用现金购入有价证券，使现金持有量下降；当现金量降到控制下限时，则抛售有价证券换回现金，使现金持有量回升。若现金量在控制的上下限之内，便不必进行现金与有价证券的转换，保持它们各自的现有存量。这种对现金持有量的控制，如图 7-8 所示。

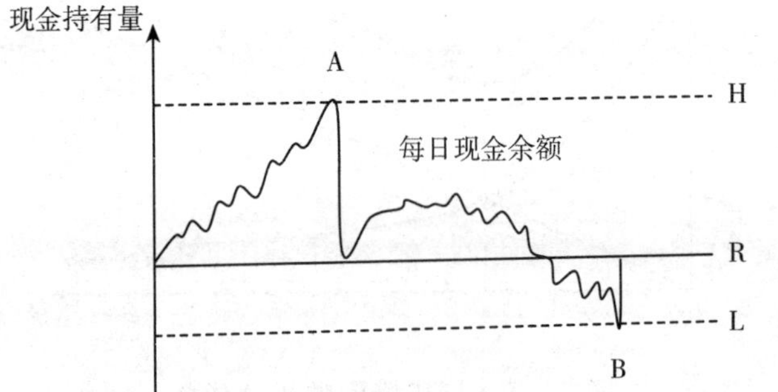

图 7-8　现金持有量的随机模式图

在图 7-8 中，虚线 H 为现金存量的上限，虚线 L 为现金存量的下限，实线 R 为最优现金返回线。从图 7-8 中可以看到，企业的现金存量（表现为现金每日余额）是随机波动的，当其达到 A 点时，即达到了现金控制的上限，企业应用现金购买有价证券，使现金持有量回落到现金返回线（R 线）的水平；当现金存量降至 B 点时，即达到了现金控制的下限，企业则应转让有价证券换回现金，使其存量回升至现金返回线的水平。现金存量在上下限之间的波动属控制范围内的变化，是合理的，不予理会。以上关系中的上限 H、现金返回线 R 可按下列公式计算：

$$R = \sqrt[3]{\frac{3b\delta^2}{4i}} + L \quad (7-4)$$

$$H = 3R - 2L \quad (7-5)$$

式中：b——每次有价证券的固定转换成本；

i——有价证券的日利息率；

δ——预期每日现金余额波动的标准差（可根据历史资料测算）

而下限 L 的确定，则要受到企业每日的最低现金需要、管理人员的风险承受倾向等因素的影响。

【例 7－3】假定蓝天公司有价证券的年利率为 9%，每次固定转换成本为 50 元，公司认为任何时候其银行活期存款及现金余额均不能低于 5 000 元，又根据以往经验测算出现金余额波动的标准差为 800 元。最优现金返回线 R、现金控制上限 H 的计算为：

$$\text{有价证券日利率} = 9\% \div 360 = 0.025\%$$

$$R = \sqrt[3]{\frac{3b\delta^2}{4i}} + L = \sqrt[3]{\frac{3 \times 50 \times 800^2}{4 \times 0.025\%}} + 5\,000 = 9\,579(\text{元})$$

$$H = 3R - 2L = 3 \times 9\,579 - 2 \times 5\,000 = 28\,737 - 10\,000 = 18\,737(\text{元})$$

这样，当蓝天公司的现金余额达到 18 737 元时，应以 9 158 元（18 737 －9 579）的现金去投资于有价证券，使现金持有量回落为 9 579 元；当蓝天公司的现金余额降至 5 000 元时，则应转让 4 579 元（9 579 －5 000）的有价证券，使现金持有量回升至 9 579 元。

随机模式建立在企业的现金未来需求总量和收支不可预测的前提下，因此计算出来的现金持有量比较保守。

三、现金日常管理

（一）现金周转期

现金周转模式是从现金周转的角度出发，根据现金的周转速度来确定最佳现金持有量的方法。现金周转速度取决于现金周转期，而现金周转期包括以下三个方面的内容。

（1）存货周转期，即将原材料转化为产成品，直至出售所需的时间。或者对于商品流通企业来说，就是从购进商品到商品全部出售所需的时间。

（2）应收账款周转期，即出售商品到收回现金所需的时间。

（3）应付账款周转期，是指从收到材料尚未付款开始到现金付款之间所用的时间。对商品流通企业来说，就是与供应商的结账期。

上述三个方面的内容与现金周转期的关系可以用图 7－9 表示。从图中可以看出：

现金周转期＝存货周转期＋应收账款周转期－应付账款周转期

在实际工作中，考核现金管理水平高低的主要指标是现金周转率。所谓现金周转率是指现金在一年中的周转次数。

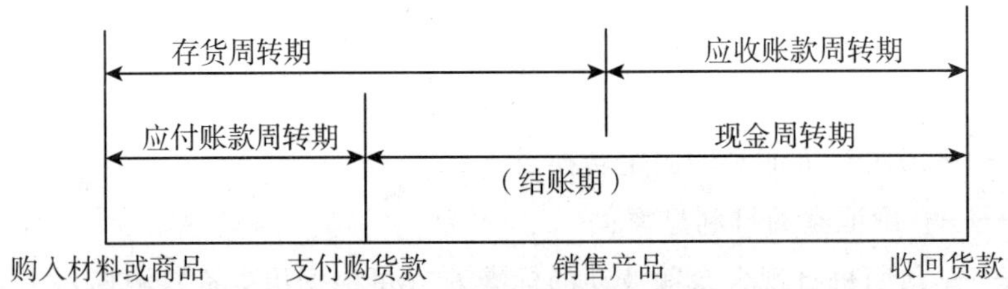

图 7－9　现金周转示意图

现金周转率（次数）＝全年天数（360 天）÷现金周转期（天数）　　（7－6）

现金周转期越短，现金周转率越高，说明现金周转速度快，使用效率高，占用量越小。

在计算确定现金周转期及周转率之后就可以确定最佳现金持有量。其计算公式为：

最佳现金持有量＝预计年现金需求量÷现金周转率　　（7－7）

（注：预计年现金需求量根据现金预算表可以得知）

【例 7－4】 蓝天公司预计年需用现金 1 600 万元，预计的存货周转期为 100 天，应收账款周转期为 50 天，应付账款周转期为 60 天，求该企业的最佳现金持有量。

现金周转期＝100＋50－60＝90（天）

现金周转率＝360÷90＝4（次）

最佳现金持有量＝1 600÷4＝400（万元）

用现金周转模式来确定现金最佳持有量，通俗易懂，计算简便。但它是以材料采购与产品销售所产生的现金流量在数量上大体一致、企业的生产经营过程在一年中平稳进行为前提条件的。如果这种假设条件不存在，计算出来的最佳现金持有量将会出现偏差。

在实际工作中，这种确定方法常被商品流通企业应用，在商品流通企业中其商品购进与销售所产生的现金流量在数量上大体一致，除春节这一特殊时间段外，一年中其他 11 个月的运营都相对平稳。

（二）现金管理办法

现金管理的目的在于提高现金使用效率，为达到这一目的，可运用以下方法。

1. 做好现金预算，力争现金流入与现金流出同步进行

公司的现金流入与现金流出一般来说是很难准确预测的，为了应付这种不确定性可能带来的问题，公司往往需要保留比最佳现金持有量多的现金余额。为了尽量减少公司持有

现金带来的成本增加和盈利减少，公司财务人员需要提高预测和管理能力，使现金流入和流出合理配合，实现同步化的理想效果。如果企业能使现金流入与现金流出发生的时间同步，可以使其所持有的现金余额降至最低水平，以提高公司的盈利水平。

2. 充分利用浮游现金

从企业开出支票，受票人收到支票并存入银行，银行将款项划出企业账户，中间需要经历一段时间，在这段时间占用的现金称为浮游现金。在这段时间，尽管企业已经开出支票，但仍可以使用活期账户内的这笔资金。需要注意的是，企业在使用这笔资金时，要控制好使用时间，避免发生银行存款透支而形成空头支票。

3. 加速资金回收

主要指缩短应收账款的时间。应收账款会增加企业资金的占用，但它可以扩大企业的销售规模，在企业的生产经营中又是必要的。关键在于如何利用应收账款既吸引顾客又缩短收款时间，找到两者的平衡点，实施妥善的收账政策。

4. 合理利用信用条件，控制应付账款的周转期

推迟应付款的支付，必须是在不影响自身信誉的前提下进行，尽可能地推迟应付款的支付期，充分运用销货方所提供的信用条件。如果企业急需现金，甚至可以放弃销货方的折扣优惠，在信用期的最后一天付款。

（三）现金管理的基本规定

企业在管好用好现金的同时，还必须遵守以下基本规定。

（1）在规定范围内使用现金。这里的现金，是指人民币现钞，即企业用现钞从事交易，只能在一定范围内进行。该范围包括：支付职工现金、津贴，支付个人劳务报酬，根据国家规定颁发给个人的科学技术、文化艺术、体育等各种奖金，支付各种劳保、福利费用以及国家规定的对个人的其他支出，向个人收购农副产品和其他物资的价款，出差人员必须随身携带的差旅费，在结算起点（1 000 元）以下的零星支出，中国人民银行确定需要支付现金的其他支出。

（2）合理安排库存现金限额。企业库存现钞，由其开户银行根据企业的实际需要核定限额，一般以 3 ~5 天的零星开支额为限。

（3）不得坐支现金。企业不得从本单位的人民币现钞收入中直接支付交易款，现钞收入应于当日终了送存开户银行。

（4）不得出租、出借银行账户。

（5）不得签发空头支票和远期支票。

（6）不得套取银行信用。

（7）不得保存账外公款，包括不得将公款以个人名义存入银行和保存账外现钞等各种形式的账外公款。

由于现金是用于交换和流通的手段，最容易被挪用和侵吞，所以企业除了对现金的使用要遵守国家的规定外，还必须建立一整套完善而严密的管理制度，以确保现金的安全与完整。

对于库存现金，应建立由专人管理现金的制度，即出纳岗位责任制，出纳和会计不能由一人兼任，管钱的不管账，管账的不管钱，实行内部牵制；建立健全的现金账目，逐笔序时登记，保证日清月结，账款相符，以确保钱款安全。

对于银行存款，要按期进行清查，保证银行存款安全完整；若存款结余过多，在一定时期内闲置，可转为定期存款，也可投于股票、债券；必须与银行保持良好关系，使企业的借款、还款和转账都能顺利进行。

第三节　应收账款管理

应收账款是指企业因销售产品、材料或提供劳务等应向购货单位或接受劳务单位收取的款项。随着市场经济的发展，商业信用的扩张，应收账款数额明显增多，在公司流动资产中所占比例也越来越大。加强应收账款管理的目的，就是要在应收账款信用政策变化所增加的盈利和相应增加的成本之间作出权衡，只有当改变信用政策增加的盈利超过增加的成本时，信用政策的改变才是可行的。

一、应收账款的功能与成本

（一）应收账款的功能

应收账款在企业生产经营活动中所具有的作用叫做应收账款的功能。概括起来，应收账款主要有以下两大功能。

（1）增加销售。企业销售产品可以是现销也可以是赊销。在赊销方式下，企业在销售商品的同时，向买方提供了可以在一定时期无偿使用的资金，即商业信用资金，其数额等同于商品的售价，这对于购买方而言具有极大的吸引力。因此，赊销无疑是一种非常有效的促销手段。企业在产品销售不畅、市场萎缩、竞争不利的情况下，或者在销售新产品、开拓新市场时，为适应竞争的需要，适时采取各种有效地赊销方式，就尤为必要。

（2）减少存货。赊销可以加速产品销售，加快产成品向销售收入地转化速度，从而对降低存货中的产成品数量有着积极的影响。这有利于缩短产成品的库存时间，降低产成品存货的管理费用、仓储费用和保险费用等各方面的支出。因此，当存货较多时，企业可以采用较为优惠的信用条件进行赊销，尽快地实现销售，将持有产成品存货转化为持有应收账款，以节约各项存货管理上的支出。

（二）应收账款的成本

企业采取赊销方式快速实现销售，同时持有应收账款就要付出一定的代价，这种代价就是应收账款的成本，具体表现在以下三个方面。

1. 机会成本

应收账款的机会成本是指企业因资金投放在应收账款上而放弃的其他投资收益，例如投资债券获得利息收入。其计算公式如下：

(1) 应收账款平均余额 = 日销售额 × 平均收现期　　(7-8)

(2) 应收账款占用资金 = 应收账款平均余额 × 变动成本率　　(7-9)

(3) 应收账款占用资金的应计利息（即机会成本）

= 应收账款占用资金 × 资本成本

= 应收账款平均余额 × 变动成本率 × 资本成本

= 日销售额 × 平均收现期 × 变动成本率 × 资本成本　　(7-10)

= 全年销售额 ÷ 360 × 平均收现期 × 变动成本率 × 资本成本

= 全年销售额 × 变动成本率 ÷ 360 × 平均收现期 × 资本成本

= 全年变动成本 ÷ 360 × 平均收现期 × 资本成本

式（7-10）中：平均收现期是指各种收现期的加权平均数

2. 管理成本

应收账款管理成本是指企业对应收账款进行日常管理的所发生的一切开支，具体包括：对顾客进行信用调查的费用、收集各种信息的费用、账簿的记录费用，收账费用、数据处理成本、相关管理人员成本和从第三方购买信用信息的成本等。

3. 坏账成本

在赊销交易中，债务人由于种种原因无力偿还债务，债权人就有可能因无法收回应收账款而发生损失，这种损失就是坏账成本。一般情况下坏账损失与应收账款发生额成正比，而且不同行业其坏账平均损失率也有差别。对于应收账款而言，最大的风险就是坏账损失，为规避坏账成本给企业正常经营活动的稳定性带来的不利影响，企业应合理提取坏账准备，尽量防范发生坏账。

坏账成本一般用下列公式测算：

应收账款的坏账成本 = 赊销额 × 预计坏账损失率　　(7-11)

二、信用政策

应收账款管理的主要内容就是制订合理的应收账款信用政策，它是企业财务政策的一个重要组成部分，它是企业对应收账款进行规划和控制而确立的基本原则与行为规范。应收账款的信用政策主要包括信用标准、信用条件和收账政策。

（一）信用标准

信用标准是指信用申请者获得企业提供信用所必须达到的最低信用水平，通常以预计坏账损失率作为判别标准。这是一个反指标，预计坏账损失率低于企业所确定的信用标准的客户可以享受企业提供的赊销政策；反之，预计坏账损失率高于企业所确定的信用标准的客户不能享受企业的赊销政策。

企业制定的信用标准过于严格，只对信誉很好、预计会发生坏账损失可能性较低的顾客提供赊销，可以减少企业的坏账损失和应收账款的机会成本。但这种过于严格的信用标准不利于扩大销售量甚至会减少销售量；与此相反，如果放宽企业的信用标准，销售量就能增加，但同时会促使坏账损失和应收账款的机会成本增加。因此，企业应根据具体情况权衡利弊，制定合理的信用标准，使企业应收账款额度保持在适当的水平，同时又能实现获得较大经济利益的目的。

1. 信用的定性分析

调查客户信用是企业应收账款管理工作的基础工作，也是正确评价客户信用的前提，信用调查的方法大体上可以分为直接调查和间接调查两类。

直接调查是指调查人员直接与被调查单位接触，通过当面采访、询问、观看、记录等方式获取信用资料的一种方法。直接调查能保证搜集的资料的准确性和及时性，但若不能得到被调查单位的合作，则会使调查资料不完整。

间接调查是以被调查单位以及其他单位保存的有关记录和核算资料为基础，通过加工整理获得被调查单位信用资料的一种方法。这些资料主要来自以下几个方面：证券交易所网站、巨潮资讯网站、国泰安数据库、信用评估机构、银行、税务部门、消费者协会等。

运用以上方法获得客户信用资料后，对客户的信用状况进行合理的评价，以给予其合适的信用标准额度。客户资信程度的高低通常取决于五个方面，即客户的品德、能力、资本、担保品和条件，简称“5C”评价法。

（1）品德（character）。指顾客的信誉，即履行偿债义务的可能性。这是评价顾客信用品质的首要因素。企业应了解顾客以往付款的情况，判断顾客如期付款的可能性。顾客是否愿意尽最大的努力来归还欠款，直接决定着账款的回收速度和数量。

（2）能力（capacity）。指顾客偿还欠款的能力，这主要依据顾客的经营规模和财务状况来判断。

（3）资本（capital）。指顾客的财务实力和财务状况，根据有关的财务比率来分析顾客的获利能力和偿债的可能性。

（4）抵押（collateral）。指顾客为获得信用可能用作担保的资产，这对于不明底细及信誉较差的顾客来讲尤为重要，如果顾客有资产作抵押，则收回货款就有了保障。

（5）条件（conditions）。指影响申请者还款能力和还款意愿的经济环境。

通过对客户进行以上五个方面的分析，可以基本判断顾客的信用状况，为最后决定是否提供商业信用做好准备。

2. 信用的定量分析

进行商业信用的定量分析可以从考察信用申请人的财务报表开始。通常使用比率分析法评价顾客的财务状况。常用的指标有：短期偿债能力比率（如流动比率、速动比率以及现金比率）、长期偿债能力比率（利息保障倍数、资产负债率）和盈利能力比率（销售净利率、总资产净利率和权益净利率）。

将这些指标和信用评级机构及其他协会发布的行业标准进行比较，可以观察申请人的信用状况。

（二）信用条件

信用条件是销货企业要求赊购客户支付货款的条件，由信用期间、现金折扣和折扣期限三个要素组成。

1. 信用期间

信用期限是指企业允许客户从购货到支付货款的时间间隔，或者说是企业给予顾客的付款期间，一般简称为信用期。

信用期的确定，主要是分析改变现行信用期对收入和成本的影响。延长信用期，会使销售额增加，产生有利影响；与此同时，应收账款、收账费用和坏账损失增加，会产生不利影响。当前者大于后者时，可以延长信用期，否则不宜延长。如果缩短信用期，情况与此相反。

【例7－5】 蓝天公司现在采用30天按发票金额付款的信用政策，拟将信用期放宽至60天，仍按发票金额付款，不考虑现金折扣。假设等风险投资的必要报酬率为15%，其他有关的数据如表7－3所示。

表7－3　　蓝天公司信用期放宽的有关资料表

信用期项目	30天	60天
销售量（件）	100 000	120 000
销售收入（元）（单价5元）	500 000	600 000
销售成本：		
变动成本（元）（每件4元）	400 000	480 000
固定成本（元）	50 000	50 000
毛利（元）	50 000	70 000
可能发生的收账费用（元）	3 000	4 000
可能发生的坏账损失（元）	5 000	9 000

在分析时，先计算放宽信用期得到的收益，然后计算增加的成本，最后根据两者比较结果做出判断。

（1）收益的增加：

$$\text{收益的增加} = \text{销售量的增加} \times \text{单位边际贡献}$$
$$= (120\ 000 - 100\ 000) \times (5-4) = 20\ 000(\text{元})$$

（2）应收账款占用资金的应计利息增加：

$$\text{应收账款应计利息} = \text{应收账款占用资金} \times \text{资本成本}$$
$$\text{应收账款占用资金} = \text{应收账款平均余额} \times \text{变动成本率}$$
$$\text{应收账款平均余额} = \text{日销售额} \times \text{平均收现期}$$

$$30\text{天信用期应计利息} = \frac{500\ 000}{360} \times 30 \times \frac{400\ 000}{500\ 000} \times 15\% = 5\ 000(\text{元})$$

$$60天信用期应计利息=\frac{600\ 000}{360}\times 60\times\frac{480\ 000}{600\ 000}\times 15\%=12\ 000(元)$$

$$应计利息增加=12\ 000-5\ 000=7\ 000(元)$$

（3）收账费用和坏账损失增加：

$$收账费用增加=4\ 000-3\ 000=1\ 000(元)$$

$$坏账损失增加=9\ 000-5\ 000=4\ 000(元)$$

（4）改变信用期的税前损益：

$$收益增加-成本费用增加=20\ 000-(7\ 000+1\ 000+4\ 000)=8\ 000(元)$$

由于收益的增加大于成本的增加，故应采用60天的信用期。

上述信用期分析的方法是比较简略的，可以满足一般制定信用政策的需要。如果有必要，可以进行更加细致的分析，如进一步考虑销售增加引起存货增加而多占用的资金，等等。

【例7-6】续例7-5资料，现假定信用期由30天改为60天，由于销售量的增加，平均存货水平将从9 000件上升到20 000件，每件存货成本按变动成本4元计算，其他情况不变。

由于增加了新的存货增加因素，需要在原来分析的基础上，再考虑存货增加而多占用资金所带来的影响，重新计算放宽信用的损益。

$$存货增加而多占用资金的利息=(20\ 000-9\ 000)\times 4\times 15\%=6\ 600(元)$$

$$改变信用期的税前收益=8\ 000-6\ 600=1\ 400(元)$$

因为仍然可以获得税前收益，所以尽管放宽信用期将增加平均存货，还是应该采用60天的信用期。

更进一步地细致分析，还应该考虑存货增加引起的应付账款的增加。这种负债的增加会节约企业的营运资金，减少营运资金的“应计利息”。

因此，信用期变动的分析，一方面要考虑对利润表的影响（如收入、成本和费用）；另一方面要考虑对资产负债表的影响（包括应收账款、存货、应付账款），并且要将对资金占用的影响用“资本成本”加以量化，以便进行统一比较。

2. 折扣条件

折扣条件包括现金折扣和折扣期限两个方面。

现金折扣是企业对顾客在商品价格上所做的扣减。向顾客提供这种价格上的优惠，主要目的在于吸引顾客为享受优惠而提前付款，缩短企业的平均收款期。另外，现金折扣也能招揽一些视折扣为减价出售的顾客前来购货，借此扩大销售量。折扣的表示常采用如“2/10，1/20，n/45”这一信用条件的含义是：客户如在发票开出后的10日内付款可以享受2%的现金折扣，即只需支付原价的98%，如原价为10 000元，只支付9 800元；在第11天到第20天内付款可以享受1%的现金折扣，即只需支付原价的99%，若原价为

10 000 元，只支付 9 900 元；如果放弃折扣优惠，则全部款项在 45 天内付清，此时付款无优惠。其中，45 天为信用期限，10 天、20 天为折扣期限，2% 和 1% 为现金折扣率。

折扣期限是指规定顾客可享受现金折扣的付款时间。延长信用期限会增加应收账款占用时间和金额，企业为加速资金周转，尽快收回货款，减少坏账损失，一般在延长信用期限的同时，采取一定的优惠政策，即在规定的时间内提前偿付货款的客户可按销售收入的一定比率享受折扣。如上例，“2/10，1/20，n/45”表示客户如在 10 天内付款可以享受 2% 的现金折扣。

不论是现金折扣还是折扣期限，都可能给企业带来收益，但也会增加成本。现金折扣带给企业的好处前面已经讲过，它使企业增加的成本，则指的是价格折扣损失。当企业给予顾客某种现金折扣时，应当考虑折扣所能带来的收益与成本孰高孰低，权衡利弊，做出选择。

关于现金折扣和折扣期限的选择，和信用期间的分析思路类似，但是需要把现金折扣和对应的折扣期限结合起来，考虑各方案的延期与折扣能取得多大的收益增量，再计算各方案带来的成本变化，最终确定最佳方案。

【例 7-7】续【例 7-5】资料，假定该公司在放宽信用期的同时，为了吸引顾客尽早付款，提出了 0.8/30、n/60 的现金折扣条件，估计会有一半的顾客（按 60 天信用期所能实现的销售量计）将享受现金折扣优惠。

（1）收益的增加：

收益的增加 = 销售量的增加 × 单位边际贡献

$= (120\ 000 - 100\ 000) \times (5-4) = 20\ 000$（元）

（2）应收账款占用资金的应计利息增加：

$30\text{天信用期应计利息} = \dfrac{500\ 000}{360} \times 30 \times \dfrac{400\ 000}{500\ 000} \times 15\% = 5\ 000$（元）

平均收现期 $= 30 \times 50\% + 60 \times 50\% = 45$ 天

提供现金折扣的应计利息 $= (600\ 000 \div 360) \times 45 \times 80\% \times 15\% = 9\ 000$（元）

应计利息增加 $= 9\ 000 - 5\ 000 = 4\ 000$（元）

（3）收账费用和坏账损失增加：

收账费用增加 $= 4\ 000 - 3\ 000 = 1\ 000$（元）

坏账损失增加 $= 9\ 000 - 5\ 000 = 4\ 000$（元）

（4）估计现金折扣成本的变化：

现金折扣成本增加 = 新的销售水平 × 新的现金折扣率 × 享受现金折扣的顾客比例 − 旧的销售水平 × 旧的现金折扣率 × 享受现金折扣的顾客比例

$= 600\ 000 \times 0.8\% \times 50\% - 500\ 000 \times 0 \times 0$

$= 2\ 400$（元）

（5）提供现金折扣后的税前损益：

收益增加 − 成本费用增加 $= 20\ 000 - (4\ 000 + 1\ 000 + 4\ 000 + 2\ 400) = 8\ 600$（元）

由于可获得税前收益，故应当放宽信用期，提供现金折扣。

3. 收账政策

收账政策是指当客户违反信用条件时企业所采取的收账对策与措施。企业在向客户提供商业信用时，必须考虑三个问题：①客户是否会拖欠或拒付货款？其程度如何？②怎样最大限度地防止客户拖欠货款？③一旦货款遭到拖欠甚至拒付，企业应采取怎样的对策？前两个问题主要依靠信用调查和严格的审批制度来解决，第三个问题必须通过制定完善的收账政策、采取有效的措施予以解决。

企业对拖欠的应收账款，不管是采用积极的收账政策还是消极的收账政策，都要付出一定的代价。积极收账，就会增加收账费用，如邮电通讯费、人员差旅费和不得已时的诉讼费等；消极收账，可能会增加应收账款占用的资金，增加坏账损失。企业为扩大销售、增强竞争力，可规定一个拖欠的宽限期。如果收账政策过宽，会导致逾期未付款项的客户增多，拖欠时间过长，对企业不利；收账政策过严，催收过急，又会伤害无意拖欠的客户，影响企业的销售和利润。因此，企业在制定收账政策时，要权衡利弊，掌握好宽严界限，力争用较小的投入获得较大的回报。

三、应收账款的日常管理

（一）应收账款的账龄分析

应收账款账龄分析就是研究应收账款的账龄结构，分析各账龄应收账款的余额占应收账款总余额的比重。对不同拖欠时间的账款及不同信用品质的客户采取不同的收账方法，制定出经济可行的不同收账政策；对可能发生的坏账损失提前作好准备，估计其对企业经营的影响。对尚未逾期的应收账款，也不能放松监督，以防发生新的拖欠。了解应收账款的回收情况，主要通过编制应收账款账龄分析表来实现。

应收账款账龄分析表是在把所有的应收账款按账龄分为几类后，显示每一类的总数额和所占比例的表格。表格中通常按账龄分为 0 ~ 30 天、30 ~ 60 天、60 ~ 90 天和 90 天上以的应收账款，它能够清楚地显示没有收回的应收账款的质量，如表 7 – 4 所示。

表 7 – 4　　蓝天公司应收账款账龄分析表

应收账款账龄	应收账款金额/万元	百分比（%）
未到期	10 000	28
0 ~ 30 天	10 000	28
30 天 ~ 60 天	6 000	17
60 天 ~ 90 天	6 000	17
90 天上	4 000	10
合计	36 000	100

表 7－4 显示了蓝天公司的应收账款回收情况，可以将其与公司原制定的信用条件进行对比，分析应收账款收不回来的风险，并制定相应的措施，还可以用来估算企业的坏账损失。

（二）催收应收账款

对于逾期的应收账款，企业一般通过制定相应的收账政策加以控制。严格的收账政策可以使企业尽快收回现金，减少资金占用和坏账成本；但是，严格的收账政策可能使企业付出较多的催款费用，还可能由此影响企业与客户之间的关系。一般来讲，对于逾期较短的客户，不予过多打扰，以免以后失去市场；对于逾期稍长的客户，可写信催款；对于逾期很长的客户，频繁催收，且应措辞严厉。因此，对不同时间的逾期账款应采取不同的收账方法。常用的收账方法有以下几种。

（1）信件。定期向客户寄发账单，要求数据准确无误，当账款过期几天时，以发信方式进行友好提示。如果没有收到付款，可以发出一封至两封甚至更多的信件，措辞可以更为严厉和迫切。

（2）电话。在送出最初的几封信后，给客户打电话，可以和客户进行沟通了解其财务状况。

（3）上门拜访。派人上门催款，由做成此笔业务的销售人员上门拜访，要求付款。

（4）收款机构。将长期无法收回的应收账款委托专门的收账公司或出售。

（5）法律诉讼，这种方法不到最后关头不可使用，容易导致与客户的商业关系破裂。

不同的收账方法都要发生费用，所以收账政策的制定还要在收账费用和所减少的坏账损失之间作出权衡，这一点在很大程度上依靠公司管理人员的经验，也可根据应收账款总成本最小化的原理，通过对各收账方案成本大小的比较，确定收账方法。但收账决策一定要遵循成本收益原则，一旦继续收款的努力所产生的现金流量小于继续收款所追加的成本，则应停止向客户追讨。

（三）建立坏账准备制度

无论企业采取怎样严格的信用制度，只要存在着商业信用，坏账损失的发生总是不可避免的。按照权责发生制和谨慎性原则的要求，企业应对坏账发生的可能性进行预估，并计提相应的坏账准备金。企业会计制度规定，坏账准备的计提方法和计提比例由企业自行确定。一般而言，确定坏账损失的标准主要有：

（1）因债务人破产或死亡，以其破产财产或遗产清偿后，仍不能收回的应收款项；

（2）债务人逾期未履行偿债义务，且有明显特征表明无法收回。

企业的应收账款只要符合上述任何一个条件，均可作为坏账损失处理。但在第二种情况下，并不意味着企业放弃了对该应收账款的索取权。实际上，企业仍然拥有继续收款的法定权利，企业与欠款人之间的债权债务关系不会因为企业已作坏账处理而解除，一旦债务人有了偿债能力，企业就应该积极追讨。

第四节　存货管理

存货是企业在生产经营中为生产或销售而储备的物资。在制造企业，存货通常包括原材料、委托加工材料、包装物、低值易耗品、在产品、产成品等。在企业流动资产中，存货所占比重较大，内容广泛、形式复杂。存货管理水平的高低，对企业财务状况的影响极大。

一、存货管理概述

存货对制造企业等绝大部分企业来说是必需的，企业持有充足的存货，可以节约采购费用与生产时间，有利于企业生产及销售过程的顺利进行，避免因存货不足而带来的损失。然而，持有大量存货，必然占用大量的流动资金，增加企业的持有成本、存货的储存成本和管理费用，影响企业的获利能力。因此，加强存货的规划与控制，确定合理的存货量，在充分发挥存货功能的同时，降低成本，增加收益，是存货管理的基本目标。

（一）存货管理的内容

1. 做好存货资金的规划，降低存货成本

存货资金的规划是企业存货管理的重要内容，它对整个企业财务状况都会有重大的影响。存货过多会增加企业风险或减少利润，而存货过少又会丧失销售机会或导致停工待料。因此，企业要力求避免存货积压，以降低存货成本。

2. 加强存货的日常控制，加速存货周转

加强存货的日常控制，保证存货在品种、数量上都能满足企业生产经营的实际需要，使存货总量、存货品种和数量达到科学合理搭配，从而加速存货周转。

（二）存货的功能

存货的功能是指存货在企业生产经营过程中所具有的作用，主要包括以下几个方面。

（1）保证生产经营的正常进行。适量的原材料存货以及在产品、半成品存货是企业生产经营正常进行的前提。从企业外部来看，供货方由于某种原因，可能推迟或暂停企业所需材料的供应，从而影响企业材料的及时采购、入库和投产。从企业内部来看，拥有适量的存货储备，可以使各环节的生产调度更加合理，不至于因原材料供应或等待半成品而影响生产，从而维持生产的连续性。

（2）适应市场变化。存货储备能增加企业在生产和销售上的机动性以及适应市场变化的能力。企业有了足够的库存产成品，能有效地供应市场，满足顾客的需要。如果某种畅销产品因库存不足，将失去良好的推销时机，甚至会因此失去部分顾客。在通货膨胀时期，储存适量的原材料，可使企业获得物价上涨带来的好处。

（3）降低进货成本。多数企业为扩大销售，往往对购买方提供优惠的商业折扣待遇，企业采取批量集中进货，可获得较多的商业折扣，此外，增加进货数量，可以减少采购次数，降低采购费用支出。只要购货成本的降低额大于因增加存货而导致的储存费用的增加额，批量采购便是可行的。

（4）维持均衡生产。许多产品的市场需求具有季节性，但这些产品的生产并不能完全按市场需求的季节性来安排，否则，会造成生产的不均衡，出现忙时超负荷运转，闲时生产能力得不到充分利用的不良现象。对于生产季节性产品或者材料供应季节性变化较大的企业，在供应季节大批采购存货，可以维持均衡生产，同时也能降低生产成本。

（三）存货成本

持有一定数量的存货，就必然会发生一定的成本支出，这就是存货成本。存货成本主要由以下几项构成。

1. 取得成本

取得成本是指在取得某种存货时所支出的成本。取得成本主要由存货的采购成本和订货成本构成。

（1）订货成本。订货成本是指为订购货物而发生的各种成本，包括采购人员的工资、采购部门的一般性费用（如办公费、水电费、折旧费等）和采购业务费（如差旅费、邮电费、检验费等）。订货成本可以分为两大部分：为维持一定的采购能力而发生的各期金额比较稳定的成本（如折旧费、水电费、办公费等），称为固定订货成本，属于决策无关成本；随订货次数的变动而成比例变动的成本（如差旅费、邮电费、检验费等），称为变动订货成本，属于决策相关成本。

订货成本的计算公式为：

$$\text{订货成本} = F_1 + \frac{D}{Q}K \tag{7-12}$$

其中，F_1表示固定订货成本，D 表示存货年需要量，Q 表示每次进货量，K 表示每次订货的变动成本。

（2）购置成本。购置成本是指存货本身的价值，经常用数量与单价的乘积来确定。

由于单位购置成本一般不随采购数量的变动而变动，因此，购置成本通常属于决策无关成本。但当供应商为扩大销售量而采用数量折扣等优惠方法时，购置成本就成为决策相关成本。

订货成本加上购置成本，就是存货的取得成本。其公式可表述为：

$$\begin{aligned}\text{取得成本} &= \text{订货成本} + \text{购置成本}\\ &= \text{固定订货成本} + \text{变动订货成本} + \text{购置成本}\end{aligned}$$

$$TC_a = F_1 + \frac{D}{Q}K + DU \tag{7-13}$$

其中，TC_a表示取得成本，D 表示存货年需要量，U 表示单价，其他同上。

2. 储存成本

储存成本是指为保持存货而发生的成本，包括存货占用资金所应计的利息、仓库费用、保险费用、存货破损与变质损失，等等，通常用 TC_c 来表示。

储存成本可以分为固定成本和变动成本两类。固定成本与存货数量多少无关，如仓储人员的工资、仓库的折旧等，属于决策的无关成本。变动成本与存货数量有关，如利息、保险费用等。变动成本取决于存货数量，平均库存量越多，变动成本也就越高，属于决策的相关成本。因此，要降低变动成本，就应减少每次采购批量，降低平均库存量。用公式表述的储存成本为：

储存成本 = 固定储存成本 + 变动储存成本

$$TC_c = F_2 + K_c \frac{Q}{2} \tag{7-14}$$

其中，TC_c表示储存成本，F_2表示固定储存成本，Q 表示每次进货量，K_c表示单位变动储存成本。

3. 缺货成本

缺货成本是因企业存货不足而造成的损失，包括由于材料供应中断造成的停工损失，不能按期交货的信誉损失或临时采购发生的超额支出等。缺货成本能否作为决策的相关成本，应视是否允许出现缺货的不同情况而定。如果不允许出现缺货情形，则缺货成本为零，不需考虑。缺货成本用 TC_S表示。

如果以 TC 来表示储备存货的总成本，它的计算公式表述为：

$$TC = TC_a + TC_c + TC_s = F_1 + \frac{D}{Q}K + DU + F_2 + K_c \frac{Q}{2} + TC_s \tag{7-15}$$

企业存货的最优化，即是指上式 TC 值最小。

二、存货经济批量模型

在某种存货全年需求量已定的情况下，减少每次的订购数量，可以使存货的储存成本（变动储存成本）随平均储存量的下降而下降，但订货批次必然增加，存货的订货成本（变动性订货成本）也会随订购批次的增加而增加。相反，减少订购批次必然要增加订购数量，在减少订货成本的同时储存成本将会随之增加。因此，在存货管理工作中要协调各种成本之间的关系，使成本总和保持最低，确定经济批量尤为重要。

经济批量是指在企业生产和供应条件一定时，使一定时期存货的相关总成本达到最小的进货数量。

（一）经济订货批量基本模型

经济订货批量基本模型建立在以下假定条件之上：

（1）企业一定时期的进货总量可以确定；

（2）存货的耗用或销售比较均衡；

（3）存货的价格稳定，没有数量折扣；

（4）不允许出现缺货情形；

（5）订货一次到货，即当存货量降为零时，下一批存货立即到位。

根据上述假设，企业不允许出现缺货情形，所以不存在缺货成本。此时，与存货采购批量、采购次数相关的就只有订货成本和储存成本两项内容。现做如下假设。

假设：D——某种存货全年需要量；

Q——经济订货批量；

K——每次订货费用；

K_c——单位存货储存成本；

TC——存货相关总成本。

则有：

$$TC = \frac{Q}{2} \times K_c + \frac{D}{Q} \times K \qquad (7-16)$$

年订货成本、年储存成本及存货相关总成本的关系如图 7－10 所示。

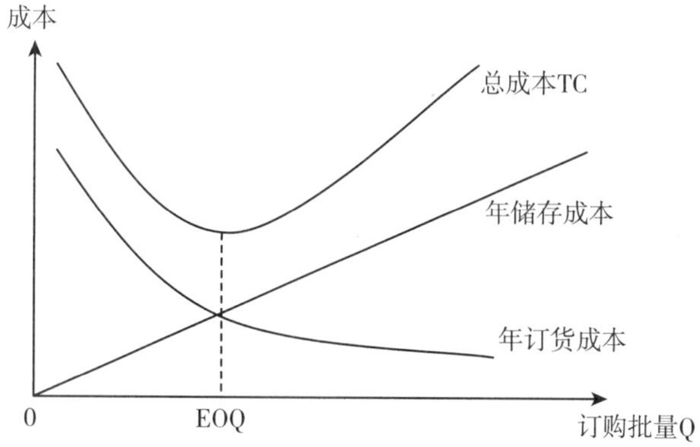

图 7－10 经济订购批量模型图

从图 7－3 可以看出，TC 是一条凹形曲线，当其一阶导数为零时，其值最低。此时的进货批量就是经济订货批量。

以 Q 为自变量，求函数 TC 的一阶导数并令其为零：

$$TC' = \left(\frac{Q}{2} \times K_c + \frac{D}{Q} \times K\right)'$$

$$= \frac{K_c}{2} - \frac{DK}{Q^2}$$

令 TC′＝0，则

$$\frac{K_c}{2} - \frac{DK}{Q^2} = 0$$

$$Q^2 = \frac{2DK}{K_c}$$

$$经济进货批量\ Q^* = \sqrt{\frac{2DK}{K_c}} \tag{7-17}$$

$$经济进货批量的存货相关总成本\ TC = \sqrt{2DKK_c} \tag{7-18}$$

$$最佳进货次数\ N = \frac{D}{Q} \tag{7-19}$$

【例 7-8】 蓝天公司每年需耗用甲材料 7 200 吨，该材料单位采购成本为每吨 60 元，每单位材料年储存成本为 16 元，平均每次订货费用 1 600 元。则：

$$经济采购批量\ Q = \sqrt{\frac{2 \times 7\ 200 \times 1\ 600}{16}} = 1\ 200(吨)$$

$$全年采购次数\ N = \frac{7\ 200}{1\ 200} = 6(次)$$

$$全年甲材料采购及储存总成本 = \sqrt{2 \times 7\ 200 \times 1\ 600 \times 16} = 19\ 200(元)$$

$$甲材料占用资金 = \frac{1\ 200}{2} \times 60 = 36\ 000(元)$$

计算结果表明，当订货批量为 1 200 吨时，订货成本和储存成本总额最低。

（二）基本模型的扩展

经济订货量的基本模型是在前述各假设条件下建立的，但现实生活中能够满足这些假设条件的情况十分罕见。为使模型更接近于实际情况，具有较高的可用性，需逐一放宽假设，同时改进模型。

1. 订货提前期

在现实工作中，存货从发出订单到到达本企业是需要一段时间（通常称为采购间隔期）的。为了保证生产和销售活动的连续性，企业应在存货用完或售完之前再次订货，否则就会出现断货状况。订购下一批货物时存货的库存量（实物量或金额）叫再订货点，用 R 来表示。它的数量等于平均交货时间（L）和每日平均需用量（d）的乘积。

$$R = L \times d$$

如果考虑保险储备（用 B 表示保险储备），当库存存货量降到采购间隔期的耗用量加上保险储备量时，就应再次订货。根据这一原理，再订购点的计算公式可确定如下：

$$R = L \times d + B$$

【例 7-9】 蓝天公司使用甲材料年度耗用量为 12 000 件，安全库存量为 200 件，采购间隔期为 12 天，假设每年有 300 个工作日，则：

$$甲材料的再订购点 = (12\ 000 \div 300 \times 12) + 200 = 680(件)$$

安全库存量是一种额外持有的库存，它被用来补偿在采购间隔期内实际需求超过期望需求量或实际采购间隔期超过期望采购间隔期所产生的需求。

2. 存货陆续供应和耗用

如果存货陆续供应和耗用，那么存货的库存水平就会低于存货一次到货的库存水平。设每批订货数为 Q。由于每日送货量为 P，故该批货全部送达所需日数为 Q/P，称之为送货期。

因存货每日耗用量为 d，故送货期内的全部耗用量为：$\frac{Q}{P}\times d$

由于存货边送边用，所以每批送完时，最高库存量为 $Q-\frac{Q}{P}\times d$

平均存量则为：$\frac{1}{2}\left(Q-\frac{Q}{P}\times d\right)$

与批量有关的总成本为：

$$TC(Q)=\frac{D}{Q}\times K+\frac{1}{2}\left(Q-\frac{Q}{P}\times d\right)\times K_c$$

$$=\frac{D}{Q}\times K+\frac{Q}{2}\left(1-\frac{d}{P}\right)\times K_c$$

在订货变动成本与储存变动成本相等时，TC（Q）有最小值，故存货陆续供应和使用的经济订货量公式为：

$$\frac{D}{Q}\times K=\frac{Q}{2}\left(1-\frac{d}{P}\right)\times K_c$$

$$Q^*=\sqrt{\frac{2KD}{K_c}\times\frac{P}{P-d}}$$

将这一公式代入上述 TC(Q) 公式，可以得出存货陆续供应和使用的经济订货量总成本公式为：

$$TC(Q^*)=\sqrt{2KDK_c\times\left(1-\frac{d}{P}\right)} \tag{7-20}$$

【例 7-10】蓝天公司对甲材料年需求量为 3 600 千克，一次订货费用为 25 元，单位材料的年储存成本为 2 元。蓝天公司的材料不是瞬时到货，而是陆续供货。进货期内每日供货量为 30 千克，每日需求量为 10 千克，要求计算甲材料的经济订货批量、全年订货次数和最低订储费用。

$$则:经济订货批量=\sqrt{\frac{2\times3\,600\times25}{2\left(1-\frac{10}{30}\right)}}=367.42(千克)$$

$$全年订货次数=\frac{3\,600}{368}\approx10(次)$$

$$最低存储成本=\sqrt{2\times3\,600\times25\times2\left(1-\frac{10}{30}\right)}=486.9(元)$$

3. 数量折扣

在上述经济订货批量基本模型分析中，假定价格不随批量的变动而变动。实际上，多数企业在销售时有批量折扣，购买越多，价格优惠就越大。此时，确定经济采购批量除了考虑订货费用和储存成本外，还要考虑采购成本。因为采购成本与进货数量有直接关系，属于决策的相关成本，在基本经济订货批量模型其他假设前提下，存在数量折扣时的存货相关总成本的计算公式为：

存货相关总成本＝采购成本＋相关储存成本＋相关订货成本

即：
$$TC = P \times D + \frac{Q}{2} \times K_c + \frac{D}{Q} \times K \quad (7-21)$$

式中，P 为存货采购单价，其他符号含义同前。

在实行数量折扣但不允许缺货的情况下，确定经济订货批量的步骤如下：

（1）按传统的经济订货批量模型计算经济批量，判断此经济订货批量是否在折扣区间内；

（2）计算此批量下的存货相关总成本；

（3）分别计算各折扣区间的存货相关总成本；

（4）在这些存货决策相关成本中找出最低费用对应的经济订货批量或折扣起点批量。

值得注意的是，在计算有效经济订货批量下的存货总费用时，应包括存货的采购成本。此时比较不同批次的存货相关总成本，对于存货的采购成本也应作为决策的相关成本。

【例 7－11】某企业甲材料的年需要量为 8 000 千克，每千克标准价格为 15 元。销售企业规定：客户每批购买量 1 000 千克以下的，按标准价格计算；每批购买量 1 000 千克以上，2 000 千克以下的，价格优惠 2%；每批购买量 2 000 千克以上的价格优惠 3%。已知每批订货费用 50 元，单位材料的年储存成本为 5 元。计算最佳经济订货批量。

当价格为 15 元时，

$$Q = \sqrt{\frac{2 \times 8\,000 \times 50}{5}} = 400\text{（千克）}$$

$$\begin{aligned}\text{存货相关总成本} &= (8\,000 \times 15 + 8\,000 \div 400 \times 50 + 400 \div 2 \times 5) \\ &= 122\,000\text{（元）}\end{aligned}$$

进货批量为 1 000 千克时的存货相关总成本：

$$\begin{aligned}\text{存货相关总成本} &= 8\,000 \times 15 \times (1 - 2\%) + 8\,000 \div 1\,000 \times 50 + 1\,000 \div 2 \times 5 \\ &= 120\,500\text{（元）}\end{aligned}$$

进货批量为 2 000 千克时的存货相关总成本：

$$\begin{aligned}\text{存货相关总成本} &= 8\,000 \times 15 \times (1 - 3\%) + 8\,000 \div 2\,000 \times 50 + 2\,000 \div 2 \times 5 \\ &= 121\,600\text{（元）}\end{aligned}$$

通过以上比较可以发现，每次进货为 1 000 千克时的存货相关总成本最低，因此，最佳经济订货批量为1 000千克。

三、存货管理方法

存货管理的目标是保证企业在生产经营正常进行的前提下尽量减少库存、防止积压。在实践中，存货管理方法主要有存货的分级管理、存货储存期控制管理和存货ABC分类管理等。

（一）存货的分级管理

存货的分级管理是存货日常管理的一种重要方法。这一管理方法主要包括以下内容。

（1）在公司经理或厂长的领导下，财务部门对存货资金实行统一管理，促进供、产、销的相互协调，实现资金使用的总和平衡，加速资金周转。

（2）实行存货资金的责任管理。根据使用资金和管理资金相结合以及物资管理和资金管理相结合的原则，每项资金由哪个部门使用，就由哪个部门管理。各项存货资金的责任管理分工一般如下：①原材料、燃料、包装物、辅助材料等资金归供应部门管理；②在产品和自制半成品资金归生产部门管理；③产成品资金归销售部门管理；④修理用备件占用的资金归设备动力部门管理。

（3）实行存货资金的分级管理。各责任管理部门要根据具体情况将资金计划指标进行分解，分配给所属单位和个人，层层落实，实行分级管理。①原材料资金计划指标可分配给计划供应、材料采购、仓储保管等业务班组管理。②在产品资金计划指标可分配给各车间、半成品库管理。③产成品资金计划指标可分配给销售、仓储保管、成品发运的业务班组管理。

（二）ABC分类管理

ABC分类管理是由意大利经济学家巴雷特于19世纪首创，以后经不断发展和完善，现已广泛应用于存货管理、成本管理等各种管理活动中。

所谓ABC分类管理，就是按照一定的标准，将企业的存货划分为A、B、C三类，分别实行分品种重点管理、分类别一般控制和按总额灵活掌握的存货管理方法。用ABC分类法对存货进行分类的标准主要有两个：一是金额标准，二是品种数量标准。其中金额标准是主要标准，品种数量标准仅作为参考。

A类存货金额巨大，但品种数量较少；B类存货金额一般，品种数量相对较多；C类存货品种数量较多，但价值很小。一般而言，三类存货的金额比重大致为A∶B∶C＝0.7∶0.2∶0.1，而品种数量比重大致为A∶B∶C＝0.1∶0.2∶0.7。可见，A类存货占用着企业绝大多数资金，只要能控制好A类存货，基本上就不会出现较大的问题。

一般情况下，运用ABC管理方法进行存货管理按以下几个步骤进行。

（1）计算每一种存货在一定时期内（一般为一年）的资金占用额。

（2）计算每一种存货的资金占用额与全部存货资金总额的百分比，依大小顺序排列编成表格，并进行累加。

（3）当金额百分比累加到70%左右时，以上存货视为A类存货；百分比介于70%～

90%之间的存货作为B类存货；其余则为C类存货。对相关数据画图表示出来。

（4）对A类存货进行重点规划和控制，对B类存货进行次重点管理，对C类存货进行一般性管理。

【例7－12】蓝天公司共有20种材料，共占用资金100 000元，按占用资金数额排序，根据ABC管理法的原则划分为三类，如表7－5所示。

表7－5　　蓝天公司材料分类表

材料品种		占用金额（元）	占用金额比重（%）	品种数量比重（%）
分类	编号			
A	1	25 000	75	10
	2	50 000		
B	3	10 000	20	25
	4	5 000		
	5	2 500		
	6	1 500		
	7	1 000		
C	8	900	5	65
	9	800		
	10	700		
	11	600		
	12	500		
	13	400		
	14	300		
	15	200		
	16	190		
	17	180		
	18	170		
	19	50		
	20	10		
合计		100 000	100	100

把存货划分成ABC三类，目的是对存货占用的资金进行最有效的管理。对于A类存货，应集中主要力量，对其收入、发出进行严格控制和管理，C类存货虽然品种繁多，但占用资金较少，不必耗费大量时间和精力进行详细的规划和严格的控制；B类存货介于A类存货和C类存货之间，应给予一定的重视，但不必像A类存货那样进行严格控制。

第五节 短期负债资金的筹集

短期负债资金是指企业为满足短期性（一般不超过一年）资金需要而采取负债的方式筹集的资金，主要包括短期借款、商业信用等。

一、短期借款

短期借款是指企业向银行和其他非银行金融机构借入的期限在一年（含1年）以内的借款。在我国，短期借款是解决企业生产经营周转中流动资产所需资金的主渠道。

按照国际通行做法，短期借款可按有无担保分为信用借款和担保借款；按偿还方式的不同分为一次性偿还借款和分期偿还借款；按利息支付方法的不同分为收款法借款和贴现法借款。

1. 信用借款条件

信用借款也称为无担保借款，是指贷款企业无须以财产物资作为抵押，凭借其资本实力和良好的信用品质而获得的银行借款。按照国际惯例，银行发放这类短期贷款时，一般都带有一些信用条件，主要包括信贷额度、周转信贷协议及补偿性余额等。

（1）信贷额度。信贷额度也称贷款限额，是借款人与银行在协议中规定的允许借款人借款的最高限额。信贷额度是根据企业的信用等级、企业的经营状况及财务状况等条件来制定的。借款人的借款数额不得超过信贷额度，在信贷额度以内，银行可以保证企业的借款，但如果超过信贷额度银行将不予办理。如果企业信用恶化，即使银行曾经同意按信贷额度提供贷款，也可停止向企业贷款，此时，银行不承担法律责任。

（2）周转信贷协定。周转信贷协定是一种经常为大公司使用的正式信贷额度，是银行从法律上承诺向企业提供不超过某一最高限额的贷款协定。在协定的有效期内，只要企业借款总额未超过最高限额，银行就必须满足企业任何时候提出的借款要求。与信贷额度不同的是，周转信贷协定具有法律约束力，企业除了要向银行缴纳正常借款利息外，通常还要就贷款限额的未使用部分支付给银行一笔承诺费。

【例7－13】 乐鑫公司与银行商定的周转信贷额度为2 000万元，承诺费率为0.5%，借款企业年度内使用了1 600万元，余额为400万元，借款利率为10%。则借款企业应向银行支付承诺费的金额为：

$$\text{承诺费}=400\times0.5\%=2(\text{万元})$$

而此时，该企业借款的实际利率为：

$$\frac{1\ 600\times10\%+400\times0.5\%}{1\ 600}\times100\%=10.125\%$$

(3) 补偿性余额。补偿性余额是银行要求借款人在银行中保持按贷款限额或实际借款额的一定百分比计算的最低存款余额。补偿性余额是银行出于防范风险的需要而设立的条款，但这种要求会提高企业借款的实际利率，加重企业的利息负担。实际利率的计算公式为：

$$实际利率=\frac{名义借款金额\times名义利率}{名义借款金额\times(1-补偿性余额比例)}\times100\%$$

$$=\frac{名义利率}{1-补偿性余额比例}\times100\% \qquad (7-22)$$

【例 7－14】 乐鑫公司按年利率 8% 向银行借款 100 万元，银行要求保留 20% 的补偿性余额，该公司实际可以动用的借款只有 80 万元。则该项借款的实际利率为：

$$\frac{100\times8\%}{100\times(1-20\%)}\times100\%=10\%$$

2. 借款利息的支付方式

银行借款利息的支付方式一般采用利随本清法，又称收款法，是在借款到期时向银行支付利息的一种方法，采用该种方法，借款的名义利率等于其实际利率，但有时银行也会要求采用贴现法，即银行向企业发放贷款时，预先从本金中扣除利息，而在贷款到期时借款企业再偿还本金的一种计息方式，采用该种方法，借款企业的实际利率要高于名义利率。

另外，银行为了保障贷款资金的安全，在向财务风险较大或信誉不好的企业发放贷款时，往往需要有抵押品担保，以减少自己蒙受损失的风险。借款的抵押品通常是借款企业的应收账款、存货、股票、债券以及房产等。贷款金额一般为抵押品账面价值的 30% ~ 50%，这一比率的高低取决于抵押品的变现能力和银行的风险偏好。

3. 短期借款筹资的优缺点

(1) 短期借款筹资的优点。企业通过短期借款筹资的优点主要表现在以下几个方面。①筹资速度快。企业获得短期借款所需时间要比长期借款短得多，因为银行发放长期贷款前，通常要花费较长的时间对企业进行比较全面的调查分析。②筹资弹性大。短期借款数额及借款时间弹性较大，企业可在需要资金时借入，在资金充裕时还款，便于企业灵活安排。

(2) 短期借款筹资的缺点。企业利用短期借款筹资的缺点主要表现在以下几个方面。①筹资风险大。短期资金的偿还期短，在筹资数额较大的情况下，若企业资金调度不周，就有可能无力按期偿付本金和利息，甚至被迫破产清算。②筹资成本较高。与其他短期筹资方式相比，短期借款筹资成本较高，尤其是在补偿性余额等情况下，实际利率通常高于名义利率。

二、商业信用

商业信用是指商品交易中的延期付款或延期交易所形成的借贷关系，是企业间的一种直接信用关系。商业信用形式多样、适用范围很广，已成为企业筹集短期资金的一种重要方式。

1. 商业信用的具体形式

（1）应付账款。

应付账款是指企业购买货物暂未付款而欠对方的货款。应付账款作为一种自然性筹资，可以分为以下三种情况：①购货方享受现金折扣，即在现金折扣期内付款享受折扣而获得的信用，其占用销货方货款的时间短，信用筹资的数量相对较少。②购货方放弃现金折扣，即购货方未能在折扣期内付款而获得的信用，此时放弃的现金折扣就是企业延期付款所付出的代价，称为放弃现金折扣的机会成本，实质上就是企业应付账款融资的资金成本。③购货方超过信用期（即展期）推迟付款，其筹资数量最多，但有可能会产生延期付款损失。

实际上，放弃现金折扣的机会成本就是一个计算借款年利率的问题，假设现金折扣条件是“1/10，n/30”，应付账款总额为10 000元，如果企业第10天付款，则只需付9 900元；如果企业放弃现金折扣而在第30天付款，就需要付10 000元。所以，如果企业放弃了现金折扣，就相当于因为占用了销货方10 000元的资金有20天（信用期－折扣期）的时间，需要支付100（10 000－9 900）元的利息，而其借款本金是第10天付款的金额9 900元，因此其利率为10 000×1%/［10 000×（1－1%）］。但这样计算出来的利率是20天的利率，而一般无特殊说明的利率都指的是年利率。因此，还需要将上述利率换算成年利率，即先除以20天得出日利率，再乘以360天，因此该笔应付账款的年利率为：10 000×1%÷［10 000×（1－1%）］×［360÷（30－10）］＝1%÷（1－1%）×360÷（30－10），即：

$$放弃现金折扣的机会成本=\frac{现金折扣率}{1-现金折扣率}\times\frac{360}{信用期-折扣期}\times100\% \quad (7-23)$$

上述公式表明，放弃现金折扣的成本与折扣率、折扣期呈同方向变动，与信用期呈反方向变动。企业延期付款天数越长，放弃现金折扣的成本就越低。

【例7－15】乐鑫公司拟以“2/10，n/30”的信用条件购进商品一批。这一信用条件意味着企业如在10天之内付款，可享受2%的现金折扣；如果不享受折扣，货款应在30天内付清。计算该公司放弃现金折扣的机会成本。

$$放弃现金折扣的机会成本=\frac{2\%}{1-2\%}\times\frac{360}{30-10}\times100\%$$

$$=36.73\%$$

这表明，如果该公司的银行借款利率不超过36.73%，则应当在第10天付款。

（2）商业汇票。

商业汇票是指由收款人或付款人（或承兑申请人）签发，由承兑人承兑并于到期日向收款人或票据持有人支付款项的票据。商业汇票的最长付款期不超过6个月，可以带息也可以不带息。商业汇票是一种期票，是反映购销双方债权、债务关系的一种书面证明。根据承兑人的不同，商业汇票可分为商业承兑汇票和银行承兑汇票。不论承兑人是谁，最终的付款人都是购货方，也就是说，商业汇票对于购货方来说是一种债务证明，对于销货方来说是一种债权证明。采用此种方式进行商品交易，对于购货方来说，最长可占用销货方6个月的资金，因此可以说是一种短期融资行为。另外，商业汇票具有可转让性，即在票据尚未到期前，如果销货方（债权人）急需资金，则可把持有的商业汇票转让给他人，或向银行申请贴现取得现金。

（3）预收货款。

预收货款是指销货方要先向购货方收取货款，但要延期到一定时期以后再向购货交货的一种筹资方式。之所以将其称之为“筹资”，是因为这种方式相当于销售方向购货方先借入一笔资金用于生产产品，是另一种典型的商业信用形式。通常，购货方对于紧俏商品乐于采用这种形式，以便顺利获得所需商品。另外，生产周期长、售价高的商品，如轮船、飞机等，生产企业也经常向订货者分次预收货款，以缓解资金占用过多的矛盾。

此外，企业在生产经营活动中往往还形成一些应付费用，如应付工资、应缴税费、应付利息、应付水电费等。这些费用的发生受益在先，支付在后，支付期晚于发生期，它们也属于自然性筹资。

2. 商业信用筹资的优缺点

（1）商业信用筹资的优点。利用商业信用筹资的优点主要表现在以下几个方面。①手续简便。商业信用与商品交易活动同时进行，随着购销行为的产生就可以得到一定数额的资金，因此筹资便利。②筹资成本低。如果没有现金折扣或企业不放弃现金折扣，则利用商业信用筹资就没有筹资成本。③筹资机动性强。在市场经济条件下，企业在商品交易中选择供求单位的余地很大；另外，与负债筹资方式不同，利用商业信用筹资限制条件很少。

（2）商业信用筹资的缺点。利用商业信用筹资的缺点主要表现在以下几个方面。①资金使用期限短。商业信用属于短期筹资方式，不能用于长期资产占用，如果到期不支付货款，则会对企业的信誉产生不利影响。②对企业的信用品质要求较高。商业信用的本质特征是资金运动与物资运动相分离，这就要以购销双方相互信任为条件，如果在交易双方互不了解的情况下，利用商业信用筹资就不具备基本条件。

练习题

一、名词解释

营运资金　永久性流动资产　波动性流动资产

再订货点　经营性流动负债　筹资性流动负债

二、简答题

1. 简述现金管理的目的。

2. 简述应收账款的功能与成本。

3. 什么是存货？企业持有存货的原因是什么？

4. 简述 ABC 分类法。

三、单项选择题

1. 下列各项中，可用于计算营运资金的算式是（　　）。

A. 资产总额 - 负债总额　　B. 流动资产总额 - 负债总额

C. 流动资产总额 - 流动负债总额　　D. 速动资产总额 - 流动负债总额

2. 下列流动资产融资策略中，收益和风险均较低的是（　　）。

A. 产权匹配融资策略　　B. 期限匹配融资策略

C. 保守融资策略　　D. 激进融资策略

3. 某公司用长期资金来源满足非流动资产和部分永久性流动资产的需要，而用短期资金来源满足剩余部分永久性流动资产和全部波动性资产的需要，则该公司的流动资产融资策略是（　　）。

A. 激进融资策略　　B. 保守融资策略

C. 折中融资策略　　D. 期限匹配融资策略

4. 某企业根据现金持有量随机模型进行现金管理，已知现金最低持有量为 15 万元，现金余额回归线为 80 万元，如果公司现有现金 220 万元，此时应当投资于有价证券的金额是（　　）万元。

A. 65　　B. 205　　C. 140　　D. 95

5. 运用成本模型计算最佳现金持有量时，下列公式中，正确的是（　　）。

A. 最佳现金持有量 = min(管理成本 + 机会成本 + 转换成本)

B. 最佳现金持有量 = min(管理成本 + 机会成本 + 短缺成本)

C. 最佳现金持有量 = min(机会成本 + 经营成本 + 转换成本)

D. 最佳现金持有量 = min(机会成本 + 经营成本 + 短缺成本)

6. 下列关于现金回归线的表述中，正确的是（　　）。

A. 现金回归线的确定与企业日常周转所需资金无关

B. 现金机会成本增加，会导致现金回归线上升

C. 有价证券的每次固定转换成本上升，会导致现金回归线上升

D. 当现金的持有量高于或低于现金回归线时，应立即购入或出售有价证券

7. 公司持有有价证券的年利率为 6%，公司的现金最低持有量为 2 500 元，现金回归线为 9 000 元，如果公司现有现金 21 200 元，则根据随机模型，应将其中的（　　）元投资于证券。

A. 12 200　　B. 0　　C. 8 000　　D. 18 700

8. 甲公司采用存货模式确定最佳现金持有量。如果在其他条件保持不变的情况下，持有

现金的机会成本率从4%上涨为16%，那么企业在现金管理方面应采取的对策是（　　）。

A. 将最佳现金持有量提高29.29%　　B. 将最佳现金持有量降低29.29%

C. 将最佳现金持有量提高50%　　D. 将最佳现金持有量降低50%

9. 运用随机模式和成本模式计算最佳现金持有量，均会涉及到现金的（　　）。

A. 机会成本　　B. 管理成本　　C. 短缺成本　　D. 交易成本

10. 某公司根据存货模型确定的最佳现金持有量为100 000元，持有现金的机会成本率为10%。在最佳现金持有量下，该公司与现金持有量相关的现金持有总成本为（　　）元。

A. 5 000　　B. 10 000　　C. 15 000　　D. 20 000

11. 某公司存货周转期为160天，应收账款周转期为90天，应付账款周转期为100天，则该公司的现金周转期为（　　）天。

A. 30　　B. 60　　C. 150　　D. 260

12. 企业在进行现金管理时，可利用的现金浮游量是指（　　）。

A. 企业账户所记存款余额

B. 银行账户所记企业存款余额

C. 企业账户与银行账户所记存款余额之差

D. 企业实际现金余额超过最佳现金持有量之差

13. 某公司全年需用X材料18 000件，计划开工360天。该材料订货日至到货日的时间为5天，保险储备量为100件。该材料的再订货点是（　　）件。

A. 100　　B. 150　　C. 250　　D. 350

14. 下列各项中，不属于存货储存成本的是（　　）。

A. 存货仓储费用　　B. 存货破损和变质损失

C. 存货储备不足而造成的损失　　D. 存货占用资金的应计利息

15. 某零件年需要量16 200件，日供应量60件，一次订货成本25元，单位储存成本1元/年。假设一年为360天。需求是均匀的，不设置保险库存并且按照经济订货量进货，则下列各项计算结果中错误的是（　　）。

A. 经济订货量为1 800件　　B. 最高库存量为450件

C. 平均库存量为225件　　D. 与进货批量有关的总成本为600元

16. 某公司向银行借款100万元，年利率为8%，银行要求保留12%的补偿性余额，则该借款的实际年利率为（　　）。

A. 6.67%　　B. 7.14%　　C. 9.09%　　D. 11.04%

17. 某企业从银行获得附有承诺的周转信贷额度为1 000万元，承诺费率为0.5%，年初借入800万元，年底偿还，年利率为5%。则该企业负担的承诺费是（　　）万元。

A. 1　　B. 4　　C. 5　　D. 9

18. 下列各项中，属于商业信用筹资方式的是（　　）。

A. 发行短期融资券　　B. 应付账款筹资

C. 短期借款　　D. 融资租赁

19. 某公司按照“2/20，N/60”的条件从另一公司购入价值 1 000 万元的货物，由于资金调度的限制，该公司放弃了获取 2% 现金折扣的机会，公司为此承担的信用成本率是（　　）。

A. 2.00%　　B. 12.00%　　C. 12.24%　　D. 18.37%

20. 某公司拟使用短期借款进行筹资。下列借款条件中，不会导致实际利率高于名义利率的是（　　）。

A. 按贷款一定比例在银行保持补偿性余额

B. 按贴现法支付银行利息

C. 按收款法支付银行利息

D. 按加息法支付银行利息

四、多项选择题

1. 下列各项中，决定预防性现金需求数额的因素有（　　）。

A. 企业临时融资的能力　　B. 企业预测现金收支的可靠性

C. 金融市场上的投资机会　　D. 企业愿意承担短缺风险的程度

2. 运用成本模型确定企业最佳现金持有量时，现金持有量与持有成本之间的关系表现为（　　）。

A. 现金持有量越小，总成本越大　　B. 现金持有量越大，机会成本越大

C. 现金持有量越小，短缺成本越大　　D. 现金持有量越大，管理总成本越大

3. 运用成本模型确定目标现金余额时，持有现金的相关成本包括（　　）。

A. 机会成本　　B. 转换成本　　C. 短缺成本　　D. 管理成本

4. 某企业采用随机模式控制现金的持有量。下列事项中，能够使现金返回线上升的有（　　）。

A. 以日为基础计算的现金机会成本提高

B. 企业日常周转所需资金降低

C. 证券转换为现金或现金转换为证券的成本提高

D. 企业每日现金流变动的标准差增加

5. 下列管理措施中，可以缩短现金周转期的有（　　）。

A. 提前偿还短期融资券　　B. 利用商业信用延期付款

C. 加大应收账款催收力度　　D. 加快制造和销售产品

6. 下列各项中，与企业持有存货有关的成本有（　　）。

A. 取得成本　　B. 管理成本　　C. 储存成本　　D. 缺货成本

7. C 公司生产中使用的甲标准件，全年共需耗用 9 000 件，该标准件通过自制方式取得。其日产量 50 件，单位生产成本 50 元；每次生产准备成本 200 元，固定生产准备成本每年 10 000 元；储存变动成本每件 5 元，固定储存成本每年 20 000 元。假设一年按 360 天计算，下列各项中，正确的有（　　）。

A. 经济生产批量为 1 200 件

B. 经济生产批次为每年 12 次

C. 经济生产批量占用资金为 30 000 元

D. 与经济生产批量相关的总成本是 3 000 元

8. 一般而言，与短期借款筹资相比，商业信用融资的优点有（　　）。

A. 融资数额较大　　B. 融资条件宽松

C. 融资机动权大　　D. 不需提供担保

9. 在确定因放弃现金折扣而发生的信用成本时，需要考虑的因素有（　　）。

A. 数量折扣百分比　　B. 现金折扣百分比

C. 折扣期　　D. 信用期

10. 放弃现金折扣的信用成本率受折扣百分比、折扣期和信用期的影响。下列各项中，使放弃现金折扣信用成本率提高的情况有（　　）。

A. 信用期、折扣期不变，折扣百分比提高

B. 折扣期、折扣百分比不变，信用期延长

C. 折扣百分比不变，信用期和折扣期等量延长

D. 折扣百分比、信用期不变，折扣期延长

五、计算题

1. 已知：某公司现金收支平衡，预计全年（按 360 天计算）现金需要量为 250 000 元，现金与有价证券的转换成本为每次 500 元，有价证券年利率为 10%。

要求：

（1）计算最佳现金持有量。

（2）计算最佳现金持有量下的全年现金管理总成本、全年现金转换成本和全年现金持有机会成本。

（3）计算最佳现金持有量下的全年有价证券交易次数和有价证券交易间隔期。

2. E 公司生产、销售一种产品，该产品的单位变动成本是 60 元，单位售价是 80 元。

公司目前采用 30 天按发票金额付款的信用政策，80% 的顾客（按销售量计算，下同）能在信用期内付款，另外 20% 的顾客平均在信用期满后 20 天付款，逾期应收账款的收回需要支出占逾期账款 5% 的收账费用。公司每年的销售量为 36 000 件，平均存货水平为 2 000 件。

为扩大销售量、缩短平均收账期，公司拟推出“5/10、2/20、N/30”的现金折扣政策。采用该政策后，预计销售量会增加 15%；估计 40% 的顾客会在 10 天内付款，30% 的顾客会在 20 天内付款，20% 的顾客会在 30 天内付款，另外 10% 的顾客平均在信用期满后 20 天付款，逾期应收账款的收回需要支出占逾期账款 5% 的收账费用。为了保证及时供货，平均存货水平需提高到 2 400 件，其他条件不变

假设等风险投资的最低报酬率为 12%，一年按 360 天计算。

要求：

（1）计算改变信用政策前、后边际贡献、收账费用、应收账款占用资金应计利息、存

货占用资金应计利息、现金折扣成本的变化以及改变信用政策的税前损益变化。

（2）E公司是否应推出该现金折扣政策。

3. 上海东方公司是亚洲地区的玻璃套装门分销商，套装门在香港生产然后运至上海。管理当局预计年度需求量为10 000套。套装门购进单价为395元（包括运费，币种是人民币，下同）。与定购和储存这些套装门相关的资料如下：

（1）去年订单共22份，总处理成本13 400元，其中固定成本10 760元，预计未来成本性态不变。

（2）虽然对于香港原产地商品进入大陆已经免除关税，但是对于每一张订单都要经双方海关检查，其费用为280元。

（3）套装门从香港运抵上海后，接受部门要进行检查。为此雇佣一名检验人员，每月支付工资3 000元，每个订单检验工作需要8小时，发生变动费用每小时2.50元。

（4）公司租借仓库来储存套装门，估计成本为每年2 500元，另外加上每套门4元。

（5）在储存过程中会出现破损，估计破损成本平均每套门28.50元。

（6）占用资金利息等其他储存成本每套门20元。

（7）从发出订单到货物运到上海需要6个工作日。

（8）为防止供货中断，东方公司设置了100套的保险储备。

（9）东方公司每年50周，每周营业6天。

要求：

（1）计算经济订货模型中“每次订货成本”；

（2）计算经济订货模型中“单位储存成本”；

（3）计算经济订货批量；

（4）计算每年与批量相关的存货总成本；

（5）计算再订货点。

4. 某企业生产中使用的A标准件既可自制也可外购。若自制，单位成本为6元，每次生产准备成本500元，每日产量40件；若外购，购入价格是单位自制成本的1.5倍，一次订货成本20元。A标准件全年共需耗用7 200件，储存变动成本为标准件价值的10%，假设一年有360天。

要求：

（1）若企业自制，经济生产批量为多少？

（2）若企业外购存货，经济订货量为多少？

（3）若不考虑缺货的影响，判断企业应自制还是外购A标准件？

5. 丙公司是一家汽车配件制造企业，近期的销售量迅速增加。为满足生产和销售的需求，丙公司需要筹集资金495 000元用于增加存货，占用期限为30天。现有三个可满足资金需求的筹资方案：

方案1：利用供应商提供的商业信用，选择放弃现金折扣，信用条件为“2/10，N/40”。

方案 2：向银行贷款，借款期限为 30 天，年利率为 8%。银行要求的补偿性金额为借款额的 20%。

方案 3：以贴现法向银行借款，借款期限为 30 天，月利率为 1%。

要求：

（1）如果丙公司选择方案 1，计算其放弃现金折扣的机会成本。

（2）如果丙公司选择方案 2，为获得 495 000 元的实际用款额，计算该公司应借款总额和该笔借款的实际年利率。

（3）如果丙公司选择方案 3，为获得 495 000 元的实际用款额，计算该公司应借款总额和该笔借款的实际年利率。

（4）根据以上各方案的计算结果，为丙公司选择最优筹资方案。

第八章　股利理论与政策

股利（dividend）是指股份有限公司按所持股份分配给投资者的净利润。股利政策是指股份有限公司关于股利发放与否、发放形式、发放比例、何时发放等方面的方针和策略。其中，股利政策的核心内容是股利支付，采取什么样的股利支付策略和采取多高的股利支付率。

股利政策是股份制企业理财活动的重要内容，是企业融资决策、投资决策的自然延续，是企业理财行为的必然结果。恰当的股利政策不仅可以树立企业在资本市场上的良好形象，而且可以更好地服务于股东财富最大化的财务目标。

第一节　利润分配的顺序和原则

企业利润分配就是根据企业所有权的归属及各权益者所占的比例，对企业生产成果进行划分，是一种利用财务手段确保生产成果的合理归属和正确分配的管理过程。简单地讲，企业利润分配就是对企业一定生产成果的分配。

本节主要就利润分配的顺序、利润分配的基本原则、确定利润分配政策应考虑的因素等股利政策的基本问题作出介绍，为后面的学习奠定基础。

一、利润分配的顺序

公司向股东（投资者）分派股利（分配利润），应按一定的顺序进行。按照我国《公司法》的有关规定，利润分配应按下列顺序进行：

（1）计算可供分配的利润。将本年净利润（或亏损）与年初未分配利润（或亏损）合并，计算出可供分配的利润。如果可供分配的利润为负数（即亏损），则不能进行后续分配；如果可供分配利润为正数（即本年累计盈利），则进行后续分配。

（2）计提法定公积金。按抵减年初累积亏损后的本年净利润计提法定公积金。提取公积金的基数，不一定是可供分配的利润，也不一定是本年的税后利润。只有不存在年初累积亏损时，才能按本年税后利润计算应提取数。这种“补亏”是按账面数字进行的，与所得税法的亏损后转无关，关键在于不能用资本发放股利，也不能在没有累积盈余的情况下提取公积金。

（3）计提任意公积金。

（4）向股东（投资者）支付股利（分配利润）。

公司股东会或董事会违反上述利润分配顺序，在抵补亏损和提取法定公积金之前向股东分配利润的，必须将违反规定发放的利润退还公司。

二、利润分配的基本原则

1. 依法分配原则

企业的收益分配涉及国家、企业、股东、债权人、内部职工等多方利益主体的利益，必须依法进行。这就要求企业必须认真执行国家颁布的相关法规，正确处理、协调有关各方的利益关系，切实保障有关各方的合法权益。

2. 资本保全原则

企业的收益分配是对投资者投入资本的增值部分进行分配，而不是投资者资本金的返还，因此，企业的收益分配必须以资本保全为前提。为充分保护投资者的利益，企业必须在按照国家有关规定缴纳了所得税、弥补了亏损，以及提取公积金之后仍有可供分配的留存收益时才能进行收益分配。

3. 充分保护债权人利益原则

按照风险承担的顺序及其合同契约的规定，企业必须在利润分配之前偿清所有债权人到期的债务，否则不能进行利润分配。同时，在利润分配之后，企业还应保持一定的偿债能力，以免产生财务危机，危及企业生存。此外，企业在与债权人签订某些长期债务契约的情况下，其利润分配政策还应征得债权人的同意或审核方能执行。

4. 多方及长短期利益兼顾原则

利益机制是制约机制的核心，而利润分配的合理与否是利益机制最终能否持续发挥作用的关键。利润分配涉及投资者、经营者、职工等多方面的利益，企业必须兼顾，并尽可能地保持稳定的利润分配。在企业获得稳定增长的利润后，应增加利润分配的数额或百分比。同时，由于发展及优化资本结构的需要，除依法必须留用的利润外，企业仍可以出于长远发展的考虑，合理留用利润。在积累与消费关系的处理上，企业应贯彻积累优先的原则，合理确定提取盈余公积和分配给投资者利润的比例，使利润分配真正成为促进企业发展的有效手段。

三、确定利润分配政策应考虑的因素

企业股利的支付受多种因素的影响，其中主要包括法律因素、契约因素、股东因素、公司因素及其他因素：

（一）法律因素

股利分配政策的制定将影响公司的投资机会和财务状况，并与股东和债权人的福利密切相关。为了保护各方利益尤其是债权人和股东的利益，我国通过《中华人民共和国公司法》（以下简称《公司法》）、《中华人民共和国证券法》（以下简称《证券法》）等相关法律法规对公司的股利政策进行规范。主要表现在：

（1）资本保全约束。资本保全约束规定公司不能将资本（包括股本和资本公积）用于分配，用于股利分配的资金只能是公司的当期利润或留用利润，即当公司当年无累计利润时原则上不得向投资者分配股利。这一规定目的是为了防止企业任意减少股东权益的比例，以维护债权人的利益。

（2）资本积累约束。我国《公司法》规定，公司在分配利润前，必须按照一定比例和基数提取各种法定盈余公积金，股利只能从企业的可供股东分配利润中支付。此处可供股东分配利润包含公司当期的净利润按照规定提取的各种公积金后的余额和以前累积的未分配利润。

（3）偿债能力约束。偿债能力是指企业按时足额偿还到期债务的能力。为了保障债权人的利益，有关法律规定："如果公司已经无力偿还债务或因发放股利将极大影响公司的偿债能力，则禁止发放股利，否则属于违法行为。"

中国证券监督管理委员会于2008年10月9日颁布实施的《关于修改上市公司现金分红若干规定的决定》强调了股利分配中现金分红的重要性，要求上市公司应当在章程中明确现金分红政策，利润分配政策应当保持连续性和稳定性。此外，作为上市公司申请公开增发或配股的重要前提条件，还强调公司最近三年以现金方式累积分配的利润不少于最近三年实现的年均可分配利润的30%。

（二）公司因素

公司资金的灵活周转是公司生产经营得以正常进行的必要条件。因此，公司正常的经营活动对资金的需求便成为对股利最重要的限制因素。

1. 现金流量

由于会计规范的要求和核算方法的选择，公司盈余与现金流量并非完全同步，净收入的增加不一定意味着可供分配的现金流量的增加。公司在进行利润分配时，要保证正常的经营活动对现金的需求，以维持资金的正常运转，使生产经营得以有序进行。

2. 资产的流动性

资产的流动性是指资产转化为现金的难易程度。持有大量货币资金和其他流动资产的公司，由于现金来源充裕，股利支付能力较强，反之则较弱。

3. 盈余的稳定性

公司的盈利越稳定，则其股利支付率越高。收益稳定的公司由于经营风险和财务风险较小，因而比其他收益不稳定的公司能以更低成本筹集到其他渠道的资金。从稳定股票价格、树立良好形象的目的出发，公司总是维持稳定的股利，而盈利稳定的公司对保持较高的股利支付率更具信心。

4. 投资机会

对于缺乏良好投资机会的公司，未来的资金需求较低，于是倾向于采用高股利支付率的股利政策。对于成长期的公司而言，投资机会较多，资金处于紧缺状态，所以公司一般采用低股利支付水平的分配政策，将较大比例的盈余用于再投资，这样不仅满足了公司发展的要求，还可以扩大公司的权益基础，进一步提高公司的债务筹资能力。

5. 筹资因素

具有较强筹资能力的公司，由于能够及时筹集到所需资金，因而具有较强的股利发放能力；反之，对于筹资能力较弱的公司，则往往采取偏紧的股利政策。

6. 其他因素

由于股利的信号传递作用，公司不宜经常改变其利润分配政策，应保持一定的连续性和稳定性。此外，利润分配政策还会受其他因素的影响，比如不同发展阶段、不同行业的公司股利支付比例会有差异，这就要求公司在进行政策选择时要考虑发展阶段以及所处行业状况。

（三）股东因素

股利政策最终要由代表股东利益的董事会来决定，股东在税负、投资机会、股权控制、规避风险等方面的意愿和态度也会对公司的股利政策产生影响。

1. 控制权

以现有股东为基础组成的董事会在长期的经营中可能形成了一定的有效控制格局，往往也会将股利政策作为维持其控制地位的工具。因为较高的股利支付率必然导致内部盈余的减少，从而使发行新股的可能性增大。这样又势必会稀释公司的控制权，意味着企业控制权有旁落他人或其他公司的可能，而这是原有股东不愿看到的局面。因此如果原有股东拿不出更多的资金购买新股，则倾向于少分股利甚至不分股利。

2. 稳定收入

如果股东依赖现金股利维持生活，他们往往要求公司能够支付稳定的股利，而反对留存过多的利润。还有一些股东认为通过增加留存收益引起股价上涨而获得资本利得是有风险的，而目前的股利是确定的，即便是现在较少的股利，也强于未来的资本利得，因此他们往往也要求较多的股利支付。

3. 避税

政府对企业利润征收所得税以后，还要对自然人股东征收个人所得税，股利收入的税率要高于资本利得的税率。一些高股利收入的股东出于避税的考虑，往往倾向于较低的股利支付水平。

（四）其他因素

1. 债务契约

一般来说，股利支付水平越高，留存收益越少，公司的破产风险加大，就越有可能损害债权人的利益。因此，为了保证自己的利益不受侵害，债权人通常都会在债务契约、租赁合同中加入关于借款公司股利政策的限制条款。

2. 通货膨胀

当发生通货膨胀时，折旧基金的购买力水平下降，会导致没有足够的资金来源重置固定资产。公司为了维持原有生产能力，需要从保留盈余中予以补充，这时公司可能会采取偏紧的股利政策。

3. 资本市场的融资环境

当一个国家存在多种融资渠道和融资方式可供选择时，公司就可以更多地采用外部筹资方式满足发展需要，把更大比例的税后利润以现金股利的形式发放给股东；相反，如果融资环境较差，资本市场效率低下，公司就只能更多地采用内部融资方式，采取偏紧的股利政策。

第二节 股利概念与支付程序

一、股利的概念

股利是股息和红利的总称，是股东依据其拥有的公司股份（或投资额）从公司分得的利润，也是董事会正式宣布从公司净利中分配给股东，作为给股东对公司投资的一种报酬。

股息和红利都是股东投资的收益，在本质上并无多大差别，但是在形式上，他们还是存在不同之处。股息指优先股股东按照固定比例定期提取的公司经营收益，这一固定比例同债券利息率一样，是事先约定的，并且在一定时期内固定不变，公司只要在营业年度有可进行分配的收益，就要分配股息。而红利则不同，红利是指普通股股东在分配股息之后从公司剩余部分中分配获得的不定期收益。红利的分配额取决于公司当年的盈利状况和股利分配政策，其分配比例不是事先约定的。由于我国上市公司发放优先股尚不普遍，因此实务中人们对股息和红利并不做严格区分，更为普遍的是用“股利”这一概念代表上市公司的利润分配。

二、股利的种类

股利支付方式有现金股利、财产股利、负债股利、股票股利四种。

1. 现金股利

现金股利是以现金支付的股利，是股利支付的最主要的方式。公司支付现金股利除了要有累计盈余（特殊情况下可用弥补亏损后的盈余公积支付）外，还要有足够的现金。

2. 股票股利

股票股利是以增发股票作为股利的支付方式。对公司而言，股票股利不需要使用公司的资金，不会导致公司资产的流出或负债的增加。同时，股票股利也不增加公司的资产，不直接增加股东的财富（即股东权益总额），但是会引起股东权益各项目的结构发生变化。对股东而言，发放股票股利只是增加了股东持有股票的股数，并没有产生现实的股利收入。

3. 财产股利

财产股利是以现金以外的财产支付的股利，主要是指证券股利。证券股利指的是公司拥有其他企业的有价证券，如股票、债券等，将其作为股利支付给股东。

4. 负债股利

负债股利是公司以负债支付的股利，通常以公司的应付票据支付给股东，特殊情况下也可发行公司债券以支付股利。这种形式会增加公司的负债，改变公司的资本结构。

在我国上市公司的股利分配实践中，股利支付方式是现金股利、股票股利或者是两种方式兼有的组合分配方式。部分上市公司在实施现金股利和股票股利的利润分配方案时，有时也会同时实施从资本公积转增股本的方案。

此外，公司还可以使用财产和负债支付方式支付股利。财产股利和负债股利实际上是现金股利的替代。这两种股利方式目前在我国公司实务中很少使用，但并非法律所禁止。

三、股利的支付程序

上市公司股利分配的基本程序是，首先由公司董事会根据公司盈利水平和股利政策，制定股利分派方案，提交股东大会审议，通过后方能生效。董事会可将股利分配方案向股东宣布，并在规定的股利发放日以约定的支付方式派发。在经过上述决策程序之后，公司方可对外发布股利分配公告、具体实施分配方案。我国股利分配决策权属于股东大会。

股份有限公司向股东支付股利，其过程主要经历以下几个关键日期：股利宣告日、股权登记日、除权日和股利支付日。

（一）股利宣告日

即公司董事会将股东大会通过本年度利润分配方案的情况以及股利支付情况予以公告的日期。公告中将宣布每股派发股利、股权登记日、除权日、股利支付日以及派发对象等事项。

（二）股权登记日

登记日指董事会宣告股利时所确定的，投资者进行股东身份登记并取得即将发放的股利的权利的日期。当公司董事会发布股利发放公告时就确定了一个登记日。只有在股权登记日前在公司股东名册上登记的股东，才有权分享股利。

（三）除权日

除权日，也称除息日，是指领取股利的权利与股票彼此分开的日期，即将股票中含有的股利分配权力予以解除，在除息日当日及以后买入的股票不再享有本次股利分配的权利。我国上市公司的除息日通常在登记日的下一个交易日。

（四）股利支付日

股利支付日，是公司确定的向股东正式发放股利的日期。公司通过资金清算系统或其他方式将股利支付给股东。

例如，世纪嘉华公司3月10日召开股东大会，宣布5月15日向股东支付每股10元的现金股利，股权登记日为4月15日。如果一个投资者在4月15日前购买了该公司的股票，那么即使他在4月16日至5月15日之间卖掉持有的股票，在5月15日他仍将收到公司汇来的现金股利。

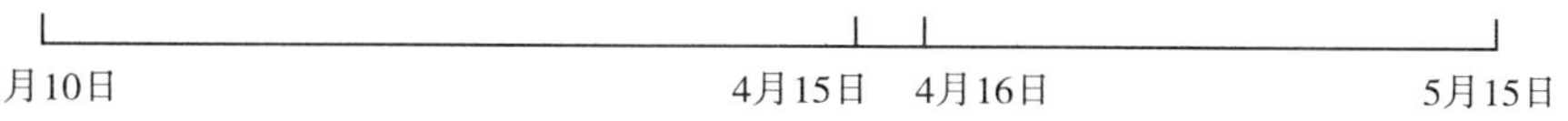

在本例中，3月10日是股东大会宣布发放股利的日期，即宣告日。5月15日（发放日）向4月15日（登记日）前登记在册的股东支付股利。而4月16日（除权日）起购买股票的股东就无权取得这一期的股利。

第三节 股利理论与政策

股利分配的核心问题是如何权衡公司股利支付决策与未来长期增长之间的关系，以实现公司价值最大化的财务管理目标。围绕着公司股利政策是否影响公司价值这一问题，主要有两类不同的股利理论：股利无关论和股利相关论。

一、股利理论

（一）股利无关论

在股利政策研究中，最重要的贡献是米勒和莫迪格利安尼于1961年发表的《股利政策、增长和股票价值》一文，这也是人们第一次对股利政策的性质和影响进行系统的分析。米勒和莫迪格利安尼在发表的论文中提出，在严格的假设条件下，股利政策不会对企业股票的价值产生任何影响。公司的股票价格完全是由其投资决策决定的，而不受股利政策的影响。

股利无关论认为：

1. 投资者并不关心公司股利的分配

若公司留存较多的利润用于再投资，会导致公司股票价格上升；此时尽管股利较低，但需用现金的投资者可以出售股票换取现金。若公司发放较多的股利，投资者又可以用现金再买入一些股票以扩大投资。也就是说，投资者对股利和资本利得并无偏好。

2. 股利的支付比率不影响公司的价值

既然投资者不关心股利的分配，公司的价值就完全由其投资政策及其获利能力所决定，公司的盈余在股利和保留盈余之间的分配并不影响公司的价值，既不会使公司价值增加，也不会使公司价值降低（即使公司有理想的投资机会而支付了高额股利，也可以募集新股，新投资者会认可公司的投资机会）。

（二）股利相关论

股利无关理论是在完美资本市场的一系列假设下提出的，如果放宽这些假设条件，股利政策就会显现出对公司价值（或股票价格）产生的影响。

1. 所得税差异理论

所得税差异理论放宽了 MM 理论中无税收的假设，引进了税赋因素来研究股利政策。当现金股利与资本利得之间存在显著的税负差异时，税负差异效应会成为影响股利形式的相当重要的因素。如果现金股利税高于资本利得税，则这一效应对股利政策的影响会使公司倾向于支付较低水平的股利。我国税法规定，股东接受现金股利收入需缴纳的所得税税率为20%，而股票交易尚未征收资本利得税。因此，在现金股利和资本收益之间存在着一个税收差异。从税收的角度讲，较低的现金股利维护了股票投资者的利益。

2. “手中鸟”理论

“手中鸟”理论认为，用留存收益再投资给投资者带来的收益具有较大的不确定性，并且投资的风险随着时间的推移会进一步加大。因此，厌恶风险的投资者会偏好确定的股利收益，而不愿将收益留存在公司内部去承担未来的投资风险。该理论认为公司的股利政策与公司的股票价格是密切相关的，即当公司支付较高的股利时，公司的股票价格会随之上升，公司价值将得到提高。

3. 信号传递理论

信号传递理论认为，在信息不对称的情况下，公司可以通过股利政策向市场传递有关公司未来获利能力的信息，从而影响公司的股价。一般来讲，预期未来获利能力强的公司，往往愿意通过相对较高的股利支付水平把自己同预期获利能力差的公司区别开来，以吸引更多的投资者。对于市场上的投资者来讲，股利政策的差异或许是反映公司预期获利能力的有价值的信号。如果公司连续保持较为稳定的股利支付水平，那么，投资者就可能对公司未来的盈利能力与现金流抱有乐观的预期。另外，如果公司的股利支付水平在过去一个较长的时期内相对稳定，而现在却有所变动，投资者将会把这种现象看作公司管理当局将改变公司未来收益率的信号，股票市价将会对股利的变动作出反应。

4. 代理理论

代理理论认为，股利的支付能够有效地降低代理成本。首先，股利的支付减少了管理人员对自由现金流量的支配权，促进资金最佳配置；其次，大额股利的发放使得公司投资资本由留存收益供给的可能性减小，为了满足新增投资的资金需求，就必须寻求外部债权和权益融资。而外部融资，无论是债权融资还是股权融资，都势必会使公司接受更为严格的监督和检查。例如，银行要仔细分析公司的经营状况，以及未来的盈利能力和偿债能力，证券交易委员会要求对公司的财务状况进行严格而认真的审查并公布给投资者。

二、股利政策

在实务中，公司常用的股利政策主要有以下四种类型：剩余股利政策、固定或持续增长的股利政策、固定股利支付率政策、低正常股利加额外股利政策。下面对这四种股利政策分别予以介绍：

（一）剩余股利政策

1. 剩余股利政策的含义和理论依据

剩余股利政策是指当公司存在较好的投资机会时，将净利润首先用于满足公司投资项目对权益资本的需要，然后如果有剩余的话，再将剩余的部分用于向股东发放股利，如果没有剩余，则不发放股利。

因此，采用剩余股利政策的前提是将盈余再投资后得到的报酬率超过投资者自行将盈余投资到具有类似风险的投资机会所能得到的报酬率，否则将影响到股东的实际利益。

剩余股利政策以股利无关论为依据，该理论认为股利的支付水平不会对股价和公司价值产生影响。因此，企业可以优先用内部留存收益资金满足未来投资需要，并始终保持最优资本结构。在最优资本结构下，企业的加权平均资本成本最低，企业价值最大。

2. 剩余股利政策的实施步骤

（1）确定目标资本结构。即确定企业权益资本和债务资本的比例关系，具体方法主要有比较资本成本法、每股收益无差别点分析法和比较公司价值法。

（2）确定目标资本结构下投资项目所需要的权益资本数额。即根据投资总额和权益资本与债务资本的最优比例关系，确定投资项目所需要的权益资本的数额。其计算公式为：

投资项目所需要的权益资本数额

=项目投资总额×目标资本结构下权益资本占总资本的比重

（3）最大限度地使用保留盈余来满足投资项目对权益资本的需要。

（4）在满足了投资项目对权益资本的需要后，如果没有剩余的净利润，则不发放股利；如果还有剩余的净利润，则将剩余的净利润作为股利发给股东。其计算公式为：

股利发放额=税后净利润－投资项目所需要的权益资本

【例8－1】长江公司2017年税后净利润为1 000万元，本年度按照10%的比例提取法定盈余公积，根据股东大会的决议，按照10%的比例提取任意盈余公积。长江公司目前的资本结构（权益资本占60%，债务资本占40%）是最优资本结构，公司流通在外的普通股为100万股，预计2010年项目投资总额为1 000万元。如果采用剩余股利政策，长江公司2018年项目投资资金该如何筹集？普通股每股股利是多少？

在保持最优资本结构不变的前提下，公司可以通过权益资本和举债两种筹资方式来筹集2018年项目投资的资金

权益资本筹资金额=1 000×60%=600（万元）

对外举债筹资金额=1 000×40%=400（万元）

可供分配的税后利润=1 000－600=400（万元）

普通股每股股利=400÷100=4（元/股）

提取法定盈余公积=1 000×10%=100（万元）

提取任意盈余公积 = 1 000 × 10% = 100（万元）

其中，权益资本筹资构成中，法定盈余公积为 100 万元，任意盈余公积为 100 万元，留存收益为 400 万元。

3. 剩余股利政策的优缺点及适用范围

剩余股利政策，意味着公司倾向保持理想的资本结构，使加权资本成本达到最低。而现金股利支付的多少则取决于未来投资额，公司将剩余的盈余用于发放股利。

剩余股利政策的优点主要有：

（1）在剩余股利政策下，留存收益优先保证再投资的需要，不仅筹资成本低，而且可以保持良好的资本结构。

（2）采用剩余股利政策的企业具有良好的投资机会，投资者会对公司未来发展产生比较好的预期，因而其股价会上升，有利于增加股东财富。

剩余股利政策的缺点主要有：

（1）在剩余股利政策下，股利支付水平每年会随投资机会和盈利水平的变化而波动，导致各期股利不够稳定，因而不会受到希望有稳定的股利收入的股东的欢迎。

（2）在实际资本市场中，公司价值不仅由其投资项目的获利能力决定，而且会受到股利政策和股东偏好等因素的影响，剩余股利政策不利于股东安排收入与支出，也不利于公司树立良好的形象。

剩余股利政策主要适用于初创阶段。

（二）固定或稳定增长的股利政策

1. 固定或稳定增长的股利政策的含义和理论依据

固定或稳定增长的增长股利政策是指公司将每年发放的股利固定在某一特定水平或是在此基础上维持某一固定比例逐年稳定增长。只有在确信公司未来的盈利增长不会发生逆转时，才会宣布实施固定或者稳定增长的股利政策。

固定或稳定增长的股利政策以“在手之鸟”理论为依据，该理论认为投资者偏好的是现金股利而不是资本利得，股利政策直接影响企业价值，支付的股利越多，股票价格越高，企业价值也越大。

2. 固定或稳定增长的股利政策的优缺点及适用范围

固定或稳定增长股利政策的优点主要有：

（1）稳定的股利向市场传递着公司正常发展的信息，有利于树立公司的良好形象，增强股东和投资者对公司的信心，进而稳定公司股票的价格；

（2）稳定的股利有利于投资者安排收入和支出，有利于吸引那些打算做长期投资的股东，尤其是那些对股利有着很强依赖性的股东会更欢迎这种股利政策；

（3）固定或稳定增长的股利政策可能会不符合剩余股利理论，但考虑到股票市场会受多种因素影响（包括股东的心理状态和其他要求），为了将股利或股利增长率维持在稳定的水平上，即使推迟某些投资方案或暂时偏离目标资本结构，也可能比降低股利或股利增长率更为有利。

固定或稳定增长股利政策的缺点有：

（1）固定或稳定增长股利政策下的股利支付额只升不降，股利支付与公司盈利脱离，可能会导致资金短缺，财务状况恶化。

（2）在企业无利可分的情况下，若依然实施固定或稳定增长的股利政策，也是违反《公司法》的行为。

一般来说，公司确定的固定股利额不应太高，以免陷入公司无力支付的被动局面。固定或稳定增长的股利政策一般适用于经营比较稳定或正处于成长期的企业，但很难被长期采用。

（三）固定股利支付率政策

1. 固定股利支付率政策的含义与理论依据

固定股利支付率政策是指公司将每年净收益的某一固定百分比作为股利分派给股东。这一百分比称为股利支付率，股利支付率一经确定，一般不得随意变更。在这一股利政策下，每年发放的股利额都等于净利润乘以固定的股利支付率。不同年度的公司股利额会随公司经营业绩的好坏而上下波动。

固定股利支付率政策的理论依据是“在手之鸟”理论，根据投资者厌恶风险，喜欢现在收益的特性，通过派发股利以满足投资者的愿望，使公司股价处于较高位置。

2. 固定股利支付率政策的优缺点及适用范围

固定股利支付率政策的优点：

（1）采用固定股利支付率政策，股利与公司盈余紧密相关，真正体现“多盈多分，少盈少分，无盈不分”的股利分配原则。

（2）由于公司的获利能力在年度间是经常变动的，因此，每年的股利也应当随着公司收益的变动而变动。采用固定股利支付率政策，不会给公司带来固定的财务负担，从企业支付能力的角度看，这是一种稳定的股利政策。

固定股利支付率政策的缺点：

（1）固定股利支付率政策传递的信息容易成为公司的不利因素。大多数公司每年的收益很难保持稳定不变，导致年度间的股利额波动较大，从而给投资者留下公司经营状况不够稳定、投资风险较大的不良印象，成为股价的不利因素。

（2）容易使公司面临较大的财务压力。当公司的现金流量状况不好时，如果按照盈余的固定比例发放股利时，就会给公司造成较大的财务压力。

（3）确定合理的股利支付率难度很大。如果固定股利支付率太低，则不能满足投资者对现实股利的要求；反之，如果固定股利支付率过高，会给公司带来较大的财务压力，导致大量的现金流出，不利于企业长远发展。

由于公司每年面临的投资机会、筹资渠道都不同，而这些都会影响公司的股利分派，所以，一成不变地奉行固定股利支付率政策的公司在实际中并不多见。固定股利支付率政策比较适合于发展稳定且财务状况也比较稳定的公司。

（四）低正常股利加额外股利政策

1. 低正常股利加额外股利政策的含义和理论依据

低正常股利加额外股利政策是指企业在一般情况下，每年只向股东支付某一固定的、金额较低的股利（这一部分可称之为正常股利），在盈利情况较好、资金较为充裕的年度，除发放正常股利外，企业还根据实际情况向股东额外发放金额较大的股利（这一部分可称之为额外股利）。但是，额外股利并不固定化，不意味着公司永久地提高了股利支付额。可以用以下公式表示：

$$Y = a + bX$$

其中，Y 为每股股利；X 为每股收益；a 为低正常股利；b 为额外股利支付比率。

低正常股利加额外股利政策的理论依据是“在手之鸟”理论和股利信号理论。由于公司派发的股利维持在一个较低的水平上，在公司盈利较少或需用较多的保留盈余进行投资时，公司仍能按照既定的股利水平派发股利，体现“在手之鸟”理论；一旦公司盈利较多且有剩余现金，公司可派发额外股利，体现股利信号理论，有利于股票价格的上扬。

2. 低正常股利加额外股利政策的优缺点及适用范围

低正常股利加额外股利政策的优点：

（1）这种股利政策具有较大的财务弹性，赋予公司较大的灵活性，不会给公司带来较大的财务压力。

（2）公司可以根据每年的具体情况，选择不同的股利发放水平，以稳定和提高股价，进而实现公司价值的最大化。

（3）这种股利政策可使偏好发放股利的股东每年至少可以得到虽然较低但比较稳定的股利收入，从而吸引住这部分股东。

低正常股利加额外股利政策的缺点如下：

（1）不同年度公司盈利的波动使得额外股利不断变化，容易给投资者以公司收益不稳定的感觉。

（2）当公司在较长时期持续发放额外股利后，这一部分额外股利可能被认为是“正常股利”，而一旦取消了这一部分额外股利，可能使股东认为这是公司财务状况恶化的表现，进而会引起公司股价下跌等不良后果。

对那些盈利随着经济周期而波动较大的公司或者盈利与现金流量很不稳定时，低正常股利加额外股利政策也许是一种不错的选择。

第四节　股票股利

股票股利是股利政策的重要组成部分。股票股利的发放是为让股东分享公司的盈利而无须分配资金，有利于公司将更多的现金用于再投资和扩展业务，有利于公司的长期健康稳定发展。在盈利和现金股利不会增加的情况下，股票股利的发放可以有效降低股票价格，有利于吸引更多的中小投资者。发放股票股利向社会传递公司将会继续发展的信息，从而提高投资者对公司的信心，在一定程度上有助于稳定股票价格。对股东而言，有时候公司发放股票股利后其股价并不成比例下降，这使股东得到股票价值相对上升的好处。而且，现金股利需要缴纳所得税，而股票股利则不需要纳税，即使将来出售股票，由于我国尚未开征资本利得税，股东可从中获得纳税上的好处。

一、股票股利的含义

股票股利是公司以发放的股票作为股利的支付方式，是一种特殊形式的股利。用于发放股票股利的，除了当年可供分配的利润外，还有公司的盈余公积和资本公积。

股票股利最早出现在英国。为了向东方开拓殖民地，英国于1600年成立了东印度公司。1682年，东印度公司在航海以后没有足够的现金向股东支付股利，于是便用下次航海的股份来代替现金，这是世界上首例股票股利。此后，股票股利在英、美等国的股份公司中十分普遍。

股票股利并不直接增加股东的财富，不会导致公司资产的流出或负债的增加，因而不是公司资金的使用，不改变每位股东的股权比例。但是股票股利会引起所有者权益各项目的结构发生变化。另外，发放股票股利将增加发行在外的股票数量，会导致每股股票所拥有的股东权益账面价值的减少和每股收益的降低。

【例8-2】长江公司日前宣布发放股票股利，《配股说明书》中规定：“本次配股以2017年12月31日公司总股本（全部为普通股）100万股为基数，按照每10股配1股的比例向全体股东配售，可配售股份总额为10万股。”公司股票面值1元，目前股票市价8元，发放股票股利前公司的股东权益情况见表8-1。要求：计算发放股票股利后公司股东权益各项目的金额。

表8-1　　发放股票股利前的股东权益

股东权益项目	金额（万元）
普通股	100
资本公积	50
未分配利润	200
股东权益合计	350

计算如下：

“未分配利润”减少额 = 100 × 10% × 8 = 80（万元）

“普通股”增加额 = 100 × 10% = 10（万元）

“资本公积”增加额 = 80 - 10 = 70（万元）

发放股票股利后，公司股东权益各项目见表8－2。

表8－2　　发放股票股利后的股东权益（西方国家做法）

股东权益项目	金额
普通股/万元	110
资本公积/万元	120
未分配利润/万元	120
股东权益合计/万元	350

可见，发放股票股利后，股东权益总额不变，但股东权益结构（即各股东权益项目的构成比例）会发生变化。

以上介绍的是西方国家的做法，即以普通股的市价为基础确定应借记“未分配利润”账户的金额。我国目前基本采取以面值为基础的做法。仍以上例为基础，10%的股票股利发放后，该公司资产负债表股东权益部分见表8－3。

表8－3　　发放股票股利后的股东权益（我国做法）

股东权益项目	金额
普通股/万元	110
资本公积/万元	50
未分配利润/万元	190
股东权益合计/万元	350

虽然股票股利不影响企业股东权益的总额，但由于股利发放过程要遵循防止资本侵蚀等条款的约定，企业在发放股票股利时应该考虑到这样做会减少留存收益的金额，以后可用于发放现金股利的金额会少一些。

二、股票股利对每股收益和每股市价的影响

发放股票股利对每股收益的影响，可以通过对每股收益的调整直接进行计算。其计算公式为：

$$\text{发放股票股利后的股份总数} = N_0 \times (1 + D_s) \qquad (8-1)$$

$$\text{发放股票股利后的每股收益} = \frac{E_0}{1 + D_s} \qquad (8-2)$$

式中：N_0为发放股票股利前公司发行在外的股份总数；D_s为股票股利发放率（即配股比例）。

【例8－3】长江公司2017年实现净利润1 000万元，股本总数为100万股，按照10%

的比例发放股票股利。计算发放股票股利后的股份总数、每股收益。

发放股票股利后的股份总数 = 100 × (1 + 10%) = 110(万股)

发放股票股利前的每股收益 = 1 000 ÷ 100 = 10(元)

发放股票股利后的每股收益 = 10 ÷ (1 + 10%) = 9.09(元)

股票的每股市价不仅会受到公司业绩因素的影响，同时也会受到非业绩因素（如股东心理）等因素的影响。下面所指发放股票股利后的股价，是指在其他因素不变的前提下，发放股票股利对公司产生影响后的每股市价。

$$发放股票股利后的每股市价 = \frac{P_0}{1 + D_s} \tag{8-3}$$

式（8－3）中，P_0 为股票股利发放前的每股市价。

【例 8－4】 长江公司 2009 年发放股票股利前每股市价为 8 元，股本总数为 100 万股，按照 10% 的比例发放股票股利。计算发放股票股利后的每股市价。

发放股票股利后的每股市价 = 8 ÷ (1 + 10%) = 7.27(元)

一般情况下，公司在公布发放股票股利后短时间内股价会上升，股价的增长更多的是因为投资者把股票股利当做企业未来高盈利和高股利的信号，而不是因为投资者喜欢股票股利本身。因为管理者认为企业的前景很好时才会分割股票，所以股票股利的宣布可以被看做是未来盈利增加的信号。但是如果此后的几个月内，企业没有宣布盈余和股利的增加，股价就会回落到原来的水平。而且对于低价格的股票，经纪佣金所占的百分比通常较高，这会降低股票的流动性。但是毕竟，股票股利给管理者提供了一种能以相对较低成本传递企业正在迅速发展信息的一种方式。

股票分割又称股票拆细，是指将公司原来的面额较高的股票按照一定比例拆分成面额较低的股票的经济行为。股票股利和股票分割的区分标准一般要由国家证券管理等有关部门以法律法规等形式确定，有些国家证券交易机构规定，发放 25% 以上的股票股利属于股票分割，目前我国还没有这样的规定。实施股票分割后，公司发行在外的股份总数增加，每股收益和每股市价降低，而资产负债表中股东权益总额、股东权益各账户（股本、资本公积、留存收益）的余额、股东权益各账户之间的比例关系都保持不变。

练习题

一、名词解释

股利　股利政策　股利无关论　所得税差异理论　“手中鸟”理论　信号传递理论　代理理论

二、简答题

1. 结合我国上市公司的实际情况，分析公司在确定股利分配政策时是否存在代理问题。如果存在，主要表现在哪些方面？

2. 2008 年 10 月 9 日，中国证监会发布的《关于修改上市公司现金分红若干规定的决定》将《上市公司证券发行管理办法》第八条第（五）项“最近三年以现金或股票方式累计分配的利润不少于最近三年实现的年均可分配利润的 20%”修改为“最近三年以现金方式累计分配的利润不少于最近三年实现的年均可分配利润的 30%”。该项内容的修改提高了公司发行股票的现金分红标准，其目的在于鼓励上市公司现金分红。请分析：证监会为什么要作出鼓励现金分红的规定？现金分红的多少对公司和股东有什么影响？

三、单项选择题

1. 下列净利润分配事项中，根据相关法律法规和制度，应当最后进行的是（　　）。

A. 向股东分配股利　　B. 提取任意公积金

C. 提取法定公积金　　D. 弥补以前年度亏损

2. 某公司 2016 年年初的未分配利润为 100 万元，当年的税后利润为 400 万元，2017 年年初公司讨论决定股利分配的数额。公司的目标资本结构为权益资本占 60%，债务资本占 40%，2017 年不打算继续保持目前的资本结构，也不准备追加投资。按有关法规规定该公司应该至少提取 10% 的法定公积金。则该公司最多用于派发的现金股利为（　　）万元。

A. 460　　B. 450　　C. 400　　D. 500

3. 某股利分配理论认为，由于对资本利得收益征收的税率低于对股利收益征收的税率，企业应采用低股利政策。该股利分配理论是（　　）。

A. 代理理论　　B. 信号传递理论

C. “手中鸟”理论　　D. 所得税差异理论

4. 厌恶风险的投资者偏好确定的股利收益，而不愿将收益存在公司内部去承担未来的投资风险，因此公司采用高现金股利政策有利于提升公司价值，这种观点的理论依据是（　　）。

A. 代理理论　　B. 所得税差异理论

C. 信号传递理论　　D. “手中鸟”理论

5. 某企业在选择股利政策时，以代理成本和外部融资成本之和最小化为标准。该企业所依据的股利理论是（　　）。

A. “手中鸟”理论　　B. 信号传递理论

C. MM 理论　　D. 代理理论

6. 下列股利政策中是基于股利无关论的政策的是（　　）。

A. 剩余股利政策　　B. 固定或稳定增长的股利政策

C. 固定股利支付率政策　　D. 低正常股利加额外股利政策

7. 甲公司 2016 年实现税后利润 1 000 万元，2016 年年初未分配利润为 200 万元。公司按 10% 提取法定盈余公积。预计 2017 年需要新增投资资本 500 万元。目标资本结构（债务/权益）为 4/6。公司执行剩余股利分配政策，2016 年可分配现金股利（　　）万元。

A. 700　　B. 800　　C. 900　　D. 600

8. 公司采用固定股利政策发放股利的好处主要表现为（　　）。

A. 降低资金成本　　B. 维持股价稳定
C. 提高支付能力　　D. 实现资本保全

9. 下列各项中，属于固定股利支付率政策的优点是（　　）。
A. 股利与公司盈余紧密配合　　B. 有利于树立公司的良好形象
C. 股利分配有较大灵活性　　D. 有利于稳定公司的股价

10. 相对于其他股利政策而言，既可以维持股利的稳定性，又有利于优化资本结构的股利政策是（　　）。
A. 剩余股利政策　　B. 固定股利政策
C. 固定股利支付率政策　　D. 低正常股利加额外股利政策

11. 最适用于盈利随着经济周期而波动较大的公司的股利政策是（　　）。
A. 剩余股利政策　　B. 固定或稳定增长型股利政策
C. 固定股利支付率政策　　D. 低正常股利加额外股利政策

12. 在确定企业的收益分配政策时，应当考虑相关因素的影响，其中“资本保全约束”属于（　　）。
A. 股东因素　　B. 公司因素
C. 法律因素　　D. 债务契约因素

13. 下列关于股利分配政策的表述中，正确的是（　　）。
A. 公司盈余的稳定程度与股利支付水平负相关
B. 偿债能力弱的公司一般不应采用高现金股利政策
C. 基于控制权的考虑，股东会倾向于较高的股利支付水平
D. 债权人不会影响公司的股利分配政策

14. 如果上市公司以其应付票据作为股利支付给股东，则这种股利的方式称为（　　）。
A. 现金股利　　B. 股票股利　　C. 财产股利　　D. 负债股利

15. 如果上市公司主要是以公司所拥有的其他公司的股票作为股利支付给股东的方式称为（　　）。
A. 现金股利　　B. 股票股利　　C. 财产股利　　D. 负债股利

四、多项选择题

1. 下列各项中，属于剩余股利政策优点有（　　）。
A. 保持目标资本结构　　B. 降低再投资资本成本
C. 使股利与企业盈余紧密结合　　D. 实现企业价值的长期最大化

2. 公司在制定利润分配政策时应考虑的因素有（　　）。
A. 通货膨胀因素　　B. 股东因素　　C. 法律因素　　D. 公司因素

3. 按照资本保全约束的要求，企业发放股利所需资金的来源包括（　　）。
A. 当期利润　　B. 留存收益　　C. 原始投资　　D. 股本

4. 下列关于发放股票股利的表述中，正确的有（　　）。
A. 不会导致公司现金流出　　B. 会增加公司流通在外的股票数量

C. 会改变公司股东权益的内部结构　　D. 会对公司股东权益总额产生影响

5. 公司发放股票股利的优点有（　　）。

A. 节约公司现金　　B. 有利于促进股票的交易和流通

C. 给股东带来纳税上的好处　　D. 有利于减少负债比重

五、计算题

1. 2016 年 M 公司获得 1 500 万元净利润，其中 300 万元用于支付股利。2016 年企业经营正常，在过去 5 年中，净利润增长率一直保持在 10%。然而，预计 2017 年净利润将达到 1 800 万元，2017 年公司预期将有 1 200 万元的投资机会。预计 M 公司未来无法维持 2017 年的净利润增长水平（2017 年的高水平净利润归因于 2017 年引进的盈余水平超常的新生产线），2018 年及以后公司仍将恢复到 10% 的增长率。2017 年 M 公司的目标负债率为 40%，未来将维持在此水平。

要求：分别计算在以下各种情况下 M 公司 2017 年的预期股利：

（1）公司采取稳定增长的股利政策，2017 年的股利水平设定旨在使股利能够按长期盈余增长率增长；

（2）公司保持 2016 年的股利支付率；

（3）公司采用剩余股利政策；

（4）公司采用低正常股利加额外股利政策，低正常股利基于长期增长率，超额股利基于剩余股利政策（分别指明低正常股利和超额股利）。

2. A 公司利润分配前的股东权益结构如表 8－4 所示。

表 8－4　　股东权益结构

股本（面值 2.5 元，发行 20 万股）	50
资本公积	15
未分配利润	160
股东权益合计	225

已知本年净利润为 45 万元，每股市价为 20 元。

要求：

（1）计算利润分配前的每股收益、每股净资产、市盈率。

（2）若考虑按面值发放 6% 的股票股利，计算发放股票股利后的下列指标：

①股东权益各项目数额有何变化？

②每股收益。

③每股净资产。

（3）若按 1:2 的比例进行股票分割，分割后：

①股东权益各项目有何变化？

②每股收益为多少？

③每股净资产为多少？

第九章　预算管理

凡事预则立，不预则废。预算管理是科学管理的基本手段之一。资源是有限的，为了利用有限的资源产生更多的利润，提高管理控制能力和应对风险与不确定性的能力，企业必须事先做好预算工作。

第一节　全面预算管理的主要内容

预算是计划工作的成果，它既是决策的具体化，又是控制生产经营活动的依据。预算在传统上被看成是控制支出的工具，但新的观念将其看成是“利用企业现有资源增加企业价值的一种方法”。

一、全面预算的内容

全面预算是企业根据战略规划、经营目标和资源状况，运用系统方法编制的企业经营、资本、财务等一系列业务管理标准和行动计划，据以进行控制、监督和考核、激励。

全面预算体系内部各项预算之间的关系比较复杂，图 9－1 反映了各预算之间的主要联系。

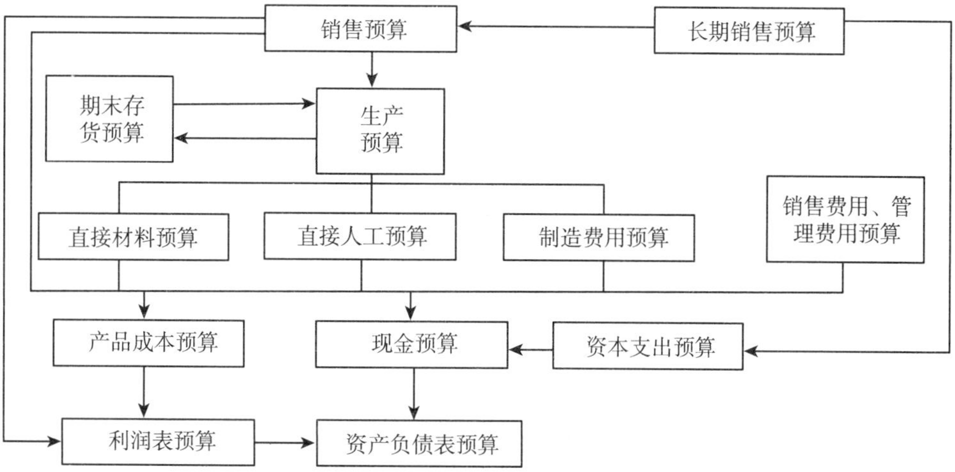

图 9－1　全面预算体系关系图解

二、预算的分类

1. 按预算的时间，可分为长期预算和短期预算

长期预算一般是指超过一年期的长期投资方面的预算。短期预算是指企业在一年内经营活动、财务活动等方面的预算。一般情况下，企业的业务预算和财务预算多为1年期的短期预算，年内再按季或月细分，而且预算期间往往与会计期间保持一致。

2. 按预算的内容，可分为业务预算、专门决策预算和财务预算

业务预算也称经营预算，是指企业为日常发生的经营收入和经营支出所编制的预算，简称业务预算。

专门决策预算是指企业为在预算期内不经常发生的经济业务和一次性经济业务所编制的预算，也称投资预算或者称专门预算。

财务预算是根据预算期内的现金收支、经营成果和财务状况而编制的预算。

3. 按预算编制的方法，可分为固定预算与弹性预算、零基预算与增量预算，以及定期预算与滚动预算

固定预算或称静态预算，是指按预算期内一定的业务量水平确定各种费用而编制的预算。弹性预算又称变动预算，是指在成本性态分析基础上，按照预算期内可能发生的不同业务量水平而编制的预算。

增量预算是指在基期成本费用水平的基础上，结合预算期业务量水平及有关降低成本的措施，通过调整有关原有成本费用项目而编制预算的方法。零基预算，是指在编制预算时，对于所有的预算支出均以零为基础，不考虑其以往情况如何，从实际需要与可能出发，研究分析各项预算费用开支是否必要、合理，进行综合平衡，从而确定预算费用。

定期预算是指以会计年度为单位编制的各类预算。滚动预算又称永续预算，其主要特点在于不将预算期与会计年度挂钩，而是始终保持十二个月，每过去一个月，就根据新的情况进行调整和修订后几个月的预算，并在原预算基础上增补下一个月的预算，从而逐期向后滚动，连续不断地以预算形式规划未来经营活动。

三、预算的作用

1. 预算通过引导和控制经济活动，使企业经营达到预期目标

编制预算的目的是为了贯彻目标管理原则，指导和控制业务的执行。在生产经营过程中，把实际情况与预算加以比较揭示出来的差异，可以考核各部门或有关人员的工作成绩，也用来检查预算编制的质量。有些实际工作脱离预算的差异，并不表示实际工作的好坏，而是预算本身的问题使预算脱离了实际。掌握这些情况，有利于改进下一期预算的编制工作。

2. 预算可以实现企业内部各个部门之间的协调

预算把整个企业各方面的工作严密地组织起来，而且把企业内部有关协作单位的配合关系也纳入统一的计划之中，使企业内部上下左右协调起来，环环相扣，达到平衡。这样更能发挥预算的控制作用。例如：在以销定产的经营方针下，生产预算应当以销售预算为前提；而现金收支预算必须以供、产、销过程中的现金流量为依据。

3. 预算可以作为业绩考核的标准

管理离不开激励，人们渴望对自己的工作业绩实施恰当的考评。预算指标的确定为企业各个部门和员工指明了努力的方向，而目标是否实现自然也就成为一种考核的工具。企业不仅可以通过预算目标的实际完成情况对各部门和员工的工作业绩进行考核和评价，而且各部门和员工也可以自觉地在工作过程中对照目标检视其工作，进行自我考评和加压。同时，预算是一种数字化管理的工具，它以量化的指标清晰地显示了目标、实际、偏差、责任、奖罚等，这就使得企业的业绩考评能够更加客观、明晰，并且落到实处，从而激励并约束企业内部各环节和人员的经济行为。

四、预算工作的组织

预算工作的组织包括决策层、管理层、执行层和考核层，具体如下：

（1）企业董事会或类似机构应当对企业预算的管理工作负总责。企业董事会或者经理办公室可以根据情况设立预算委员会或指定财务管理部门负责预算管理事宜，并对企业法定代表负责。

（2）预算委员会或财务管理部门主要拟定预算的目标、政策、制定预算管理的具体措施和办法，审议、平衡预算方案，组织下达预算、协调解决预算编制和执行中的问题，组织审计、考核预算的执行情况，督促企业完成预算目标。

（3）企业财务管理部门具体负责企业预算的跟踪管理，监督预算的执行情况，分析预算与实际执行的差异及原因，提出改进管理的意见与建议。

（4）企业内部生产、投资、物资、人力资源、市场营销等职能部门具体负责本部门业务涉及的预算编制、执行、分析等工作，并配合预算委员会或财务管理部门做好企业总预算的综合平衡、协调、分析、控制与考核等工作。其主要负责人参与企业预算委员会的工作，并对本部门预算执行结果承担责任。

（5）企业所属基层单位是企业预算的基本单位，在企业财务管理部门的指导下，负责本单位现金流量、经营成果和各项成本费用预算的编制、控制、分析工作，接受企业的检查、考核。其主要负责人对本单位财务预算的执行结果承担责任。

第二节 预算的编制方法与程序

企业全面预算的构成内容比较复杂，编制预算需要采用适当的方法。常见的预算方法主要包括增量预算法与零基预算法、固定预算法与弹性预算法、定期预算法与滚动预算法，这些方法广泛应用于营业活动有关预算的编制。

一、预算的编制方法

（一）增量预算法与零基预算法

按出发点的特征不同，编制预算的方法可分为增量预算法与零基预算法两大类。

1. 增量预算法

增量预算法又称调整预算法，是指以基期水平为基础，分析预算期业务量水平及有关影响因素的变动情况，通过调整基期项目及数额，编制相关预算的方法。

增量预算的前提条件是：（1）现有的业务活动是企业所必需的；（2）原有的各项业务都是合理的。

增量预算的缺点是当预算期的情况发生变化，预算数额会受到基期不合理因素的干扰，可能导致预算的不准确，不利于调动各部门达成预算目标的积极性。

2. 零基预算法

零基预算法是“以零为基础编制预算”的方法，采用零基预算法在编制费用预算时，不考虑以往期间的费用项目和费用数额，主要根据预算期的需要和可能分析费用项目和费用数额的合理性，综合平衡编制费用预算。运用零基预算法编制费用预算的具体步骤是：

（1）根据企业预算期利润目标、销售目标和生产指标等，分析预算期各项费用项目，并预测费用水平；

（2）拟定预算期各项费用的预算方案，权衡轻重缓急，划分费用支出的等级并排列先后顺序；

（3）根据企业预算期预算费用控制总额目标，按照费用支出等级及顺序，分解落实相应的费用控制目标，编制相应的费用预算。

应用零基预算法编制费用预算的优点是不受前期费用项目和费用水平的制约，能够调动各部门降低费用的积极性，但其缺点是编制工作量大。

（二）固定预算法与弹性预算法

按其业务量基础的数量特征的不同，编制预算的方法可分为固定预算法和弹性预算法两大类。

1. 固定预算法

固定预算法又称静态预算法，是指在编制预算时，只根据预算期内正常、可实现的某一固定的业务量（如生产量、销售量等）水平作为唯一基础来编制预算的方法。固定预算方法存在适应性差和可比性差的缺点，一般适用于经营业务稳定，生产产品产销量稳定，能准确预测产品需求及产品成本的企业，也可用于编制固定费用预算。

【例 9－1】 某种产品的固定预算，见表 9－1。

表 9－1　　　　固定预算产量（600 件）　　　　单位：元

成本项目	总成本	单位成本
直接材料	3 600	6
直接人工	1 200	2
制造费用	1 200	2
合计	6 000	10

如果该产品实际完成 800 件，实际总成本为 7 800 元，其中直接材料为 4 600 元，直接人工为 1 400 元，制造费用为 1 800 元，单位成本为 9. 75 元。实际费用与预算相比较，如果与固定预算相比，则超支很大；如果与按产量调整后的固定预算相比，又节约很多。两种方法比较的结果，见表 9－2。

表 9－2　　　　按产量调整的固定预算　　　　单位：元

成本项目	固定预算	实际费用	差异	按产量调整的固定预算	实际费用	差异
直接材料	3 600	4 600	1 000	4 800	4 600	－200
直接人工	1 200	1 400	＋200	1 600	14 000	－200
制造费用	1 200	1 800	＋600	1 600	1 800	＋200
合计	6 000	7 800	＋1 800	8 000	7 800	－200

这两种比较方法都不太合理，前者产量增加了，费用没有按产量调整，差异说明不了什么意义；后者全部按实际产量调整，然而，实际上其中一部分费用是固定不变的，如制造费用中的固定制造费用，因此也不妥当。

基于上述原因，固定预算只能适用于那些业务量水平较为稳定的企业或非盈利组织编制预算。如果用来衡量业务水平经常变动的企业，往往不合适，甚至还会引起人们的误解。

2. 弹性预算法

弹性预算法又称动态预算法，是在成本性态分析的基础上，依据业务量、成本和利润之间的联动关系，按照预算期内可能的一系列业务量（如生产量、销售量、工时等）水平编制的系列预算方法。

理论上，该方法适用于编制全面预算中所有与业务量有关的预算，但实务中主要用于编制成本费用预算和利润预算，尤其是成本费用预算。

编制弹性预算，要选用一个最能代表生产经营活动水平的业务量计量单位。例如，以手工操作为主的车间，就应选用人工工时；制造单一产品或零件的部门，可以选用实务数量；修理部门可以选用直接修理工时等。弹性预算法编制预算的准确性，在很大程度上取决于成本性态分析的可靠性。

与按特定业务量水平编制的固定预算相比，弹性预算有两个显著特点：（1）弹性预算是按一系列业务量水平编制的，从而扩大了预算的适用范围；（2）弹性预算是按成本性态分类列示的，在预算执行中可以计算一定实际业务量的预算成本，以便于预算执行的评价和考核。

运用弹性预算法编制预算的基本步骤是：

（1）选择业务量的计量单位；

（2）确定适用的业务量范围；

（3）逐项研究并确定各项成本和业务量之间的数量关系；

（4）计算各项预算成本，并用一定的方式来表达。

弹性预算又分为公式法和列表法两种具体方法：

1. 公式法

公式法是运用总成本性态模型，测算预算期的成本费用数额，并编制成本费用预算的方法。根据成本性态，成本与业务量之间的数量关系可用公式表示为：

$$y = a + bx$$

其中，y 表示某项预算成本总额，a 表示该项成本中的预算固定成本额，b 表示该项成本中的预算单位变动成本额，x 表示预计业务量。

【例 9－2】 表 9－3 为红谷公司 2018 年按公式法编制的制造费用弹性预算指标（部分），其中较大的混合成本项目已经被分解。

表 9－3　　红谷公司 2018 年制造费用弹性预算（公式法）

直接人工工时：500～770 小时　　单位：元

项　　目	固定成本（每月）a	变动成本（每人工工时）b
管理人员工资	600	
维修费	599	0.11
水费	80	0.08
辅助材料	100	0.21
燃油		0.06
辅助工工资		0.08

公式法的优点是便于计算任何业务量的预算成本；缺点是并非所有的成本都能分解并用“y = a + bx”公式来表示，如阶梯成本和曲线成本只能用数学方法进行修正，因此会有一定误差。

2. 列表法

列表法是在预计的业务量范围内将业务量分为若干个水平，然后按不同的业务量水平编制预算。应用列表法编制预算，首先要在确定的业务量范围内，划分出若干个不同水平，然后分别计算各项预算值，汇总列入一个预算表格。

【例 9－3】 表 9－4 为红谷公司 2018 年制造费用弹性预算。

表 9-4　　红谷公司 2018 年制造费用弹性预算（列表法）　　单位：元

业务量（直接人工工时）	4 800	5 400	6 000	6 600	7 200
生产能力（%）	80	90	100	110	120
变动成本：					
运输费用（b=0.4）	1 920	2 160	2 400	2 640	2 880
电力费用（b=1.0）	4 800	5 400	6 000	6 600	7 200
材料费用（b=0.6）	2 880	3 240	3 600	3 960	4 320
小计（2.00 元/小时）	9 600	10 800	12 000	13 200	14 400
混合成本：					
修理费用	2 000	2 050	2 100	2 150	2 200
油料费用	1 000	1 050	1 100	1 150	1 200
小计	3 000	3 100	3 200	3 300	3 400
固定成本：					
折旧费用	3 000	3 000	3 000	3 000	3 000
人工费用	1 000	1 000	1 000	1 000	1 000
小计	4 000	4 000	4 000	4 000	4 000
合计	16 600	17 900	19 200	20 500	21 800

列表法的优点是：不管实际业务量多少，不必经过计算即可找到与业务量相近的预算成本；混合成本中的阶梯成本和曲线成本，可按总成本性态模型计算填列，不必用数学方法修正为近似的直线成本。但是，运用列表法编制预算，在编制和考核实际成本时，往往需要使用插补法来计算“实际业务量的预算成本”，比较麻烦。

（三）定期预算法与滚动预算法

编制预算的方法按其预算期的时间特征不同，可分为定期预算法和滚动预算法两类。

1. 定期预算法

定期预算法是以固定不变的会计期间（如年度、季度、月份）作为预算期间编制预算的方法。采用定期预算法编制预算，保证预算期间与会计期间在时期上配比，便于依据会计报告的数据与预算的比较，考核和评价预算的执行结果。但不利于前后各个期间的预算衔接，不能适应连续不断的业务互动过程的预算管理。

2. 滚动预算法

滚动预算法又称为连续预算法或永续预算法，是在上期预算完成的基础上，调整和编制下期预算，并将预算期间逐期连续向后滚动推移，使预算期间保持一定的时期跨度。

采用滚动预算法编制预算，按照滚动的时间单位不同可分为逐月滚动、逐季滚动和混合滚动。

二、预算的编制程序

企业预算的编制，涉及经营管理的各个部门，只有执行人参与预算的编制，才能使预算成为他们自愿努力完成的目标。

企业预算的编制程序如下：

（1）企业决策机构根据长期计划，利用本量利等工具，提出企业一定时期的总目标，并下达规划指标；

（2）最基层成本控制人员自行草编预算，使预算较为可靠、较为符合实际；

（3）各部门汇总部门预算，并初步协调本部门预算，编制出销售、生产、财务等预算；

（4）预算委员会审查、平衡各预算，汇总出公司的总预算；

（5）经过总经理批准，审议机构通过或者驳回修改预算了；

（6）主要预算指标报告给董事会或上级主管单位，讨论通过或者驳回修改；

（7）批准后的预算下达给各部门执行。

第三节　营业预算的编制

营业预算是企业日常营业活动的预算，企业的营业活动涉及供产销等各个环节及业务。营业预算包括销售预算、生产预算、直接材料预算、直接人工预算、制造费用预算、产品成本预算、销售费用预算和管理费用预算等。

一、销售预算

销售预算是整个预算的编制起点，其他预算都以销售预算为基础。全面预算中几乎全部其他项目（包括产量要求、采购及经营费用）都取决于销售预算。因此，销售预算应尽量准确。而销售预算根据年度目标利润所规定的销售量和销售单价来编制，其准确性取决于准确的销售预测。销售预测需要考虑许多因素，如过去的销售情况、定价政策、未交货订单、市场研究、总体经济形势、行业经济形势、广告和促销计划、竞争等。因此销售量可以按预测销售量来确定，单价可以采用企业确定的目标价格或以前年度的销售单价，也可以在以前年度销售单价的基础上适当进行调整。销售收入的计算公式为：

$$预计销售收入=预计销售量\times预计销售单价 \tag{9-1}$$

【例9-4】向阳公司只生产甲产品一种产品，经预测，2018年每个季度的销售量依次为2 000件、2 500件、3 000件、3 500件。甲产品的销售单价为100元。根据以往的经验，每季度销售收入的60%可于当季收到（本期收现率为60%），其余的40%于下一季度收到。假定2017年底应收账款的金额为15 000元。根据以上资料，编制销售预算，见表9－5。

表9－5 **销售预算** 单位：元

季度	一	二	三	四	全年
预计销售量（件）	2 000	2 500	3 000	3 500	11 000
预计销售单价	100	100	100	100	100
预计销售收入	200 000	250 000	300 000	350 000	1 100 000
预计现金收入					
上年应收账款	15 000				15 000
第一季度	120 000	80 000			200 000
第二季度		150 000	100 000		250 000
第三季度			180 000	120 000	300 000
第四季度				210 000	210 000
现金收入合计	135 000	230 000	280 000	330 000	975 000

销售预算通常可以分品种、月份、销售区域和销售人员来编制。并且销售预算通常附有一份预算期的预计收现计划表，用于编制现金预算。预计收现计划表与销售预算一同编制，因为销售部门通常控制着提供给客户的信用条件。任何一个季度的预计现金收入是以下二者的合计：①该季的预计现金销售；②以前各季所赊销的现金回款。

二、生产预算

生产预算是在销售预算的基础上编制的，编制的主要目的是预计生产量。通常，企业的生产和销售不可能做到“同步同量”，需要设置一定的存货，以保证能在发生意外需求时按时供货，并可均衡生产，节约赶工的额外支出。期末存货数量通常按下期销售量的一定百分比确定，年初存货数量可根据上年年末的账面纪录来确定，年末存货数量则根据长期销售趋势来确定。因此，预计生产量的计算公式如下：

$$预计生产量=预计销售量+预计期末存货量-预计期初存货量 \quad (9-2)$$

【例9－5】向阳公司各季末产成品的存货量按下季度销售量的20%计算，各季度期初存货量与上季度期末存货量相等。2018年年初的产品存货为250件，2019年第一季度的预计销售量为4 000件。根据以上资料，编制生产预算，见表9－6。

表 9－6　　生产预算　　单位：元

季度	一	二	三	四	全年
预计销售量	2 000	2 500	3 000	3 500	11 000
加：预计期末产成品存货	500	600	700	800	800
合计	2 500	3 100	3 700	4 300	11 800
减：预计期初产成品存货	250	500	600	700	250
预计生产量	2 250	2 600	3 100	3 600	11 550

期末存货量大小的选择，需要平衡两个相冲突的目标：一是公司要保证充足的存货储备，以保证生产经营的连续性和节奏型；二是尽量减少不必要的存货，以提高资金利用水平和降低成本耗费。因此，企业要在存货储存成本和未能满足客户需要所致的可能销售损失之间进行比较。企业的存货储备取决于以下多个因素：①企业客户的订货模式；②生产和发运产品所需时间；③原材料的可得性；④原材料供应商的可靠性。

为了确切了解现有生产能力是否能够完成预计的生产量，生产设备管理部门还必须再审核生产预算，若无法完成，预算委员会可以修订销售预算或者考虑增加生产能力；若生产能力超过需求，则可以考虑把剩余生产能力用于其他方面。

一旦知道了企业的预计产量要求，就可以对生产中的耗用资源进行预算。直接材料、直接人工和制造费用的各项预算都要依据生产预算中的产品数量进行预算。

三、直接材料预算

直接材料预算是以生产预算为基础编制的，同时要考虑原材料存货水平。直接材料采购资金主要取决于采购数量与市场价格，它与企业的生产批量、存货水平以及销售量有着密切的关系。为此，财务主管人员应该收集企业的材料预算资料、各期的应付账款以及供应者的信用条件等详细资料。

在编制直接材料预算时，应以生产预算提出的预计生产量和企业消耗定额资料所确定的单位产品材料消耗定额来确定预算期材料消耗量，并结合当前情况和长期销售预测估计得到的期初、期末库存情况来确定采购数量。通常，期末材料的存量可根据下期生产需要的一定百分比确定。然后，按照预计的材料单价计算出所需要的采购资金数，同时在考虑前期应付购料款的偿还和本期购料款的支付等情况后，预计预算期间材料采购现金的支出额。预算期所需直接材料的采购量可用下列公式求得：

直接材料预计采购量＝预计生产量×单位产品耗用量＋预计期末存货－预计期初存货　　(9－3)

【例 9－6】向阳公司生产甲产品只需耗用 A 材料。假定单位产品耗用 A 材料 5 千克，材料的单位成本为 8 元，根据以往经验，季末材料存货量相当于下季生产用量的 4%，每季度材料采购款的60%于当季支付，其余的40%于下季支付，预算期期初、期末材料库存量分别为440千克和700千克，预算期内各季期初材料库存量与上季末材料库存量相同，2018年年初应付材料账款为55 000元。根据以上资料，编制直接材料预算，见表9－7。

表9－7 直接材料预算 单位：元

季度	一	二	三	四	全年
预计生产量	2 250	2 600	3 100	3 600	11 550
单位产品材料用量（千克/件）	5	5	5	5	5
生产需用量（千克）	11 250	13 000	15 500	18 000	57 750
加：预计期末存量（千克）	520	620	720	700	700
合计	11 770	13 620	16 220	18 700	58 450
减：预计期初存量（千克）	440	520	620	720	440
预计材料采购量（千克）	11 330	13 100	15 600	17 980	58 010
单价（元/千克）	8	8	8	8	8
预计采购金额（元）	90 640	104 800	124 800	143 840	464 080
预计现金支出					
上年应付账款	55 000				55 000
第一季度	54 384	36 256			90 640
第二季度		62 880	41 920		104 800
第三季度			74 880	49 920	124 800
第四季度				86 304	86 304
合计	109 384	99 136	116 800	136 224	461 544

直接材料预算中，通常还包括预计现金支出的计算，其目的是为编制现金预算提供必要的资料。本期现金支出包括两部分，即应付前期购料款的偿还数及本期购料款的当期支付数。

四、直接人工预算

直接人工预算也是以生产预算为基础编制的。根据生产预算中提出的预计生产量，以及企业标准成本资料中的定额工时、小时工资率，就可以预计直接工资支出。在通常情况下，生产中直接人工的工种不一，单位工时的工资率各不相同，因此，应先按工种分别计算，然后进行汇总。实行月工资制度的企业根据直接人工在册数、出勤率及平均日工资额等数据资料来进行预计。虽然一家企业由于不同雇员的工资率有差异，各项人工成本可能差异很大，但往往只采用单一的平均费用率来计算直接人工成本。有些企业在各项人工费用率之间差别比较大时为每项人工编制单独的计划表。个别人工计划表按产品分别编制，因为不同产品耗用的人工数量有区别。直接人工成本的预算数通常从管理部门和工程技术部门获得，其计算公式如下：

预计的直接人工 = 预计生产量 × 单位产品直接人工工时 × 小时工资率　　(9-4)

由于人工工资都需要使用现金支付，所以，不需要另外预计现金支出，预计直接人工总成本数额可直接参加现金预算的汇总。

【例 9-7】向阳公司生产甲产品假定只有一个工种，单位产品的工时定额为 4 小时，单位工时的工资率为 5 元。根据以上资料，编制直接人工预算，见表 9-8。

表 9-8　　直接人工预算　　单位：元

季度	一	二	三	四	全年
预计产量（件）	2 250	2 600	3 100	3 600	11 550
单位产品工时（小时/件）	4	4	4	4	4
人工总工时（小时）	9 000	10 400	12 400	14 400	46 200
每小时人工成本（元/小时）	5	5	5	5	5
人工总成本	45 000	52 000	62 000	72 000	231 000

五、制造费用预算

制造费用预算是以所编制的生产预算为基础，依据除直接材料、直接人工外应计入产品成本的全部费用编制而成的。与直接材料和直接人工不同，制造费用不存在易于辨认的投入产出关系，其预算需要根据生产水平、管理层的意愿、长期生产经营能力、公司政策和国家的税收政策等外部因素进行编制。为了简化预算的编制程序，我们把制造费用划分为固定制造费用和变动制造费用两大类。

固定制造费用与生产量之间不存在线性关系，包括厂房和设备的折旧、租金及一些车间管理费用、财产税等，它们支撑企业总体的生产经营能力，一经形成，在短期内会保持不变，其预算通常是依据上年的实际水平作适当调整得到的。

变动制造费用通常包括动力、维修费、间接材料、间接人工等。计算变动制造费用的关键在于确认哪些具体项目是可变的，并选择与产量具有线性关系的成本分配基础，如机时、人工工时、产量、作业量等业务量，然后计算变动制造费用的分配率。

预计变动制造费用 = 预计直接人工工时 × 变动制造费用分配率

预计制造费用 = 预计变动制造费用 + 预计固定制造费用

为了方便以后现金预算的编制，需要预计制造费用现金的支出额。由于固定资产折旧不需要支付现金，所以在制造费用支出总额中应予以扣除。

【例 9-8】向阳公司按变动成本法编制制造费用预算，其中变动制造费用以预算期的产量为标准分配计算，折旧以外的各项制造费用均于当季付现。假定向阳公司按变动成本法计算损益，单位产品成本只包括直接材料、直接人工和变动制造费用，固定制造费用作为期间费用计入当期损益。根据以上资料，编制制造费用预算，见表9-9。

表9-9 **制造费用预算** 单位：元

季度	一	二	三	四	全年
变动制造费用：					
预计产量（件）	2 250	2 600	3 100	3 600	11 550
间接人工（0.5元每件）	1 125	1 300	1 550	1 800	5 775
间接材料（0.75元每件）	1 687.5	1 950	2 325	2 700	8 662.5
修理费（0.3元/件）	675	780	930	1 080	3 465
水电费（0.6元/件）	1 350	1 560	1 860	2 160	6 930
小计	4 837.5	5 590	6 665	7 740	24 832.5
固定制造费用：					
管理人员工资	1 250	1 250	1 250	1 250	5 000
保险费	250	250	250	250	1 000
修理费	250	250	250	250	1 000
折旧	750	750	750	750	3 000
小计	2 500	2 500	2 500	2 500	10 000
合计	7 337.5	8 090	9 165	10 240	34 832.5
减：折旧	750	750	750	750	3 000
现金支出的费用	6 587.5	7 340	8 415	9 490	31 832.5

为了便于以后编制产品成本预算，需要计算变动制造费用分配率。

$$变动制造费用分配率=\frac{24\ 832.5}{11\ 550\times 4}=0.5375(元/小时)$$

六、产品成本预算

产品成本预算是前述各项预算的汇总。在该预算表中列示出预算年度产品的单位成本、总成本以及预算期内销售成本和期末存货成本。单位产品成本的有关数据来自直接材料预算、直接人工预算和制造费用预算。预计生产量、期末存货量来自生产预算，预计销售量来自销售预算。生产成本、存货成本和销售成本等数据可根据单位成本和有关数量计算得出。

【例9-9】定向阳公司按变动成本法计算损益，单位产品成本只包括直接材料、直接人工和变动制造费用，固定制造费用作为期间费用计入当期损益。根据以上资料，编制单位成本预算，见表 9－10。

表 9－10　　产品成本预算　　单位：元

	单位成本			生产成本（11 550 件）	期末存货（800 件）	销货成本（11 000 件）
	每千克或每小时	投入量	成本			
直接材料	8 元/千克	5 千克/件	40	462 000	32 000	440 000
直接人工	5 元/小时	4 小时/件	20	231 000	16 000	220 000
变动制造费用	0.5375 元/小时	4 小时/件	2.15	24 832.5	1 720	23 650
合计			62.15	717 832.5	49 720	683 650

七、销售及管理费用预算

销售及管理费用预算包含预算期内将发生的非制造作业的各项费用。该预算一般由承担各项职责的经理们编制的许多个别预算构成。组成全面预算中这一部分的项目，数量可能非常庞大（取决于组织的规模和复杂程度），它们包括各种活动，如营销，会计、人力资源等。像制造费用一样，销售和管理费用也可以分为变动部分和固定部分。变动销售与管理费用通常包括销售佣金、运杂费和物料用品费等，他们随着销售量的变动而变动；固定销售与管理费用在一定范围内不受销售量的影响，如租金、保险、折旧和基本工资等，其编制方法与制造费用的编制方法相同。

在编制销售与管理费用预算时，非现金开支（如折旧）要单独提出，从现金预算中扣除。

【例 9－10】向阳公司有关销售及管理费用的定额资料如表 9－11 和表 9－12 所示。

表 9－11　　向阳公司 2018 年销售及管理费用预算数据

项　目	标准价格（或金额）
变动销售及管理费用：	
销售佣金	0.8 元/件
交货运输费	0.5 元/件
销售人员工资	0.2 元/件
其他	0.1 元/件
固定销售及管理费用	
行政管理人员工资	7 000 元
广告费	13 000 元
保险费	4 000 元
其他	5 000 元

表 9－12 销售及管理费用预算 单位：元

摘要	标准价格	第一季度	第二季度	第三季度	第四季度	全年
预计销售量		2 000	2 500	3 000	3 500	11 000
销售佣金	0.8	1 600	2 000	2 400	2 800	8 800
交货运输费	0.5	1 000	1 250	1 500	1 750	5 500
销售人员工资	0.2	400	500	600	700	2 200
其他	0.1	200	250	300	350	1 100
变动销售及管理费用小计	1.6	3 200	4 000	4 800	5 600	17 600
行政管理人员工资		1 750	1 750	1 750	1 750	7 000
广告费		3 250	3 250	3 250	3 250	13 000
保险费		1 000	1 000	1 000	1 000	4 000
其他		1 250	1 250	1 250	1 250	1 250
固定销售及管理费用小计		7 250	7 250	7 250	7 250	29 000
预计销售及管理费用现金支出		10 450	11 250	12 050	12 850	46 600

第四节 专门决策预算的编制

一、资本支出预算

资本支出预算是根据经过审核批准的各个长期投资决策项目所编制的预算，并需详细列出该项目在寿命周期内各个年度的现金流出量与现金流入量的明细资料，以控制不合理或超预算的现金流量，考核企业的投资效果。资本支出预算编制的主要依据是企业进行长期投资决策的有关资料。

资本支出预算的格式和内容，可以根据企业的不同情况，灵活掌握，自行设计。

【例 9－11】向阳公司为提高产品的产量和质量，计划于 2018 年第一季度购置可使用 5 年的车床一台，计 40 000 元，期满残值 2 000 元；第三季度购置可使用 10 年的磨床一台，计 30 000 元，期满残值 1 000 元。根据资料编制资本支出预算，见表 9－13。

表 9－13 资本支出预算 单位：元

资本支出项目		购置期	原投资额	估计使用年限	期满残值
购置固定资产	车床	第一季度	40 000	5	2 000
购置固定资产	磨床	第三季度	30 000	10	1 000
合计			70 000		3 000

二、一次性专门业务预算

为了满足正常业务经营和资本支出的需要，提高经营资金的利用效果，企业财务部门有必要对库存现金制定出最低和最高限额。这是因为，如果企业库存现金太低，容易导致到期债务无法清偿而影响企业的信誉；如果库存现金过高，又会造成企业资金闲置不用而影响企业的经济效益。因此，财务部门在日常理财活动中，有必要根据企业的行业特点和经营规模，确定最高和最低库存现金限额，并对资金的筹措和投放进行科学管理。

（1）筹措资金。预计预算期库存现金低于最低限额而引起资金短缺时，应通过银行贷款、发行股票或债券等途径筹措经营资金，以解决企业经营资金的不足。

（2）投放资金。预计预算期库存现金高于最高限额而出现资金闲置时应采用归还银行贷款、购买有价证券或收回本单位发行的股票、债券等方式及时投放和运用资金，以提高资金的利用率。

不同的企业一次性专门业务预算所要反映的业务内容各不相同，财务人员可以根据本企业的具体业务情形设计相应的预算表格。

【例 9－12】根据预算期间现金收支情况，预计第一季度初需向银行借款 100 000 元，并在二、三、四季度的季末分别归还 30 000 元、14 000 元、56 000 元及其利息（年利率 12%），预算期间每季度季末预付所得税 28 750 元，每季末向股东支付股利 6 000 元。根据资料编制一次性专门决策预算，见表 9－14。

表 9－14　　一次性专门业务预算　　单位：元

专门业务	1月1日	6月30日	9月30日	12月31日	合计
筹措资金	100 000				100 000
归还借款		30 000	14 000	56 000	100 000
	第一季度	第二季度	第三季度	第四季度	合计
预付所得税	28 750	28 750	28 750	28 750	115 000
预付股利	6 000	6 000	6 000	6 000	24 000
支付利息	0	6 000	2 100	1 680	9 780

第五节　财务预算的编制

一、现金预算

现金预算是企业描述预算期所有营业活动现金收支的汇总，通常包括现金收入、现金支出、现金多余或不足以及资金筹集与运用四个部分。通过现金预算，管理者确保企业将有足够的现金开展所计划的各项互动，提前安排适当的融资渠道，以避免负担过高的融资成本。对持有的多余现金，也应进行投资筹划，以争取获得最高的收益。因此，现金预算是全面预算中的一个重要环节，有助于企业事先对其现金需要进行安排。

现金预算一般包括以下四个主要部分。

（1）现金收入；

（2）现金支出；

（3）现金多余或不足；

（4）现金的筹集与运用。

这四部分的基本关系是：

期初现金余额 + 现金收入 = 当期可动用现金合计

当期可动用现金合计 - 现金支出 = 现金多余或不足

现金多余或不足 + 资金的筹集与运用 = 期末现金余额

预计的现金收入部分是相应期间现金的所有来源，包括现销、应收账款收回、应收票据到期兑票据贴现收入、出售长期性资产、收回投资等产生现金的业务。现金的主要来源是销售，由于大部分销售主要采用赊销方式，因此，企业的一个主要任务就是确定其应收账款的收款方式。

现金支出指预算期内预计发生的现金支出，包括采购材料支付货款、缴纳税金、股利支出、工资支出、制造费用和管理费用各项预算中的现金支出以及资本性支出等。所有那些不导致现金支出的费用都应排除在外，如折旧费等。短期借款的利息不列入该项，而应放在资金的筹集与运用上。

现金多余或不足是预计可动用现金合计数与预计现金支出合计数之间的差额。这一部分的重要性在于它揭示了现金不足时公司需要借入的款项；当现金多余时，公司应作出计划，将多余的资金投放出去，以提高资金利用效率。

现金的筹集与运用是根据预算期现金收支差额和企业有关资金管理的各项政策，确定筹集与运用资金的数额。如果现金不足，可向银行取得借款或通过其他方式筹措资金，并预计还本付息的期限和数额；如果现金多余，除了可用于偿还借款外，还可用于购买作为短期投资的有价证券。这一部分现金预算使得企业可以同贷款人密切合作，确保必要时随时可获得现金。企业常常在多家银行有信用额度，以满足短期现金需要。这部分有助于经理们确定是否有必要在现有信用额度以外寻求任何特殊的借款安排。

【例 9 - 13】 向阳公司按年份季度编制现金预算，假设 2018 年年初现金余额为 28 000 元，最低库存现金限额为 5 000 元。根据以上资料，编制现金预算，见表 9 - 15。

表 9 - 15　　现金预算　　单位：元

季度	一	二	三	四	全年
期初现金余额	28 000	16 828.5	6 352.5	6 237.5	28 000

续表

季度	一	二	三	四	全年
加：销货现金收入（表9－5）	135 000	230 000	280 000	330 000	975 000
可供使用现金	163 000	246 828.5	286 352.5	336 237.5	1 003 000
减：各项支出					
直接材料（表9－7）	109 384	99 136	116 800	136 224	461 544
直接人工（表9－8）	45 000	52 000	62 000	72 000	231 000
制造费用（表9－9）	6 587.5	7 340	8 415	9 490	31 832.5
销售及管理费用（表9－12）	10 450	11 250	12 050	12 850	46 600
购买设备（表9－13）	40 000		30 000		
所得税费用（表9－14）	28 750	28 750	28 750	28 750	115 000
股利（表9－14）	6 000	6 000	6 000	6 000	24 000
支出合计	246 171.5	204 476	264 015	265 314	979 976.5
现金多余或不足	－83 171.5	42 352.5	22 337.5	70 923.5	23 023.5
加：向银行借款（表9－14）	100 000				100 000
减：归还借款	0	30 000	14 000	56 000	100 000
支付借款利息	0	6 000	2 100	1 680	9 780
期末现金余额	16 828.5	6 352.5	6 237.5	13 243.5	13 243.5

现金预算是全面预算的重要部分。即使公司产生了净收益，但如果手头没有日常运作所需的资金，也会遇到严重困难。比如，公司如果无法及时结清应收账款，可能会导致付款延迟而遭受罚款。更严重的是，供应商可能会拒绝本公司赊账。最严重的后果就是因无法偿还到期债务而被迫破产。因此，对公司的现金需要做出计划是良好的财务管理所必不可少的。

二、利润表预算

利润表和资产负债表预算是财务管理的重要工具。财务报表预算的作用与历史实际的财务报表不同。所有企业都要在年终编制历史实际的财务报表，这是有关法规的强制性规定，其主要目的是向外部报表使用人提供财务信息。

财务报表预算主要为企业财务管理服务，是控制企业资金、成本和利润总量的重要手段。因而可以从总体上反映一定期间企业经营的全局情况，通常称为企业的“总预算”。

【例 9－14】向阳公司根据以上各预算编制 2018 年度利润表预算，见表 9－16。

表 9－16 利润表预算 单位：元

项目	一	二	三	四	全年
预计销售收入（表 9－5）	200 000	250 000	300 000	350 000	1 100 000
减：变动成本					
变动生产成本	124 300	155 375	186 450	217 525	683 650
变动销售及管理费用	3 200	4 000	4 800	5 600	17 600
边际利润总额	72 500	90 625	108 750	126 875	398 750
减：固定成本					
固定制造费用	2 500	2 500	2 500	2 500	10 000
固定销售及管理费用	7 250	7 250	7 250	7 250	29 000
利息	0	6 000	2 100	1 680	9 780
税前利润	62 750	74 875	96 900	115 445	349 970
减：所得税	28 750	28 750	28 750	28 750	115 000
税后利润	34 000	46 125	68 150	86 695	234 970

利润表预算与实际利润表的内容、格式相同，只不过数据是面向预算期的。它是在汇总销售收入、销货成本、销售及管理费用、营业外收支、资本支出等预算的基础上加以编制的。通过编制利润表预算，可以了解企业预期的盈利水平。如果预算利润与最初编制方针中的目标利润有较大的不一致，就需要调整部门预算，设法达到目标，或者经企业领导同意后修改目标利润。

三、资产负债表预算

预计资产负债表是反映企业预算期末财务状况的报表。它是以本期期初的资产负债表、各项经营业务预算、资本支出预算以及财务预算为基础来编制的。其内容、格式与实际的资产负债表完全相同，只不过数据是面向预算期的。

【例 9－15】根据期初资产负债表及预算期间各项预算中的有关资料分析计算，编制出预算期期末的资产负债表，见表 9－17。

表 9－17 资产负债表预算 单位：元

资产			权益		
项目	年初	年末	项目	年初	年末
现金（表 9－15）	28 000	13 243.5	应付账款（表 9－7）	55 000	57 536
应收账款（表 9－5）	15 000	140 000	普通股	200 000	200 000

续表

资产			权益		
项目	年初	年末	项目	年初	年末
材料存货（表9－7）	3 520	5 600	未分配利润（表9－14、表9－16）	207 057.5	418 027.5
产成品存货（表9－10）	15 537.5	49 720			
无形资产	150 000	150 000			
房屋及设备（表9－13）	450 000	520 000			
累计折旧（表9－9）	200 000	203 000			
资产总额	462 057.5	675 563.5	权益总额	462 057.5	675 563.5

表9－17中，无形资产、普通股两项指标本年度没有变化。

“现金”年末数取自表9－15现金预算期末数。

“应收账款”年末数根据表9－5“第四季度预计销售收入”和“本期收现率”计算。

年末应收账款＝第四季度预计销售收入×(1－本期收现率)

＝350 000×(1－60%)

＝140 000(元)

“材料存货”年末数根据表9－7直接材料预算“预计期末存量”和“材料单价”计算。

年末材料存货＝预计期末存量×材料单价

＝700×8

＝5 600(元)

“产成品存货”年末数取自表9－10产品成本预算。

“房屋及设备”年末数根据“房屋及设备”年初数和表9－13资本支出预算计算。

房屋及设备年末数＝房屋及设备年初数＋固定资产本年投资额

＝450 000＋70 000

＝520 000(元)

“累计折旧”年末数根据“累计折旧”年初数和表9－9制造费用预算计算。

累计折旧年末数＝累计折旧年初数＋本年计提折旧数

＝200 000＋3 000

＝203 000(元)

“应付账款”年末数根据表9－7直接材料预算本年度第四季度预计采购金额和“本期付现率”计算。

应付账款年末数＝第四季度预计采购金额×（1－本期付现率）

＝143 840×(1－60%)

＝57 536(元)

年末未分配利润根据年初未分配利润、表 9 - 16 利润表预算和表 9 - 14 一次性专门业务预算计算。

年末未分配利润 = 207 057.5 + 234 970 - 24 000

= 418 027.5（元）

预计资产负债表的编制方法主要有两种：预算汇总法和销售百分比法。其中：预算汇总法是依照实际资产负债表调整而来。首先按照下列会计方程式逐项调整出每一项目的金额，然后根据会计恒等式验证其左右方，使之达到平衡即可。相关的计算公式是：

期末余额 = 期初余额 + 本期增加额 - 本期减少额

资产 = 负债 + 所有者权益

上式中的期初余额可取自预算年度前的实际资产负债表，本期增减数则取自各有关预算表。可见，预期资产负债表的编制必须和其他各项预算同步进行。

销售百分比法是假定某些资产和负债项目与销售额保持一定的百分比，随着预算年度销售额的增加，这些资产和负债项目也需要随之增加。因此该方法对销售额的依赖性较大，所以，运用此法，首先要用统计方法计算出预计销售额；其次，判断各项目与销售额间是否存在固定的比率关系，这也是运用此法成功的关键；最后，再对除了调整项目以外的其他项目，按照会计恒等式原理进行资产负债表的左右平衡。

练习题

一、名词解释

全面预算　增量预算法　零基预算法　固定预算法　弹性预算法

定期预算法　滚动预算法　营业预算　资本支出预算　现金预算

二、简答题

1. 什么是财务预算？企业为何要进行财务预算？
2. 全面预算包括哪些基本预算？各预算之间的关系如何？
3. 现金预算包括哪些具体内容？试述各项内容的资料来源。
4. 为什么编制全面预算要以销售预算为起点？编制销售预算的主要依据是什么？
5. 什么是预计财务报表？它包括哪些项目？

三、单项选择题

1. 下列各项中，综合性较强的预算是（　　）。

A. 销售预算　　B. 材料采购预算

C. 现金预算　　D. 资本支出预算

2. 应当对企业预算管理工作负总责的是（　　）。

A. 预算委员会　B. 董事会　C. 监事会　D. 财务部门

3. 预算期内正常的、可实现的某一业务量水平为唯一基础来编制预算的方法称为

（　　）。

A. 零基预算　　B. 定期预算　　C. 静态预算　　D. 滚动预算

4. 在下列预算方法中，能够适应多种业务量水平并能克服固定预算方法缺点的是（　　）。

A. 弹性预算方法　　B. 增量预算方法

C. 零基预算方法　　D. 流动预算方法

5. 某企业制造费中油料费用与机器工时密切相关，预计预算期固定油料费用为10 000元，单位工时的变动油料费用为10元，预算期机器总工时为3 000小时，则预算期油料费用预算总额为（　　）元。

A. 10 000　　B. 20 000　　C. 30 000　　D. 40 000

6. 编制工作量较大，但可以直接从表中查得各种业务量下的成本费用预算，不用另行计算的弹性预算编制方法是（　　）。

A. 公式法　　B. 列表法　　C. 图示法　　D. 因素法

7. 在基期成本费用水平的基础上，结合预算期业务量及有关降低成本的措施，通过调整有关原有成本项目而编制的预算，称为（　　）。

A. 弹性预算　　B. 零基预算　　C. 增量预算　　D. 滚动预算

8. 不受现有费用项目和开支水平限制，并能够克服增量预算方法缺点的预算方法是（　　）。

A. 弹性预算方法　　B. 固定预算方法

C. 零基预算方法　　D. 滚动预算方法

9. 下列预算编制方法中，不受现行预算的束缚，有助于保证各项预算开支合理性的是（　　）。

A. 滚动预算法　　B. 零基预算法

C. 弹性预算法　　D. 增量预算法

10. 下列各项费用预算项目中，最适宜采用零基预算编制方法的是（　　）。

A. 人工费　　B. 培训费　　C. 材料费　　D. 折旧费

11. 在下列各项中，能够同时以实物量指标和价值量指标分别反映企业经营收入和相关现金收支的预算是（　　）。

A. 现金预算　　B. 销售预算　　C. 生产预算　　D. 产品成本预算

12. 下列关于生产预算的表述中，错误的是（　　）。

A. 生产预算是一种业务预算　　B. 生产预算不涉及实物量指标

C. 生产预算以销售预算为基础编制　　D. 生产预算是直接材料预算的编制依据

13. 丙公司预计2016年各季度的销售量分别为100件、120件、180件、200件。预计每季度末产成品存货为下一季度销售量的20%，丙公司第二季度预计生产量为（　　）件。

A. 156　　B. 132　　C. 136　　D. 120

14. 某批发企业销售甲商品，第三季度各月预计的销售量分别为1 000件、1 200件和

1 100 件，企业计划每月月末商品存货量为下月预计销售量的 20%。下列各项预计中，不正确的是（　　）。

A. 8 月份期初存货为 240 件　　B. 8 月份采购量为 1 180 件

C. 8 月份期末存货为 220 件　　D. 第三季度采购量为 3 300 件

15. 某公司预计计划年度期初应付账款余额为 200 万元，1 至 3 月份采购金额分别为 500 万元、600 万元和 800 万元，每月的采购款当月支付 70%，次月支付 30%。则预计一季度现金支出额是（　　）万元。

A. 2 100　　B. 1 900　　C. 1 860　　D. 1 660

四、多项选择题

1. 预算具有下列（　　）作用。

A. 通过引导和控制经济活动、使企业经营达到预期目标

B. 可以作为业绩考核的标准

C. 可以显示实际与目标的差距

D. 可以实现企业内部各个部门之间的协调

2. 下列各项中，属于业务预算的有（　　）。

A. 资本支出预算　　B. 生产预算

C. 管理费用预算　　D. 销售预算

3. 下列关于财务预算的表述中，正确的有（　　）。

A. 财务预算多为长期预算

B. 财务预算又被称作总预算

C. 财务预算是全面预算体系的最后环节

D. 财务预算主要包括现金预算和预计财务报表

4. 滚动预算的特点在于（　　）。

A. 能使预算与实际情况更相适应　　B. 预算期始终保持为一个固定长度

C. 便于考核预算的执行结果　　D. 能够使预算期间与会计年度相配合

5. 滚动预算的滚动方式有（　　）。

A. 逐年滚动　　B. 逐季滚动　　C. 逐月滚动　　D. 混合滚动

6. 在编制生产预算时，计算某种产品预计生产量应考虑的因素包括（　　）。

A. 预计材料采购量　　B. 预计产品销售量

C. 预计期初产品存货量　　D. 预计期末产品存货量

7. 在编制现金预算的过程中，可作为其编制依据的有（　　）。

A. 日常业务预算　　B. 预计利润表

C. 预计资产负债表　　D. 专门决策预算

8. 在编制现金预算时，计算某期现金余缺必须考虑的因素有（　　）。

A. 期初现金余额　　B. 期末现金余额

C. 当期现金支出　　D. 当期现金收入

9. 下列关于全面预算中的利润表预算编制的说法中，正确的有（　　）。

A. “销售收入”项目的数据，来自销售预算

B. “销货成本”项目的数据，来自生产预算

C. “销售及管理费用”项目的数据，来自销售及管理费用预算

D. “所得税费用”项目的数据，通常是根据利润

10. 下列关于全面预算中的资产负债表预算编制的说法中，正确的有（　　）。

A. 资产负债表期末预算数额面向未来，通常不需要以预算期初的资产负债表数据为基础

B. 通常应先编资产负债表预算再编利润表预算

C. 存货项目的数据，来自直接材料预算、产品成本预算

D. 编制资产负债预算的目的，在于判断预算反映的财务状况的稳定性和流动性

五、计算题

1. 某公司甲车间采用滚动预算方法编制制造费用预算。已知 2016 年分季度的制造费用预算（其中间接材料费用忽略不计）如表 9－18 所示。

表 9－18　　2016 年全年制造费用预算　　单位：元

项　　目	一季度	二季度	三季度	四季度	合计
直接人工预算总工时（小时）	11 400	12 060	12 360	12 600	48 420
变动制造费用：					
间接人工费用	50 160	53 064	54 384	55 440	213 048
水电与维修费用	41 040	43 416	44 496	45 360	174 312
小计	91 200	96 480	98 880	100 800	387 360
固定制造费用：					
设备租金	38 600	38 600	38 600	38 600	154 400
管理人员工资	17 400	17 400	17 400	17 400	69 600
小计	56 000	56 000	56 000	56 000	224 000
制造费用合计	147 200	152 480	154 880	156 800	611 360

2016 年 3 月 31 日公司在编制 2016 年第二季度～2017 年第一季度滚动预算时，发现未来的四个季度中将出现以下情况：

（1）间接人工费用预算工时分配率将上涨 50%；

（2）原设备租赁合同到期，公司新签订的租赁合同中设备年租金将降低 20%；

（3）预计直接人工总工时见“2016 年第二季度～2017 年第一季度制造费用预算”表。假定水电与维修费用预算工时分配率等其他条件不变。

要求：

（1）以直接人工工时为分配标准，计算下一滚动期间的如下指标：

①间接人工费用预算工时分配率；

②水电与维修费用预算工时分配率。

（2）根据有关资料计算下一滚动期间的如下指标：

①间接人工费用总预算额；

②每季度设备租金预算额。

（3）计算填列表 9－19 中用字母表示的项目（可不写计算过程）：

表 9－19　　2016 年第二季度～2017 年第一季度制造费用预算　　单位：元

项　目	2016 年度			2017 年度	合计
	二季度	三季度	四季度	一季度	
直接人工预算总工时（小时）	12 100	*	*	11 720	48 420
变动制造费用：					
间接人工费用	A	*	*	B	*
水电与维修费用	C	*	*	D	*
小计	*	*	*	*	493 884
固定制造费用：					
设备租金	E	*	*	*	*
管理人员工资	F	*	*	*	*
小计	*	*	*	*	*
制造费用合计	171 700	*	*	*	687 004

注："＊"表示省略的数据。

2. C 公司只生产一种产品。相关预算资料如下：

资料一：预计每个季度实现的销售收入均以赊销方式售出，其中 60% 在本季度内收到现金，其余 40% 要到下一季度收讫，假定不考虑坏账因素。部分与销售预算有关的数据如表 9－20 所示。

表 9－20　　部分与销售有关的数据　　单位：元

季度 项目	1	2	3	4	全年
预计销售收入	117 000	117 000	128 700	128 700	491 400
期初应收账款	20 800	*	*	*	(A)
第一季度销售收现额	(B)	(C)	*	*	(D)
第二季度销售收现额	*	(E)	*	*	*
第三季度销售收现额	*	*	*	*	*
第四季度销售收现额	*	*	*	(F)	*
经营现金收入合计	*	(G)	124 020	128 700	*

注："＊"表示省略的数据。

资料二：预计每个季度所需要的直接材料均以赊购方式采购，其中50%于本季度内支付现金，其余50%需要到下个季度付讫，假定不存在应付账款到期现金支付能力不足的问题。部分与直接材料采购预算有关的数据如表9－21所示。

表9－21　部分与直接材料采购预算有关的数据　单位：元

项目＼季度	1	2	3	4	全年
预计材料采购成本	70 200	70 200	76 050	77 220	293 670
期初应付账款	10 000	35 100	（I）	*	（J）
第一季度购料付现	*				
第二季度购料付现		*			
第三季度购料付现			38 025		
第四季度购料付现				*	
现金支出合计	（H）	*	*	*	

注："*"表示省略的数据。

资料三：预计公司的年变动制造费用预算总额为200 000元，年预算工时为40 000小时，其中第1季度工时为8 000小时，第2季度工时为9 000小时，第3季度工时为11 000小时，第4季度工时为12 000小时，年固定制造费用总额为360 000元，其中折旧费用为120 000元。

表9－22　数据表　单位：元

项目＼季度	1	2	3	4
变动制造费用				
固定制造费用				
制造费用现金支出				

要求：

（1）根据资料一确定该表中用字母表示的数值（不需要列示计算过程）。

（2）根据资料二确定该表中用字母表示的数值（不需要列示计算过程）。

（3）根据资料一和资料二，计算预算年度应收账款和应付账款的年末余额。

（4）根据资料三计算预算的变动制造费用分配率，填写表中空缺部分的数据。

3. 已知：某公司2017年第1～3月实际销售额分别为38 000万元、36 000万元和41 000万元，预计4月份销售额为40 000万元。每月销售收入中有70%能于当月收现，20%于次月收现，10%于第三个月收讫，不存在坏账。假定该公司销售的产品在流通环节只需缴纳消费税，税率为10%，并于当月以现金缴纳。该公司3月末现金余额为80万元，应付账款余额为 5 000 万元（需在 4 月份付清），不存在其他应收应付款项。

4 月份有关项目预计资料如下：采购材料 8 000 万元（当月付款 70%）；工资及其他支出 8 400 万元（用现金支付）；制造费用 8 000 万元（其中折旧费等非付现费用为 4 000 万元）；营业费用和管理费用 1 000 万元（用现金支付）；预交所得税 1 900 万元；购买设备 12 000 万元（用现金支付）。现金不足时，通过向银行借款解决，借款是 10 万的整数倍。借款年利息率为 12%，借款在期初，还款在期末，每月月末支付借款利息。假设企业 4 月初没有借款，4 月末现金余额要求不低于 100 万元。

要求：根据上述资料，计算该公司 4 月份的下列预算指标：

（1）现金流入；

（2）现金流出；

（3）现金余缺；

（4）应向银行借款的最低金额；

（5）现金的期末余额；

（6）4 月末应收账款余额。

第十章　企业财务分析

财务分析是以企业的财务报告等会计资料为基础，对企业的财务状况、经营成果和现金流量进行分析和评价的一种方法。财务分析是财务管理的重要方法之一，是对财务报告所提供的会计信息做进一步加工和处理，为股东、债权人和管理层等会计信息使用者进行财务预测和财务决策提供依据。

第一节　企业财务分析概述

本章主要讨论财务分析的相关内容。与其他分析相比，财务分析更强调分析的系统性和有效性。

一、财务分析的内容

财务分析信息的需求者主要包括企业所有者、企业债权人、企业经营决策者和政府等。不同主体出于不同的利益考虑，对财务分析信息有着各自不同的要求。

（1）企业所有者作为投资人，关心其资本的保值和增值状况，因此较为重视企业盈利能力指标，主要进行企业盈利能力分析。

（2）企业债权人因不能参与企业剩余收益分享，首先关注的是其投资的安全性，因此更重视企业偿债能力指标，主要进行企业偿债能力分析，同时也关注企业盈利能力分析。

（3）企业经营决策者必须对企业经营管理的各个方面，包括偿债能力、营运能力、盈利能力及发展能力的全部信息予以详尽地了解和掌握，主要进行各方面综合分析，并关注企业财务风险和经营风险。

（4）政府兼具多重身份，既是宏观经济管理者，又是国有企业的所有者，因此政府对企业财务分析的关注点因所具身份不同而异。

为了满足不同需求者的要求，财务分析一般应该包括：偿债能力分析、营运能力分析、盈利能力分析、发展能力分析和现金流量分析等方面。

二、财务分析的方法

（一）比较分析法

比较分析法，是指对两个或两个以上的可比数据进行对比，找出企业财务状况、经营成果中的差异与问题。

根据比较对象的不同，比较分析法可以分为：

（1）趋势分析，即与本企业的历史比，即不同时期（2～10年）指标相比。

（2）横向比较，即与同类企业，比如行业平均水平或竞争对手比较。

（3）预算差异分析，即实际执行结果与计划指标比较。这种分析方法在企业财务管理实务中最为普遍。

根据比较内容的不同，比较分析法可分为：

（1）比较会计要素的总量：总量是指报表项目的总金额，例如，总资产、净资产、净利润等。总量比较主要用于时间序列分析，如研究收入的逐年变化趋势，看其增长潜力。有时也用于同业对比，看企业相对规模和竞争地位的变化。

（2）比较结构百分比：把资产负债表、利润表转换成结构百分比报表。例如，以资产总额为100%，看资产负债表各项目的比重。或者以营业收入为100%，看利润表各项目的比重。结构百分比报表用于发现有显著问题的项目，揭示进一步分析的方向。

（3）比较财务比率：财务比率是各会计要素之间的数量关系，反映他们的内在联系。财务比率是相对数，排除了规模的影响，具有较好的可比性，是最重要的分析比较内容。

（二）因素分析法

因素分析法，是依据财务指标与其驱动因素之间的关系，从数量上确定各因素对指标影响程度的一种方法。该方法将分析指标分解为各个可以计量的因素，并根据各个因素之间的依存关系，顺次用各因素的比较值（通常为实际值）替代基准值（通常为标准值或计划值），据以测定各因素对分析指标的影响。由于分析时，要逐次进行各因素的有序替代，因此又称为连环替代法。

因素分析法一般分为四个步骤：（1）确定分析对象，即确定需要分析的财务指标，比较其实际数额和标准数额（如上年实际数额），并计算两者的差额；（2）确定该财务指标的驱动因素，即根据该财务指标的形成过程，建立财务指标与各驱动因素之间的函数关系模型；（3）确定驱动因素的替代顺序；（4）按顺序计算各驱动因素脱离标准的差异对财务指标的影响。

【例10－1】某企业2017年6月某种原材料费用的实际数是4 620元，而其计划数是4 000元。实际比计划增加620元。由于原材料费用是由产品产量、单位产品材料消耗量和材料单价三个因素的乘积组成，因此就可以把材料费用这一总指标分解为三个因素，然后逐个来分析它们对材料费用总额的影响程度。现假设这三个因素的数值如表10－1所示。

表 10－1　　　　　　　　　　　原材料费用分析表

项　目	单　位	计划数	实际数
产品产量	件	100	110
单位产品材料消耗量	千克	8	7
材料单价	元	5	6
材料费用总额	元	4 000	4 620

根据表 10－1 中资料，材料费用总额实际数较计划数增加 620 元。运用连环替代法，可以计算各因素变动对材料费用总额的影响。

计划指标：100×8×5＝4 000（元）　①

第一次替代：110×8×5＝4 400（元）　②

第二次替代：110×7×5＝3 850（元）　③

第三次替代：110×7×6＝4 620（元）　④

②－①＝4 400－4 000＝400（元）　产量增加的影响

③－②＝3 850－4 400＝－550（元）　材料节约的影响

④－③＝4 620－3 850＝770（元）　价格提高的影响

400－550＋770＝620（元）　全部因素的影响

采用因素分析法时，必须注意以下问题：（1）因素分解的关联性。构成经济指标的因素，必须客观上存在因果关系，否则就失去应用价值。（2）因素替代的顺序性。如果改变替代因素的替代顺序，将会得出不同的计算结果。因此，在确定替代顺序事，应该根据各因素的依存关系，遵循一定的顺序进行替代，不能随意调整替代顺序。（3）顺序替代的连环性。因素分解法在计算每一因素变动的影响时，都是在前一次计算的基础上进行，并采用连环比较的方法确定因素变化的影响结果。（4）计算结果的假定性。由于因素分析法计算的各因素变动的影响数，会因替代顺序不同而有差别，因而计算结果具有假定性。为此，分析时应力求使这种假定合乎逻辑，具有实际经济意义。

三、财务分析应该注意的问题

（一）企业组织形式与财务分析的关系

典型的企业组织形式有个人独资企业、合伙企业和公司制企业。个人独资企业的业主、合伙企业的每个合伙人对企业债务承担无限连带责任。公司制企业的所有者对公司债务的责任以其出资额为限。本章所讲的财务分析以公司制企业为背景。

（二）财务报表本身的局限性问题

财务报表是企业会计系统的产物。每个企业的会计系统，都受到会计环境和企业会计战略的影响。会计环境包括法律系统、资本市场、公司治理、会计准则等要素。会计环境的缺陷会导致会计系统缺陷，使之不能完全反映企业的实际情况。例如，会计准则要求以历史成本报告资产，使财务数据不能代表其现行成本或变现价值。企业会计战略包括选择会计政策、会计估计、补充披露及报告具体格式。不同会计战略会导致不同企业财务报告的差异，并影响其可比性。例如，对存货发出采用不同的方法，会对营业成本和存货的期末计价产生影响；固定资产的不同计提折旧方法也会对企业的固定资产的期末计价和当期利润产生影响。如果同一行业的不同公司采用不同的会计政策，就会削弱会计信息的可比性。

（三）财务报表的可靠性问题

只有可靠的财务报表，才能得出正确的分析结论。外部分析人员可以参考注册会计师出具的审计报告，根据审计报告的意见类型对财务报表的可靠性作出判断。2016 年 12 月 23 日财政部发布了新审计准则，新审计准则要求注册会计师在审计报告中沟通关键审计事项，增加审计报告的沟通价值，财务分析人员可以从审计报告中得到更多的信息。财务分析人员不仅要关注审计意见的类型，还应该特别关注审计报告中的关键审计事项、强调事项段、与持续经营相关的重大不确定性等内容。不仅应该关注财务报表审计报告，还应该关注内部控制审计报告（如果进行了内部控制审计）。不仅应该关注本年度的审计报告类型，还应该关注近两年的审计报告类型。但是即便如此，注册会计师并不能保证财务报表存在某一重大错报时总能发现。所以，财务分析人员应该根据分析的目的，采用适当的措施对财务报表的可靠性问题加以考虑和应对。

（四）进行全面的财务分析

财务分析不仅应该关注资产负债表、利润表、现金流量表，股东权益变动表，更应该关注财务报表附注。阅读财务报表附注应该成为财务分析人员的基本功，应该有扎实的会计功底作为支撑。否则，财务分析就无法深入，当然，也就不可能得出可靠的结论。

（五）财务分析与经营分析的关系

单纯的财务分析很难得出有效的结论。必须把财务分析和经营分析结合起来，透过财务数字表面去挖掘经营上的问题，才能够实现改善企业经营管理的目的。

（六）财务分析应关注公司战略、法律问题以及行业特点

财务分析应该和公司战略结合起来，从宏观经济层面、行业特点到微观企业层面展开分析，应该关注新技术、新的商业业态的出现企业可能产生的影响。从而对企业的财务分析能够立体化、多视角，抓住企业经营中的主要矛盾和突出问题，进行有效分析。

第二节 财务比率分析

财务分析是以企业的会计核算资料为基础，通过对会计所提供的核算资料进行加工整理，得出一系列科学的、系统的财务比率，以便进行比较、分析和评价。这些会计核算资料包括日常核算资料和财务报告，但财务分析主要是以财务报告为基础，日常核算资料只作为财务分析的一种补充资料。财务报告是企业向政府部门、投资者、债权人等与本企业有利害关系的组织或个人提供的，反映企业在一定时期内的财务状况、经营成果、现金流量的书面文件。企业的财务报告包括资产负债表、利润表、现金流量表、所有者权益变动表（股东权益变动表）、财务报表附注。这些财务报表及附注集中、概括反映了企业的财务状况、经营成果和现金流量等财务信息，对其进行财务分析，可以更加系统地揭示企业的偿债能力、营运能力、盈利能力、发展能力等财务状况。

为了便于说明财务比率的计算和分析方法，本章以 ABC 股份有限公司的财务报表数据为例。该公司 2017 年资产负债表、利润表、现金流量表，如表 10－2、表 10－3 和表 10－4 所示。

表 10－2　　ABC 股份有限公司资产负债表

2017/12/31　　单位：万元

资产	期末余额	期初余额	负债和股东权益	期末余额	期初余额
货币资金（元）	3 517 727.69	2 350 463.41	短期借款	1 087 858.03	1 816 553.19
以公允价值计量且其变动计入当期损益的金额资产	2 068.17	8 043.24	以公允价值计量且其变动计入当期损益的金额负债	252.46	234.02
应收票据	1 303 308.35	1 379 656.12	应付票据	1 637 869.97	1 240 488.98
应收账款	1 244 800.48	1 224 724.41	应付账款	2 565 401.36	2 059 420.33
预付款项	59 069.37	57 854.34	预收款项	583 355.28	573 473.29
其他应收款	96 126.40	118 041.81	应付职工薪酬	234 918.91	240 438.05
应收关联公司款			应交税费	190 926.05	162 046.31
应收利息	20 363.75	13 531.98	应付利息	5 765.65	3 057.03
应收股利	452.45	10 164.89	应付股利	15 375.63	14 869.05
存货	2 150 352.48	1 523 794.24	其他应付款	1 080 516.29	936 301.56
其中：消耗性生物资产			应付关联公司款		
一年内到期的非流动资产			一年内到期的非流动负债	285 032.50	296 680.85
其他流动资产	438 976.00	265 344.46	其他流动负债	2 172.92	1 722.86
流动资产合计	8 833 245.14	6 951 618.90	流动负债合计	7 689 445.05	7 345 285.51
可供出售金融资产	141 535.43	155 587.87	长期借款	1 603 649.28	1 553 080.13
持有至到期投资			应付债券	621 108.84	
长期应收款			长期应付款	10 602.00	11 578.34

续表

资产	期末余额	期初余额	负债和股东权益	期末余额	期初余额
长期股权投资	1 299 276.74	1 105 781.96	专项应付款		
投资性房地产	3 121.40	3 460.04	预计负债	261 969.96	231 011.94
固定资产	1 601 752.34	1 553 904.69	递延所得税负债	27 911.46	13 324.31
在建工程	153 039.01	176 987.51	其他非流动负债	117 093.68	58 278.51
工程物资			非流动负债合计	2 781 865.40	2 022 206.89
固定资产清理	5 580.88	5 580.88	负债合计	10 471 310.46	9 367 492.39
生产性生物资产			实收资本（或股本）	609 740.27	609 763.07
油气资产			资本公积	82 688.31	8 338.32
无形资产	700 518.63	724 242.05	盈余公积	210 305.78	207 411.86
开发支出	96 605.13	91 328.38	专项储备		
商誉	1 984 331.74	2 100 412.31	减：库存股		104.20
长期待摊费用	12 376.87	11 577.36	一般风险准备		
递延所得税资产	189 521.34	159 200.94	未分配利润	2 279 311.09	1 754 439.60
其他非流动资产	125 406.42	85 846.14	归属于母公司所有者权益	3 221 551.52	2 636 472.54
非流动资产合计	6 313 065.93	6 173 910.13	少数股东权益	1 453 449.09	1 121 564.10
			外币报表折算价差		
			非正常经营项目收益调整		
			所有者权益合计	4 675 000.61	3 758 036.64
资产总计	15 146 311.07	13 125 529.03	负债和所有者合计	15 146 311.07	13 125 529.03

表 10－3　　ABC 股份有限公司利润表

2017 年度　　单位：万元

项　　目	本期发生额	上期发生额
一、营业总收入	15 925 446.69	11 906 582.52
其中：营业收入（元）	15 925 446.69	11 906 582.52
二、营业总成本	10 988 962.16	8 212 688.22
其中：营业成本	10 988 962.16	8 212 688.22

续表

项　　目	本期发生额	上期发生额
营业税金及附加	80 889.10	68 776.53
销售费用	2 827 601.50	2 125 410.32
管理费用	1 113 322.53	838 244.21
堪探费用		
财务费用	139 287.23	72 089.48
资产减值损失	65 591.69	49 054.84
加：公允价值变动净收益	61 407.13	9 464.81
投资收益	148 180.01	161 971.74
其中：对联营企业和合营企业的投资收益		
汇兑收益		
影响营业利润的其他科目		
三、营业利润	1 011 312.24	711 755.47
加：补贴收入		
营业外收入	69 296.32	142 304.03
减：营业外支出	26 162.97	35 739.47
其中：非流动资产处置损失		
加：影响利润总额的其他科目		
四、利润总额	1 054 445.59	818 320.03
减：所得税	149 280.67	149 186.60
加：影响净利润的其他科目		
五、净利润	905 164.92	669 133.43
归属于母公司所有者的净利润	692 579.23	503 665.22
少数股东损益	212 585.69	165 468.21
六、每股收益		
（一）基本每股收益（单位：元）	1.14	0.83
（二）稀释每股收益（单位：元）	1.09	0.82
七、其他综合收益	-60 405.57	-4 250.96
八、综合收益总额	844 759.35	664 882.47
其中：归属于母公司	632 244.11	496 970.77
其中：归属于少数股东	212 515.24	167 911.70

表 10－4　　ABC 股份有限公司现金流量表

2017 年度　　单位：万元

项　　目	本期发生额	上期发生额
一、经营活动产生的现金流量		
销售商品、提供劳务收到的现金（元）	16 324 396.63	13 653 655.24
收到的税费返还	113 815.68	79 896.46
收到其他与经营活动有关的现金	109 786.97	123 376.66
经营活动现金流入小计	16 547 999.28	13 856 928.35
购买商品、接受劳务支付的现金	11 134 250.99	10 131 180.50
支付给职工以及为职工支付的现金	1 632 864.22	1 213 105.99
支付的各项税费	783 517.89	634 810.27
支付其他与经营活动有关的现金	1 388 707.38	1 072 361.13
经营活动现金流出小计	14 939 340.48	13 051 457.89
经营活动产生的现金流量净额	1 608 658.80	805 470.46
二、投资活动产生的现金流量		
收回投资收到的现金	27 540.59	68 220.06
取得投资收益收到的现金	28 204.58	13 052.93
处置固定资产、无形资产和其他长期资产收回的现金净额	19 127.04	26 093.23
处置子公司及其他营业单位收到的现金净额	2 362.07	4 113.36
收到其他与投资活动有关的现金	19 173.04	1 004.25
投资活动现金流入小计	96 407.33	112 483.83
购建固定资产、无形资产和其他长期资产支付的现金	396 716.09	259 798.94
投资支付的现金	256 639.86	144 879.09
取得子公司及其他营业单位支付的现金净额	5 233.44	3 664 735.08
支付其他与投资活动有关的现金		2 713.61
投资活动现金流出小计	658 589.39	4 072 126.72
投资活动产生的现金流量净额	－562 182.06	－3 959 642.90
三、筹资活动产生的现金流量		
吸收投资收到的现金	137 998.98	9 418.29
取得借款收到的现金	1 869 464.01	4 344 624.79
发行债券收到的现金	679 600.00	
收到其他与筹资活动有关的现金		
筹资活动现金流入小计	2 687 062.99	4 354 043.08

续表

项　　目	本期发生额	上期发生额
偿还债务支付的现金	2 292 211.35	1 168 505.46
分配股利、利润或偿付利息支付的现金	289 896.96	180 704.48
支付其他与筹资活动有关的现金	12 666.00	22 328.23
筹资活动现金流出小计	2 594 774.31	1 371 538.17
筹资活动产生的现金流量净额	92 288.68	2 982 504.90
四、汇率变动对现金的影响	-34 288.01	20 972.42
五、现金及现金等价物净增加额	1 104 477.41	-150 695.11
加：期初现金及现金等价物余额	2 329 523.94	2 472 458.57
六、期末现金及现金等价物余额	3 434 001.36	2 321 763.46
附注：		
1. 将净利润调节为经营活动现金流量：		
净利润	905 164.92	669 133.43
加：资产减值准备	65 591.69	49 054.84
固定资产折旧、油气资产折耗、生产性生物资产折旧	240 467.33	214 955.83
无形资产摊销	33 455.52	24 132.55
长期待摊费用摊销	3 670.68	3 284.37
处置固定资产、无形资产和其他长期资产的损失	9 093.62	306.43
公允价值变动损失	-61 407.13	-9 464.81
财务费用	121 433.55	78 904.85
投资损失	-148 180.01	-161 971.74
递延所得税资产减少	-32 998.36	-39 812.06
递延所得税负债增加	15 956.93	57 110.68
存货的减少	-672 679.20	-165 957.89
经营性应收项目的减少	69 435.16	-302 917.28
经营性应付项目的增加	1 018 855.89	425 028.46
其他	40 798.21	-36 317.20
经营活动产生的现金流量净额	1 608 658.80	805 470.46
2. 不涉及现金收支的重大投资和筹资活动：		
债务转为资本	122 322.01	
一年内到期的可转换公司债券		122 322.01
3. 现金及现金等价物净变动情况：		
现金的期末余额	3 434 001.36	2 321 763.46
减：现金的期初余额	2 329 523.94	2 472 458.57
现金及现金等价物净增加额	1 104 477.41	-150 695.11

一、短期偿债能力分析

企业偿债能力是指企业偿还债务（本金和利息）的能力，该指标可以揭示企业财务风险的大小，是投资人、银行和企业财务人员十分关心的重要财务指标之一。

债务一般按到期时间分为短期债务和长期债务，偿债能力分析也由此分为短期偿债能力分析和长期偿债能力分析两部分。

偿债能力的衡量方法有两种：一种是比较可供偿债资产与债务的存量，资产存量超过债务存量较多，则认为偿债能力较强；另一种是比较经营活动现金流量和偿债所需现金，如果产生的现金超过偿债需要的现金较多，则认为偿债能力较强。

（一）可偿债资产与短期债务的存量比较

可偿债资产的存量，是指资产负债表中列示的流动资产年末余额。短期债务的存量，是指资产负债表中列示的流动负债年末余额。流动资产与流动负债的存量比较有两种方法：一种是差额比较，两者相减的差额称为营运资本；另一种是比率比较，两者相除的比率称为流动比率。

1. 营运资本

营运资本是指流动资产超过流动负债的部分。其计算公式如下：

$$营运资本 = 流动资产 - 流动负债 \tag{10-1}$$

根据 ABC 股份有限公司的财务报表数据：

本年营运资本 = 8 833 245.14 − 7 689 445.05 = 1 143 800.09（万元）

上年营运资本 = 6 951 618.90 − 7 345 285.51 = −393 666.60（万元）

计算营运资本使用的“流动资产”和“流动负债”，通常可以直接取自资产负债表。正是为了便于计算营运资本和分析流动性，资产负债表项目才区分为流动项目和非流动项目，并且按照流动性强弱排序。

如果流动资产与流动负债相等，并不足以保证短期偿债能力没有问题，因为债务的到期与流动资产的现金生成，不可能同步同量；而且，企业为了维持经营，必须维持一定水平的现金、应收账款、存货，不能全部用来偿还债务。

当流动资产大于流动负债时，营运资本为正数，表明长期资本的数额大于长期资产，超出部分被用于流动资产。极端情况下，当全部流动资产全部由长期资本提供时，企业没有任何短期偿债压力。

因此，企业必须保持流动资产大于流动负债，营运资本越多，流动负债的偿还越有保障，短期偿债能力越强。

2. 短期债务的存量比率

短期债务的存量比率包括流动比率、速动比率和现金比率。

（1）流动比率。

流动比率是流动资产与流动负债的比率，表明企业每一元的流动负债有多少流动资产作为偿还保证。反映企业用短期内变现的流动资产偿还到期流动负债的能力。其计算公式如下：

$$流动比率=流动资产\div流动负债 \quad (10-2)$$

根据ABC股份有限公司的财务报表数据：

本年流动比率＝8 833 245.14÷7 689 445.05＝1.15

上年流动比率＝6 951 618.90÷7 345 285.51＝0.95

一般情况下，流动比率越高，反映企业短期偿债能力越强，债权人的权益越有保证。流动比率是相对数，排除了企业规模的影响，更适合同业比较以及本企业不同历史时期的比较。

但是，需要提醒注意的是，不存在统一、标准的流动比率数值。不同行业的流动比率，通常有明显差别。营业周期越短的行业，合理的流动比率越低。在过去很长一段时期里，人们认为生产型企业合理的最低流动比率是2。这是因为流动资产中变现能力最差的存货金额约占流动资产总额的一半，剩下的流动性较好的流动资产至少要等于流动负债，才能保证企业最低的短期偿债能力。最近几十年，企业的经营方式和金融环境发生了很大变化，流动比率有下降的趋势，许多成功企业的流动比率都低于2。

如果流动比率相对上年发生较大变动，或者与行业平均值出现重大偏离，就应该对构成流动比率的流动资产和流动负债的各项目逐一分析，寻找形成差异的原因。为了考察流动资产的变现能力，有时还需要分析其周转率。

流动比率有其局限性，在使用时应该引起注意：流动比率假设全部流动资产都可以变为现金并用以偿债，全部流动负债都需要还清。实际上，有些流动资产的账面价值与变现金额有较大差异，如产成品，产成品的账面价值和变现价值之间差额就是毛利。经营性流动资产是企业持续经营所必需的，不能全部用于偿债；经营性应付项目可以滚动存续，无须动用现金全部结清。因此，流动比率是对短期偿债能力的粗略估计。

（2）速动比率。

速动比率是企业速动资产与流动负债的比值。该指标比流动比率能够更加准确，可靠地评价企业资产的流动性及其偿还短期负债的能力。其计算公式为：

$$速动资产=货币资金+交易性金融资产+应收账款+应收票据 \quad (10-3)$$

$$速动比率=速动资产\div流动负债 \quad (10-4)$$

根据ABC股份有限公司的财务报表数据：

本年速动比率

＝(3 517 727.69＋2 068.17＋1 244 800.48＋1 303 308.35)÷7 689 445.05

＝0.79

上年速动比率

=(2 350 463.41 +8 043.24 +1 224 724.41 +1 379 656.12)÷7 345 285.51

=0.68

构成流动资产的各项目，流动性差别很大。其中，货币资金、交易性金融资产和各种应收款项等，可以在较短时间内变现，称为速动资产；另外的流动资产，包括存货、预付账款、1 年内到期的非流动资产及其他流动资产等，称为非速动资产。

非速动资产的变现金额和时间具有较大的不确定性：①存货的变现速度比应收款项要慢得多；部分存货可能已经毁损报废、尚未处理；存货估价有多种方法，可能与变现金额相差甚远。②1 年内到期的非流动资产和其他流动资产的金额有偶然性，不代表正常的变现能力。因此，将可偿债资产定义为速动资产，计算短期债务的存量比率更可信。

与流动比率一样，不同行业的速动比率差别很大。例如，采用大量现金销售的商店，几乎没有应收款项，速动比率大大低于 1 很正常。相反，一些应收款项较多的企业，速动比率可能要大于 1。

影响速动比率可信性的重要因素是应收款项的变现能力。账面的应收款项不一定都能变成现金，实际坏账可能比计提的准备要多；季节性的变化，可能使报表上的应收款项金额不能反映平均水平。

(3) 现金比率。

速动资产中，流动性最强、可直接用于偿债的资产称为现金资产。现金资产包括货币资金、交易性金融资产等。与其他速动资产不同，它们本身就是可以直接偿债的资产。

现金比率是指现金资产与流动负债的比值。其计算公式如下：

现金比率 =(货币资金 + 交易性金融资产)÷流动负债 (10-5)

根据 ABC 股份有限公司的财务报表数据：

本年现金比率 =(3 517 727.69 +2 068.17)÷7 689 445.05 =0.46

上年现金比率 =(2 350 463.41 +8 043.24)÷7 345 285.51 =0.32

(二) 经营活动现金流量净额与短期债务的比较

经营活动现金流量净额与流动负债的比值，称为现金流量比率。其计算公式如下：

现金流量比率 = 经营活动现金流量净额 ÷ 流动负债 (10-6)

根据 ABC 股份有限公司的财务报表数据：

本年现金流量比率 =1 608 658.80 ÷7 689 445.05 =0.21

上年现金流量比率 =805 470.46 ÷7 345 285.51 =0.11

公式中的“经营活动现金流量净额”，通常使用现金流量表中的“经营活动产生的现金流量净额”。它代表企业创造现金的能力，已经扣除了经营活动自身所需的现金流出，是可以用来偿债的现金流量。

一般来讲，该比率中的流动负债采用期末数而非平均数，因为实际需要偿还的是期末金额，而非平均金额。

现金流量比率表明每1元流动负债的经营活动现金流量保障程度。该比率越高，偿债能力越强。

用经营活动现金流量净额流量代替可偿债资产存量，与短期债务进行比较以反映偿债能力，更具说服力。因为一方面它克服了可偿债资产未考虑未来变化及变现能力等问题；另一方面，实际用以支付债务的通常是现金，而不是其他可偿债资产。

（三）影响短期偿债能力的其他因素

上述短期偿债能力比率，都是根据财务报表数据计算而得。还有一些表外因素也会影响企业的短期偿债能力，甚至影响相当大。财务报表使用人应该尽可能了解这方面的信息，以作出正确判断。

1. 增强短期偿债能力的表外因素

（1）可动用的银行贷款指标：银行已同意、企业尚未动用的银行贷款限额，可以随时增加企业现金，提高支付能力。这一数据不反映在财务报表中，但会在董事会决议中披露。

（2）可以很快变现的非流动资产：企业可能有一些非经营性长期资产可以随时出售变现，而不出现在“一年内到期的非流动资产”项目中。例如，储备的土地、未开采的采矿权、目前出租的房产等，在企业发生周转困难时，将其出售并不影响企业的持续经营。

2. 降低短期偿债能力的表外因素

（1）或有负债：企业因担保、产品质量保证、未决诉讼和未决仲裁等会产生潜在债务，因不符合预计负债确认条件，没有在财务报表中列示，但是可能会降低企业的短期偿债能力。

（2）经营租赁合同中的承诺付款：可能是需要偿付的义务。

二、长期偿债能力分析

长期偿债能力指标反映的是企业支付长期债务的能力，该指标与企业的盈利能力，资本结构有十分密切的关系。衡量长期偿债能力的财务比率，也分为存量比率和流量比率两类。

（一）总债务存量比率

1. 资产负债率

资产负债率又称负债比率，指企业负债总额对资产总额的比率。它表明企业总资产中，债权人提供资金所占的比重，以及企业资产对债权人权益的保障程度。其计算公式为：

$$资产负债率=(负债总额\div资产总额)\times100\% \quad (10-7)$$

根据ABC股份有限公司的财务报表数据：

本年资产负债率 =(10 471 310.46 ÷ 15 146 311.07) × 100% = 69.13%

上年资产负债率 =(9 367 492.39 ÷ 13 125 529.03) × 100% = 71.37%

资产负债率反映的是企业在全部资产中有多大的比率是通过借债而筹集的，该比率可以衡量企业清算时资产对债权人权益的保障程度。资产负债率越低，企业偿债越有保证，贷款越安全。资产负债率还代表企业的举债能力。一个企业的资产负债率越低，举债越容易。各类资产变现能力有显著区别，房地产的变现价值损失小，专用设备则难以变现。不同行业企业的资产负债率不同，与其持有的资产类别相关。

事实上，利益主体不同，看待该指标的立场也不同。从债权人的立场看，资产负债率越低越好，资产负债率较低可能意味着企业偿债有保证，贷款风险较低。从股东的立场看，其关心的是举债的效益，在全部资本利润率高于借款利息率的前提下，债务筹资可以取得更多收益。从经营者的角度看，其更关注如何实现风险和收益的平衡。资产负债率较低表明财务风险较低，但是同时也意味着没有充分发挥财务杠杆作用，盈利能力也较低；而较高的资产负债率表明较大的财务风险和较高的盈利能力。

2. 产权比率

产权比率，是指负债总额与股东权益之比。其计算公式为：

产权比率 = 负债总额 ÷ 股东权益　　(10 - 8)

根据 ABC 股份有限公司的财务报表数据：

本年产权比率 = 10 471 310.46 ÷ 4 675 000.61 = 2.24

上年产权比率 = 9 367 492.39 ÷ 3 758 036.64 = 2.49

产权比率是资产负债率的另外表现形式，它和资产负债率的性质一样，表明每 1 元股东权益借入的债务金额。产权比率侧重于揭示资金结构的稳健程度。

3. 权益乘数

权益乘数是总资产与股东权益的比值。其计算公式为：

权益乘数 = 总资产 ÷ 股东权益　　(10 - 9)

根据 ABC 股份有限公司的财务报表数据：

本年权益乘数 = 15 146 311.07 ÷ 4 675 000.61 = 3.24

上年权益乘数 = 13 125 529.03 ÷ 3 758 036.64 = 3.49

权益乘数也是资产负债率的另外表现形式，它表明股东每投入 1 元钱可以实际控制的资产金额。权益乘数影响总资产净利率和权益净利率的关系，表明权益净利率的风险高低，与盈利能力相关。

资产负债率、产权比率和权益乘数实际上都是在讨论债务筹资对企业偿债能力和盈利能力的影响，区别在于侧重点略有不同。

4. 长期资本负债率

长期资本负债率是指非流动负债占长期资本的百分比，其计算公式如下：

$$长期资本负债率 = [非流动负债 \div (非流动负债 + 股东权益)] \times 100\% \quad (10-10)$$

根据 ABC 股份有限公司的财务报表数据：

本年长期资本负债率

$= [2\ 781\ 865.40 \div (2\ 781\ 865.40 + 4\ 675\ 000.61)] \times 100\% = 37.31\%$

上年长期资本负债率

$= [2\ 022\ 206.89 \div (2\ 022\ 206.89 + 3\ 758\ 036.64)] \times 100\% = 34.98\%$

长期资本负债率反映企业资本结构。由于流动负债金额经常变化，资本结构通常剔除流动负债因素。

（二）总债务流量比率

1. 利息保障倍数

利息保障倍数，又称已获利息倍数，是指企业一定时期息税前利润与利息费用的倍数。其计算公式为：

$$\begin{aligned}利息保障倍数 &= 息税前利润 \div 利息费用 \\ &= (净利润 + 利息费用 + 所得税费用) \div 利息费用 \quad (10-11)\end{aligned}$$

根据 ABC 股份有限公司的财务报表数据：

本年利息保障倍数

$= (905\ 164.92 + 139\ 287.23 + 149\ 280.67) \div 139\ 287.23 = 8.57$

上年利息保障倍数

$= (669\ 133.43 + 72\ 089.48 + 149\ 186.60) \div 72\ 089.48 = 12.35$

利息保障倍数是站在债务人角度考虑的一种偿债能力指标，它假设企业可以借新债还旧债，因此只考虑利润对利息费用的保障程度，并没有考虑本金的偿还。利息保障倍数表明每 1 元利息支付有多少倍的息税前利润作为保障，它可以反映债务政策的风险大小。如果企业一直保持按时付息的信誉，则长期负债可以延续，举借新债也比较容易。利息保障倍数越大，利息支付越有保障。如果利息支付尚且缺乏保障，归还本金就更难指望。因此，利息保障倍数可以反映长期偿债能力。

如果利息保障倍数小于 1，表明自身产生的经营收益不能支持现有的债务规模，利息保障倍数等于 1 也很危险，因为息税前利润收经营风险的影响，很不稳定，而利息支付确实固定的。利息保障倍数越大，公司拥有的偿还利息的缓冲资金就越多。

2. 现金流量利息保障倍数

现金流量利息保障倍数，是指经营活动现金流量净额对利息费用的倍数。其计算公式如下：

$$现金流量利息保障倍数 = 经营活动现金流量净额 \div 利息费用 \quad (10-12)$$

根据 ABC 股份有限公司的财务报表数据：

本年现金流量利息保障倍数 $= 1\ 608\ 658.80 \div 139\ 287.23 = 11.55$

上年现金流量利息保障倍数 =805 470.46 ÷72 089.48 =11.17

现金流量利息保障倍数是现金基础的利息保障倍数，表明每1元利息费用有多少倍的经营活动现金流量净额作为保障。它比利润基础的利息保障倍数更可靠，因为实际用以支付利息的不是利润，而是现金。

3. 现金流量债务比

现金流量债务比，是指经营活动现金流量净额与债务总额的比率。其计算公式如下：

$$经营活动现金流量净额债务比 = (经营活动现金流量净额 \div 债务总额) \times 100\% \quad (10-13)$$

根据ABC股份有限公司的财务报表数据：

本年经营活动现金流量净额债务比

$= (1\ 608\ 658.80 \div 10\ 471\ 310.46) \times 100\% = 15.36\%$

上年经营活动现金流量净额债务比

$= (805\ 470.46 \div 9\ 367\ 492.39) \times 100\% = 8.6\%$

一般来讲，该比率中的债务总额采用期末数而非平均数，因为实际需要偿还的是期末金额，而非平均金额。

该比率表明企业用经营活动现金流量净额偿付全部债务的能力。比率越高，偿还债务总额的能力越强。

（三）影响长期偿债能力的其他因素

上述长期偿债能力比率，都是根据财务报表数据计算而得。还有一些表外因素影响企业长期偿债能力。

1. 长期租赁

财产租赁的形式包括融资租赁和经营租赁。融资租赁形成的负债会反映在资产负债表中，而经营租赁形成的负债则未反映在资产负债表中。当企业的经营租赁金额比较大、期限比较长或具有经常性时，就形成了一种长期性融资，经营租赁就构成了表外融资。在考虑企业的长期偿债能力时，应该考虑长期租赁因素。

2. 债务担保

担保项目的时间长短不同，有的影响企业的长期偿债能力。在分析企业长期偿债能力时，应该考虑债务担保的影响。

3. 未决诉讼

未决诉讼是企业的潜在债务，可能会影响企业的长期偿债能力。

三、营运能力分析

企业的营运资产，主体是流动资产和固定资产。尽管无形资产是企业资产的重要组成部分，在提高企业经济效益方面发挥着巨大的作用，但是无形资产的作用必须通过或依附于有形资产才能发挥出来。从这个意义上说，企业营运资产的利用及其能力如何，将从根本上决定企业的经营状况和经济效益。

企业营运能力主要是指企业营运资产的效率与效益。营运资产的效率通常指资产的周转速度。营运资产的效益则指营运资产的利用效果，即通过资产的投入与其产出相比较来体现。

（一）总资产营运能力分析

反映总资产营运能力的指标是总资产周转率。总资产周转率，也称总资产周转次数，是指企业销售收入与企业资产平均总额的比率。其计算公式为：

$$总资产周转次数 = 销售收入 \div 平均资产总额 \quad (10-14)$$

如果企业各期资产总额比较稳定，波动不大，则：

$$平均资产总额 = (期初资产总额 + 期末资产总额) \div 2$$

根据 ABC 股份有限公司的财务报表数据：

平均资产总额 =(13 125 529.03 +15 146 311.07) ÷2 =14 135 920.05（万元）

总资产周转次数 =15 925 446.69 ÷14 135 920.05 =1.1266

如果资金占用的波动性较大，企业应该采用更详细的资料进行计算，如按照各月的资金占用额计算，则：

月平均资产总额 =(月初资产总额 + 月末资产总额) ÷2

季平均占用额 =(1/2季初 + 第一月末 + 第二月末 +1/2季末) ÷3

年平均占用额 =(1/2年初 + 第一季末 + 第二季末 + 第三季末 +1/2年末) ÷4

计算总资产周转率时分子分母在时间上应该保持一致。

总资产周转次数，表明一年中总资产周转的次数，或者说明每 1 元总资产支持的销售收入。

总资产周转天数 =360 ÷(销售收入 ÷ 平均资产总额)

根据 ABC 股份有限公司的财务报表数据：

总资产周转天数 =360 ÷(15 925 446.69 ÷14 135 920.05) =319.55(天)

总资产周转天数表明总资产周转一次需要的时间，也就是总资产转换成现金平均需要的时间。

（二）流动资产周转速度分析

1. 流动资产周转率

流动资产周转率是反映企业流动资产周转速度的指标。流动资产周转率（次数）是一定时期销售收入净额与企业流动资产平均占用额之间的比率。其计算公式为：

$$流动资产周转次数 = 销售收入净额 \div 流动资产平均余额 \quad (10-15)$$

根据 ABC 股份有限公司的财务报表数据：

流动资产平均余额

$=(6\ 951\ 618.90+8\ 833\ 245.14)\div 2=7\ 892\ 432.02$（万元）

流动资产周转次数 $=15\ 925\ 446.69\div 7\ 892\ 432.02=2.0178$

$$\text{流动资产周转天数}=\text{计算期天数}\div\text{流动资产周转次数}$$
$$=\text{计算期天数}\times\text{流动资产平均余额}\div\text{销售收入净额} \quad (10-16)$$

根据 ABC 股份有限公司的财务报表数据：

流动资产周转天数 $=360\div 2.0178=178.41$(天)

式（10－16）中：流动资产平均余额＝(期初流动资产＋期末流动资产)÷2

在一定时期内，流动资产周转次数越多，表明以相同的流动资产完成的周转额越多，流动资产利用效果越好。流动资产周转天数越少，表明流动资产在经历生产销售各阶段所占用的时间越短，增强企业盈利能力。

2. 应收账款周转率

应收账款的管理是流动资产管理的重要方面。及时收回应收账款，不仅能够增强企业的短期偿债能力，也反映出企业管理应收账款的效率。反映应收账款周转情况的比率有应收账款周转率（次数）和应收账款周转天数。

应收账款周转次数，是一定时期内商品或产品销售收入与应收账款平均余额的比值，表明一定时期内应收账款平均收回的次数。其计算公式为：

$$\text{应收账款周转次数}=\frac{\text{销售收入}}{\text{应收账款平均余额}}$$
$$=\frac{\text{销售收入}}{(\text{期初应收账款}+\text{期末应收账款})/2} \quad (10-17)$$

根据 ABC 股份有限公司的财务报表数据：

应收账款平均余额 $=(1\ 224\ 724.41+1\ 244\ 800.48)\div 2=1\ 234\ 762.45$(万元)

应收账款周转次数 $=15\ 925\ 446.69\div 1\ 234\ 762.45=12.8976$

应收账款周转天数，也称为应收账款收现期，表明从销售开始到收回现金平均需要的天数。其计算公式为：

$$\text{应收账款周转天数}=\text{计算器天数}\div\text{应收账款周转次数}$$
$$=\text{计算期天数}\times\text{应收账款平均余额}\div\text{销售收入}$$

根据 ABC 股份有限公司的财务报表数据：

应收账款周转天数 $=360\div 12.8976=27.91$（天）

在计算和使用应收账款周转率指标时应注意的问题：

（1）销售收入的赊销比例问题。从理论上讲，应收账款是赊销引起的，其对应的流量是赊销额，而非全部销售收入。因此，计算时应使用赊销额而非销售收入。但是，外部分析人员无法取得赊销数据，只好直接使用利润表中的“营业收入”。

（2）应收账款年末余额的可靠性问题。应收账款是特定时点的存量，容易受季节性、偶然性和人为因素影响。在用应收账款周转率进行业绩评价时，可以使用年初和年末的平均数，或者使用多个时点的平均数，以减少这些因素的影响。

（3）应收账款的减值准备问题。财务报表上列示的应收账款是已经计提坏账准备后的净额，而销售收入并未相应减少。其结果是，计提的坏账准备越多，应收账款周转次数越多、天数越少。如果坏账准备的金额较大，就应进行调整，使用未计提坏账准备的应收账款进行计算。报表附注中披露的应收账款坏账准备信息，可作为调整的依据。

（4）应收票据是否计入应收账款周转率。应收账款包括会计报表中的“应收账款”和“应收票据”等全部赊销账款在内，因为应收票据是销售形成的应收账款的另一种形式。

（5）应收账款分析应该与销售收入分析、现金分析相联系。应收账款的起点是销售，终点是现金。正常情况是销售增加引起应收账款增加，现金存量和经营活动现金流量也会随之增加。如果一个企业应收账款日益增加，而销售和现金日益减少，则可能是销售出现了比较严重的问题，以致放宽信用政策，甚至随意发货，但现金却收不回来。

应收账款周转率反映了企业应收账款周转速度的快慢及应收账款管理效率的高低。在一定时期内周转次数越多（或周转天数越少）表明：

（1）企业收账速度快，信用管理严格。

（2）应收账款流动性强，从而增强企业短期偿债能力。

（3）减少收账费用和坏账损失。

（4）通过比较应收账款周转天数及企业信用期限，可以评价客户的信用状况，调整企业信用政策。

3. 存货周转率

在流动资产中，存货所占比重较大，存货的流动性将直接影响企业的流动比率。存货周转率的分析同样可以通过存货周转次数和存货周转天数反映。

存货周转率，也称存货周转次数，是指一定时期内企业销售成本与存货平均资金占用额的比率，是衡量和评价企业购入存货、投入生产、销售收回等各环节管理效率的综合性指标。其计算公式为：

$$\text{存货周转次数} = \text{销售成本} \div \text{存货平均余额} \quad (10-18)$$

$$\text{存货平均余额} = (\text{期初存货} + \text{期末存货}) \div 2 \quad (10-19)$$

式（10－18）中销售成本为利润表中“营业成本”的数值。

根据 ABC 股份有限公司的财务报表数据：

存货平均余额＝(1 523 794.24＋2 150 352.48)÷2＝1 837 073.36（万元）

存货周转次数＝10 988 962.16÷1 837 073.36＝5.9818

存货周转天数是指存货周转一次（即存货取得到存货销售）所需要的时间。计算公式为：

$$\begin{aligned}\text{存货周转天数} &= \text{计算期天数} \div \text{存货周转次数} \\ &= \text{计算期天数} \times \text{存货平均余额} \div \text{销售成本} \quad (10-20)\end{aligned}$$

根据 ABC 股份有限公司的财务报表数据：

存货周转天数 =360 ÷5.9818 =60.18(天)

在正常经营情况下，存货周转率越高，说明存货周转速度越快，企业的销售能力越强，营运资本占用在存货上的金额越少，表明企业的资产流动性较好，资金利用效率较高；反之，存货周转率过低，常常是库存管理不利，销售状况不好，造成存货积压。但是，有时企业出于特殊的原因会增大存货储备量，如在通货膨胀比较严重的情况下，企业为了降低存货采购成本，可能会提高存货储备量，这种情况导致的存货周转率降低是一种正常现象。因此，对存货周转率的分析，应当结合企业的实际情况，具体问题具体分析。

在计算和使用存货周转率时应该注意的问题：

（1）计算存货周转率时，使用“销售成本”还是“销售收入”作为周转率额，要看分析的目的。如果是为了评估存货管理的业绩，应该使用“销售成本”计算存货周转率，使其分子和分母保持口径一致。在短期偿债能力分析中，为了评估资产的变现能力需要计量存货转换为现金的金额和时间，应采用“销售收入”。在分解总资产周转率时，为系统分析各项资产的周转情况并识别主要的影响因素，应统一使用“销售收入”计算周转率。

（2）存货周转率的高低与企业的经营特点有密切联系，应注意行业的可比性。

（3）该比率反映的是存货整体的周转情况，不能说明企业经营各环节的存货周转情况和管理水平。应该关注构成存货的原材料、在产品、半成品、产成品和低值易耗品之间的比例关系。各类存货的明细资料以及存货重大变动的解释，应当在报表附注中披露。

（4）应注意应付账款、存货和应收账款（或销售收入）之间的关系。一般来说，销售增加会拉动应收账款、存货、应付账款增加，不会引起周转率的明显变化。但是，当企业接受一个大订单时，通常要先增加存货，然后推动应付账款增加，最后才引起应收账款（销售收入）增加。因此，在该订单没有实现销售以前，先表现为存货周转天数的增加。这种周转天数的增加，没有什么不好。与此相反，当预见到销售会减少时，通常会先减少存货，进而引起存货周转天数等下降。这种周转天数下降，并非什么好事，并非资产管理改善。

（三）固定资产营运能力分析

反映固定资产营运能力的指标为固定资产周转率。固定资产周转率，也称固定资产周转次数，是指企业年销售收入与固定资产平均额的比率。它是反映企业固定资产周转情况，从而衡量固定资产利用效率的一项指标。其计算公式为：

$$固定资产周转率 = 销售收入 \div 平均固定资产 \quad (10-21)$$

$$平均固定资产 = (期初固定资产 + 期末固定资产) \div 2 \quad (10-22)$$

根据 ABC 股份有限公司的财务报表数据：

平均固定资产

=(1 553 904.69 +1 601 752.34) ÷2 =1 577 828.51 (万元)

固定资产周转率 =15 925 446.69 ÷1 577 828.51 =10.0933

固定资产周转天数 = 360 ÷ 10.0933 = 35.67（天）

固定资产周转率主要用于分析企业对厂房、设备等固定资产的利用效率。该比率越高，说明固定资产的利用率越高，管理水平越好；如果固定资产周转率与同行业平均水平相比偏低，说明企业的生产效率较低，可能会影响企业的盈利能力。

四、盈利能力分析

盈利能力是企业赚取利润的能力。盈利是企业的重要经营目标，是企业生存和发展的物质基础，它不仅关系到企业所有者的投资报酬，也是企业偿还债务的一个重要保障。因此，企业的债权人、所有者以及管理者都十分关心企业的盈利能力。盈利能力分析是企业财务分析的重要组成部分，也是评价企业经营管理水平的重要依据。盈利能力指标主要通过收入与利润之间的关系、资产与利润之间的关系反映。反映企业盈利能力的指标主要有销售毛利率、销售净利率、总资产净利率和净资产收益率。

（一）销售毛利率

销售毛利率是销售毛利与销售收入之比，通常用百分数表示。其计算公式如下：

$$销售毛利率 = 销售毛利 \div 销售收入 \times 100\% \qquad (10-23)$$

其中：销售毛利 = 销售收入 − 销售成本

根据 ABC 股份有限公司的财务报表数据：

本年销售毛利率

= (15 925 446.69 − 10 988 962.16) ÷ 15 925 446.69 × 100% = 31%

上年销售毛利率

= (11 906 582.52 − 8 212 688.22) ÷ 11 906 582.52 × 100% = 31.02%

销售毛利率反映产品每 1 元销售收入所包含的毛利润是多少，即销售收入扣除销售成本后还有多少剩余可用于各期费用和形成利润。销售毛利率越高，表明产品的盈利能力越强。将销售毛利率与行业水平比较，可以反映企业产品的市场竞争地位。那些销售毛利率高于行业平均水平的企业意味着实现一定的收入占用了更少的成本，表明它们在资源、技术或劳动生产率方面具有竞争优势。而那些销售毛利率低于行业水平的企业则意味着在行业中处于竞争劣势。此外，将不同行业的销售毛利率进行横向比较，也可以说明行业间盈利能力的差异。

毛利率变动原因可以分部门、分产品、分顾客群、分销售区域或分推销员进行分析，视分析的目的以及可取得的资料而定。

（二）销售净利率

销售净利率是指净利润与销售收入的比率，通常用百分数表示。其计算公式如下：

$$销售净利率 = (净利润 \div 销售收入) \times 100\% \qquad (10-24)$$

根据 ABC 股份有限公司的财务报表数据：

本年销售净利率 =（905 164.92 ÷ 15 925 446.69）× 100% = 5.68%

上年销售净利率 =（669 133.43 ÷ 11 906 582.52）× 100% = 5.62%

销售净利率说明了企业净利润占销售收入的比例，它可以评价企业通过销售赚取利润的能力。销售净利率表明企业每 100 元营业收入可实现的净利润是多少。该比率越高，说明企业通过扩大销售获取报酬的能力越强。

（三）总资产净利率

总资产净利率是指净利润与平均总资产的比率，反映每 1 元资产创造的净利润。其计算公式为：

$$总资产净利率 = (净利润 \div 平均总资产) \times 100\% \tag{10-25}$$

根据 ABC 股份有限公司的财务报表数据：

平均资产总额

=（13 125 529.03 + 15 146 311.07）÷ 2 = 14 135 920.05（万元）

总资产净利率 =（905 164.92 ÷ 14 135 920.05）× 100% = 6.4%

总资产净利率衡量的是企业资产的盈利能力。总资产净利率越高，表明企业资产的利用效果越好。

影响总资产净利率的因素是销售净利率和总资产周转率。

$$\begin{aligned}总资产净利率 &= \frac{净利润}{平均总资产} = \frac{净利润}{销售收入} \times \frac{销售收入}{平均总资产} \\ &= 销售净利率 \times 总资产周转率\end{aligned} \tag{10-26}$$

根据 ABC 股份有限公司的财务报表数据：

总资产周转率

= 15 925 446.69 ÷ [（13 125 529.03 + 15 146 311.07）÷ 2] = 1.1266

6.4033% = 5.6838% × 1.1266

（四）净资产收益率

净资产收益率，又称权益净利率或权益报酬率，是指净利润与平均所有者权益的比值，表示每 1 元股东资本赚取的净利润，反映资本经营的盈利能力。其计算公式为：

$$净资产收益率 = (净利润 \div 平均所有者权益) \times 100\% \tag{10-27}$$

根据 ABC 股份有限公司的财务报表数据：

平均所有者权益

=（3 758 036.64 + 4 675 000.61）÷ 2 = 4 216 518.63（万元）

净资产收益率

=（905 164.92 ÷ 4 216 518.63）× 100% = 21.47%

净资产收益率的分母是股东的投入，分子是股东的所得，反映了企业股东获取投资报酬的高低。一般来说，净资产收益率越高，股东和债权人的利益保障程度越高。该指标是企业盈利能力指标的核心，也是杜邦财务指标体系的核心，具有非常好的综合性。

$$净资产收益率 = \frac{净利润}{平均净资产} = \frac{净利润}{平均总资产} \times \frac{平均总资产}{平均净资产}$$
$$= 资产净利率 \times 权益乘数 \quad (10-28)$$

根据 ABC 股份有限公司的财务报表数据：

平均权益乘数 = [(13 125 529.03 + 15 146 311.07) ÷ 2] ÷ [(3 758 036.64 + 4 675 000.61) ÷ 2] = 3.3525

21.4671% = 6.4033% × 3.3525

通过对净资产收益率的分解可以发现，净资产收益率取决于企业的资产净利率和权益乘数两个因素。因此，提高净资产收益率可以有两种途径：一是在财务杠杆不变的情况下，通过增收节支，提高资产利用效率来提高资产净利率，从而提高净资产收益率；二是在资产净利率大于负债利息的情况下，可以通过提高权益乘数，充分发挥债务筹资的财务杠杆效应，从而提高净资产收益率。但是，通过增加债务筹资提高权益乘数，在发挥财务杠杆效应的同时也提高了财务风险，所以提高净资产收益率的主要途径是通过改进经营管理水平，提高资产净利率。

五、发展能力分析

发展能力也称成长能力，是指企业在从事经营活动过程中所表现出的增长能力，如规模的扩大、盈利的持续增长、市场竞争力的增强等。反映企业发展能力的主要财务比率有：销售收入增长率、总资产增长率、营业利润增长率、资本保值增值率和资本积累率等。

（一）销售收入增长率

销售收入增长率是指企业本年销售收入增长额与上年销售收入总额的比率。其计算公式为：

$$销售收入增长率 = \frac{本年销售收入增长额}{上年销售收入} \times 100\% \quad (10-29)$$

其中：本年销售收入增长额 = 本年销售收入 - 上年销售收入

根据 ABC 股份有限公司的财务报表数据：

销售收入增长额 = 15 925 446.69 - 11 906 582.52 = 4 018 864.17（万元）

销售收入增长率 = 4 018 864.17 ÷ 11 906 582.52 × 100% = 33.75%

销售收入增长率反映了企业销售收入的变化情况，是评价企业成长性和市场竞争力的重要指标。该比率大于零，表示企业销售收入增加；反之，表示销售收入减少。该比率越高，说明企业销售收入的成长性越好，企业的发展能力越强。

（二）总资产增长率

总资产增长率是指企业本年资产增长额同年初资产总额的比率，反映企业本期资产规模的增长情况。其计算公式为：

$$总资产增长率=\frac{本年资产增长额}{年初资产总额}\times 100\% \quad (10-30)$$

其中：本年资产增长额 = 年末资产总额 - 年初资产总额

根据 ABC 股份有限公司的财务报表数据：

本年资产增长额 = 15 146 311.07 - 13 125 529.03 = 2 020 782.04（万元）

总资产增长率 = 2 020 782.04 ÷ 13 125 529.03 × 100% = 15.4%

总资产增长率是从企业资产规模扩张方面来衡量企业的发展能力。企业资产总量对企业的发展具有重要的影响。一般来说，总资产增长率越高，说明企业资产规模增长的速度越快，企业的竞争力会增强。

（三）利润增长率

根据利润的计算口径不同，有营业利润、利润总额和净利润之分，因此，利润增长率也可以分为营业利润增长率、利润总额增长率和净利润增长率三项具体指标。

营业利润增长率计算公式为：

$$营业利润增长率=\frac{本年营业利润增长额}{上年营业利润总额}\times 100\% \quad (10-31)$$

根据 ABC 股份有限公司的财务报表数据：

本年营业利润增长额 = 1 011 312.24 - 711 755.47 = 299 556.77（万元）

本年营业利润增长率 = 299 556.77 ÷ 711 755.47 × 100% = 42.09%

利润总额增长率计算公式为：

$$利润总额增长率=\frac{本年利润总额增长额}{上年利润总额}\times 100\% \quad (10-32)$$

根据 ABC 股份有限公司的财务报表数据：

本年利润总额增长额 = 1 054 445.59 - 818 320.03 = 236 125.56（万元）

本年利润总额增长率 = 236 125.56 ÷ 818 320.03 × 100% = 28.85%

净利润计算公式为：

$$净利润增长率=\frac{本年净利润增长额}{上年净利润总额}\times 100\% \quad (10-33)$$

根据 ABC 股份有限公司的财务报表数据：

本年净利润增长额 = 905 164.92 - 669 133.43 = 236 031.48（万元）

本年净利润增长率 = 236 031.48 ÷ 669 133.43 × 100% = 35.27%

（四）资本保值增值率

资本保值增值率是指扣除客观因素影响后的所有者权益的期末总额与期初总额之比。其计算公式为：

$$资本保值增值率=\frac{扣除客观因素影响后的期末所有者权益}{期初所有者权益}\times 100\% \quad (10-34)$$

根据 ABC 股份有限公司的财务报表数据：

资本保值增值率 = 4 675 000.61 ÷ 3 758 036.64 × 100% = 124.40%

如果企业本期净利润大于零，并且利润留存率也大于零，则必然会使期末所有者权益大于期初所有者权益，所以该指标也是衡量企业盈利能力的重要指标。这一指标的高低，除了受企业经营成果的影响外，还受企业利润分配政策影响。

（五）资本积累率

资本积累率是指企业本年所有者权益增长额与年初所有者权益的比率，反映企业当年资本的积累能力。其计算公式为：

$$资本积累率=\frac{本年所有者权益增长额}{年初所有者权益}\times 100\% \quad (10-35)$$

本年所有者权益增长额 = 年末所有者权益 - 年初所有者权益

根据 ABC 股份有限公司的财务报表数据：

本年所有者权益增长额 = 4 675 000.61 - 3 758 036.64 = 916 963.97（万元）

资本积累率 = 916 963.97 ÷ 3 758 036.64 × 100% = 24.40%

资本积累率越高，表明企业的资本积累越多，应对风险、持续发展的能力越强。

第三节 上市公司财务分析

对于上市公司而言，由于信息披露的要求，一些分析指标被投资者广泛使用。例如，每股收益、每股股利、每股净资产、市盈率、市净率等。

一、上市公司特殊财务分析指标

（一）每股收益

每股收益（earnings per share，EPS）是综合反映企业盈利能力的重要指标，可以用来判断和评价管理层的经营业绩。每股收益包括基本每股收益和稀释每股收益。

1. 基本每股收益

基本每股收益只考虑当期实际发行在外的普通股股份，按照归属于普通股股东的当期净利润除以当期实际发行在外普通股的加权平均数计算确定。

基本每股收益的计算公式为：

$$基本每股收益=\frac{归属于公司普通股股东的净利润}{发行在外的普通股加权平均数} \quad (10-36)$$

其中：发行在外普通股的加权平均数 = 期初发行在外普通股股数 + 当期新发普通股股数 × 已发行时间 ÷ 报告期时间 − 当期回购普通股股数 × 已回购时间 ÷ 报告期时间

以合并财务报表为基础计算的每股收益，分子应当是归属于母公司普通股股东的当期合并净利润，即扣减少数股东损益后的余额。

假设 ABC 股份有限公司 2017 年归属于母公司所有者的净利润为 692 579.23 为万元，2017 年发行在外的普通股加权平均数为 609 740.27 万股，则：

本年每股收益 = 692 579.23 ÷ 609 740.27 = 1.136（元/股）

上年每股收益 = 503 665.22 ÷ 609 763.07 = 0.826（元/股）

2. 稀释每股收益

稀释每股收益是以基本每股收益为基础，假设企业所有发行在外的稀释性潜在普通股均已转换为普通股，从而分别调整归属于普通股股东的当期净利润以及发行在外普通股的加权平均数计算而得的每股收益。稀释性潜在普通股是指假设当期转换为普通股会减少每股收益的潜在普通股。目前，我国企业发行的潜在普通股主要有可转换公司债券、认股权证、股份期权等。

（1）可转换公司债券。分子的调整项目为可转换公司债券当期已确认为费用的利息等的税后影响额，分母的调整项目为假定可转换公司债券当期期初或发行日转换为普通股的股数加权平均数。

（2）认股权证、股份期权等的行权价格低于当期普通股平均市场价格时，应当考虑其稀释性：

调整增加的普通股股数 = 拟行权时转换的普通股股数 − 拟行权时转换的普通股股数 × 行权价格 ÷ 当期普通股平均市场价格

假设 ABC 股份有限公司 2017 年归属于母公司所有者的净利润为 692 579.23 为万元，2017 年发行在外的普通股加权平均数为 609 740.27 万股。2017 年 1 月 1 日按面值发行年利率 3% 的可转换债券，面值 430 000 万元，期限 5 年，利息每年末支付一次。发行结束一年后可以转换股票，转换价格每股 12.04 元。债券利息不符合资本化的条件，直接计入当期损益，所得税税率 25%。假设不考虑公司债券在负债和权益成分之间分拆，且债券票面利率等于实际利率。

基本每股收益 = 692 579.23 ÷ 609 740.27 = 1.136（元/股）

假设转换所增加的净利润 = 430 000 × 3% ×（1 − 25%）= 9 675.00（万元）

假设转换所增加的普通股股数 = 430 000 ÷ 12.04 = 35 713.99（万股）

稀释每股收益

=（692 579.23 + 9 675.00）÷（609 740.27 + 35 713.99）= 1.088（元/股）

每股收益这一财务指标在不同行业、不同规模的上市公司之间具有相当大的可比性，因而在各上市公司之间的业绩比较中被广泛地加以引用。此指标越高，表明投资价值越大。但是每股收益多并不意味着每股股利多，每股收益也不能反映股票的风险水平。

（二）每股股利

每股股利是企业股利总额与普通股股数的比值。其计算公式为：

$$每股股利=现金股利总额\div期末发行在外的普通股股数 \quad (10-37)$$

ABC股份有限公司2017年度发放普通股股利208 531.17万元，年末发行在外的普通股股数为609 740.27万股。每股股利计算如下：

每股股利 = 208 531.17 ÷ 609 740.27 = 0.342（元/股）

每股股利反映了普通股股东每持有上市公司一股普通股获取的股利大小，是投资者股票投资收益的重要来源之一。每股股利的大小，不仅取决于公司盈利能力的强弱，还取决于公司的股利政策和现金是否充裕。倾向于分配现金股利的投资者，应当比较分析公司历年的每股股利，从而了解公司的股利政策。

反映每股股利和每股收益之间关系的一个重要指标是股利支付率。股利支付率是指每股股利与当期的每股收益之比。

$$股利支付率=每股股利\div每股收益$$

股利支付率反映每1元净利润有多少用于普通股股东的现金股利发放，反映普通股股东的当期收益水平。借助该指标，投资者可以了解一家上市公司的股利分配政策。

（三）每股净资产

每股净资产，又称每股账面价值，是指企业期末净资产与期末发行在外的普通股股数之间的比率。用公式表示为：

$$每股净资产=\frac{期末净资产}{期末发行在外的普通股股数} \quad (10-38)$$

ABC股份有限公司2017年年末股东权益为4 675 000.61万元，全部为普通股，年末发行在外的普通股股数为609 740.27万股。则每股净资产计算如下：

$$每股净资产=\frac{4\ 675\ 000.61}{609\ 740.27}=7.67（元）$$

在计算每股净资产时，应注意所使用的是资产负债表日流通在外普通股股数，而不是当期流通在外普通股加权平均数，因为每股净资产的分子是时点数，分母应与其口径一致，因此应选取同一时点数。

每股净资产指标揭示了发行在外的每一普通股股份所能分配的企业账面净资产的价值。这里所说的账面净资产是指企业账面上的总资产减去负债后的余额，即股东权益总额。每股净资产指标反映了在会计期末每一股份在企业账面上的价值，它与股票面值、股票价格等往往存在较大差距，是理论上股票的最低价值。

利用该指标进行横向和纵向对比，可以衡量上市公司股票的投资价值。如在企业性质相同、股票市价相近的条件下，某一企业股票的每股净资产越高，则股票的投资价值越大，投资者所承担的投资风险越小。

（四）市盈率

市盈率（P/E ratio）是普通股每股市价与每股收益的比率，反映普通股股东为获取 1 元净利润所愿意支付的股票价格。其计算公式如下：

$$市盈率=\frac{每股市价}{每股收益} \quad (10-39)$$

假定该 ABC 股份有限公司 2017 年年末每股市价为 19 元。则该公司 2017 年年末市盈率计算如下：

$$市盈率=\frac{19}{1.136}=16.73(倍)$$

上市公司的市盈率是广大股票投资者进行中长期投资的重要决策指标。每股市价实际上反映了投资者对未来收益的预期，相当于每股收益的资本化。如果投资者预期收益将从当前水平大幅增长，市盈率将会提高；如果投资者预期收益将由当前水平下降，市盈率将会降低。一般来说，市盈率越高，说明投资者对该公司的发展前景看好，愿意出较高的价格购买该公司股票。所以，成长性好的公司股票市盈率通常要高一些，而盈利能力差、缺乏成长性的公司股票市盈率要低一些。但是，市盈率越高，也说明一定的预期利润投资者需要支付更高的价格，因此投资与该股票的风险也越大；市盈率越低，说明投资于该股票的风险越小。

使用市盈率进行分析的前提是每股收益维持在一定水平之上，如果每股收益很小或接近亏损，就会导致市盈率虚高，此时的市盈率不能说明任何问题。因此，通常很难根据某一股票在某一时期的市盈率对其投资价值作出判断，应该进行不同期间以及同行业不同公司之间的比较或与行业平均市盈率进行比较，以判断股票的投资价值。

（五）市净率

市净率也称市账率，是指普通股每股市价与每股净资产的比率，它反映普通股股东愿意为每 1 元净资产支付的价格，说明市场对公司资产质量的评价，是投资者用以衡量、分析个股是否具有投资价值的工具之一。市净率的计算公式如下：

$$市净率=\frac{每股市价}{每股净资产} \quad (10-40)$$

假定该 ABC 股份有限公司 2017 年年末每股市价为 19 元。则该公司 2017 年年末市净率计算如下：

$$市净率=\frac{19}{7.67}=2.48(倍)$$

（六）市销率

市销率也称收入乘数，是指普通股每股市价与每股销售收入的比率，它反映普通股股东愿意为每 1 元销售收入支付的价格。其中，每股销售收入是指销售收入与流通在外普通股加权平均股数的比率，它反映每只普通股创造的销售收入。其计算公式如下：

$$市销率 = \frac{每股市价}{每股销售收入} \tag{10-41}$$

$$每股销售收入 = 销售收入 \div 流通在外普通股加权平均数$$

ABC 股份有限公司 2017 年销售收入为 15 925 446.69 万元，年末发行在外的普通股股数为 609 740.27 万股。该上市公司 2017 年年末每股市价为 19 元。市销率的计算如下：

每股销售收入 = 15 925 446.69 ÷ 609 740.27 = 26.12（元/股）

$$市销率 = \frac{19}{26.12} = 0.73（倍）$$

（七）托宾 Q 指标分析

托宾 Q（TobinQ）指标是指公司的市场价值与其重置成本之比。通常，人们用总资产的账面价值代替重置成本，用普通股的市场价格和债务的账面价值之和表示市场价值。

其计算公式为：

$$托宾Q值 = \frac{股权市场价格 + 长、短期债务账面价值合计}{总资产账面价值} \tag{10-42}$$

需要说明的是，之所以债务用账面价值而非市场价值，是因为一般来讲，公司债务的市场价值较难衡量。不过，若可以衡量或估计其市场价值，则应当使用市场价值。如发行公司债券，则应当采用市场价值。

ABC 股份有限公司 2017 年年末有关资料见表 10－5，相关分析如下。

表 10－5　　ABC 股份有限公司相关财务信息表

项　　目	数　　额
流通在外普通股股数（万股）	549 141.67
股票价格（元）	19
长、短期债务账面价值（万元）	10 471 310.46
所有者权益账面价值（万元）	4 675 000.61
总资产账面价值（万元）	15 146 311.07

托宾 Q =（19 × 549 141.67 + 10 471 310.46）÷ 15 146 311.07 = 20 905 002.19 ÷ 15 146 311.07 = 1.38

若某公司的托宾 Q 值大于 1，表明市场上对该公司的估价水平高于其自身的重置成本，该公司的市场价值较高；若某公司的托宾 Q 值小于 1，则表明市场上对该公司的估价水平低于其自身的重置成本，该公司的市场价值较低。

不过，在运用托宾 Q 值判断公司盈利能力和市场价值时，由于股票价格影响因素具有多样性，有可能导致托宾 Q 值不能真实反映公司的价值。例如，在市场投机氛围浓厚时，股票价格会在乐观情绪以及资金的推动下出现非理性上涨。因而，在运用托宾Q值判断公司盈利能力和市场价值时，往往要根据资本市场的现实情况做出一定的判断或调整。

二、财务趋势分析

财务趋势分析是指通过比较企业连续几期的财务报表或财务比率，分析企业财务状况变化的趋势，并以此预测企业未来的财务状况和发展前景。财务趋势分析的主要方法有比较财务报表、比较百分比财务报表、比较财务比率等。

（一）比较财务报表

比较财务报表是比较企业连续几期财务报表的数据，分析财务报表中各个项目的增减变化的幅度及其变化的原因，以判断企业财务状况的发展趋势。由于比较财务报表分析法是将连续若干期的财务报表并列放在一起进行比较，因此，这种方法也称“水平分析法”。为了讨论方便，本书选择ABC股份有限公司2016年度和2017年度的财务报表进行分析。

1. 比较资产负债表分析

表10-6　　ABC股份有限公司比较资产负债表分析

2016～2017年度　　单位：万元

项　目	2016年年末	2017年年末	2017年较2016年变化额	2017年较2016年变化率
货币资金（元）	2 350 463.41	3 517 727.69	1 167 264.28	49.66%
以公允价值计量且其变动计入当期损益的金额资产	8 043.24	2 068.17	-5 975.07	-74.29%
应收票据	1 379 656.12	1 303 308.35	-76 347.77	-5.53%
应收账款	1 224 724.41	1 244 800.48	20 076.07	1.64%
预付款项	57 854.34	59 069.37	1 215.02	2.10%
其他应收款	118 041.81	96 126.40	-21 915.41	-18.57%
应收利息	13 531.98	20 363.75	6 831.78	50.49%
应收股利	10 164.89	452.45	-9 712.44	-95.55%
存货	1 523 794.24	2 150 352.48	626 558.24	41.12%
其他流动资产	265 344.46	438 976.00	173 631.54	65.44%
流动资产合计	6 951 618.90	8 833 245.14	1 881 626.24	27.07%
可供出售金融资产	155 587.87	141 535.43	-14 052.44	-9.03%
长期股权投资	1 105 781.96	1 299 276.74	193 494.78	17.50%
投资性房地产	3 460.04	3 121.40	-338.64	-9.79%
固定资产	1 553 904.69	1 601 752.34	47 847.65	3.08%

续表

项　　目	2016 年年末	2017 年年末	2017 年较 2016 年变化额	2017 年较 2016 年变化率
在建工程	176 987.51	153 039.01	-23 948.49	-13.53%
固定资产清理	5 580.88	5 580.88	0.00	0.00%
无形资产	724 242.05	700 518.63	-23 723.42	-3.28%
开发支出	91 328.38	96 605.13	5 276.75	5.78%
商誉	2 100 412.31	1 984 331.74	-116 080.58	-5.53%
长期待摊费用	11 577.36	12 376.87	799.51	6.91%
递延所得税资产	159 200.94	189 521.34	30 320.40	19.05%
其他非流动资产	85 846.14	125 406.42	39 560.28	46.08%
非流动资产合计	6 173 910.13	6 313 065.93	139 155.80	2.25%
资产总计	13 125 529.03	15 146 311.07	2 020 782.04	15.40%
短期借款	1 816 553.19	1 087 858.03	-728 695.16	-40.11%
以公允价值计量且其变动计入当期损益的金融负债	234.02	252.46	18.44	7.88%
应付票据	1 240 488.98	1 637 869.97	397 380.99	32.03%
应付账款	2 059 420.33	2 565 401.36	505 981.03	24.57%
预收款项	573 473.29	583 355.28	9 882.00	1.72%
应付职工薪酬	240 438.05	234 918.91	-5 519.13	-2.30%
应交税费	162 046.31	190 926.05	28 879.75	17.82%
应付利息	3 057.03	5 765.65	2 708.61	88.60%
应付股利	14 869.05	15 375.63	506.58	3.41%
其他应付款	936 301.56	1 080 516.29	144 214.74	15.40%
一年内到期的非流动负债	296 680.85	285 032.50	-11 648.35	-3.93%
其他流动负债	1 722.86	2 172.92	450.06	26.12%
流动负债合计	7 345 285.51	7 689 445.05	344 159.55	4.69%
长期借款	1 553 080.13	1 603 649.28	50 569.15	3.26%
长期应付款	11 578.34	10 602.00	-976.34	-8.43%
预计负债	231 011.94	261 969.96	30 958.01	13.40%
递延所得税负债	13 324.31	27 911.46	14 587.15	109.48%
其他非流动负债	58 278.51	117 093.68	58 815.18	100.92%
非流动负债合计	2 022 206.89	2 781 865.40	759 658.52	37.57%

续表

项　　目	2016 年年末	2017 年年末	2017 年较 2016 年变化额	2017 年较 2016 年变化率
负债合计	9 367 492.39	10 471 310.46	1 103 818.07	11.78%
实收资本（或股本）	609 763.07	609 740.27	-22.80	0.00%
资本公积	8 338.32	82 688.31	74 349.99	891.67%
盈余公积	207 411.86	210 305.78	2 893.92	1.40%
减：库存股	104.20	0.00	-104.20	-100.00%
未分配利润	1 754 439.60	2 279 311.09	524 871.49	29.92%
归属于母公司所有者权益	2 636 472.54	3 221 551.52	585 078.98	22.19%
少数股东权益	1 121 564.10	1 453 449.09	331 884.99	29.59%
所有者权益（或股东权益）合计	3 758 036.64	4 675 000.61	916 963.97	24.40%
负债和所有者（或股东权益）合计	13 125 529.03	15 146 311.07	2 020 782.04	15.40%

2. 比较利润表分析

表 10-7　　ABC 股份有限公司比较利润表分析

2016～2017 年度　　单位：万元

项　　目	2016 年年末	2017 年年末	2017 年较 2016 年变化额	2017 年较 2016 年变化率
一、营业总收入	11 906 582.52	15 925 446.69	4 018 864.17	33.75%
其中：营业收入（元）	11 906 582.52	15 925 446.69	4 018 864.17	33.75%
二、营业总成本	8 212 688.22	10 988 962.16	2 776 273.94	33.80%
其中：营业成本	8 212 688.22	10 988 962.16	2 776 273.94	33.80%
营业税金及附加	68 776.53	80 889.10	12 112.57	17.61%
销售费用	2 125 410.32	2 827 601.50	702 191.18	33.04%
管理费用	838 244.21	1 113 322.53	275 078.32	32.82%
财务费用	72 089.48	139 287.23	67 197.75	93.21%
资产减值损失	49 054.84	65 591.69	16 536.85	33.71%
加：公允价值变动净收益	9 464.81	61 407.13	51 942.32	548.79%
投资收益	161 971.74	148 180.01	-13 791.74	-8.51%
三、营业利润	711 755.47	1 011 312.24	299 556.77	42.09%
加：营业外收入	142 304.03	69 296.32	-73 007.70	-51.30%

续表

项　目	2016 年年末	2017 年年末	2017 年较 2016 年变化额	2017 年较 2016 年变化率
减：营业外支出	35 739.47	26 162.97	-9 576.49	-26.80%
四、利润总额	818 320.03	1 054 445.59	236 125.56	28.85%
减：所得税	149 186.60	149 280.67	94.07	0.06%
五、净利润	669 133.43	905 164.92	236 031.48	35.27%
归属于母公司所有者的净利润	503 665.22	692 579.23	188 914.01	37.51%
少数股东损益	165 468.21	212 585.69	47 117.48	28.48%
六、每股收益：				
（一）基本每股收益（单位：元）	0.83	1.14	0.31	37.35%
（二）稀释每股收益（单位：元）	0.82	1.09	0.27	32.93%
七、其他综合收益	-4 250.96	-60 405.57	-56 154.61	1 320.99%
八、综合收益总额	664 882.47	844 759.35	179 876.88	27.05%
其中：归属于母公司	496 970.77	632 244.11	135 273.34	27.22%
其中：归属于少数股东	167 911.70	212 515.24	44 603.54	26.56%

（二）比较百分比财务报表

百分比财务报表是将财务报表中的各项数据用百分比来表示。比较财务报表是比较各期报表中的数据，比较百分比财务报表是比较各项目百分比的变化，以此来判断企业财务状况和经营成果的发展趋势。为了更好地体现比较百分比财务报表的发展趋势，本书选用了 ABC 股份有限公司 2015～2017 年的财务报表，供读者分析。

1. 比较百分比资产负债表

表 10-8　　ABC 股份有限公司比较百分比资产负债表

2015～2017 年度

项　目	2015 年年末	2016 年年末	2017 年年末
货币资金（元）	32.54%	17.91%	23.22%
以公允价值计量且其变动计入当期损益的金额资产	0.03%	0.06%	0.01%
应收票据	16.68%	10.51%	8.60%
应收账款	8.08%	9.33%	8.22%
预付款项	0.73%	0.44%	0.39%

续表

项目	2015 年年末	2016 年年末	2017 年年末
其他应收款	0.63%	0.90%	0.63%
应收利息	0.24%	0.10%	0.13%
应收股利	0.11%	0.08%	0.00%
存货	11.27%	11.61%	14.20%
其他流动资产	1.91%	2.02%	2.90%
流动资产合计	72.23%	52.96%	58.32%
可供出售金融资产	3.74%	1.19%	0.93%
长期股权投资	6.53%	8.42%	8.58%
投资性房地产	0.00%	0.03%	0.02%
固定资产	11.09%	11.84%	10.58%
在建工程	1.83%	1.35%	1.01%
固定资产清理	0.10%	0.04%	0.04%
无形资产	1.91%	5.52%	4.63%
开发支出	0.10%	0.70%	0.64%
商誉	0.52%	16.00%	13.10%
长期待摊费用	0.15%	0.09%	0.08%
递延所得税资产	1.28%	1.21%	1.25%
其他非流动资产	0.53%	0.65%	0.83%
非流动资产合计	27.77%	47.04%	41.68%
资产总计	100.00%	100.00%	100.00%
短期借款	2.47%	13.84%	7.18%
以公允价值计量且其变动计入当期损益的金融负债	0.01%	0.00%	0.00%
应付票据	15.27%	9.45%	10.81%
应付账款	19.37%	15.69%	16.94%
预收款项	4.17%	4.37%	3.85%
应付职工薪酬	1.62%	1.83%	1.55%
应交税费	1.20%	1.23%	1.26%
应付利息	0.02%	0.02%	0.04%
应付股利	0.18%	0.11%	0.10%
其他应付款	7.97%	7.13%	7.13%
应付关联公司款	0.00%	0.00%	0.00%

续表

项　　目	2015 年年末	2016 年年末	2017 年年末
一年内到期的非流动负债	0.10%	2.26%	1.88%
其他流动负债	0.00%	0.01%	0.01%
流动负债合计	52.37%	55.96%	50.77%
长期借款	0.39%	11.83%	10.59%
应付债券	1.46%	0.00%	4.10%
长期应付款	0.08%	0.09%	0.07%
预计负债	2.50%	1.76%	1.73%
递延所得税负债	0.15%	0.10%	0.18%
其他非流动负债	0.00%	0.44%	0.77%
非流动负债合计	4.97%	15.41%	18.37%
负债合计	57.34%	71.37%	69.13%
实收资本（或股本）	8.06%	4.65%	4.03%
资本公积	0.11%	0.06%	0.55%
盈余公积	2.67%	1.58%	1.39%
减：库存股	0.10%	0.00%	0.00%
未分配利润	18.31%	13.37%	15.05%
归属于母公司所有者权益	29.88%	20.09%	21.27%
少数股东权益	12.78%	8.54%	9.60%
所有者权益（或股东权益）合计	42.66%	28.63%	30.87%
负债和所有者（或股东权益）合计	100.00%	100.00%	100.00%

2. 比较百分比利润表

表 10-9　　ABC 股份有限公司比较百分比利润表

2015～2017 年度

项　　目	2015 年年末	2016 年年末	2017 年年末
一、营业总收入	100.00%	100.00%	100.00%
其中：营业收入（元）	100.00%	100.00%	100.00%
二、营业总成本	72.04%	68.98%	69.00%
其中：营业成本	72.04%	68.98%	69.00%
营业税金及附加	0.44%	0.58%	0.51%
销售费用	14.60%	17.85%	17.76%

续表

项　　目	2015 年年末	2016 年年末	2017 年年末
管理费用	7.30%	7.04%	6.99%
勘探费用	0.00%	0.00%	0.00%
财务费用	-0.56%	0.61%	0.87%
资产减值损失	0.35%	0.41%	0.41%
加：公允价值变动净收益	-0.10%	0.08%	0.39%
投资收益	1.47%	1.36%	0.93%
其中：对联营企业和合营企业的投资收益	0.00%	0.00%	0.00%
汇兑收益	0.00%	0.00%	0.00%
影响营业利润的其他科目	0.00%	0.00%	0.00%
三、营业利润	7.19%	5.98%	6.35%
加：补贴收入	0.00%	0.00%	0.00%
营业外收入	0.69%	1.20%	0.44%
减：营业外支出	0.11%	0.30%	0.16%
其中：非流动资产处置损失	0.00%	0.00%	0.00%
加：影响利润总额的其他科目	0.00%	0.00%	0.00%
四、利润总额	7.77%	6.87%	6.62%
减：所得税	1.17%	1.25%	0.94%
加：影响净利润的其他科目	0.00%	0.00%	0.00%
五、净利润	6.60%	5.62%	5.68%
归属于母公司所有者的净利润	4.79%	4.23%	4.35%
少数股东损益	1.81%	1.39%	1.33%
六、每股收益：	0.00%	0.00%	0.00%
（一）基本每股收益	0.00%	0.00%	0.00%
（二）稀释每股收益	0.00%	0.00%	0.00%
七、其他综合收益	0.08%	-0.04%	-0.38%
八、综合收益总额	6.68%	5.58%	5.30%
其中：归属于母公司	4.85%	4.17%	3.97%
其中：归属于少数股东	1.83%	1.41%	1.33%

（三）比较财务比率

比较财务比率就是将企业连续几期的财务比率进行对比，分析企业财务状况的发展趋势。下面以 ABC 股份有限公司为例，说明比较财务比率的应用。

表 10 - 10　　ABC 股份有限公司主要财务比率分析表

项　目	本年财务比率	上年财务比率
一、短期偿债能力分析		
流动比率	1.15	0.95
速动比率	0.79	0.68
现金比率	0.46	0.32
现金流量比率	0.21	0.11
二、长期偿债能力		
资产负债率	69.13%	71.37%
产权比率	2.24	2.49
权益乘数	3.24	3.49
长期资本负债率	37.31%	34.98%
利息保障倍数	8.57	12.35
现金流量利息保障倍数	11.55	11.17
经营活动现金流量净额债务比	15.36%	8.60%
三、营运能力分析		
总资产周转率	1.13	1.15
总资产周转天数	319.55	313.26
流动资产周转次数	2.02	1.91
流动资产周转天数	178.41	188.04
应收账款周转次数	12.90	12.95
应收账款周转天数	27.91	27.80
存货周转率	5.98	6.90
存货周转天数	60.18	52.16
固定资产周转率	10.09	9.94
固定资产周转天数	35.67	36.22
四、盈利能力分析		
销售毛利率	31.00%	31.02%
销售净利率	5.68%	5.62%
总资产净利率	6.40%	6.46%
净资产收益率	21.47%	19.12%

由表 10－10 可知，该公司短期偿债能力增强，长期偿债能力减弱，净资产收益率升高。在总资产净利率下降的情况下，净资产收益率提高，可能是该公司增加长期负债资金的结果。

三、杜邦分析法

杜邦分析法，又称杜邦财务分析体系，是利用各主要财务比率之间的内在联系，对企业财务状况和经营成果进行综合系统评价的方法。该体系是以权益净利率为龙头，以资产净利率和权益乘数为分支，重点揭示企业获利能力及杠杆水平对权益净利率的影响，以及各相关指标间的相互作用关系。

（一）传统杜邦分析体系的核心比率

权益净利率是杜邦分析体系的核心比率，具有很好的可比性，可用于不同企业之间的比较。杜邦分析体系主要反映了以下几种主要的财务比率关系。

（1）股东权益报酬率与资产报酬率及权益乘数之间的关系。

$$股东权益报酬率=资产净利率\times平均权益乘数$$

（2）资产净利率与销售净利率及总资产周转率之间的关系。

$$资产净利率=销售净利率\times总资产周转率$$

（3）销售净利率与净利润及销售收入之间的关系。

$$销售净利率=净利润\div销售收入$$

（4）总资产周转率与销售收入及资产总额之间的关系。

$$总资产周转率=销售收入\div资产平均总额$$

（二）传统杜邦分析体系的基本框架

权益净利率不仅有很好的可比性，而且有很强的综合性。为了提高权益净利率，管理者可以从如下三个分解指标入手：

$$\begin{aligned}净资产收益率&=\frac{净利润}{销售收入}\times\frac{销售收入}{平均总资产}\times\frac{平均总资产}{平均股东权益}\\&=销售净利率\times总资产周转次数\times权益乘数\end{aligned}$$

无论提高其中的哪个比率，权益净利率都会提高。其中“销售净利率”是利润表的概括，可以很好地反映企业经营成果；“权益乘数”是资产负债表的概括，表明资产、负债和股东权益的比例关系，可以反映最基本的财务状况；“总资产周转次数”把利润表和资产负债表联系起来，可以综合反映企业的经营效率。

传统杜邦分析体系的基本框架如图 10－1 所示。

杜邦分析体系是一个多层次的财务比率分解体系。各项财务比率，可在每个层次上与

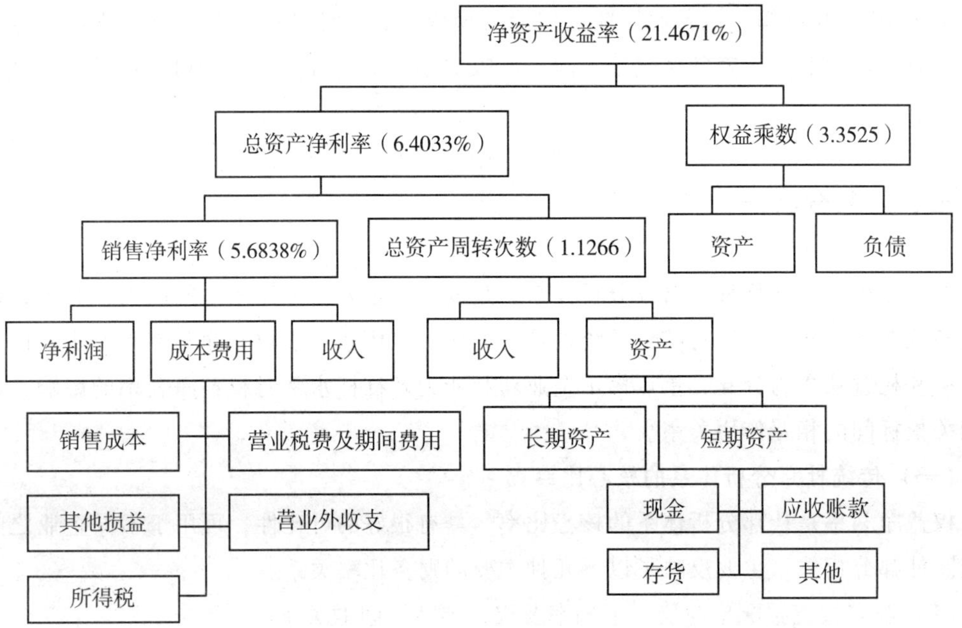

图 10－1　ABC 股份有限公司杜邦分析体系示意图

本企业历史或同业财务比率比较，比较之后向下一级分解。逐级向下分解，逐步覆盖企业经营活动的每个环节，以实现系统、全面评价企业经营成果和财务状况的目的。净资产收益率分解为销售净利率、总资产周转次数和权益乘数。这三个比率在各企业之间可能存在显著差异。通过对差异的比较，可以观察本企业与其他企业的经营战略和财务政策有什么不同。

从杜邦分析体系基本框架可以看出，净资产收益率是一个综合性极强，最有代表性的财务比率，它是杜邦分析体系的核心。企业财务管理的重要目标就是实现股东财富的最大化，净资产收益率反映了股东投入资金的盈利能力，反映了企业筹资、投资和生产运营等各方面经营活动的效率。总资产净利率主要反映了企业运用资产进行生产经营活动的效率，权益乘数则主要反映企业的筹资状况，即资本结构。

（1）从企业的销售方面看，销售净利率反映了企业净利润与销售收入之间的关系。要想提高销售净利率，必须一方面提高销售收入，另一方面降低各种成本费用，这样才能使净利润的增长高于销售收入的增长，从而使销售净利率得到提高。由此可见，提高销售净利率需要做好如下两个方面的工作：

第一，开拓市场，增加销售收入。在市场经济中，企业必须深入调查研究市场情况，了解市场的供求关系，开发生产适销对路的产品，提升顾客价值。在战略上，努力开发新产品，引领消费潮流，甚至创造新的消费需求；在策略上，保证产品质量，改善售后服务，创新营销方式，不断提高消费者的消费体验，提高市场占有率。

第二，加强成本费用控制，降低成本耗费，增加利润。从杜邦分析体系中可以分析企业的成本费用是否合理，以便发现企业在成本费用管理方面存在的问题。企业要结合自身的发展战略，制定适当的成本费用管控办法，提高企业产品的市场竞争能力。例如，如果企业奉行低成本发展战略，就应该建立严格的作业成本法、标准成本法以及先进的信息化系统，严格控制成本费用；如果企业奉行差异化发展战略，就应该追求成本费用支出与产品创新的相对平衡，在动态中管控成本费用，使销售收入的增长速度超过成本费用的增长速度。不论企业执行怎样的发展战略，必须要明确的一点是，顾客价值的最大化是实现股东财富最大化的基础，公司应该千方百计地提高顾客价值，在满足消费者日益增长的物质文化需要过程中追求自身价值的最大化。

（2）从企业的资产方面看，应该分析企业的资产结构的合理性和企业的资产周转情况。

第一，分析企业的资产结构是否合理，即流动资产与非流动资产的比例是否合理。一般而言，一种资产的流动性和盈利性是相反的。比如，现金资产的流动性很强，但是盈利性就很差。事实上，企业资产负债表资产部分是按照流动性依次变差，盈利性依次变强的顺序排列的。资产结构实际上反映了企业资产的流动性，它不仅关系到企业的偿债能力，也会影响到企业的盈利能力。如果企业流动资产中货币资金占的比重过大，就应当分析企业现金持有量是否合理，有无现金闲置现象，因为过多的现金会影响到企业的盈利能力；如果流动资产中的存货和应收账款过多，就会占用大量的资金，进而影响到企业的营运效率。

第二，结合销售收入，分析企业的资产周转情况。资产周转速度直接影响到企业的盈利能力。如果企业资产周转较慢，就意味着企业在一定资产规模下下销售收入相对较低，企业资金利用效率不高，必然影响到企业的利润创造乃至股东财富最大化目标的最终实现。在对资产周转情况进行分析时，不仅要分析企业总资产周转率，更要分析企业的存货周转率与应收账款周转率，并注意与同行业其他企业的横向比较以及本企业的纵向比较。

（3）从企业的权益乘数看，应该关注权益乘数所反映出的筹资策略。企业的权益乘数越大，意味着在筹资来源中债务筹资所占的比重越大，在发挥财务杠杆作用的同时也会产生财务风险。企业应根据自身特点，在做好风险控制的前提下适度利用财务杠杆，从而提高企业的净资产收益率水平，提升股东价值。

练习题

一、名词解释

连环替代法　资产负债率　流动比率　速动比率　销售净利率

权益净利率　资产周转率　应收账款周转率　存货周转率　市盈率

二、简答题

1. 企业财务分析的基本方法有哪些？
2. 简述连环替代法的基本思想。
3. 简述杜邦体系分析法的基本思想。

三、单项选择题

1. 债权人在进行企业财务分析时，最为关心的是（　　）。

A. 企业获利能力　　B. 企业偿债能力

C. 企业社会贡献能力　　D. 企业资产营运能力

2. 下列各项中，不属于财务分析中因素分析法特征的是（　　）。

A. 因素分解的关联性　　B. 顺序替代的连环性

C. 分析结果的准确性　　D. 因素替代的顺序性

3. 下列各项中，不属于速动资产的是（　　）。

A. 现金　　B. 产成品

C. 应收账款　　D. 交易性金融资产

4. 2014 年年初和年末应收账款分别为 4 000 万元和 5 000 万元，应收账款周转率为 4，2015 年末应收账款比 2015 年年初减少 20%，2015 年销售收入增长 20%，问 2015 年应收账款周转率为（　　）。

A. 4　　B. 4.8　　C. 5.76　　D. 6

5. 某公司 2016 年初所有者权益为 1.25 亿元，2016 年末所有者权益为 1.50 亿元。该公司 2016 年的资本积累率是（　　）。

A. 16.67%　　B. 20.00%　　C. 25.00%　　D. 120.00%

6. 较高的现金流动负债比率一方面会使企业资产的流动性较强，另一方面也会带来（　　）。

A. 存货购进的减少　　B. 销售机会的丧失

C. 利息的增加　　D. 机会成本的增加

7. 如果企业速动比率很小，下列结论成立的是（　　）。

A. 企业流动资产占用过多　　B. 企业短期偿债能力很强

C. 企业短期偿债风险很大　　D. 企业资产流动性很强

8. 利息保障倍数不仅反映了企业获利能力，而且反映了（　　）。

A. 总偿债能力　　B. 短期偿债能力

C. 长期偿债能力　　D. 经营能力

9. 产权比率越高，通常反映的信息是（　　）。

A. 财务结构越稳健　　B. 长期偿债能力越强

C. 财务杠杆效应越强　　D. 股东权益的保障程度越高

10. 下列哪些因素变动会影响速动比率（　　）。

A. 预付账款　　B. 应付账款

C. 其他流动资产　　D. 一年内到期的非流动资产

11. 下列各项中，可能导致企业资产负债率变化的经济业务是（　　）。

A. 收回应收账款

B. 用现金购买债券

C. 接受所有者投资转入的固定资产

D. 以固定资产对外投资（按账面价值作价）

12. 假定其他条件不变，下列各项经济业务中，会导致公司总资产净利率上升的是（　　）。

A. 收回应收账款　　B. 用资本公积转增股本

C. 用银行存款购入生产设备　　D. 用银行存款归还银行借款

13. 计算下列各项指标时，其分母需要采用平均数的是（　　）。

A. 基本每股收益　　B. 每股净资产

C. 每股股利　　D. 市净率

14. 某上市公司 2016 年度归属于普通股股东的净利润为 25 000 万元。2015 年年末的股本为 10 000 万股，2016 年 3 月 31 日，经公司股东大会决议，以截止 2015 年末公司总股本为基础，向全体股东每 10 股送红股 1 股，2016 年 5 月 1 日新发行 6 000 万股，则该上市公司 2016 年基本每股收益为（　　）元/股。

A. 1.1　　B. 1.26　　C. 1.62　　D. 1.67

15. 乙公司 2016 年 7 月 1 日发行利息率为 4%，每张面值 100 元的可转换债券 10 万张，规定每张债券可转换为 1 元面值普通股 80 股。2016 年净利润 8 000 万元，2016 年发行在外普通股 4 000 万股，公司适用的所得税税率为 25%，则 2016 年的稀释每股收益为（　　）元/股。

A. 2　　B. 1.67　　C. 1.82　　D. 1.56

四、多项选择题

1. 甲公司 2014 年末资产总额 6 500 万元，其中流动资产为 2 400 万元、无形资产净值为 500 万元；负债总额 3 000 万元，其中流动负债为 1 800 万元；2014 年财务费用中的利息费用总额 240 万元，资本化利息 60 万元，净利润 1 500 万元，企业所得税费用 360 万元。则甲公司（　　）。

A. 2014 年年末权益乘数为 1.86　　B. 2014 年年末产权比率为 1.17

C. 2014 年度已获利息倍数为 8.75　　D. 2014 年年末资产负债率为 46.15%

2. 下列各项中，影响应收账款周转率指标的有（　　）。

A. 应收账款　　B. 预付账款

C. 应收票据　　D. 销售折扣与转让

3. 在一定时期内，应收账款周转次数多、周转天数少表明（　　）。

A. 收账速度快　　B. 信用管理政策宽松

C. 应收账款流动性强　　D. 应收账款管理效率高

4. 乙企业目前的流动比率为 1.5，若赊购材料一批，将会导致乙企业（　　）。

A. 速动比率降低　　B. 流动比率降低

C. 营运资本增加　　D. 短期偿债能力增强

5. 下列哪些因素的存在会提高企业偿债能力（　　）。

A. 可动用的银行贷款指标或授信额度

B. 准备很快变现的固定资产

C. 或有事项和承诺事项

D. 经营租赁

五、计算题

1. 甲公司2016年销售收入为15 000万元，实现的净利润为1 500万元，2016年财务费用中的利息费用总额140万元，在建工程中的资本化利息为100万元，企业所得税费用360万元。公司按照应收账款余额的5%计提坏账准备，2016年年初坏账准备余额30万元，2016年年末坏账准备余额40万元。2016年资产负债表数据如表10－11所示：

表10－11　　2016年资产负债表

资产	年初数	年末数	负债和所有者权益	年初数	年末数
货币资金	300	400	应付账款	600	800
应收账款	570	760	应付职工薪酬	900	1 000
应收票据	400	500	流动负债合计	1 500	1 800
存货	530	740	长期借款	1 000	1 200
流动资产合计	1 800	2 400	负债合计	2 500	3 000
非流动资产	3 200	4 100	所有者权益	2 500	3 500
资产合计	5 000	6 500	负债和所有者权益合计	5 000	6 500

【要求】

（1）计算2016年应收账款周转率；

（2）计算2016年年末速动比率；

（3）计算2016年度利息保障倍数；

（4）计算2016年年末产权比率；

（5）计算2016年资本积累率。

2. 丁公司2016年12月31日总资产为600 000元，其中流动资产为450 000元，非流动资产为150 000元；股东权益为400 000元。

丁公司年度运营分析报告显示，2016年的存货周转次数为8次，销售成本为500 000元，净资产收益率为20%，非经营净收益为－20 000元。期末的流动比率为2.5。要求：

（1）计算2016年存货平均余额。

（2）计算2016年末流动负债。

（3）计算2016年净利润。

（4）计算2016年经营净收益。

（5）计算 2016 年净收益营运指数。

3. 甲公司是一家汽车销售企业，现对公司财务状况和经营成果进行分析，以发现与主要竞争对手乙公司的差异，相关资料如下：

（1）甲公司 2016 年的主要财务报表数据（单位：万元）

表 10－12　　资产负债表简表

资产负债表项目	2016 年年末
货币资金	1 050
应收账款	1 750
预付账款	300
存货	1 200
固定资产	3 700
资产总计	8 000
流动负债	3 500
非流动负债	500
股东权益	4 000
负债和股东权益总计	8 000

表 10－13　　利润表简表

利润表项目	2016 年度
营业收入	10 000
减：营业成本	6 500
营业税金及附加	300
销售费用	1 400
管理费用	160
财务费用	40
利润总额	1 600
减：所得税费用	400
净利润	1 200

假设资产负债表项目年末余额可代表全年平均水平。

（2）乙公司相关财务比率

表 10－14　　相关财务指标

销售净利率	总资产周转次数	权益乘数
24%	0.6	1.5

要求：

（1）计算 2016 年甲公司的销售净利率、总资产周转次数、权益乘数。

（2）使用因素分析法，按照销售净利率、总资产周转次数、权益乘数的顺序，对 2016 年甲公司相对乙公司权益净利率的差异进行定量分析。

（3）说明销售净利率、总资产周转次数、权益乘数 3 个指标各自评价企业哪方面能力。

下 篇

企业财务实验

实验一　资金时间价值实验

一、实验目的

在理解货币资金时间价值概念的基础上，运用 EXCEL 中的 FV、PV、PMT、RATE 和 NPER 等财务函数计算复利终值、复利现值、年金终值、年金现值、利率和期数。

二、实验原理

（一）终值和现值计算公式

复利终值计算公式 $F = P \times (1+i)^{n} = P \times (F/P, i, n)$

复利现值计算公式 $P = F \times (1+i)^{-n} = F \times (P/F, i, n)$

普通年金终值计算公式 $FVA = A \times \frac{(1+i)^{n}-1}{i} = A \times (F/A, i, n)$

普通年金现值计算公式 $PVA = A \times \frac{1-(1+i)^{-n}}{i} = A \times (P/A, i, n)$

上式中：i 为利率（一般指年利率），n 为计息期数，F 为复利终值，FAV 为年金终值，P 为复利现值或本金，PAV 为年金现值，A 为每期等额收款或付款额（即年金），（F/P，i，n）为复利终值系数，（P/F，i，n）为复利现值系数，（F/A，i，n）为年金终值系数，（P/A，i，n）为年金现值系数。

（二）插值法计算公式

1. 利率计算公式 $i = i_1 + \frac{a_1 - a}{a_1 - a_2} \times (i_2 - i_1)$

上式中：i 为待求利率，a 为 i 对应的年金终值（或现值）系数值，a_1、a_2分别为年金终值（或现值）系数表中第 n 期与 a 最接近的两个临界系数（a_1、a_2中，一个比 a 大，一个比 a 小），i_1、i_2分被为 a_1、a_2所对应的利率值。

2. 期数计算公式 $n = n_1 + \frac{a_1 - a}{a_1 - a_2} \times (n_2 - n_1)$

上式中：n 为待求期数，a 为 n 对应的年金终值（或现值）系数，a_1、a_2分别为已知利率 i 的年金终值（或现值）系数表中与 a 最接近的两个临界系数值（a_1、a_2中，一个比 a 大，一个比 a 小），n_1、n_2分被为 a_1、a_2所对应的期数。

三、实验内容及步骤

（一）FV（rate，nper，pmt，pv，type）函数

终值函数 FV 的功能是基于固定利率返回某项投资的终值，既可计算复利终值，也可计算年金终值。“rate”代表利率；“nper”代表计息期；“pmt”代表年金收付系列中各期支付的金额，以负数记，用于计算年金终值；“pv”代表投资现值，以负数记，用于计算复利终值，如果计算复利终值，则必须保留 pmt 后的逗号，以示与计算年金终值相区别；“type”表示付款时间是在期初还是期末，取值 1 表示期初收付款，取值 0 表示期末收付款，如果省略 type，则默认其值为 0。

【例 1－1】当前投资 10 000 元，年利率为 10%，求 10 年后的复利终值。

第 1 步，在 EXCEL 任意单元格中输入“＝FV(10%，10，0，－10 000)”或“＝FV(10%，10，－10 000)”。

第 2 步，敲“enter”键即可得到该项投资的复利终值 25 937.42（保留两位小数，下同）。

【例 1－2】从第 1 年开始，每年年末投资 1 000 元，年利率为 10%，求 10 年后的年金终值。

第 1 步，在 EXCEL 任意单元格中输入“＝FV(10%，10，－1 000，0，0)”或“＝FV(10%，10，－1 000,)”或“＝FV(10%，10，－1 000,)”或“＝FV(10%，10，－1 000)”。

第 2 步，敲“enter”键即可得到该项投资的复利终值 15 937.42。

（二）PV（rate，nper，pmt，fv，type）函数

现值函数 PV 的功能是基于固定利率返回某项投资的现值，既可计算复利现值，也可计算年金现值。“rate”代表利率；“nper”代表计息期；“pmt”代表年金收付系列中各期支付的金额，以负数记，用于计算年金现值；“fv”代表投资终值，以负数记，用于计算复利现值，如果计算复利现值，则必须保留 pmt 后的逗号，以示与计算年金现值相区别；“type”表示付款时间是在期初还是期末，取值 1 表示期初收付款，取值 0 表示期末收付款，如果省略 type，则默认其值为 0。

【例 1－3】当年利率为 10% 时，求 10 年后的 25 937.42 元的复利现值。

第 1 步，在 EXCEL 任意单元格中输入“＝PV(10%，10，0，－25 937.42，0)”或“＝PV(10%，10，－25 937.42,)”或“＝PV(10%，10，－25 937.42)”。

第 2 步，敲“enter”键即可得到该项目的复利现值 10 000.00。

【例 1－4】从第 1 年开始，每年年末投资 1 000 元，连续投资 10 年，年利率为 10%，求该项投资的年金现值。

第 1 步，在 EXCEL 任意单元格中输入“＝PV(10%，10，－1 000，0，0)”或“＝PV(10%，10，－1 000,)”或“＝PV(10%，10，－1 000)”。

第 2 步，敲“enter”键即可得到该项投资的年金现值 6 144.57。

（三）PMT（rate，nper，pv，fv，type）函数

年金函数 PMT 的功能是基于固定利率及等额分期付款方式，计算贷款的每期还款额，既可计算已知终值对应的每期还款额，也可计算已知现值对应的每期还款额，即年金 A。“rate”代表利率；“nper”代表计息期；“pv”代表贷款现值，以负数记，如果计算已知贷款终值 fv 对应的每期还款额，要保留 pv 参数后的逗号，以示区别；“fv”代表贷款终值，以负数记；“type”表示还款时间是在期初还是期末，取值 1 表示期初还款，取值 0 表示期末还款，如果省略 type，则默认其值为 0。

【例 1－5】某人现在贷款 100 000 元，年利率为 8%，贷款期限为 10 年，求每年年末等额还款金额。

第 1 步，在 EXCEL 任意单元格中输入“＝PMT(8%，10，－100 000，0，0)”或“＝PMT(8%，10，－100 000，，)”或“＝PMT(8%，10，－100 000)”。

第 2 步，敲“enter”键即可得到每年年末等额还款额为 14 902.95。

【例 1－6】当年利率为 10% 时，某人在第 10 年年末要偿还一笔 15 937.42 元的贷款，请问他从现在开始每年年末应等额存入银行多少钱？

第 1 步，在 EXCEL 任意单元格中输入“＝PMT(10%，10，，－15 937.42，0)”或“＝PMT(10%，10，，－15 937.42，)”或“＝PMT(10%，10，，－15 937.42)”。

第 2 步，敲“enter”键即可得到每年年末等额还款额为 1 000.00。

（四）RATE（nper，pmt，pv，fv，type）函数

利率函数 RATE 的功能是计算固定期限内每期等额收付款项的利率水平。“nper”代表计息期；“pmt”代表每期等额收付的款项金额，即年金，以负数记；“pv”代表收付款项的现值；“fv”代表收付款项的终值，如果计算某一终值对应的利率时，现值参数 pv 后的逗号要保留，以示区别；“type”表示还款时间是在期初还是期末，取值 1 表示期初还款，取值 0 表示期末还款，如果省略 type，则默认其值为 0。

【例 1－7】某人现在贷款 800 万元，规定 48 年还完，每年年末偿还额 30 万元，求对应的年利率。

第 1 步，在 EXCEL 任意单元格中输入“＝RATE(48，－30，800，0，0)”或“＝RATE(48，－30，800，，)”或“＝RATE(48，－30，800)”。

第 2 步，敲“enter”键即可得到对应的年利率为 2.71%。

【例 1－8】某公司 48 年后有一笔 8 000 万元贷款需要偿还，规定每年年末偿还 20 万元，求对应的年利率。

第 1 步，在 EXCEL 任意单元格中输入“＝RATE(48，－20，0，8 000，0)”或“＝RATE(48，－20，8 000，)”或“＝RATE(48，－20，8 000)”。

第 2 步，敲“enter”键即可得到对应的年利率为 7.38%。

（五）NPER（rate，pmt，pv，fv，type）函数

期数函数 NPER 的功能是基于固定利率及等额分期付款方式，返回某项投资的总期数。“rate”代表利率；“pmt”代表每期等额收付款项，即年金 A，以负数记；“pv”代表投资的现值；“fv”代表投资的终值，计算某一已知终值对应的期数时，现值参数 pv 后的逗号要保留，以示区别；“type”表示还款时间是在期初还是期末，取值 1 表示期初还款，取值 0 表示期末还款，如果省略 type，则默认其值为 0。

【例 1 - 9】 某人现在贷款 360 万元，年利率为 8%，每年年末等额还款 90.16 万元，求需要几年还完?

第 1 步，在 EXCEL 任意单元格中输入“=NPER(8%，-90.16，360，0，0)”或“=NPER(8%，-90.16，360,)”或“=NPER(8%，-90.16，360)”。

第 2 步，敲“enter”键即可得到还款年限为 5 年。

【例 1 - 10】 年利率为 8%，每年年末向银行存入 90.16 万元，请问几年后存款的本利之和恰好等于 360 万元?

第 1 步，在 EXCEL 任意单元格中输入“=NPER(8%，-90.16，0，360，0)”或“=NPER(8%，-90.16，360,)”或“=NPER(8%，-90.16，360)”。

第 2 步，敲“enter”键即可得到还款年限为 3.60 年。

四、实验练习任务

任务要求：根据下列任务资料写出每个任务的引用函数和参数值，以及运行结果（计算结果保留两位小数）。

任务 1 - 1 小明的父母计划在他 20 岁时送他去美国留学，并为存储一笔留学资金，假设年利率为 5%，有以下三种存储方案：(1) 在小明出生时一次性向银行存入 20 万元；(2) 从小明出生开始，每年年初存入 1 万元，连续存 20 年；(3) 从小明出生开始，每年年末存入 1 万元，连续存 20 年。请问，当小明 20 岁时，三种方案下存储的留学资金的本利之和分别是多少?

任务 1 - 2 甲公司投资一个项目，投资回报有以下三种方式：(1) 10 年后，一次性获得 50 万元；(2) 从投资第 1 年开始，每年年初获得 5 万元，连续 10 年；(3) 从投资第 1 年开始，每年年末获得 5 万元，连续 10 年。请问，当年利率为 10% 时，三种方式下汇报的现值分别是多少? 哪种方式对投资者最有利?

任务 1 - 3 张三按揭了一套商品房，当前房子的总价为 100 万元，首付 30%，其余贷款。已知当前贷款年利率为 12%，张三贷款 10 年，有以下两种还贷方式可供选择：(1) 每月月初等额偿还贷款；(2) 每月月末等额偿还贷款。请问，两种方式下月还款额分别是多少?

任务 1 - 4 甲公司 10 年后有一笔 100 万元的贷款需要偿还，还款方式有以下两种：(1) 从第 1 年开始，每年年初偿还 8 万元，连续还 10 年；(2) 从第 1 年开始，每年年末偿还 8 万元，连续还 10 年。请问，两种还款方式下，贷款年利率分别为多少?

任务 1 - 5 按照当前的市场行情，在上海一套 100 平方米的房子市价为 600 万元，在武汉同样的一套房子市价为230万元，两地的市场年利率均为6%。李四大学毕业后想在上海或武汉找一份工作，并在上班的城市买一套100平方米的房子，如果李四在上海工作，平均每年年末可存款50万元；如果在武汉工作，平均每年年末可存款25万元。请问：（1）如果李四在上海工作需要多少年才能存足买房款？（2）如果李四在武汉工作需要多少年才能存足买房款？

实验二　资金需求预测实验

一、实验目的

1. 在理解销售百分比法的基础上，在 EXCEL 环境下运用销售百分比法进行资金需求预测；

2. 在理解回归直线法的基础上，在 EXCEL 环境下运用回归直线法进行资金需求预测；

3. 在理解高低点法的基础上，在 EXCEL 环境下运用高低点法进行资金需求预测。

二、实验原理

（一）销售百分比法

$$对外筹资需求量 = \frac{A}{S_1} \times (S_2 - S_1) - \frac{B}{S_1} \times (S_2 - S_1) - E \times P \times S_2$$

上式中，A 为敏感性资产，B 为敏感性负债，S_1 为基期销售额，S_2 为预测期销售额，E 为留存收益比例，P 为销售净利率。

（二）回归直线法

基本模型为 $y = a + bx$，其中，y 表示资金占用量，x 表示业务量，a 表示不变资金占用，b 表示单位销售变动资金，a、b 计算公式如下：

$$a = \frac{\sum x_i^2 \sum y_i - \sum x_i \sum x_i y_i}{n \sum x_i^2 - (\sum x_i)^2}$$

$$b = \frac{n \sum x_i y_i - \sum x_i \sum y_i}{n \sum x_i^2 - (\sum x_i)^2}$$

上式中，y_i 为第 i 期的资金占用量，x_i 为第 i 期的业务量。

（三）高低点法

基本模型为 $y = a + bx$，其中，

$$b = \frac{最高业务量期的资金占用量 - 最低业务量期的资金占用量}{最高业务量 - 最低业务量}$$

a = 最高业务量期的资金占用量 − b × 最高业务量

或 a = 最低业务量期的资金占用量 − b × 最低业务量

三、实验内容及步骤

（一）销售百分比法

1. 条件函数

IF（logical_test，value_if_true，value_if_false）

IF 函数的功能是执行真假值判断，根据逻辑计算的真假值，返回不同结果。函数中，第一个参数 logical_test 表示计算结果为 true 或 false 的任意值或表达式；第二个参数 value_if_true 表示 logical_test 为 true 时返回的值；第三个参数 value_if_false 表示 logical_test 为 false 时返回的值。

2. 求和函数

SUM（number1，number2，number3，…）

SUM 函数的功能是计算若干个数值之和，并返回其计算结果。函数中，各参数 number1，number2，number3，…表示参与计算的若干个数值或 Excel 中引用的单元格地址；

【例 2－1】 昌达公司 2018 年 12 月 31 日简要资产负债表如表 2－1 所示。

表 2－1　　资产负债表

2018 年 12 月 31 日　　单位：万元

资产	金额	负债及所有者权益	金额
货币资金	100	应付票据	80
应收账款	200	应付账款	240
存货	500	短期借款	400
固定资产净值	2 100	长期负债	800
无形资产	100	实收资本	1 280
		留存收益	200
资产总额	3 000	负债及所有者权益总额	3 000

该公司 2018 年销售收入为 2 000 万元，公司销售净利润率为 10%，公司现有生产能力尚未饱和，假定 2019 年预计销售收入为 2 400 万元，不需要增加固定资产投资，销售净利润率仍为 10%，其中 70% 支付现金股利，要求对该公司 2019 年外部筹资数量进行预测。

第 1 步：在 EXCEL 中，设计模型结构，并录入已知条件，如图 2－3 所示。

第 2 步：在相关单元格中输入计算公式或函数，具体见图 2－1 和图 2－2 所示。

根据上述步骤的计算结果如图 2－3 所示。

	A	B	C
1	资料中的已知条件		
2	2018年12月31日资产负债表　　单位：万元		
3	资产	金额	负债及所有者权益
4	货币资金	100	应付票据
5	应收账款	200	应付账款
6	存货	500	短期借款
7	固定资产净值	2100	长期负债
8	无形资产	100	实收资本
9			留存收益
10	资产总额	=SUM(B4:B9)	负债及所有者权益总额
11	2019年企业外部筹资需求量计算　　单位：万元		
12	资产项目	是否是敏感项目	占基期销售收入百分比
13	货币资金	是	=IF(B13="是",B4/$F$4,"不适用")
14	应收账款	是	=IF(B14="是",B5/$F$4,"不适用")
15	存货	是	=IF(B15="是",B6/$F$4,"不适用")
16	固定资产净值	否	=IF(B16="是",B7/$F$4,"不适用")
17	无形资产	否	=IF(B17="是",B8/$F$4,"不适用")
18			
19	资产总额		=SUM(C13:C18)
20	销售收入增加额（万元）	=G4-F4	
21			

图 2－1　相关单元格中输入的计算公式或函数（1）

	D	E	F	G
1	资料中的已知条件			
2	1日资产负债表	其他相关数据		
3	金额	项目	2018年	2019年
4	80	销售收入（万元）	2000	2400
5	240	销售净利率	0.1	0.1
6	400	股利支付率	0.7	0.7
7	800			
8	1280			
9	200			
10	=SUM(D4:D9)			
11	2019年企业外部筹资需求量计算　　单位：万元			
12	权益项目	是否是敏感项目	占基期销售收入百分比	
13	应付票据	是	=IF(E13="是",D4/$F$4,"不适用")	
14	应付账款	是	=IF(E14="是",D5/$F$4,"不适用")	
15	短期借款	否	=IF(E15="是",D6/$F$4,"不适用")	
16	长期负债	否	=IF(E16="是",D7/$F$4,"不适用")	
17	实收资本	否	=IF(E17="是",D8/$F$4,"不适用")	
18	留存收益	否	=IF(E18="是",D9/$F$4,"不适用")	
19	负债及所有者权益总额		=SUM(F13:F18)	
20	2019年留存收益比例	=1-F6		
21	外部筹资需要量	=C19*B20-F19*B20-G5*E20*G4		

图 2－2　相关单元格中输入的计算公式或函数（2）

	A	B	C	D	E	F	G
1	资料中的已知条件						
2	2018年12月31日资产负债表 单位：万元				其他相关数据		
3	资产	金额	负债及所有者权益	金额	项目	2018年	2019年
4	货币资金	100.00	应付票据	80.00	销售收入（万元）	2000	2400
5	应收账款	200.00	应付账款	240.00	销售净利率	10%	10%
6	存货	500.00	短期借款	400.00	股利支付率	70%	70%
7	固定资产净值	2100.00	长期负债	800.00			
8	无形资产	100.00	实收资本	1280.00			
9			留存收益	200.00			
10	资产总额	3000.00	负债及所有者权益总额	3000.00			
11	2019年企业外部筹资需求量计算 单位：万元						
12	资产项目	是否是敏感项目	占基期销售收入百分比	权益项目	是否是敏感项目	占基期销售收入百分比	
13	货币资金	是	5.00%	应付票据	是	4.00%	
14	应收账款	是	10.00%	应付账款	是	12.00%	
15	存货	是	25.00%	短期借款	否	不适用	
16	固定资产净值	否	不适用	长期负债	否	不适用	
17	无形资产	否	不适用	实收资本	否	不适用	
18				留存收益	否	不适用	
19	资产总额		40.00%	负债及所有者权益总额		16.00%	
20	销售收入增加额（万元）	400		2019年留存收益比例	30%		
21				外部筹资需要量	24		

图 2－3 根据图 2－1 和图 2－2 中的公式或函数计算的结果

（二）回归直线法

1. SLOPE（known_y's，known_x's）函数

SLOPE 函数的功能是返回根据平面上若干点拟合的直线的斜率。函数中，第一个参数 known_y's 表示数字型因变量数据组或对应单元格区域，第二个参数 known_x's 表示数字型自变量数据组或对应单元格区域。

2. INTERCEPT（known_y's，known_x's）函数

INTERCEPT 函数的功能是返回根据平面上若干点拟合的直线在 y 轴上的截距。函数中，第一个参数 known_y's 表示数字型因变量数据组或对应单元格区域，第二个参数 known_x's 表示数字型自变量数据组或对应单元格区域。

【例 2－2】 昌达公司 2014～2018 年的产销量和资金变化情况如表 2－2 所示。2019 年预计产销量为 7.8 万吨。要求：运用回归直线法预测该公司 2019 年的资金需求量。

表 2－2　　产销量及资金变化情况表

年份	产销量（X_i）（万吨）	资金占用（Y_i）（万元）
2014	6.0	500
2015	5.5	475

续表

年份	产销量（X_i）（万吨）	资金占用（Y_i）（万元）
2016	5.0	450
2017	6.5	520
2018	7.0	550

第 1 步：在 Excel 表格中，设计模型结构，并输入已知条件，如图 2－5 所示；

第 2 步：在相关单元格中输入计算公式或函数，具体见图 2－4 所示。

根据上述步骤的计算结果如图 2－5 所示。

	A	B	C
1	销售量与资金占用情况资料（已知条件）		
2	年度	产销量（X万吨）	资金占用（Y万元）
3	2014	6	500
4	2015	5.5	475
5	2016	5	450
6	2017	6.5	520
7	2018	7	550
8	2019	7.8	?
9			
10	用回归直线法预测企业2019年资金需求量（y=a+bx）		
11	拟合直线的斜率b		=SLOPE(C3:C7,B3:B7)
12	拟合直线在y轴上的截距a		=INTERCEPT(C3:C7,B3:B7)
13	2019年预计资金需求量y（万元）		=C12+C11*B8

图 2－4　相关单元格中输入的计算公式或函数

（三）高低点法

1. MAX（number1，number2，number3，…）函数

MAX 函数的功能是返回指定范围内的最大值，参数 number1，number2，number3，…表示指定的若干个数值。

2. MIN（number1，number2，number3，…）函数

MIN 函数的功能是返回指定范围内的最小值，参数 number1，number2，number3，…表示指定的若干个数值。

	A	B	C
1	**销售量与资金占用情况资料（已知条件）**		
2	年度	产销量（X万吨）	资金占用（Y万元）
3	2014	6.0	500
4	2015	5.5	475
5	2016	5.0	450
6	2017	6.5	520
7	2018	7.0	550
8	2019	7.8	?
9			
10	**用回归直线法预测企业2019年资金需求量（y=a+bx）**		
11	拟合直线的斜率b		49
12	拟合直线在y轴上的截距a		205
13	2019年预计资金需求量y（万元）		587.2

图 2－5　根据图 2－4 中的公式或函数计算的结果

3. INDEX（array，row－num，column－num）函数

INDEX 函数的功能是返回指定位置所对应的数据，第一个参数 array 表示要返回值的单元格区域或数组，第二个参数 row－num 表示返回值所在的行号，第三个参数 column－num 表示返回值所在的列号。

4. MATCH（lookup－value，lookup－array，match－type）函数

MATCH 函数的功能是返回指定内容所在的位置，第一个参数 lookup－value 表示要在区域或数组中查找的值，可以是直接输入的数组或单元格引用；第二个参数 lookup－array 表示可能包含所要查找的数值的连续单元格区域，应为数组或数组引用；第三个参数 match－type 表示查找方式，用于指定精确查找（查找区域无序排列）或模糊查找（查找区域升序排列），取值为－1、1、0，其中 0 为精确查找。

【例 2－3】 延用例 2－2 的资料，在 EXCEL 中运用高低点法对该公司 2019 年的资金需求量进行预测。

第 1 步：在 Excel 表格中，设计模型结构，并输入已知条件，如图 2－7 所示；

第 2 步：在相关单元格中输入计算公式或函数，具体见图 2－6 所示。

根据上述步骤的计算结果如图 2－7 所示。

	A	B	C
1	销售量与资金占用情况资料（已知条件）		
2	年度	产销量（X万吨）	资金占用（Y万元）
3	2014	6	500
4	2015	5.5	475
5	2016	5	450
6	2017	6.5	520
7	2018	7	550
8	2019	7.8	?
9			
10	用高低点法预测企业2019年资金需求量（y=a+bx）		
11		产销量（X万吨）	资金占用（Y万元）/a/b
12	业务量的最高点	=MAX(B3:B7)	=INDEX($C$3:$C$7,MATCH(B12,$B$3:$B$7,0))
13	业务量的最低点	=MIN(B3:B7)	=INDEX($C$3:$C$7,MATCH(B13,$B$3:$B$7,0))
14	拟合直线的斜率b		=(C12-C13)/(B12-B13)
15	拟合直线在y轴上的截距a		=C12-C14*B12
16	2019年预计资金需求量y（万元）		=C15+C14*B8

图 2-6　相关单元格中输入的计算公式或函数

	A	B	C
1	销售量与资金占用情况资料（已知条件）		
2	年度	产销量（X万吨）	资金占用（Y万元）
3	2014	6.0	500
4	2015	5.5	475
5	2016	5.0	450
6	2017	6.5	520
7	2018	7.0	550
8	2019	7.8	?
9			
10	用高低点法预测企业2019年资金需求量（y=a+bx）		
11		产销量（X万吨）	资金占用（Y万元）/a/b
12	业务量的最高点	7	550
13	业务量的最低点	5	450
14	拟合直线的斜率b		50
15	拟合直线在y轴上的截距a		200
16	2019年预计资金需求量y（万元）		590

图 2-7　根据图 2-6 中的公式或函数计算的结果

四、实验练习任务

任务 2－1 某企业 2018 年的实际销售收入为 1 500 万元，销售净利率为 2.25%，留存收益比率为 60%。其该年度的资产负债表（简表）如表 2－3 所示。

表 2－3 **资产负债表**

2018 年 12 月 31 日 单位：万元

资产	金额	负债及所有者权益	金额
货币资金	7.5	应付账款	264
应收账款	240	预收账款	10.5
存货	261	短期借款	50
固定资产	28.5	长期负债	5.5
无形资产	1	实收资本	25
		留存收益	183
资产总额	538	负债及所有者权益总额	538

若预计 2019 年销售收入为 1800 万元，销售净利率与留存收益率保持不变。

要求：采用销售百分比法在 excel 中建立相关模型预测该企业 2019 年需从外部追加多少万元资金？

任务 2－2 甲公司历史上资金占用与其销售收入之间的关系如表 2－4 所示。

表 2－4 **资金占用与销售收入情况表**

年份	销售收入（X_i）（元）	资金占用（Y_i）（元）
2014	120 000	80 000
2015	140 000	90 000
2016	136 000	88 000
2017	160 000	100 000
2018	158 000	110 000

若甲公司预计 2019 年的销售收入为 190 000 元，请运用回归直线法在 EXCEL 中建立相关模型预测其资金需求量。

任务 2－3 延用任务 2－2 的资料，在 EXCEL 中运用高低点法对该公司 2019 年的资金需求量进行预测。

实验三　边际资本成本计算与资本结构决策实验

一、实验目的

1. 在掌握个别资本成本计算的基础上，在 excel 中计算边际资本成本；

2. 在理解每股盈余无差别点法的基础上，在 excel 中求解每股盈余无差别点的息税前利润，并运用计算结果进行筹资决策。

二、实验原理

（一）边际资本成本

如果应用边际资本成本进行筹资规划，可以按照下面的步骤来确定边际资本成本。

1. 综合考虑各影响因素，分析个别资本的资本成本率、筹资分界点和目标资本结构；

2. 确定筹资突破点 T，已确定筹资总额范围。

$$T = \frac{\text{个别资本筹资分界点}}{\text{目标资本结构}}$$

3. 计算边际资本成本，按照目标资本结构和个别资本成本率确定各筹资总额范围内的边际资本成本率。

（二）资本结构决策——每股盈余无差别点法

$$EPS_1 = \frac{(EBIT_1 - I_1) \times (1 - T) - P_1}{N_1}$$

$$EPS_2 = \frac{(EBIT_2 - I_2) \times (1 - T) - P_2}{N_2}$$

上式中，EPS 为每股盈余，EBIT 为息税前利润，P 为优先股股利，T 为所得税税率，N 为普通股股数，1、2 分别是方案 1、方案 2。

当 $EPS_1 = EPS_2$时，计算出的 EBIT 即为每股盈余无差别点的息税前利润。

进行筹资决策时，当预期的息税前利润大于该无差别点的息税前利润时，资本结构中债务较高的筹资方案为最优方案。反之，资本结构中债务较低的筹资方案为最优方案。

三、实验内容及步骤

（一）边际资本成本

【例3－1】红达公司当前的最佳资本结构为：长期债券40%，普通股60%，该公司明年计划增加筹资，并维持当前的资本结构不变。随着筹资额的增加，各种筹资方式下的资本成本分界点如表3－1所示。若用筹集的资金投资A、B、C、D四个项目，投产后各项目的报酬如表3－2所示。假设公司最高筹资额为400万元。

表3－1　　各种筹资方式的资本成本分界点表

筹资方式	新筹资额	资金成本
长期债券	40万元以下	6%
	40万元～100万元	8%
	100万元以上	10%
普通股	90万元以下	12%
	90万元以上	14%

表3－2　　项目投资额与回报率一览表

项　目	投资回报率	投资额（万元）
A	13.18%	60
B	12.86%	80
C	11.89%	100
D	10.66%	120

要求：在excel中计算各筹资总额范围内边际资本成本，以便根据公司需求的资本规模对筹资进行有效规划。

第1步：在EXCEL中，设计模型结构，并录入已知条件，如图3－3所示；

第2步：在相关单元格中输入计算公式或函数，具体见图3－1和图3－2所示。

根据上述步骤的计算结果如图3－3所示。

（二）资本结构决策——每股盈余无差别点法

【例3－2】红瑞公司目前资本总额为1 000万元，负债400万元。现公司拟调整资本结构，计划融资500万元，公司可以发行普通股，也可以发行公司债券。假设，普通股的面值为5元/股，所得税税率为25%，负债平均年利率为10%，息税前资本利润率为20%。要求：在excel中利用每股盈余无差别点法为该公司选择新增筹资方式（发行普通股还是公司债券?）。

第1步：在EXCEL中，设计模型结构，并录入已知条件，如图3－5所示；

	A	B	C	D
1	已知条件			
2	资本种类	目标资本结构	筹资范围（万元）	
3			下限（含临界值）	上限（不含临界值）
4	长期债券		0	40
5			40	100
6		0.4	100	∞
7	普通股		0	90
8		0.6	90	∞
9	边际资本成本的计算			
10	新增筹资范围（万元）		资本种类	目标资本结构
11	下限（含临界值）	上限（不含临界值）		
12			长期债券	0.4
13	0	100	普通股	0.6
14			长期债券	0.4
15	100	150	普通股	0.6
16			长期债券	0.4
17	150	250	普通股	0.6
18		∞	长期债券	0.4
19	250		普通股	0.6
20	已知条件			投资方案可行性判断
21	项目	投资报酬率	投资额（万元）	累计追加筹资额（万元）
22	A	0.1318	60	=C22
23	B	0.1286	80	=D22+C23
24	C	0.1189	100	=D23+C24
25	D	0.1066	120	=D24+C25

图 3－1　相关单元格中输入的计算公式或函数（1）

第 2 步：在相关单元格中输入计算公式或函数，具体见图 3－4 所示；

第 3 步：在“数据”菜单下选择“模拟分析”中的“单变量求解”功能，在弹出的对话框中，“目标单元格”输入“$F$11”，“目标值”输入“0”，“可变单元格”输入“$C$20”，点击“确定”即可求出每股盈余无差别点的息税前利润为 150 万元。

根据上述步骤的计算结果如图 3－5 所示。

四、实验练习任务

任务 3－1　三星公司当前的目标资本结构为：长期债券 30%，普通股 70%。需要新增筹集用于项目投资，追加筹资的资本成本分界点如表 3－3 所示。若用筹集的资金投资于 A、B、C、D 四个项目，投资后各项目的报酬如表 3－4 所示。假设公司最高筹额为 4 000 万元。

	E	F
1	**已知条件**	**筹资总额突破点的计算**
2–3	**个别资本成本**	**筹资总额突破点（万元）**
4	0.06	=D4/$B$4
5	0.08	=D5/$B$4
6	0.1	
7	0.12	=D7/B7
8	0.14	
9	**边际资本成本的计算**	
10–11	**个别资本成本**	**边际资本成本**
12	=IF(B12<=$F$4,$E$4,IF(B12<=$F$5,$E$5,$E$6))	=E12*D12+E13*D13
13	=IF(B12<=$F$7,$E$7,$E$8)	
14	=IF(B14<=$F$4,$E$4,IF(B14<=$F$5,$E$5,$E$6))	=E14*D14+E15*D15
15	=IF(B14<=$F$7,$E$7,$E$8)	
16	=IF(B16<=$F$4,$E$4,IF(B16<=$F$5,$E$5,$E$6))	=E16*D16+E17*D17
17	=IF(B16<=$F$7,$E$7,$E$8)	
18	=IF(B18<=$F$4,$E$4,IF(B18<=$F$5,$E$5,$E$6))	=E18*D18+E19*D19
19	=IF(B18<=$F$7,$E$7,$E$8)	
20	**投资方案可行性判断**	
21	**边际资本成本**	**方案是否可行**
22	=F12	=IF(E22<B22,"可行","不可行")
23	=F14	=IF(E23<B23,"可行","不可行")
24	=F16	=IF(E24<B24,"可行","不可行")
25	=F18	=IF(E25<B25,"可行","不可行")

图 3－2　相关单元格中输入的计算公式或函数（2）

表 3－3　　各种筹资方式的资本成本分界点表

筹资方式	新筹资额	资金成本
长期债券	900 万元以下	6%
	900 万元以上	8%
普通股	1 400 万元以下	10%
	1 400 万元以上	12%

已知条件					筹资总额突破点的计算
资本种类	目标资本结构	筹资范围（万元）		个别资本成本	筹资总额突破点（万元）
		下限（含临界值）	上限（不含临界值）		
长期债券	40%	0	40	6%	100
		40	100	8%	250
		100	∞	10%	
普通股	60%	0	90	12%	150
		90	∞	14%	

边际资本成本的计算					
新增筹资范围（万元）		资本种类	目标资本结构	个别资本成本	边际资本成本
下限（含临界值）	上限（不含临界值）				
0	100	长期债券	40%	6%	9.60%
		普通股	60%	12%	
100	150	长期债券	40%	8%	10.40%
		普通股	60%	12%	
150	250	长期债券	40%	8%	11.60%
		普通股	60%	14%	
250	∞	长期债券	40%	10%	12.40%
		普通股	60%	14%	

已知条件			投资方案可行性判断		
项目	投资报酬率	投资额（万元）	累计追加筹资额（万元）	边际资本成本	方案是否可行
A	13.18%	60	60	9.60%	可行
B	12.86%	80	140	10.40%	可行
C	11.89%	100	240	11.60%	可行
D	10.66%	120	360	12.40%	不可行

图 3－3　根据图 3－1 和图 3－2 中的公式或函数计算的结果

表 3－4　项目投资额与回报率一览表

项目	投资回报率	投资额（万元）
A	12.18%	800
B	10.86%	1 000
C	10.38%	1 100
D	8.89%	900

要求：在 excel 中计算各筹资总额范围内边际资本成本，以便根据公司需求的资本规模对筹资进行有效规划。

任务 3－2　红瑞公司 2018 年资本结构为：长期资本总额为 600 万元，其中债务 200 万元，普通股股本 400 万元，每股面值 1 元，400 万股全部发行在外，目前市场价值每股 3 元。债务利息率 10%，所得税税率为 25%。2019 年公司由于扩大业务追加筹资 200 万元，

	A	B	C	D
1	已知条件			
2	项目	原资本结构	筹资后资本结构	
3			发行普通股	发行公司债券
4	负债总额（万元）	400	400	900
5	普通股总额（万元）	600	1100	600
6	资本合计	=B4+B5	=C4+C5	=D4+D5
7	息税前资本利润率	0.2	普通股面值（元/股）	5
8	所得税税率	0.25	负债平均年利率	0.1
9	两种筹资方案下的每股盈余计算			
10	项目		发行普通股	发行公司债券
11	预计筹资后息税前利润EBIT（万元）		=C6*$B$7	=D6*$B$7
12	负债利息I（万元）		=C4*$D$8	=D4*$D$8
13	税前利润（万元）		=C11-C12	=D11-D12
14	所得税（万元）		=C13*$B$8	=D13*$B$8
15	税后净利润（万元）		=C13-C14	=D13-D14
16	普通股股数（万股）		=C5/$D$7	=D5/$D$7
17	普通股每股盈余（元/股）		=C15/C16	=D15/D16
18	每股利润差别目标函数		=(C11-$C$12)*(1-$B$8)/$C$16-(C11-$D$12)*(1-$B$8)/$D$16	
19	每股利润无差别目标函数		=(C20-$C$12)*(1-$B$8)/$C$16-(C20-$D$12)*(1-$B$8)/$D$16	
20	每股盈余无差别点的息税前利润		150.000000916269	
21	筹资决策		=IF(C11>C20,"发行公司债券","发行普通股")	

图 3-4　相关单元格中输入的计算公式或函数

	A	B	C	D
1	已知条件			
2	项目	原资本结构	筹资后资本结构	
3			发行普通股	发行公司债券
4	负债总额（万元）	400	400	900
5	普通股总额（万元）	600	1100	600
6	资本合计	1000	1500	1500
7	息税前资本利润率	20%	普通股面值（元/股）	5
8	所得税税率	25%	负债平均年利率	10%
9	两种筹资方案下的每股盈余计算			
10	项目		发行普通股	发行公司债券
11	预计筹资后息税前利润EBIT（万元）		300	300
12	负债利息I（万元）		40	90
13	税前利润（万元）		260	210
14	所得税（万元）		65	52.5
15	税后净利润（万元）		195	157.5
16	普通股股数（万股）		220	120
17	普通股每股盈余（元/股）		0.89	1.31
18	每股利润差别目标函数		-0.43	
19	每股利润无差别目标函数		0.00	
20	每股盈余无差别点的息税前利润		150	
21	筹资决策		发行公司债券	

图 3-5　根据图 3-4 中的公式或函数计算的结果

有如下两种筹资方案可供选择。甲方案：全部发行普通股，每股价格 2 元，发行 100 万股。乙方案：向银行贷款取得所需长期资本 200 万元，因风险增加，银行要求的利息率为 15%。

根据会计人员测算，追加筹资后公司的息税前利润可达到 220 万元。

要求：在 excel 中运用每股盈余无差别点法帮助红瑞公司选择筹资方式。

实验四　项目投资决策实验

一、实验目的

1. 在掌握直线法、年数总和法和双倍余额递减法的基础上，在 EXCEL 环境下分别运用 SLN 函数、SYD 函数和 DDB 函数求解直线法、年数总和法和双倍余额递减法下固定资产的年折旧额；

2. 在掌握净现值和内部报酬率项目投资评价方法的基础上，在 EXCEL 环境下分别运用 NPV 函数和 IRR 函数求解投资项目的净现值和内部报酬率；

二、实验原理

（一）直线法

$$年折旧额=\frac{固定资产原值-预计净残值}{预计使用年限}$$

（二）年数总和法

$$年折旧额=\frac{(n-折旧期+1)}{\sum_{i=1}^{n} i}\times(固定资产原价-预计净残值)$$

上式中，n 为固定资产的预计使用年限。

（三）双倍余额递减法

$$第1年年折旧额X_1=\frac{2}{预计使用年限}\times固定资产原值$$

$$第i年年折旧额X_i=\frac{2}{预计使用年限}\times(固定资产原值-\sum_{j=1}^{i-1}X_j),\ (2\leqslant i\leqslant n-2)$$

$$第n-1年年折旧额=第n年年折旧额=(固定资产原值-\sum_{i=1}^{n-2}X_i-预计净残值)\times\frac{1}{2}$$

（四）净现值 NPV

$$净现值NPV=\sum_{t=1}^{n}\frac{NCF_t}{(1+i)^t}=\sum_{t=1}^{n}NCF_t\times(P/F,i,t)$$

（五）内部报酬率 IRR

求解内部报酬率的主要步骤如下：

1. 预估贴现率 IRR_1，计算净现值 NPV_1；

2. 若 $NPV_1>0$，则取 $IRR_2>IRR_1$，继续计算 NPV_2，如此类推，指导 $NPV_n=0$，NPV_n为 0 对应的 IRR_n即为该项目的内部报酬率。

3. 若 $NPV_n>0$ 且 $NPV_{n+1}<0$，则采用插值法计算项目内部报酬率 IRR。

贴现率	净现值
IRR_1	NPV_1
IRR	0
IRR_2	NPV_2

根据插值法原理，有如下等式：

$$\frac{IRR-IRR_1}{IRR_2-IRR_1}=\frac{NPV_1}{NPV_1-NPV_2}$$

求解 IRR 如下：

$$IRR=\frac{NPV_1}{NPV_1-NPV_2}\times(IRR_2-IRR_1)+IRR_1$$

三、实验内容及步骤

（一）SLN（cost，salvage，life）函数

SLN 函数的功能是返回某项固定资产按直线折旧法计算的年折旧额。函数中，第一个参数 cost 表示资产原值；第二个参数 salvage 表示资产在折旧期末的价值，即预计净残值；第三个参数 life 表示折旧年限（有时也称作资产的使用寿命）。所有的参数值必须是正数，否则将返回错误值#NULL！

（二）SYD（cost，salvage，life，per）函数

SYD 函数的功能是返回某项固定资产按年数总和法计算的年折旧额。函数中，第一个参数 cost 表示资产原值；第二个参数 salvage 表示资产在折旧期末的价值，即预计净残值；第三个参数 life 表示折旧年限（有时也称作资产的使用寿命）；第四个参数 per 表示要计算折旧的年份序数，其单位必须与 life 相同。所有的参数值必须是正数，否则将返回错误值#NULL！

（三）DDB（cost，salvage，life，period，factor）函数

DDB 函数的功能是返回某项固定资产按双倍余额递减法计算的年折旧额。函数中，第一个参数 cost 表示资产原值；第二个参数 salvage 表示资产在折旧期末的价值，即预计净残值；第三个参数 life 表示折旧年限（有时也称作资产的使用寿命）；第四个参数 period 表示要计算折旧的年份序数，其单位必须与 life 相同；第五个参数 factor 表示选择性参数，缺省值为 2，表示“双倍”的意思。所有的参数值必须是正数，否则将返回错误值#NULL！

双倍余额递减法为加速折旧法，当用此法计算的折旧额小于直线法计算的折旧额时，改用直线折旧法计算，通常在折旧期的最后两年改用直线折旧法计算。

（四）NPV（rate，value1，value2，value3，…）函数

NPV 函数基于一个现金流系列（value1，value2，value3，…）和固定的贴现率 rate，

返回一项投资的净现值。函数中，第一个参数 rate 表示贴现率；第二至第 n 个参数 value1，value2，value3，…表示各期的现金流大小，它们所述各期间的长度必须相等，而且都在各期期末发生。

NPV 函数中现金流系列 value1，value2，value3，…必须是从第一期期末开始的连续的数列，且按时间顺序录入。如果参数是数值、空白单元格、逻辑值或表示数值的文字表示式，则都会计算在内；如果参数是错误值或不能转化为数值的文字，则被忽略；如果参数是一个数组或引用，只有其中的数值部分计算在内，则忽略数组或引用中的空白单元格、逻辑值、文字及错误值。

（五）IRR（value1，value2，value3，…，[guess]）函数

IRR 函数返回连续期间的现金流系列（value1，value2，value3，..）的内部报酬率。函数中，参数 value1，value2，value3，…必选，是含有数值的数组或参考地址，它必须含有至少一个正数及一个负数，否则内部报酬率可能会是无限解。IRR 函数根据 values 参数中数字的顺序来解释现金流量的顺序，所以在输入现金流入量和现金流出量时，必须按照正确的顺序排列。参数 value1，value2，value3，…的文本、逻辑值或空白单元，都被忽略不计。参数 guess 为可选参数，用于指定估计 IRR 将返回的值。如果省略该参数，则 guess 为 0.1。如果在反复计算 20 次后，依旧无法求得结果，IRR 函数则会返回错误值#NUM。所以如果 IRR 函数返回错误值#NUM，则应该使用不同的 guess 值猜测数再试。

【例 4－1】某项固定资产原价 12 000 万元，预计净残值 200 万元，预计使用寿命 5 年。要求：在 EXCEL 中，分别运用 SLN 函数（直线法）、SYD 函数（年数总和法）和 DDB 函数（双倍余额递减法）计算年折旧额；

第 1 步：在 EXCEL 中，设计模型结构，并录入已知条件，如图 4－3 所示；

第 2 步：在相关单元格中输入计算公式或函数，具体见图 4－1 和图 4－2 所示。

	A	B	C
1	**已知条件**		
2	固定资产原价（万元）	12000	预计净残值（万元）
3	**该固定资产年折旧额的计算**		
4	**折旧年度**	1	2
5	直线折旧法（SLN函数）	=SLN($B$2, $D$2, $F$2)	=SLN($B$2, $D$2, $F$2)
6	年数总和法（SYD函数）	=SYD($B$2, $D$2, $F$2, B4)	=SYD($B$2, $D$2, $F$2, C4)
7	双倍余额递减法（DDB函数）	=DDB($B$2, $D$2, $F$2, B4)	=DDB($B$2, $D$2, $F$2, C4)

图 4－1 相关单元格中输入的计算公式或函数（1）

	D	E	F
1	已知条件		
2	200	预计使用寿命（年）	5
3	该固定资产年折旧额的计算		
4	3	4	5
5	=SLN($B$2, $D$2, $F$2)	=SLN($B$2, $D$2, $F$2)	=SLN($B$2, $D$2, $F$2)
6	=SYD($B$2, $D$2, $F$2, D4)	=SYD($B$2, $D$2, $F$2, E4)	=SYD($B$2, $D$2, $F$2, F4)
7	=DDB($B$2, $D$2, $F$2, D4)	=($B$2-SUM($B$7:$D$7)-$D$2)/2	=($B$2-SUM($B$7:$D$7)-$D$2)/2

图 4－2　相关单元格中输入的计算公式或函数（2）

根据上述步骤的计算结果如图 4－3 所示。

	A	B	C	D	E	F
1	已知条件					
2	固定资产原价（万元）	12000	预计净残值（万元）	200	预计使用寿命（年）	5
3	该固定资产年折旧额的计算					
4	折旧年度	1	2	3	4	5
5	直线折旧法（SLN函数）	2360.00	2360.00	2360.00	2360.00	2360.00
6	年数总和法（SYD函数）	3933.33	3146.67	2360.00	1573.33	786.67
7	双倍余额递减法（DDB函数）	4800.00	2880.00	1728.00	1196.00	1196.00

图 4－3　根据图 4－1 和图 4－2 中的公式或函数计算的结果

【例 4－2】某项目产生的现金流量如表 4－1 所示。假设贴现率为 8%，在 excel 中，分别运用 NPV 函数计算净现值和 IRR 函数计算内部报酬率。

表 4－1　　现金流量

期限	0	1	2	3	4	5	6	7
现金流	－6 000	－3 000	－1 000	5 000	4 800	4 300	3 800	5 200

第 1 步：在 EXCEL 中，设计模型结构，并录入已知条件，如图 4－5 所示；

第 2 步：在相关单元格中输入计算公式或函数，具体见图 4－4 所示。

根据上述步骤的计算结果如图 4－5 所示。

	A	B	C	D	E	F	G	H	I
1									
2	期限	0	1	2	3	4	5	6	7
3	现金流量	-6000	-3000	-1000	5000	4800	4300	3800	5200
4									
5	净现值NPV	=NPV(8%,C3:I3)+B3	假设贴现率为8%。						
6	内部报酬率IRR	=IRR(B3:I3)							

图 4－4 相关单元格中输入的计算公式或函数

	A	B	C	D	E	F	G	H	I
1									
2	期限	0	1	2	3	4	5	6	7
3	现金流量	-6000	-3000	-1000	5000	4800	4300	3800	5200
4									
5	净现值NPV	6217.49	假设贴现率为8%。						
6	内部报酬率IRR	21.43%							

图 4－5 根据图 4－4 中的公式或函数计算的结果

【例 4－3】 长江汽车准备购入一台设备以扩充生产能力，计划投资 12 000 万元，建设期为两年，首期投入 8 000 万元，第二年投入 4 000 万元。投产时需垫支营运资金 3 000 万元，设备寿命期为 5 年，期末有残值收入 200 万元，经营期间该设备每年可获得收入 10 000 万元，付现成本第一年为 4 000 万元，以后随着设备逐步变得陈旧，将逐年增加修理费 400 万元。假设所得税税率为 25%，贴现率为 8%，公司规定该设备从投入使用当年开始计提累计折旧。

要求：

（1）采用直线法对该设备计提折旧，在 EXCEL 中建立现金流量二重分析表，并运用 SLN 函数、NPV 函数、IRR 函数等函数和相关公式计算该项目的净现值和内部报酬率；

（2）采用年数总和法对该设备计提折旧，在 EXCEL 中建立现金流量二重分析表，并运用 SYD 函数、NPV 函数、IRR 函数等函数和相关公式计算该项目的净现值和内部报酬率；

（3）采用双倍余额递减法对该设备计提折旧，在 EXCEL 中建立现金流量二重分析表，并运用 DDB 函数、NPV 函数、IRR 函数等函数和相关公式计算该项目的净现值和内部报酬率。

第 1 步：在 EXCEL 中，设计模型结构，并录入已知条件，如图 4－8 所示；

第 2 步：在相关单元格中输入计算公式或函数，具体如图 4－6 和图 4－7 所示。

根据上述步骤的计算结果如图 4－8 所示。

	A	B	C	D	E	F
1	设备现金流量二重分析决策模型					
2	期限		0	1	2	3
3	初始现金流量	固定资产投资	-8000	-4000		
4		垫支营运资金			-3000	
5		初始阶段现金净流量	=C4+C3	=D4+D3	=E4+E3	
6	采用直线法计提折旧					
7	营业现金流量	销售收入				10000
8		付现成本				4000
9		折旧（非付现成本）				=SLN(12000, 200, 5)
10		营业现金净流量				=F7*(1-25%)-F8*(1-25%)+F9*25%
11	终结阶段现金流量	固定资产残值变价				
12		垫支营运资金收回				
13		终结阶段现金净流量				
14	项目现金流量合计		=C5+C10+C13	=D5+D10+D13	=E5+E10+E13	=F5+F10+F13
15	项目净现值NPV		=NPV(8%, D14:J14)+C14			
16	项目内部报酬率IRR		=IRR(C14:J14)			
17	采用年数总和法计提折旧					
18	营业现金流量	销售收入				10000
19		付现成本				4000
20		折旧（非付现成本）				=SYD(12000, 200, 5, D2)
21		营业现金净流量				=F18*(1-25%)-F19*(1-25%)+F20*25%
22	终结阶段现金流量	固定资产残值变价				
23		垫支营运资金收回				
24		终结阶段现金净流量				
25	项目现金流量合计		=C5+C21+C24	=D5+D21+D24	=E5+E21+E24	=F5+F21+F24
26	项目净现值NPV		=NPV(8%, D25:J25)+C25			
27	项目内部报酬率IRR		=IRR(C25:J25)			
28	采用双倍余额递减法计提折旧					
29	营业现金流量	销售收入				10000
30		付现成本				4000
31		折旧（非付现成本）				=DDB(12000, 200, 5, D2)
32		营业现金净流量				=F29*(1-25%)-F30*(1-25%)+F31*25%
33	终结阶段现金流量	固定资产残值变价				
34		垫支营运资金收回				
35		终结阶段现金净流量				
36	项目现金流量合计		=C5+C32+C35	=D5+D32+D35	=E5+E32+E35	=F5+F32+F35
37	项目净现值NPV		=NPV(8%, D36:J36)+C36			
38	项目内部报酬率IRR		=IRR(C36:J36)			

图 4-6　相关单元格中输入的计算公式或函数（1）

	G	H	I	J
1	设备现金流量二重分析决策模型			
2	4	5	6	7
3				
4				
5				
6	采用直线法计提折旧			
7	10000	10000	10000	10000
8	4400	4800	5200	5600
9	=SLN(12000, 200, 5)	=SLN(12000, 200, 5)	=SLN(12000, 200, 5)	=SLN(12000, 200, 5)
10	=G7*(1-25%)-G8*(1-25%)+G9*25%	=H7*(1-25%)-H8*(1-25%)+H9*25%	=I7*(1-25%)-I8*(1-25%)+I9*25%	=J7*(1-25%)-J8*(1-25%)+J9*25%
11				200
12				3000
13				=J12+J11
14	=G5+G10+G13	=H5+H10+H13	=I5+I10+I13	=J5+J10+J13
15				
16				
17	采用年数总和法计提折旧			
18	10000	10000	10000	10000
19	4400	4800	5200	5600
20	=SYD(12000, 200, 5, E2)	=SYD(12000, 200, 5, F2)	=SYD(12000, 200, 5, G2)	=SYD(12000, 200, 5, H2)
21	=G18*(1-25%)-G19*(1-25%)+G20*25%	=H18*(1-25%)-H19*(1-25%)+H20*25%	=I18*(1-25%)-I19*(1-25%)+I20*25%	=J18*(1-25%)-J19*(1-25%)+J20*25%
22				200
23				3000
24				=J23+J22
25	=G5+G21+G24	=H5+H21+H24	=I5+I21+I24	=J5+J21+J24
26				
27				
28	采用双倍余额递减法计提折旧			
29	10000	10000	10000	10000
30	4400	4800	5200	5600
31	=DDB(12000, 200, 5, E2)	=DDB(12000, 200, 5, F2)	=(12000-SUM($F$31:$H$31)-200)/2	=(12000-SUM($F$31:$H$31)-200)/2
32	=G29*(1-25%)-G30*(1-25%)+G31*25%	=H29*(1-25%)-H30*(1-25%)+H31*25%	=I29*(1-25%)-I30*(1-25%)+I31*25%	=J29*(1-25%)-J30*(1-25%)+J31*25%
33				200
34				3000
35				=J34+J33
36	=G5+G32+G35	=H5+H32+H35	=I5+I32+I35	=J5+J32+J35
37				
38				

图 4－7 相关单元格中输入的计算公式或函数（2）

	A	B	C	D	E	F	G	H	I	J
1	设备现金流量二重分析决策模型									
2	期限		0	1	2	3	4	5	6	7
3	初始现金流量	固定资产投资	-8000	-4000						
4		垫支营运资金			-3000					
5		初始阶段现金净流量	-8000	-4000	-3000					
6	采用直线法计提折旧									
7	营业现金流量	销售收入				10000	10000	10000	10000	10000
8		付现成本				4000	4400	4800	5200	5600
9		折旧（非付现成本）				2360	2360	2360	2360	2360
10		营业现金净流量				5090	4790	4490	4190	3890
11	终结阶段现金流量	固定资产残值变价								200
12		垫支营运资金收回								3000
13		终结阶段现金净流量								3200
14	项目现金流量合计		-8000	-4000	-3000	5090	4790	4490	4190	7090
15	项目净现值NPV		3118.86							
16	项目内部报酬率IRR		13.07%							
17	采用年数总和法计提折旧									
18	营业现金流量	销售收入				10000	10000	10000	10000	10000
19		付现成本				4000	4400	4800	5200	5600
20		折旧（非付现成本）				3933.33	3146.67	2360.00	1573.33	786.67
21		营业现金净流量				5483.33	4986.67	4490.00	3993.33	3496.67
22	终结阶段现金流量	固定资产残值变价								200
23		垫支营运资金收回								3000
24		终结阶段现金净流量								3200
25	项目现金流量合计		-8000.00	-4000.00	-3000.00	5483.33	4986.67	4490.00	3993.33	6696.67
26	项目净现值NPV		3222.21							
27	项目内部报酬率IRR		13.33%							
28	采用双倍余额递减法计提折旧									
29	营业现金流量	销售收入				10000	10000	10000	10000	10000
30		付现成本				4000	4400	4800	5200	5600
31		折旧（非付现成本）				4800.00	2880.00	1728.00	1196.00	1196.00
32		营业现金净流量				5700.00	4920.00	4332.00	3899.00	3599.00
33	终结阶段现金流量	固定资产残值变价								200
34		垫支营运资金收回								3000
35		终结阶段现金净流量								3200
36	项目现金流量合计		-8000.00	-4000.00	-3000.00	5700.00	4920.00	4332.00	3899.00	6799.00
37	项目净现值NPV		3237.94							
38	项目内部报酬率IRR		13.37%							

图 4-8　根据图 4-6 和图 4-7 中的公式或函数计算的结果

四、实验练习任务

任务 4-1　某项固定资产原价为 1 100 万元，预计净残值 100 万元，预计使用寿命 5 年。要求：(1) 在 EXCEL 中，分别运用原始公式和 SLN 函数（直线法）计算年折旧额；(2) 在 EXCEL 中，分别运用原始公式和 SYD 函数（年数总和法）计算年折旧额；(3) 在 EXCEL 中，分别运用原始公式和 DDB 函数（双倍余额递减法）计算年折旧额。

任务 4－2 已知某项目的现金净流量分布如表 4－2 所示。假设贴现率为 8%，在 excel 中，分别运用 NPV 函数求该项目的净现值，运用 IRR 函数求该项目的内部报酬率。

表 4－2　　现金净流量分布

期限	0	1	2	3	4	5	6	7
现金流	－1 000	100	200	260	300	450	500	430

任务 4－3 江城公司拟购入一台设备以扩充生产能力。需投资 105 万元，预计使用寿命 5 年，预计净残值 5 万元。该设备投产后，可使企业销售收入每年增加 80 万元，付现成本每年增加 30 万元，设备当年投入使用，使用时需要垫支流动资金 15 万元。假设所得税税率为 25%，贴现率为 10%，公司规定该设备从投入使用当年开始计提累计折旧。

要求：

（1）采用直线法对该设备计提折旧，在 EXCEL 中建立现金流量二重分析表，并运用 SLN 函数、NPV 函数、IRR 函数等函数和相关公式计算该项目的净现值和内部报酬率；

（2）采用年数总和法对该设备计提折旧，在 EXCEL 中建立现金流量二重分析表，并运用 SYD 函数、NPV 函数、IRR 函数等函数和相关公式计算该项目的净现值和内部报酬率；

（3）采用双倍余额递减法对该设备计提折旧，在 EXCEL 中建立现金流量二重分析表，并运用 DDB 函数、NPV 函数、IRR 函数等函数和相关公式计算该项目的净现值和内部报酬率。

实验五　证券投资分析实验

一、实验目的

1. 在掌握债券估价原理的基础上，在 EXCEL 中运用 PRICE 函数、YIELD 函数和相关公式计算债券的价值和投资收益率，并作出投资决策；

2. 在掌握股票估价原理的基础上，在 EXCEL 中运用 NPV 函数、PV 函数和相关公式计算股票的价值，并作出投资决策；

二、实验原理

（一）债券估价

1. 债券估价的一般模型

$$P_b = \sum_{t=1}^{n} \frac{I_t}{(1+i)^t} + \frac{P_n}{(1+i)^n}$$

上式中，P_b为债券的价值；I_t为第 t 期的利息支付，等于债券面值乘以票面利率；i 为贴现率，或投资者要求的必要报酬率；P_n为到期日的本金支付额，即债券的面值；n 为投资日起至债券到期的剩余期数。

2. 到期一次还本付息且单利计息的债券估价模型

$$P = \frac{F + F \times i \times N}{(1+K)^n}$$

3. 纯贴现债券的估价模型

$$P = \frac{F}{(1+K)^n}$$

4. 永续债券的估价模型

$$P = \frac{F \times i}{K}$$

上述各式中，P 为债券的当前内在价值，i 为债券票面利率，F 为债券面值（本金），K 为贴现率，N 为债券总计息期数，n 为投资起至债券到期的剩余期数。

5. 债券到期投资收益率的计算

$$P_0 = \sum_{t=1}^{n} \frac{I_t}{(1+i)^t} + \frac{P_n}{(1+i)^n}$$

上式中，P_0为债券的当前市场价格；i 为债券的到期投资收益率；I_t为第 t 期的利息支付，等于债券面值乘以票面利率；P_n为到期日的本金支付额，即债券的面值；n 为投资日起至债券到期的剩余期数。

（二）股票股价

1. 股票股价的基本模型

$$P_n = \sum_{t=1}^{\infty} \frac{D_t}{(1+i)^t}$$

2. 固定股利模型

$$P_n = \frac{D_0}{i}$$

3. 股利固定增长模型

$$P_n = \sum_{t=1}^{\infty} \frac{D_0(1+g)^t}{(1+i)^t} = \frac{D_0(1+g)}{i-g} = \frac{D_1}{i-g}$$

上述格式中，P_n为股票当前的内在价值；D_0为当期的现金股利；D_1为第 1 年的现金股利；D_t为第 t 年的现金股利；i 为投资者要求的必要报酬率；g 为股利增长率。

三、实验内容及步骤

（一）PRICE（settlement，maturity，rate，yld，redemption，frequency，basis）函数

PRICE 函数的功能是返回定期付息面值为 100 元的有价证券的价值。函数中，第一个参数 settlement 表示证券的交易日（即买进证券的日期）；第二个参数 maturity 表示证券的到期日，日期常用的输入方式是带引号的文本串（例如“2019－1－1”或“2019/1/1”，注意双引号必须使用英文输入状态下输入的，否则提示错误）；第三个参数 rate 表示证券的票面利率；第四个参数 yld 表示证券的必要收益率；第五个参数 redemption 表示面值为 100 元的证券到期时清偿的本金；第六个参数 frequency 表示年付息次数，如果每季度付息一次，则 frequency＝4；第七个参数 basis 表示日计算基准类型，可以取值 0，1，2，3，4。

（二）YIELD（settlement，maturity，rate，pr，redemption，frequency，basis）函数

YIELD 函数的功能是返回定期付息面值为 100 元的有价证券的收益率。函数中，第一个参数 settlement 表示证券的交易日（即买进证券的日期）；第二个参数 maturity 表示证券的到期日，日期常用的输入方式是带引号的文本串（例如“2019－1－1”或“2019/1/1”，注意双引号必须使用英文输入状态下输入的，否则提示错误）；第三个参数 rate 表示证券的票面利率；第四个参数 pr 表示面值为 100 元的证券的购买价格；第五个参数 redemption 表示面值为 100 元的证券到期时清偿的本金；第六个参数 frequency 表示年付息次数，如果每季度付息一次，则 frequency＝4；第七个参数 basis 表示日计算基准类型，可以取值 0，1，2，3，4。

【例 5－1】红海公司 2014 年 5 月 10 日购入红河公司 2014 年 5 月 1 日发行的债券，债券到期日为 2019 年 5 月 1 日，面值为 1 000 元，票面利率为 8%，当前的市场价格为 1 130 元，投资者要求的必要报酬率为 5%。

（1）如果每年付息一次，到期还本和支付最后一期利息，运用 PRICE 函数和 YIELD 函数分别计算债券价值和收益率，并帮天河公司作出投资决策。

（2）如果每半年付息一次，到期还本和支付最后一期利息，运用 PRICE 函数和 YIELD 函数分别计算债券价值和收益率，并帮天河公司作出投资决策。

（3）如果每季度付息一次，到期还本和支付最后一期利息，运用 PRICE 函数和 YIELD 函数分别计算债券价值和收益率，并帮天河公司作出投资决策。

（4）根据（1）（2）（3）的计算结果说明，在其他条件不变的情况下，债券的价值和债券投资收益率分别与每年支付利息次数的关系。

第 1 步：在 EXCEL 中，设计模型结构，并录入已知条件，如图 5－2 所示；

第 2 步：在相关单元格中输入计算公式或函数，具体见图 5－1 所示。

根据上述步骤的计算结果如图 5－2 所示。

	A	B	C	D	E	F
1	已知条件				计算分析结果	
2	债券面值	1000	每年付息次数		债券价值	=10*PRICE(B3,B4,B5,B6,B2/10,D2,0)
3	购买日	41769			根据价值判断是否有投资价值	=IF(F2>B7,"是","否")
4	到期日	43586			债券收益率	=YIELD(B3,B4,B5,B7/10,B2/10,D2,0)
5	票面利率	0.08		1	根据收益率判断是否有投资价值	=IF(F4>B6,"是","否")
6	必要收益率	0.05	每年付息次数		债券价值	=10*PRICE(B3,B4,B5,B6,B2/10,D6,0)
7	市场价格	1130			根据价值判断是否有投资价值	=IF(F6>B7,"是","否")
8					债券收益率	=YIELD(B3,B4,B5,B7/10,B2/10,D6,0)
9				2	根据收益率判断是否有投资价值	=IF(F8>B6,"是","否")
10			每年付息次数		债券价值	=10*PRICE(B3,B4,B5,B6,B2/10,D10,0)
11					根据价值判断是否有投资价值	=IF(F10>B7,"是","否")
12					债券收益率	=YIELD(B3,B4,B5,B7/10,B2/10,D10,0)
13				4	根据收益率判断是否有投资价值	=IF(F12>B6,"是","否")

图 5－1　相关单元格中输入的计算公式或函数

	A	B	C	D	E	F
1	已知条件				计算分析结果	
2	债券面值	1000	每年付息次数	1	债券价值	1129.26
3	购买日	2014-5-10			根据价值判断是否有投资价值	否
4	到期日	2019-5-1			债券收益率	4.98%
5	票面利率	8%			根据收益率判断是否有投资价值	否
6	必要收益率	5%	每年付息次数	2	债券价值	1130.68
7	市场价格	1130			根据价值判断是否有投资价值	是
8					债券收益率	5.01%
9					根据收益率判断是否有投资价值	是
10			每年付息次数	4	债券价值	1131.40
11					根据价值判断是否有投资价值	是
12					债券收益率	5.03%
13					根据收益率判断是否有投资价值	是

图 5－2　根据图 5－1 中的公式或函数计算的结果

根据上述计算结果可知，每年支付 1 次利息、2 次利息、4 次利息时，债券的价值和投资收益率分别是：1 129.26、1 130.68、1 131.40 和 4.98%、5.01%、5.03%，由此可见，债券的价值和债券投资收益率均随着每年支付利息次数增加和增加。

【例 5－2】 泰丰高新技术股份有限公司要求的投资必要收益率为 10%，现在拟投资一支股票，该股票的基本信息如下：未来 3 年股利将高速增长，增长率为 8%，第 4 年开始转为正常增长，增长率为 5%，公司最近一次支付的股利是 2 元/股，当前的是价格为 40 元/股。

要求：计算该股票的价值并进行投资决策分析。

第 1 步：在 EXCEL 中，设计模型结构，并录入已知条件，如图 5－4 所示；

第 2 步：在相关单元格中输入计算公式或函数，具体见图 5－3 所示。

根据上述步骤的计算结果如图 5－4 所示。

四、实验练习任务

任务 5－1　大发公司 2015 年 1 月 1 日发行新债券，每张面值 1 000 元，票面利率为 10%，期限为 6 年，每年付息 1 次，到期偿还本金和最后一期的利息，发行价格为

	A	B	C	D	E
1	已知条件				
2	目前股利（元/股）	2			
3	未来3年股利增长率	0.08			
4	3年以后股利增长率	0.05			
5	必要收益率	0.1			
6	当前股票价格（元/股）	40			
7	计算结果				
8	年份	0	1	2	3
9	股票股利（元/股）	2	=B9*(1+B3)	=C9*(1+B3)	=D9*(1+B3)
10	第3年以后的股利在第3年年底的价值				=E9*(1+B4)/(B5-B4)
11	股票当前的价值	=NPV(B5,C9:E9)+PV(B5,3,,-E10,0)			
12	该股票是否有投资价值	=IF(B11>B6,"是","否")			

图 5-3　相关单元格中输入的计算公式或函数

	A	B	C	D	E
1	已知条件				
2	目前股利（元/股）	2			
3	未来3年股利增长率	8%			
4	3年以后股利增长率	5%			
5	必要收益率	10%			
6	当前股票价格（元/股）	40			
7	计算结果				
8	年份	0	1	2	3
9	股票股利（元/股）	2	2.16	2.33	2.52
10	第3年以后的股利在第3年年底的价值				52.91
11	股票当前的价值	45.53			
12	该股票是否有投资价值	是			

图 5-4　根据图 5-3 中的公式或函数计算的结果

1 100 元。

（1）如果发行时，市场利率为 7%，运用 PRICE 函数和 YIELD 函数分别计算债券价值和收益率，并作出投资决策。

（2）如果发行时，市场利率为 8%，运用 PRICE 函数和 YIELD 函数分别计算债券价值和收益率，并作出投资决策。

（3）如果发行时，市场利率为 9%，运用 PRICE 函数和 YIELD 函数分别计算债券价值和收益率，并作出投资决策。

（4）根据（1）（2）（3）的计算结果说明，在其他条件不变的情况下，债券的价值和债券投资收益率分别与市场利率的关系。

任务 5 - 2 张三准备投资购买 A 股票，该股票最近一次支付的股利是 2 元/股，预计未来 5 年高速增长，年增长率为 20%。在此以后转为正常增长，年增长率为 6%。张三要求的必要报酬率为 12%，当前该股票的市场价格为 61.25 元/股。要求：计算该股票当前的价值并作出投资决策。

实验六　财务预算编制实验

一、实验目的

1. 利用 Excel 表格编制业务预算、现金预算和预计财务报表；
2. 掌握业务预算、现金预算和预计财务报表编制的方法；
3. 掌握 Excel 表间数据引用方法。

二、实验原理

1. 销售预算

销售预算是全面预算的关键，是整个预算的起点，也是其他预算编制的基础。企业在编制销售预算时，应通过本量利分析，确定有可能是企业经济效益最佳的销售量和销售单价，同时还应考虑企业生产能力等因素。销售预算的主要依据是科学的销售预测、产品销售单价和产品销售的收款条件。

销售预算还包括预计现金收入的计算，其目的是为编制现金预算提供必要的资料。本期现金收入包括两部分，即应收前期销售收入款和当期销售收入当期收回金额。

2. 生产预算

生产预算的预计销售量是来自销售预算，其他数据计算公式如下：

预计期末存货量 = 下期销售量 × 存货留存百分比

预计期初存货量 = 上期期末存货量

预计生产量 = 预计销售量 + 预计期末存货量 − 预计期初存货量

3. 直接材料预算

直接材料预算的预计生产量来自生产预算，其他数据计算公式如下：

预计期末材料库存量 = 下期生产需要量 × 材料留存百分比

预计期初材料库存量 = 上期期末材料库存量

预计材料采购量 = 生产需要量 + 预计期末材料库存量 − 预计期初材料库存量

直接材料预算中，通常还包括预计现金支出的计算，其目的是为编制现金预算提供必要的资料。本期现金支出包括两部分，即应付前期购料款的偿还数和本期购料的当期支付金额。

4. 直接人工预算

直接人工预算的预计生产量来自生产预算。其他数据计算公式如下：

预计生产需要工时总数 = 预计生产量 × 单位产品工时

预计直接人工总成本 = 预计生产需要工时总数 × 小时工资率

由于人工资都需要使用现金支付，所以，不需要另外预计现金支出，预计直接人工总成本数额可以直接参加现金预算的汇总。

5. 制造费用预算

制造费用预算分为变动制造费用和固定制造费用。前者以生产预算为基础编制，后者需要逐项进行估计，通常与本期产量无关。

为了方便现金预算的编制，需要预计制造费用现金支出金额。由于固定资产折旧不需要支付现金，所以在制造费用支出总额中应予以扣除。

6. 产品成本预算

产品成本预算是前述各项预算的汇总。在该预算表中列示出预算年度产品的单位成本、总成本、、预算期内销售成本和期末库存产品成本。单位产品成本的有关数据来自于直接材料预算、直接人工预算和制造费用预算。预计生产量、期末产品库存量、来自生产预算，预计销售量来自销售预算。生产成本、存货成本和销售成本等数据根据单位成本和有关数据计算得到。

7. 销售及管理费用预算

销售及管理费用预算一般以过去的实际开支为基础，按照与预算期可预见的变化来调整。

8. 现金预算

现金预算编制的内容包括现金收入、现金支出、现金余缺的计算，以及短缺部分的筹集方案和溢余部分的利用方案。

现金预算实际上是其他预算有关现金收支部分的汇总，以及收支差额平衡措施的具体规划。现金预算的编制，要以其他各项预算为基础。

9. 预计利润表

预计利润表是用来反映企业在预算期内经营成果的预算，以控制企业的经营活动和财务收支。编制预计利润表的主要依据是各项业务预算的有关数据。

10. 预计资产负债表

预计资产负债表是反映企业预算期末预计财务状况的财务报表。编制预计资产负债表时，应以期初的资产负债表为基础，结合业务预算、现金预算和预计利润表等有关数据，分析计算相关项目的期末数。

三、实验内容及步骤

实验内容

【例 6－1】远航公司目前只生产和销售甲产品，该产品的市场销售单价为 103 元/件。采用变动成本法核算产品成本，即将固定制造费用直接作为期间费用计入当期损益。该公司 2017 年的财务状况情况如表 6－1 所示。

表 6－1　　远航公司 2017 年年末财务状况简表　　单位：元

资产	期末数	负债及所有者权益	期末数
现金	40 000	应付账款	20 000
应收账款	60 000	实收资本	150 000
存货：原材料	9 000	未分配利润	46 200
存货：库存商品	25 200		
固定资产原值	100 000		
减：累计折旧	18 000		
固定资产净值	82 000		
总计	216 200	总计	216 200

其他资料如下：

（1）预计 2018 度各季度的销售量分别为：2 000 件、2 500 件、3 000 件、3 500 件。每季度销售收入的 60% 于当季度收回，其余的 40% 于下一季度收回。

（2）2017 年年末，甲产品的库存量为 300 件，单位变动成本为 84 元/件，每季度存货量分别为下季度预计销售量的 10%，2018 年年末甲产品库存量预计为 400 件。

（3）直接材料和直接人工的消耗定额及单价如表 6－2 所示。

表 6－2

项目	直接材料	直接人工
单位产品消耗定额	3 千克/件	6 小时/件
材料单价	6 元/千克	
小时工资率		8 元/小时

（4）预计 2017 年年末材料库存量为 1 500 千克，2018 年各季度库存量均为下季度生产耗用量的 20%，2018 年年末材料库存量预计为 2 000 千克。每季度的材料购买款当季度只支付 50%，剩余的 50% 于下季度支付。

（5）直接人工当期全部付清。

（6）制造费用分为变动制造费用和固定制造费用。2018 年变动制造费用分配率为 3 元/小时，每季度固定制造费用均为 10 000 元，其中固定资产折旧 6 000 元，其余均为各季度发生的付现成本，且均衡发生。

（7）销售及管理费用全年合计 60 000 元，其中，销售人员工资 6 000 元，广告费 15 000 元，包装运输费 9 000 元，保管费 7 500 元，管理人员薪酬 10 500 元，福利费 3 000 元，保险费 2 250 元，办公费 6 750 元。假设以上费用均匀支出。

（8）其他现金支出预计如下：2018 年度每季度预缴所得税 6 000 元，预分配股利 3 000 元，第四季度购置一台价值 60 000 元的设备，所得税税率 25%。

（9）最低现金余额要求保持在 30 000 元左右。现金余缺可通过取得短期借款和交易性金融资产解决，短期借款以千元为单位，借款利率 12%，利息于还本时一起支付。

（10）第一季度期初向银行借入短期借款 1 000 元，期末支付第一季度利息 30 元；第二季度期初向银行借入短期借款 1 000 元，期末支付第二季度利息 60 元；第三季度期末归还第一季度借入短期借款 1 000 元，支付第二季度利息 60 元，同时取得交易性金融资产 6 000 元；第四季度期初向银行借入短期借款 45 000 元，期末归还第二季度借款 1 000 元，支付第四季度利息 1 380 元。

要求：根据以上资料，编制该公司 2018 年各季度的以下预算：（1）销售预算；（2）生产预算；（3）直接材料预算；（4）直接人工预算；（5）制造费用预算；（6）产品成本预算；（7）销售及管理费用预算；（8）现金预算；（9）预计利润表；（10）预计资产负债表。

实验步骤

1. 销售预算

第 1 步：在 EXCEL 中，设计模型结构，并录入已知条件，如图 6－2 所示；

第 2 步：在相关单元格中输入计算公式或函数，具体见图 6－1 所示。

根据上述步骤的计算结果如图 6－2 所示。

远航公司2018年销售预算

	项目	第一季度	第二季度	第三季度	第四季度	全年
销售预算	预计销售量（件）	2000	2500	3000	3500	=SUM(C3:F3)
	预计销售单价（元/件）	103	103	103	103	103
	预计销售收入（元）	=C3*C4	=D3*D4	=E3*E4	=F3*F4	=SUM(C5:F5)
预计现金收入	年初应收账款余额（元）	60000				=SUM(C6:F6)
	第一季度销售收入收回现金（元）	=C5*0.6	=C5*0.4			=SUM(C7:F7)
	第二季度销售收入收回现金（元）		=D5*0.6	=D5*0.4		=SUM(C8:F8)
	第三季度销售收入收回现金（元）			=E5*0.6	=E5*0.4	=SUM(C9:F9)
	第四季度销售收入收回现金（元）				=F5*0.6	=SUM(C10:F10)
	现金收入合计（元）	=SUM(C6:C10)	=SUM(D6:D10)	=SUM(E6:E10)	=SUM(F6:F10)	=SUM(C11:F11)

图 6－1 相关单元格中输入的计算公式或函数

2. 生产预算

第 1 步：在 EXCEL 中，设计模型结构，并录入已知条件，如图 6－5 所示。

第 2 步：在相关单元格中输入计算公式或函数，具体如图 6－3 和图 6－4 所示。

根据上述步骤的计算结果如图 6－5 所示。

	A	B	C	D	E	F	G
1	远航公司2018年销售预算						
2		项目	第一季度	第二季度	第三季度	第四季度	全年
3	销售预算	预计销售量（件）	2000	2500	3000	3500	11000
4		预计销售单价（元/件）	103	103	103	103	103
5		预计销售收入（元）	206000	257500	309000	360500	1133000
6	预计现金收入	年初应收账款余额（元）	60000				60000
7		第一季度销售收入收回现金（元）	123600	82400			206000
8		第二季度销售收入收回现金（元）		154500	103000		257500
9		第三季度销售收入收回现金（元）			185400	123600	309000
10		第四季度销售收入收回现金（元）				216300	216300
11		现金收入合计（元）	183600	236900	288400	339900	1048800

图 6－2　根据图 6－1 中的公式或函数计算的结果

	A	B	C
1	远航公司2018年生产预算		
2	项目	第一季度	第二季度
3	预计销售量（件）	='例6-1-（1）销售预算'!C3	='例6-1-（1）销售预算'!D3
4	加：预计期末产品库存量（件）	=C3*0.1	=D3*0.1
5	减：期初产品库存量（件）	300	=B4
6	预计本期生产量（件）	=B3+B4-B5	=C3+C4-C5

图 6－3　相关单元格中输入的计算公式或函数（1）

	D	E	F
1	远航公司2018年生产预算		
2	第三季度	第四季度	全年
3	='例6-1-（1）销售预算'!E3	='例6-1-（1）销售预算'!F3	=SUM(B3:E3)
4	=E3*0.1	400	=E4
5	=C4	=D4	=B5
6	=D3+D4-D5	=E3+E4-E5	=SUM(B6:E6)

图 6－4　相关单元格中输入的计算公式或函数（2）

远航公司2018年生产预算					
项目	第一季度	第二季度	第三季度	第四季度	全年
预计销售量（件）	2000	2500	3000	3500	11000
加：预计期末产品库存量（件）	250	300	350	400	400
减：期初产品库存量（件）	300	250	300	350	300
预计本期生产量（件）	1950	2550	3050	3550	11100

图 6－5 根据图 6－3 和图 6－4 中的公式或函数计算的结果

3. 直接材料预算

第 1 步：在 EXCEL 中，设计模型结构，并录入已知条件，如图 6－8 所示。

第 2 步：在相关单元格中输入计算公式或函数，具体如图 6－6 和图 6－7 所示。

根据上述步骤的计算结果如图 6－8 所示。

远航公司2018年直接材料预算			
	项目	第一季度	第二季度
直接材料预算	预计生产量（件）	=' 例6-1-（2）生产预算' !B6	=' 例6-1-（2）生产预算' !C6
	材料单耗（千克/件）	3	3
	生产用量（千克）	=C3*C4	=D3*D4
	加：预计期末材料库存量（千克）	=D5*0.2	=E5*0.2
	减：预计期初材料库存量（千克）	1500	=C6
	材料采购量（千克）	=C5+C6-C7	=D5+D6-D7
	材料单位成本（元/千克）	6	6
	预计材料采购成本（元）	=C8*C9	=D8*D9
预计现金支出	应付账款年初余额（元）	20000	
	第一季度采购款付现金额（元）	=C10*0.5	=C10*0.5
	第二季度采购款付现金额（元）		=D10*0.5
	第三季度采购款付现金额（元）		
	第四季度采购款付现金额（元）		
	现金支出合计（元）	=SUM(C11:C15)	=SUM(D11:D15)

图 6－6 相关单元格中输入的计算公式或函数（1）

4. 直接人工预算

第 1 步：在 EXCEL 中，设计模型结构，并录入已知条件，如图 6－11 所示。

第 2 步：在相关单元格中输入计算公式或函数，具体如图 6－9 和图 6－10 所示。

根据上述步骤的计算结果如图 6－11 所示。

	E	F	G
1	远航公司2018年直接材料预算		
2	第三季度	第四季度	全年
3	=’例6-1-（2）生产预算’!D6	=’例6-1-（2）生产预算’!E6	=SUM(C3:F3)
4	3	3	3
5	=E3*E4	=F3*F4	=SUM(C5:F5)
6	=F5*0.2	2000	=F6
7	=D6	=E6	=C7
8	=E5+E6-E7	=F5+F6-F7	=G5+G6-G7
9	6	6	6
10	=E8*E9	=F8*F9	=SUM(C10:F10)
11			=C11
12			=SUM(C12:F12)
13	=D10*0.5		=SUM(C13:F13)
14	=E10*0.5	=E10*0.5	=SUM(C14:F14)
15		=F10*0.5	=SUM(C15:F15)
16	=SUM(E11:E15)	=SUM(F11:F15)	=SUM(C16:F16)

图6－7　相关单元格中输入的计算公式或函数（2）

	A	B	C	D	E	F	G
1	远航公司2018年直接材料预算						
2		项目	第一季度	第二季度	第三季度	第四季度	全年
3	直接材料预算	预计生产量（件）	1950	2550	3050	3550	11100
4		材料单耗（千克/件）	3	3	3	3	3
5		生产用量（千克）	5850	7650	9150	10650	33300
6		加：预计期末材料库存量（千克）	1530	1830	2130	2000	2000
7		减：预计期初材料库存量（千克）	1500	1530	1830	2130	1500
8		材料采购量（千克）	5880	7950	9450	10520	33800
9		材料单位成本（元/千克）	6	6	6	6	6
10		预计材料采购成本（元）	35280	47700	56700	63120	202800
11	预计现金支出	应付账款年初余额（元）	20000				20000
12		第一季度采购款付现金额（元）	17640	17640			35280
13		第二季度采购款付现金额（元）		23850	23850		47700
14		第三季度采购款付现金额（元）			28350	28350	56700
15		第四季度采购款付现金额（元）				31560	31560
16		现金支出合计（元）	37640	41490	52200	59910	191240

图6－8　根据图6－6和图6－7中的公式或函数计算的结果

	A	B	C
1	远航公司2018年直接人工预算		
2	项目	第一季度	第二季度
3	预计生产量（件）	=' 例6-1-（2）生产预算' !B6	=' 例6-1-（2）生产预算' !C6
4	单位产品工时定额（小时/件）	6	6
5	所需直接人工工时（小时）	=B4*B3	=C4*C3
6	小时工资率（元/小时）	8	8
7	预计直接人工总成本（元）	=B5*B6	=C5*C6

图 6－9 相关单元格中输入的计算公式或函数（1）

	D	E	F
1	远航公司2018年直接人工预算		
2	第三季度	第四季度	全年
3	=' 例6-1-（2）生产预算' !D6	=' 例6-1-（2）生产预算' !E6	=' 例6-1-（2）生产预算' !F6
4	6	6	6
5	=D4*D3	=E4*E3	=F4*F3
6	8	8	8
7	=D5*D6	=E5*E6	=F5*F6

图 6－10 相关单元格中输入的计算公式或函数（2）

	A	B	C	D	E	F
1	远航公司2018年直接人工预算					
2	项目	第一季度	第二季度	第三季度	第四季度	全年
3	预计生产量（件）	1950	2550	3050	3550	11100
4	单位产品工时定额（小时/件）	6	6	6	6	6
5	所需直接人工工时（小时）	11700	15300	18300	21300	66600
6	小时工资率（元/小时）	8	8	8	8	8
7	预计直接人工总成本（元）	93600	122400	146400	170400	532800

图 6－11 根据图 6－9 和图 6－10 中的公式或函数计算的结果

5. 制造费用预算

第 1 步：在 EXCEL 中，设计模型结构，并录入已知条件，如图 6－14 所示。

第 2 步：在相关单元格中输入计算公式或函数，具体如图 6－12 和图 6－13 所示。

根据上述步骤的计算结果如图 6－14 所示。

	A	B	C
1	远航公司2018年制造费用预算		
2	项目	第一季度	第二季度
3	所需直接人工工时（小时）	=' 例6-1-（4）直接人工预算' !B5	=' 例6-1-（4）直接人工预算' !C5
4	变动制造费用分配率（元/小时）	3	3
5	变动制造费用（元）	=B3*B4	=C3*C4
6	固定制造费用（元）	10000	10000
7	制造费用合计（元）	=SUM(B5:B6)	=SUM(C5:C6)
8	减：累计折旧（元）	6000	6000
9	付现制造费用合计（元）	=B7-B8	=C7-C8

图 6－12　相关单元格中输入的计算公式或函数（1）

	D	E	F
1	远航公司2018年制造费用预算		
2	第三季度	第四季度	全年
3	=' 例6-1-（4）直接人工预算' !D5	=' 例6-1-（4）直接人工预算' !E5	=' 例6-1-（4）直接人工预算' !F5
4	3	3	3
5	=D3*D4	=E3*E4	=F3*F4
6	10000	10000	=SUM(B6:E6)
7	=SUM(D5:D6)	=SUM(E5:E6)	=SUM(F5:F6)
8	6000	6000	=SUM(B8:E8)
9	=D7-D8	=E7-E8	=F7-F8

图 6－13　相关单元格中输入的计算公式或函数（2）

	A	B	C	D	E	F
1	远航公司2018年制造费用预算					
2	项目	第一季度	第二季度	第三季度	第四季度	全年
3	所需直接人工工时（小时）	11700	15300	18300	21300	66600
4	变动制造费用分配率（元/小时）	3	3	3	3	3
5	变动制造费用（元）	35100	45900	54900	63900	199800
6	固定制造费用（元）	10000	10000	10000	10000	40000
7	制造费用合计（元）	45100	55900	64900	73900	239800
8	减：累计折旧（元）	6000	6000	6000	6000	24000
9	付现制造费用合计（元）	39100	49900	58900	67900	215800

图 6－14　根据图 6－12 和图 6－13 中的公式或函数计算的结果

6. 产品成本预算

第 1 步：在 EXCEL 中，设计模型结构，并录入已知条件，如图 6－17 所示。

第 2 步：在相关单元格中输入计算公式或函数，具体如图 6－15 和图 6－16 所示。

根据上述步骤的计算结果如图 6－17 所示。

远航公司2018年产品成本预算					
项目	产品单位成本预算			生产成本预算	
	单位消耗	分配率	成本（元/件）	本期生产量（件）	生产成本（元）
直接材料	3	6	=B4*C4	='例6-1-（2）生产预算'!$F$6	=E4*D4
直接人工	6	8	=B5*C5	='例6-1-（2）生产预算'!$F$6	=E5*D5
变动制造费用	6	3	=B6*C6	='例6-1-（2）生产预算'!$F$6	=E6*D6
合计			=SUM(D4:D6)	='例6-1-（2）生产预算'!$F$6	=E7*D7

图 6－15 相关单元格中输入的计算公式或函数（1）

远航公司2018年产品成本预算			
存货成本预算		销货成本预算	
期末产品库存量（件）	期末库存产品成本（元）	本期产品销售量（件）	本期销货成本（元）
='例6-1-（2）生产预算'!$F$4	=G4*D4	='例6-1-（1）销售预算'!$G$3	=I4*D4
='例6-1-（2）生产预算'!$F$4	=G5*D5	='例6-1-（1）销售预算'!$G$3	=I5*D5
='例6-1-（2）生产预算'!$F$4	=G6*D6	='例6-1-（1）销售预算'!$G$3	=I6*D6
='例6-1-（2）生产预算'!$F$4	=G7*D7	='例6-1-（1）销售预算'!$G$3	=I7*D7

图 6－16 相关单元格中输入的计算公式或函数（2）

远航公司2018年产品成本预算									
项目	产品单位成本预算			生产成本预算		存货成本预算		销货成本预算	
	单位消耗	分配率	成本（元/件）	本期生产量（件）	生产成本（元）	期末产品库存量（件）	期末库存产品成本（元）	本期产品销售量（件）	本期销货成本（元）
直接材料	3	6	18	11100	199800	400	7200	11000	198000
直接人工	6	8	48	11100	532800	400	19200	11000	528000
变动制造费用	6	3	18	11100	199800	400	7200	11000	198000
合计			84	11100	932400	400	33600	11000	924000

图 6－17 根据图 6－15 和图 6－16 中的公式或函数计算的结果

7. 销售及管理费用预算

第 1 步：在 EXCEL 中，设计模型结构，并录入已知条件，如图 6－19 所示。

第 2 步：在相关单元格中输入计算公式或函数，具体如图 6－18 所示。

根据上述步骤的计算结果如图 6－19 所示。

	A	B
1	远航公司2018年销售及管理费用预算	
2	费用项目	金额
3	销售费用预算	
4	销售人员工资	6000
5	广告费	15000
6	包装运输费	9000
7	保管费	7500
8	销售费用合计	=SUM(B4:B7)
9	管理费用预算	
10	管理人员薪金	10500
11	福利费	3000
12	保险费	2250
13	办公费	6750
14	管理费用合计	=SUM(B10:B13)
15	销售及管理费用合计	=B8+B14
16	每季度支付现金	=B15/4

图 6－18　相关单元格中输入的计算公式或函数

	A	B
1	远航公司2018年销售及管理费用预算	
2	费用项目	金额
3	销售费用预算	
4	销售人员工资	6000
5	广告费	15000
6	包装运输费	9000
7	保管费	7500
8	销售费用合计	37500
9	管理费用预算	
10	管理人员薪金	10500
11	福利费	3000
12	保险费	2250
13	办公费	6750
14	管理费用合计	22500
15	销售及管理费用合计	60000
16	每季度支付现金	15000

图 6－19　根据图 6－18 中的公式或函数计算的结果

8. 现金预算

第 1 步：在 EXCEL 中，设计模型结构，并录入已知条件，如图 6－22 所示。

第 2 步：在相关单元格中输入计算公式或函数，具体如图 6－20 和图 6－21 所示。

根据上述步骤的计算结果如图 6－22 所示。

	A	B	C
1	远航公司2018年现金预算		
2	项目	第一季度	第二季度
3	**期初现金余额**	40000	=B22
4	加：现金收入	=' 例6-1-（1）销售预算' !C11	=' 例6-1-（1）销售预算' !D11
5	**可供使用现金合计**	=SUM(B3:B4)	=SUM(C3:C4)
6	减：**现金支出**		
7	直接材料	=' 例6-1-（3）直接材料预算' !C16	=' 例6-1-（3）直接材料预算' !D16
8	直接人工	=' 例6-1-（4）直接人工预算' !B7	=' 例6-1-（4）直接人工预算' !C7
9	制造费用	=' 例6-1-（5）制造费用预算' !B9	=' 例6-1-（5）制造费用预算' !C9
10	销售及管理费用	=' 例6-1-（7）销售及管理费用预算' !$B$16	=' 例6-1-（7）销售及管理费用预算' !$B$16
11	所得税费用	6000	6000
12	购买设备		
13	预分股利	3000	3000
14	**现金支出合计**	=SUM(B7:B13)	=SUM(C7:C13)
15	现金余缺	=B5-B14	=C5-C14
16	**融通资金**		
17	向银行借款（期初）	1000	1000
18	归还借款（期末）		
19	支付利息（年利率12%）	=-B17*0.12/12*3	=-(B17+C17)*0.12/12*3
20	交易性金融资产		
21	**现金融通合计**	=SUM(B17:B20)	=SUM(C17:C20)
22	**期末现金余额**	=B15+B21	=C15+C21

图 6－20　相关单元格中输入的计算公式或函数（1）

9. 预计利润表

第 1 步：在 EXCEL 中，设计模型结构，并录入已知条件，如图 6－24 所示。

第 2 步：在相关单元格中输入计算公式或函数，具体如图 6－23 所示。

根据上述步骤的计算结果如图 6－24 所示。

10. 预计资产负债表

第 1 步：在 EXCEL 中，设计模型结构，并录入已知条件，如图 6－27 所示。

第 2 步：在相关单元格中输入计算公式或函数，具体如图 6－25 和图 6－26 所示。

根据上述步骤的计算结果如图 6－27 所示。

	D	E	F
1	远航公司2018年现金预算		
2	第三季度	第四季度	全年
3	=C22	=D22	=B3
4	=' 例6-1- (1) 销售预算' !E11	=' 例6-1- (1) 销售预算' !F11	=' 例6-1- (1) 销售预算' !G11
5	=SUM(D3:D4)	=SUM(E3:E4)	=SUM(F3:F4)
6			
7	=' 例6-1- (3) 直接材料预算' !E16	=' 例6-1- (3) 直接材料预算' !F16	=' 例6-1- (3) 直接材料预算' !G16
8	=' 例6-1- (4) 直接人工预算' !D7	=' 例6-1- (4) 直接人工预算' !E7	=' 例6-1- (4) 直接人工预算' !F7
9	=' 例6-1- (5) 制造费用预算' !D9	=' 例6-1- (5) 制造费用预算' !E9	=' 例6-1- (5) 制造费用预算' !F9
10	=' 例6-1- (7) 销售及管理费用预算' !$B$16	=' 例6-1- (7) 销售及管理费用预算' !$B$16	=SUM(B10:E10)
11	6000	6000	=SUM(B11:E11)
12		60000	=SUM(B12:E12)
13	3000	3000	=SUM(B13:E13)
14	=SUM(D7:D13)	=SUM(E7:E13)	=SUM(F7:F13)
15	=D5-D14	=E5-E14	=F5-F14
16			
17		45000	=SUM(B17:E17)
18	=-B17	=-C17	=SUM(B18:E18)
19	=-(B17+C17)*0.12/12*3	=-(C17+D17+E17)*0.12/12*3	=SUM(B19:E19)
20	-6000		=SUM(B20:E20)
21	=SUM(D17:D20)	=SUM(E17:E20)	=SUM(F17:F20)
22	=D15+D21	=E15+E21	=F15+F21

图 6－21　相关单元格中输入的计算公式或函数（2）

	A	B	C	D	E	F
1	远航公司2018年现金预算					
2	项目	第一季度	第二季度	第三季度	第四季度	全年
3	**期初现金余额**	40000	30230	30280	30120	40000
4	加：现金收入	183600	236900	288400	339900	1048800
5	**可供使用现金合计**	223600	267130	318680	370020	1088800
6	减：**现金支出**					
7	直接材料	37640	41490	52200	59910	191240
8	直接人工	93600	122400	146400	170400	532800
9	制造费用	39100	49900	58900	67900	215800
10	销售及管理费用	15000	15000	15000	15000	60000
11	所得税费用	6000	6000	6000	6000	24000
12	购买设备				60000	60000
13	预分股利	3000	3000	3000	3000	12000
14	**现金支出合计**	194340	237790	281500	382210	1095840
15	现金余缺	29260	29340	37180	-12190	-7040
16	**融通资金**					
17	向银行借款（期初）	1000	1000		45000	47000
18	归还借款（期末）			-1000	-1000	-2000
19	支付利息（年利率12%）	-30	-60	-60	-1380	-1530
20	交易性金融资产			-6000		-6000
21	**现金融通合计**	970	940	-7060	42620	37470
22	**期末现金余额**	30230	30280	30120	30430	30430

图 6－22　根据图 6－20 和图 21 中的公式或函数计算的结果

	A	B	C
1	预计利润表		
2	编制单位：远航公司	2018年	单位：元
3	项目	本期金额	上期金额
4	销售收入	='例6-1-（1）销售预算'!G5	略
5	减：变动销售成本	='例6-1-（6）产品成本预算'!J7	
6	固定制造费用	='例6-1-（5）制造费用预算'!F6	
7	销售及管理费用	='例6-1-（7）销售及管理费用预算'!B15	
8	财务费用	=-'例6-1-（8）现金预算'!F19	
9	利润总额	=B4-B5-B6-B7-B8	
10	减：所得税费用	=B9*0.25	
11	净利润	=B9-B10	

图 6－23 相关单元格中输入的计算公式或函数

	A	B	C
1	预计利润表		
2	编制单位：远航公司	2018年	单位：元
3	项目	本期金额	上期金额
4	销售收入	1133000	略
5	减：变动销售成本	924000	
6	固定制造费用	40000	
7	销售及管理费用	60000	
8	财务费用	1530	
9	利润总额	107470	
10	减：所得税费用	26867.5	
11	净利润	80602.5	

图 6－24 根据图 6－23 中的公式或函数计算的结果

	A	B	C
1	远航公司2018年预计资产负债表		
2	编制单位：远航公司		
3	资产	年初数	期末数
4	现金	40000	='例6-1-（8）现金预算'!F22
5	应收账款	60000	='例6-1-（1）销售预算'!F5*0.4
6	存货：原材料	9000	='例6-1-（3）直接材料预算'!F6*6
7	存货：库存商品	25200	='例6-1-（6）产品成本预算'!H7
8	交易性金融资产		=-'例6-1-（8）现金预算'!F20
9	流动资产合计	=SUM(B4:B8)	=SUM(C4:C8)
10	固定资产原值	100000	=B10+'例6-1-（8）现金预算'!F12
11	减：累计折旧	18000	=B11+'例6-1-（5）制造费用预算'!F8
12	固定资产净值	=B10-B11	=C10-C11
13	资产总计	=B9+B12	=C9+C12

图6-25　相关单元格中输入的计算公式或函数（1）

	D	E	F
1	远航公司2018年预计资产负债表		
2	43465		单位：元
3	负债及所有者权益	年初数	期末数
4	负债：		
5	短期借款		='例6-1-（8）现金预算'!F17+'例6-1-（8）现金预算'!F18
6	应付账款	20000	='例6-1-（3）直接材料预算'!F10*0.5
7	应交税费		='例6-1-（9）预计利润表'!B10-'例6-1-（8）现金预算'!F11
8	负债合计	=SUM(E5:E7)	=SUM(F5:F7)
9	所有者权益：		
10	实收资本	150000	=E10
11	未分配利润	46200	=E11+'例6-1-（9）预计利润表'!B11-'例6-1-（8）现金预算'!F13
12	所有者权益合计	=SUM(E10:E11)	=SUM(F10:F11)
13	负债及所有者权益总计	=E8+E12	=F8+F12

图6-26　相关单元格中输入的计算公式或函数（2）

A	B	C	D	E	F
远航公司2018年预计资产负债表					
编制单位：远航公司			2018年12月31日		单位：元
资产	年初数	期末数	负债及所有者权益	年初数	期末数
现金	40000	30430	负债：		
应收账款	60000	144200	短期借款		45000
存货：原材料	9000	12000	应付账款	20000	31560
存货：库存商品	25200	33600	应交税费		2867.5
交易性金融资产		6000	负债合计	20000	79427.5
流动资产合计	134200	226230	所有者权益：		
固定资产原值	100000	160000	实收资本	150000	150000
减：累计折旧	18000	42000	未分配利润	46200	114802.5
固定资产净值	82000	118000	所有者权益合计	196200	264802.5
资产总计	216200	344230	负债及所有者权益总计	216200	344230

图 6－27　根据图 6－25 和图 6－26 中的公式或函数计算的结果

四、实验练习任务

任务 6－1　ABC 公司目前只生产销售 A 产品，市场销售单价为 60 元/件。公司采用变动成本法核算产品成本，即将固定制造费用直接作为期间费用计入当期损益。该公司 2017 年的财务状况如表 6－3 所示。

表 6－3　　ABC 公司 2017 年年末财务状况简表　　单位：元

资产	期末数	负债及所有者权益	期末数
现金	20 000	应付账款	10 000
应收账款	40 000	实收资本	120 000
存货：原材料	4 000	未分配利润	25 000
存货：库存商品	9 000		
固定资产原值	100 000		
减：累计折旧	18 000		
固定资产净值	82 000		
合计	15 5000		155 000

其他资料如下：

（1）预计 2018 年度各季度的销售量分别是：2 000 件、3 000 件、4 000 件、3 000 件。

每季度销售收入的60%于当季度收回，其余的40%于下一季度收回。

(2) 2017年年末，A产品的库存量为200件，单位变动成本为45元/件，每季度存货量分别为下季度预计销售量的10%，2018年年末该产品库存量预计为300件。

(3) 直接材料和直接人工的消耗定额及单价表6－4所示。

表6－4　　接材料和直接人工的消耗定额及单价表

项　目	直接材料	直接人工
单位产品消耗定额	2千克/件	5小时/件
材料单价	5元/千克	
小时工资率		5元/小时

(4) 预计2017年年末材料库存量为800千克，2018年各季度库存量均为下季度生产耗用量的20%，2018年年末材料库存量预计为1 000千克。每季度材料购买款项当季度只支付50%，剩余50%下季度支付。

(5) 直接人工当期全部付清。

(6) 制造费用分为变动制造费用和固定制造费用。2018年全年变动制造费用分配率为2元/小时，每季度固定制造费用均为10 000元，其中固定资产折旧为6 000元，其余均为付现成本，且各季度均衡发生。

(7) 销售及管理费用全年合计40 000元，其中，销售人员工资4 000元，广告费10 000元，包装运输费6 000元，保管费5 000元，管理人员薪金7 000元，福利费2 000元，保险费1 500元，办公费4 500元。假设以上费用均匀支付。

(8) 其他现金支出预计如下：2018年度每季度预缴所得税5 000元，预计分配股利2 000元，第四季度购置一台价值50 000元的设备，所得税税率25%。

(9) 最低现金余额要求保持在20 000元左右。各季度现金余缺可通过取得短期借款和交易性金融资产解决，短期借款以千元为单位，借款利率12%，利息于还本时一起支付。

(10) 第一季度期初向银行借入短期借款5 000元；第二季度期初向银行借入短期借款1 000元；第三季度期末归还前两个季度借款6 000元，并支付利息，同时取得交易性金融资产17 000元；第四季度期初向银行借入短期借款5 000元。

要求：根据以上资料，编制该公司2018年各季度的以下预算：

(1) 销售预算；(2) 生产预算；(3) 直接材料预算；(4) 直接人工预算；(5) 制造费用预算；(6) 产品成本预算；(7) 销售及管理费用预算；(8) 现金预算；(9) 预计利润表；(10) 预计资产负债表。

实验七　财务分析实验

一、实验目的

1. 在 Excel 表格中，利用相关公式计算财务比率；
2. 在 Excel 表格中，建立杜邦分析体系，并利用相关公式计算相关财务指标；
3. 掌握 Excel 表间数据引用方法。

二、实验原理

（一）财务比率分析

财务比率分析体系及对应的计算公式如下：

偿债能力分析。

（1）短期偿债能力分析。

营运资金 = 流动资产 － 流动负债

流动比率 = 流动资产 ÷ 流动负债

速动比率 = 流速动资产 ÷ 流动负债

现金比率 = 现金资产 ÷ 流动负债

现金流量比率 = 经营活动现金流量净额 ÷ 流动负债

（2）长期偿债能力分析。

资产负债率 = 负债总额 ÷ 资产总额 ×100%

产权比 = 负债总额 ÷ 所有者权益 ×100%

权益乘数 = 总资产 ÷ 所有者权益

长期资本负债率 =［非流动资产 ÷（非流动资产 + 所有者权益）］×100%

利息保障倍数 = 息税前利润 ÷ 全部利息费用

现金流量利息保障倍数 = 经营活动现金流量净额 ÷ 利息费用

现金流量债务比 =（经营活动现金流量净额 ÷ 债务总额）×100%

（二）营运能力分析

1. 流动资产营运能力分析

（1）应收账款周转率。

应收账款周转次数 = 销售收入净额 ÷ 应收账款平均余额

应收账款周转天数 = 计算期天数 ÷ 应收账款周转次数

(2) 存货周转率。

存货周转次数 = 销售成本 ÷ 存货平均余额

存货周转天数 = 计算期天数 ÷ 存货周转次数

(3) 流动资产周转率。

流动资产周转次数 = 销售收入净额 ÷ 流动资产平均余额

流动资产周转天数 = 计算期天数 ÷ 流动资产周转次数

2. 固定资产营运能力分析

固定资产周转次数 = 销售收入净额 ÷ 固定资产平均净值

固定资产周转天数 = 计算期天数 ÷ 固定资产周转次数

3. 总资产营运能力分析

总资产周转次数 = 销售收入净额 ÷ 平均资产总额

总资产周转天数 = 计算期天数 ÷ 总资产周转次数

(三) 盈利能力分析

销售毛利率 = 销售毛利 ÷ 销售收入 ×100%

销售净利率 = 净利润 ÷ 销售收入 ×100%

总资产净利率 = 净利润 ÷ 平均总资产 ×100%

净资产收益率 = 净利润 ÷ 平均所有者权益 ×100%

(四) 发展能力分析

销售收入增长率 = 本年销售收入增长额 ÷ 上年销售收入 ×100%

总资产增长率 = 本年资产增长额 ÷ 年初资产总额 ×100%

营业利润增长率 = 本年营业利润增长额 ÷ 上年营业利润总额 ×100%

资本保值增值率 = 期末所有者权益 ÷ 期初所有者权益 ×100%

资本积累率 = 本年所有者权益增长额 ÷ 年初所有者权益 ×100%

(五) 上市公司财务分析

基本每股收益 = 归属于公司普通股股东的净利润 ÷ 发行在外的普通股加权平均数

每股股利 = 发放的普通股股利总额 ÷ 期末发行在外的普通股股数

市盈率 = 每股市价 ÷ 每股收益

每股净资产 = 期末净资产 ÷ 期末发行在外的普通股股数

市净率 = 每股市价 ÷ 每股净资产

市销率 = 每股市价 ÷ 每股销售收入

托宾 Q 值 =(股权市场价格 + 负债的账面价值) ÷ 总资产账面价值

杜邦分析

净资产收益率具有很好的可比性和很强的综合性，是杜邦分析体系的核心比率，然后将净资产收益率进行层层分解，这样就可以全面、系统地揭示企业的财务状况以及财务状况这个系统内部各个因素之间的相互关系。杜邦分析体系的基本框架如图 7－1 所示。

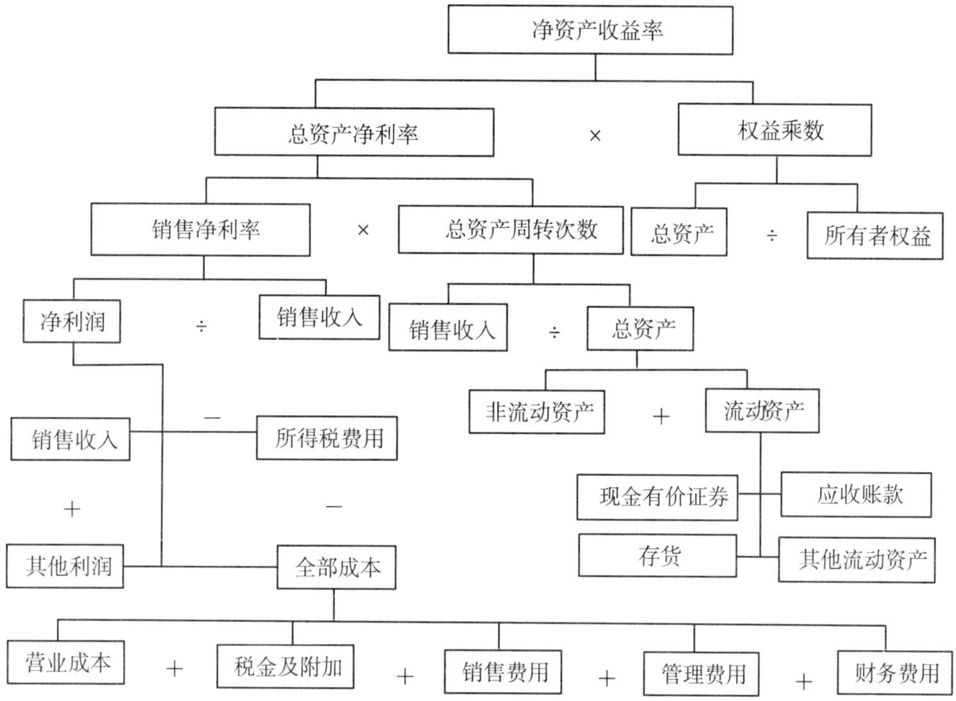

图 7－1 杜邦分析体系

说明：①上图中的数据取自资产负债表中的年末数和利润表中的本期金额；

②上图中的其他利润包括利润表中的资产减值损失、公允价值变动收益、投资收益、其他收益、营业外收入、营业外支出；

③上图中的其他流动资产包括资产负债表中除了货币资金、应收账款、存货之外的其他流动资产。

三、实验内容及步骤

【例 7－1】 上海汽车科技股份有限公司是一家上市公司，注册资本为人民币 143 425 万元，股份总数为 143 425 万股，均为普通股，且在 2017 年无变化，也没有发行可转换公司债券、认股权证、股份期权等有价证券。2018 年发放 2017 年度现金股利共计 7 171.26 元。2017 年 12 月 31 日，股票的收盘价为 4.45 元/股。公司 2017 年的资产负债表、利润表和现金流量如表 7－1～表 7－3 所示。

要求：在 Excel 表格中，分别计算该公司 2017 年的偿债能力指标、营运能力指标、盈利能力指标、发展能力指标和上市公司特殊财务指标。

第 1 步：在 EXCEL 中，设计模型结构，并录入已知条件，如图 7－2 所示。

第 2 步：在相关单元格中输入计算公式或函数，具体见图 7－1 所示。

根据上述步骤的计算结果如图 7－2 所示。

表7-1　**资产负债表**

编制单位：上海汽车科技股份有限公司　2017年12月31日　单位：万元　币种：人民币

资产	年末数	年初数	负债及所有者权益	年末数	年初数
流动资产：			**流动负债：**		
货币资金	202,342.20	120,058.38	短期借款	87,000.00	45,000.00
应收票据	4,518.08	481.79	应付票据	13,918.41	14,566.40
应收账款	10,178.63	6,135.86	应付账款	9,878.28	8,060.17
预付账款	450.73	319.53	预收账款	96.20	634.67
应收利息	100.41	116.85	应付职工薪酬	193.10	41.22
应收股利	1,331.14	1,490.36	应交税费	127.27	136.18
其他应收款	15,322.25	17,455.30	应付利息	224.48	196.11
存货	6,739.66	7,475.01	应付股利	2,147.27	
1年以内到期的非流动资产	60,000.00	0.00	其他应付款	5,208.59	5,467.50
其他流动资产	135,812.64	129,362.91	1年以内到期的非流动负债	75,000.00	9,000.00
			其他流动负债		
流动资产合计	436,795.75	282,895.97	**流动负债合计**	193,793.61	83,102.24
非流动资产：			**非流动负债：**		
可供出售金融资产	16,484.05	14,984.05	长期借款	11,000.00	86,000.00
长期股权投资	369,748.80	404,269.76	递延收益	2,000.27	2,366.07
投资性房地产			其他非流动负债		
固定资产	16,367.10	18,174.72	**非流动负债合计**	13,000.27	88,366.07
在建工程	6,025.70	2,279.52	**负债合计**	206,793.88	171,468.30
无形资产	18,970.57	20,346.84	**所有者权益：**		
开发支出		3,881.11	股本	143,425.23	143,425.23
商誉			资本公积	465,311.49	465,311.49
长期待摊费用	1,457.49	2,342.38	其他综合收益	-120.61	-136.72
递延所得税资产	2,096.93	4,831.10	盈余公积	25,664.61	23,185.70
其他非流动资产	6,475.91	66,064.64	未分配利润	33,347.71	16,816.11
非流动资产合计	437,626.55	537,174.13	**所有者权益合计**	667,628.42	648,601.80
资产总计	874,422.30	820,070.11	**负债及所有者权益总计**	874,422.30	820,070.11

	A	B	C
1	表7-2 **利润表**		
2	编制单位：上海汽车科技股份有限公司 2017年1—12月	单位：万元	币种：人民币
3		本期金额	上期金额
4	项目		
5	一、营业收入	25,330.44	15,565.14
6	减：营业成本	23,197.80	14,697.85
7	税金及附加	93.18	405.75
8	销售费用	1,155.28	1,038.02
9	管理费用	20,445.61	14,476.08
10	财务费用	576.31	8,759.17
11	资产减值损失	342.54	46.72
12	加：公允价值变动收益（损失以“-”号填列）		
13	投资收益（损失以“-”号填列）	47,642.63	33,554.70
14	其中：对联营企业和合营企业的投资收益	-86.91	-551.26
15	其他收益	365.80	
16	二、营业利润（亏损以“-”号填列）	27,528.16	9,696.24
17	加：营业外收入	44.30	166.49
18	减：营业外支出	49.14	10.44
19	三、利润总额（亏损总额以“-”号填列）	27,523.33	9,852.28
20	减：所得税费用	2,734.16	143.73
21	四、净利润（净亏损以“-”号填列）	24,789.16	9,708.56
22	五、其他综合收益的税后净额	16.11	-19,986.24
23	六、综合收益总额	24,805.27	-10,277.68
24	七、每股收益		
25	（一）基本每股收益（元/股）	0.17	0.07
26	（二）稀释每股收益（元/股）	0.17	0.07

	A	B	C
1	**表7-3　现金流量表**		
2	编制单位：上海汽车科技股份有限公司　2017年1—12月	单位：万元	币种：人民币
3	项目	本期金额	上期金额
4	一、经营活动产生的现金流量：		
5	销售商品、提供劳务收到的现金	9,866.28	9,789.24
6	收到的税费返还		
7	收到其他与经营活动有关的现金	18,691.34	56,692.38
8	经营活动现金流入小计	28,557.62	66,481.62
9	购买商品、接受劳务支付的现金	7,844.07	6,059.51
10	支付给职工以及为职工支付的现金	8,984.77	9,220.68
11	支付的各项税费	281.24	423.25
12	支付其他与经营活动有关的现金	26,672.51	64,844.40
13	经营活动现金流量小计	43,782.59	80,547.83
14	经营活动产生的现金流量净额	-15,224.97	-14,066.22
15	二、投资活动产生的现金流量：		
16	收回投资收到的现金	197,954.33	186,047.72
17	取得投资收益收到的现金	47,558.50	15,316.06
18	处置固定资产、无形资产和其他长期资产收回的现金净额	17.92	350.28
19	处置子公司及其他营业单位收到的现金净额		
20	收到其他与投资活动有关的现金		341.00
21	投资活动现金流入小计	245,530.75	202,055.06
22	购建固定资产、无形资产和其他长期资产支付的现金	5,312.19	5,573.68
23	投资支付的现金	170,108.97	294,598.63
24	取得子公司及其他营业单位支付的现金净额		
25	支付其他与投资活动有关的现金		
26	投资活动现金流出小计	175,421.16	300,172.31
27	投资活动产生的现金流量净额	70,109.60	-98,117.25
28	三、筹资活动产生的现金流量：		
29	吸收投资收到的现金		201,599.99
30	取得借款收到的现金	201,000.00	153,000.00
31	收到其他与筹资活动有关的现金	1,442.08	5,131.80
32	筹资活动现金流入小计	202,442.08	359,731.79
33	偿还债务支付的现金	168,000.00	128,000.00
34	分配股利、利润或偿付利息支付的现金	5,705.26	15,299.44
35	支付其他与筹资活动有关的现金	1,500.37	2,895.89
36	筹资活动现金流出小计	175,205.64	146,195.34
37	筹资活动产生的现金流量净额	27,236.45	213,536.46
38	四、汇率变动对现金及现金等价物的影响	104.45	36.83
39	五、现金及现金等价物净增加额	82,225.53	101,389.83
40	加：期初现金及现金等价物余额	118,671.97	17,282.14
41	六、期末现金及现金等价物余额	200,897.50	118,671.97

	A	C
1	财务比率分析	
2	项目	2017年财务比率
3	**一、偿债能力分析**	
4	（一）短期偿债能力分析	
5	1. 营运资金	=资产负债表!B16-资产负债表!E16
6	2. 流动比率	=资产负债表!B16/资产负债表!E16
7	3. 速动比率	=(资产负债表!B5+资产负债表!B6+资产负债表!B7)/资产负债表!E16
8	4. 现金比率	=资产负债表!B5/资产负债表!E16
9	5. 现金流量比率	=现金流量表!B14/资产负债表!E16
10	（二）长期偿债能力分析	
11	1. 资产负债率	=资产负债表!E22/资产负债表!B30
12	2. 产权比	=资产负债表!E22/资产负债表!E29
13	3. 权益乘数	=资产负债表!B30/资产负债表!E29
14	4. 长期资本负债率	=资产负债表!E21/(资产负债表!E21+资产负债表!E29)
15	5. 利息保障倍数	=(利润表!B21+利润表!B20+利润表!B10)/利润表!B10
16	6. 现金流量利息保障倍数	=现金流量表!B14/利润表!B10
17	7. 现金流量债务比	=现金流量表!B14/资产负债表!E22
18	**二、营运能力分析**	
19	（一）流动资产营运能力分析	
20	1. 应收账款周转率	
21	（1）应收账款周转次数	=利润表!B5/((资产负债表!B7+资产负债表!C7)/2)
22	（2）应收账款周转天数	=360/C21
23	2. 存货周转率	
24	（1）存货周转次数	=利润表!B6/((资产负债表!B12+资产负债表!C12)/2)
25	（2）存货周转天数	=360/C24
26	3. 流动资产周转率	
27	（1）流动资产周转次数	=利润表!B5/((资产负债表!B16+资产负债表!C16)/2)
28	（2）流动资产周转天数	=360/C27
29	（二）固定资产营运能力分析	
30	1. 固定资产周转次数	=利润表!B5/((资产负债表!B21+资产负债表!C21)/2)
31	2. 固定资产周转天数	=360/C30
32	（三）总资产营运能力分析	
33	1. 总资产周转率（次数）	=利润表!B5/((资产负债表!B30+资产负债表!C30)/2)
34	2. 总资产周转天数	=360/C33
35	**三、盈利能力分析**	
36	1. 销售毛利率	=(利润表!B5-利润表!B6)/利润表!B5
37	2. 销售净利率	=利润表!B21/利润表!B5
38	3. 总资产净利率	=利润表!B21/((资产负债表!B30+资产负债表!C30)/2)
39	4. 净资产收益率	=利润表!B21/((资产负债表!E29+资产负债表!F29)/2)
40	**四、发展能力分析**	
41	1. 销售收入增长率	=(利润表!B5-利润表!C5)/利润表!C5
42	2. 总资产增长率	=(资产负债表!B30-资产负债表!C30)/资产负债表!C30
43	3. 营业利润增长率	=(利润表!B16-利润表!C16)/利润表!C16
44	4. 资本保值增值率	=资产负债表!E29/资产负债表!F29
45	5. 资本积累率	=(资产负债表!E29-资产负债表!F29)/资产负债表!F29
46	**五、上市公司特殊财务分析**	
47	1. 基本每股收益	=利润表!B21/143425
48	2. 每股股利	=7171.26/143425
49	3. 市盈率	=4.45/C47
50	4. 每股净资产	=资产负债表!E29/143425
51	5. 市净率	=4.45/C50
52	6. 市销率	=4.45/(利润表!B5/143425)
53	7. 托宾Q值	=(4.45*143425+资产负债表!E22)/资产负债表!B30
54	注：1年按360天计算。	

图 7-1 相关单元格中输入的计算公式或函数

注：为了列 C 的内容显示更清楚，上图中将列 B 的内容隐藏了。

财务比率分析		
项目	公式	2017年财务比率
一、偿债能力分析		
（一）短期偿债能力分析		
1.营运资金	营运资金=流动资产 - 流动负债	2,430,021,375.81
2.流动比率	流动比率=流动资产 ÷ 流动负债	2.25
3.速动比率	速动比率=流速动资产 ÷ 流动负债	1.12
4.现金比率	现金比率=现金资产 ÷ 流动负债	1.04
5.现金流量比率	现金流量比率=经营活动现金流量净额 ÷ 流动负债	-0.08
（二）长期偿债能力分析		
1.资产负债率	资产负债率=负债总额 ÷ 资产总额 × 100%	23.65%
2.产权比	产权比=负债总额 ÷ 所有者权益 × 100%	30.97%
3.权益乘数	权益乘数=总资产 ÷ 所有者权益	1.31
4.长期资本负债率	长期资本负债率=[非流动资产 ÷（非流动资产+所有者权益）]× 100%	1.91%
5.利息保障倍数	利息保障倍数=息税前利润 ÷ 全部利息费用	48.76
6.现金流量利息保障倍数	现金流量利息保障倍数=经营活动现金流量净额 ÷ 利息费用	-26.42
7.现金流量债务比	现金流量债务比=（经营活动现金流量净额 ÷ 债务总额）× 100%	-0.07
二、营运能力分析		
（一）流动资产营运能力分析		
1.应收账款周转率		
（1）应收账款周转次数	应收账款周转次数=销售收入净额 ÷ 应收账款平均余额	3.11
（2）应收账款周转天数	应收账款周转天数=计算期天数 ÷ 应收账款周转次数	115.93
2.存货周转率		
（1）存货周转次数	存货周转次数=销售成本 ÷ 存货平均余额	3.26
（2）存货周转天数	存货周转天数=计算期天数 ÷ 存货周转次数	110.30
3.流动资产周转率		
（1）流动资产周转次数	流动资产周转次数=销售收入净额 ÷ 流动资产平均余额	0.07
（2）流动资产周转天数	流动资产周转天数=计算期天数 ÷ 流动资产周转次数	5,114.18
（二）固定资产营运能力分析		
1.固定资产周转次数	固定资产周转次数=销售收入净额 ÷ 固定资产平均净值	1.47
2.固定资产周转天数	固定资产周转天数=计算期天数 ÷ 固定资产周转次数	245.46
（三）总资产营运能力分析		
1.总资产周转率（次数）	总资产周转次数=销售收入净额 ÷ 平均资产总额	0.03
2.总资产周转天数	总资产周转天数=计算期天数 ÷ 总资产周转次数	12,041.19
三、盈利能力分析		
1.销售毛利率	销售毛利率=销售毛利 ÷ 销售收入 × 100%	8.42%
2.销售净利率	销售净利率=净利润 ÷ 销售收入 × 100%	97.86%
3.总资产净利率	总资产净利率=净利润 ÷ 平均总资产 × 100%	2.93%
4.净资产收益率	净资产收益率=净利润 ÷ 平均所有者权益 × 100%	3.77%
四、发展能力分析		
1.销售收入增长率	销售收入增长率=本年销售收入增长额÷ 上年销售收入 × 100%	62.74%
2.总资产增长率	总资产增长率=本年资产增长额÷ 年初资产总额 × 100%	6.63%
3.营业利润增长率	营业利润增长率=本年营业利润增长额÷ 上年营业利润总额 × 100%	183.91%
4.资本保值增值率	资本保值增值率=期末所有者权益÷ 期初所有者权益 × 100%	102.93%
5.资本积累率	资本积累率=本年所有者权益增长额 ÷ 年初所有者权益 × 100%	2.93%
五、上市公司特殊财务分析		
1.基本每股收益	基本每股收益=归属于公司普通股股东的净利润 ÷ 发行在外的普通股加权平均数	0.17
2.每股股利	每股股利=发放的普通股股利总额 ÷ 期末发行在外的普通股股数	0.05
3.市盈率	市盈率=每股市价 ÷ 每股收益	25.75
4.每股净资产	每股净资产=期末净资产 ÷ 期末发行在外的普通股股数	4.65
5.市净率	市净率=每股市价 ÷ 每股净资产	0.96
6.市销率	市销率=每股市价 ÷ 每股销售收入	25.20
7.托宾Q值	托宾Q值=（股权市场价格+负债的账面价值）÷ 总资产账面价值	0.97

注：1年按360天计算。

图 7－2　根据图 7－1 中的公式或函数计算的结果

【例 7－2】资料同例 7－1。

要求：在 Excel 表格中构建杜邦分析体系，并运用 Excel 中的公式计算杜邦分析体系中的各财务指标。

第 1 步：在 Excel 表格中，构建杜邦分析体系，如图 7－3；

第 2 步：在单元格 G3 中输入“＝D7 * K7”，计算净资产收益率（权益净利率）；

第 3 步：在单元格 D7 中输入“＝C11 * G11”，计算资产净利率；

第 4 步：在单元格 K7 中输入“＝I11/L11”，计算权益乘数；

第 5 步：在单元格 C11 中输入“＝B15/D15”，计算销售净利率；

第 6 步：在单元格 G11 中输入“＝G15/L15”，计算总资产周转率；

第 7 步：在单元格 I11 中输入“＝资产负债表！B30”，计算总资产期末余额；

第 8 步：在单元格 L11 中输入“＝资产负债表！E29”，计算所有者权益期末余额；

第 9 步：在单元格 B15 中输入“＝利润表！B21”，计算本期净利润；

第 10 步：在单元格 D15 和 G15 中都输入“＝利润表！B5”，计算本期销售收入；

第 11 步：在单元格 L15 中都输入“＝K19＋M19”，计算资产总额期末余额；

第 12 步：在单元格 A19 中都输入“＝利润表！B5”，计算本期销售收入；

第 13 步：在单元格 C19 中都输入“＝A23＋C23＋F23＋I23＋L23”，计算本期全部成本；

第 14 步：在单元格 F19 中都输入“＝利润表！B13＋利润表！B15－利润表！B11＋利润表！B17－利润表！B18”，计算本期其他利润；

第 15 步：在单元格 I19 中都输入“＝利润表！B20”，计算本期所得税费用；

第 16 步：在单元格 K19 中都输入“＝资产负债表！B29”，计算非流动资产期末余额；

第 17 步：在单元格 M19 中都输入“＝M27＋K27＋G27＋D27”，计算流动资产期末余额；

第 18 步：在单元格 A23 中都输入“＝利润表！B6”，计算本期营业成本；

第 19 步：在单元格 C23 中都输入“＝利润表！B7”，计算本期税金及附加；

第 20 步：在单元格 F23 中都输入“＝利润表！B8”，计算本期销售费用；

第 21 步：在单元格 I23 中都输入“＝利润表！B9”，计算本期管理费用；

第 22 步：在单元格 L23 中都输入“＝利润表！B10”，计算本期财务费用；

第 23 步：在单元格 D27 中都输入“＝资产负债表！B5”，计算现金期末余额；

第 24 步：在单元格 G27 中都输入“＝资产负债表！B7”，计算应收账款期末余额；

第 25 步：在单元格 K27 中都输入“＝资产负债表！B12”，计算存货期末余额；

第 26 步：在单元格 M27 中都输入“＝资产负债表！B16－资产负债表！B5－资产负债表！B7－资产负债表！B12”，计算其他流动资产期末余额；

上述实验步骤对应的计算结果如图 7－3 所示。

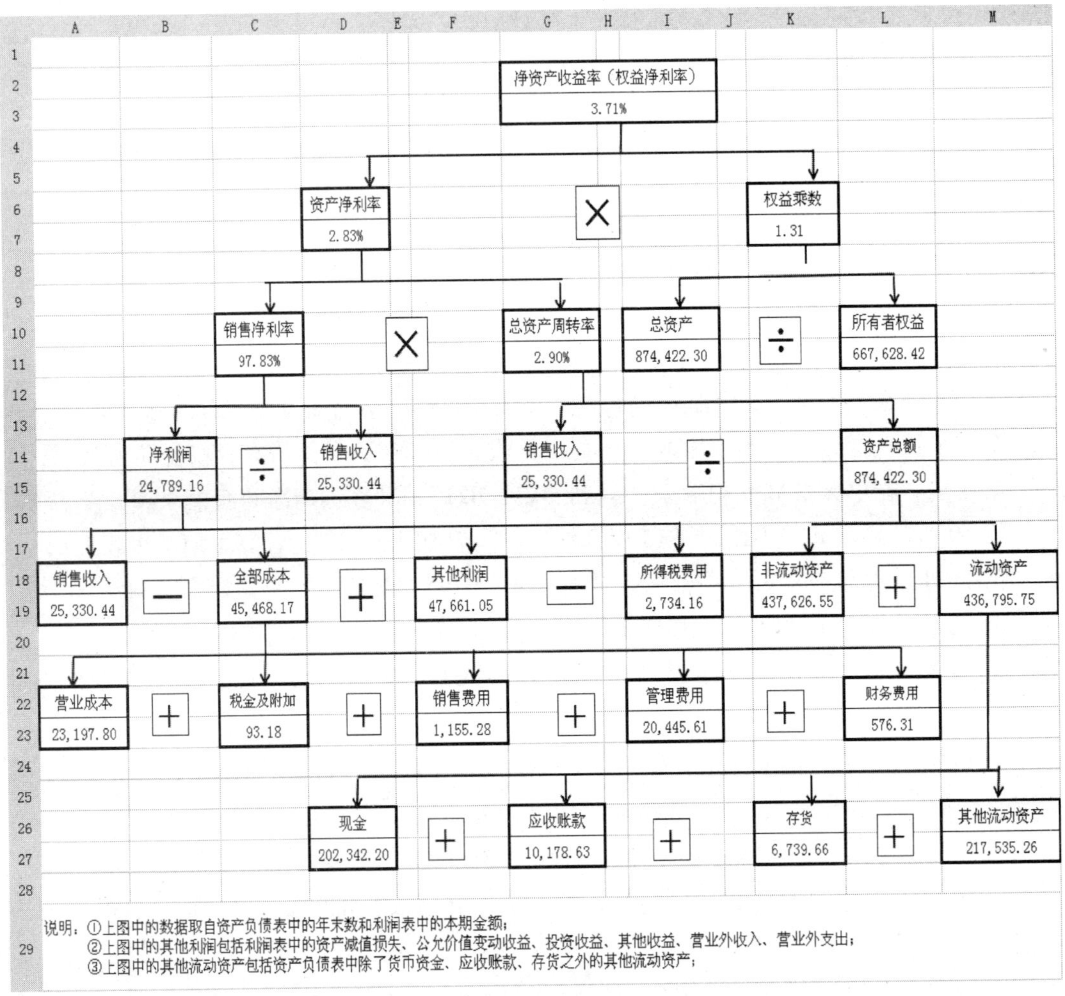

图 7－3　上述实验步骤对应的计算结果

四、实验练习任务

任务 7－1　北京铸管股份有限公司是一家上市公司，股份总数为 399 088 万股，均为普通股，且在 2017 年无变化，也没有发行可转换公司债券、认股权证、股份期权等有价证券。2018 年发放 2017 年度现金股利共计 59 863. 20 元。2017 年 12 月 31 日，股票的收盘价为 4. 37 元/股。公司 2017 年的资产负债表、利润表和现金流量表如表 7－4～表 7－6 所示。

要求：在 Excel 表格中，分别计算该公司 2017 年的偿债能力指标、营运能力指标、盈利能力指标、发展能力指标和上市公司特殊财务指标。

任务 7－2　资料同任务 7－1。

要求：在 Excel 表格中构建杜邦分析体系，并运用 Excel 中的公式计算杜邦分析体系中的各财务指标。

表7-4　　资产负债表

资产	年末数	年初数	负债及所有者权益	年末数	年初数
编制单位：北京铸管股份有限公司		2017年12月31日		单位：万元	币种：人民币
流动资产：			**流动负债：**		
货币资金	325,099.82	325,166.33	短期借款	551,991.42	376,770.72
应收票据	155,727.62	165,134.37	应付票据	69,577.83	77,188.77
应收账款	154,507.92	134,664.01	应付账款	330,107.80	305,605.77
预付账款	30,086.99	25,802.47	预收账款	220,457.83	178,514.72
应收利息	5,464.96	5,710.10	应付职工薪酬	9,742.20	7,636.96
应收股利	1,093.95	590.58	应交税费	34,935.53	-7,375.84
其他应收款	333,686.48	249,647.13	应付利息	6,612.14	16,203.60
存货	125,814.82	138,551.40	应付股利		
1年以内到期的非流动资产			其他应付款	54,421.41	49,864.59
其他流动资产	80,788.71	86,341.25	1年以内到期的非流动负债		
			其他流动负债		450,000.00
流动资产合计	1,212,271.27	1,131,607.64	**流动负债合计**	1,277,846.16	1,454,409.29
非流动资产：			**非流动负债：**		
可供出售金融资产	127,002.55	177,714.85	长期借款		
长期股权投资	1,309,661.35	1,319,190.52	应付债券	198,983.70	198,727.77
投资性房地产			专项应付款		1,985.00
固定资产	359,942.02	283,238.04	递延收益	9,949.49	8,277.89
在建工程	18,322.75	79,279.80	递延所得税负债		3,736.47
工程物资	399.85	297.88	其他非流动负债		
无形资产	12,862.98	3,217.97	**非流动负债合计**	208,933.19	212,727.13
开发支出			**负债合计**	1,486,779.34	1,667,136.42
长期待摊费用			**所有者权益：**		
递延所得税资产	4,074.83	3,254.12	股本	399,088.02	364,330.74
其他非流动资产	18,078.72	25,626.41	资本公积	879,654.69	737,667.58
			其他综合收益	-36,929.18	12,946.65
			专项储备	1,681.04	1,959.58
			盈余公积	113,520.00	102,905.33
			未分配利润	218,822.41	136,480.92
非流动资产合计	1,850,345.05	1,891,819.58	**所有者权益合计**	1,575,836.98	1,356,290.80
资产总计	3,062,616.32	3,023,427.22	**负债及所有者权益总计**	3,062,616.32	3,023,427.22

	A	B	C
1	表7-5　**利润表**		
2	编制单位：北京铸管股份有限公司　2017年1—12月	单位：万元	币种：人民币
3		本期金额	上期金额
4	项目		
5	一、营业收入	2,133,138.86	1,678,301.20
6	减：营业成本	1,885,758.03	1,557,395.46
7	税金及附加	9,955.58	6,026.65
8	销售费用	60,620.12	60,985.61
9	管理费用	33,463.66	23,772.87
10	财务费用	15,211.90	22,381.24
11	资产减值损失	4,489.61	5,308.88
12	加：公允价值变动收益（损失以"-"号填列）		-8.50
13	投资收益（损失以"-"号填列）	24,225.72	16,699.56
14	其中：对联营企业和合营企业的投资收益	-32,278.63	2,571.08
15	资产处置收益（损失以"-"号填列）	505.38	
16	其他收益	2,437.05	
17	二、营业利润（亏损以"-"号填列）	150,808.10	19,121.55
18	加：营业外收入	1,159.06	2,312.80
19	减：营业外支出	16,392.07	2,281.89
20	三、利润总额（亏损总额以"-"号填列）	135,575.09	19,152.46
21	减：所得税费用	29,428.37	7,589.27
22	四、净利润（净亏损以"-"号填列）	106,146.72	11,563.19
23	五、其他综合收益的税后净额	-49,875.83	11,209.41
24	六、综合收益总额	56,270.89	22,772.60
25	七、每股收益		
26	（一）基本每股收益（元/股）		
27	（二）稀释每股收益（元/股）		

	A	B	C
1	表7-6 **现金流量表**		
2	编制单位：北京铸管股份有限公司　　2017年1—12月	单位：万元	币种：人民币
3	项目	本期金额	上期金额
4	一、经营活动产生的现金流量：		
5	销售商品、提供劳务收到的现金	2,256,994.32	1,784,192.57
6	收到的税费返还	785.29	1,152.16
7	收到其他与经营活动有关的现金	19,193.45	14,424.72
8	经营活动现金流入小计	2,276,973.07	1,799,769.46
9	购买商品、接受劳务支付的现金	1,856,356.63	1,562,738.83
10	支付给职工以及为职工支付的现金	82,306.55	78,376.94
11	支付的各项税费	51,831.69	36,914.19
12	支付其他与经营活动有关的现金	73,007.82	83,059.01
13	经营活动现金流出小计	2,063,502.69	1,761,088.97
14	经营活动产生的现金流量净额	213,470.38	38,680.48
15	二、投资活动产生的现金流量：		
16	收回投资收到的现金	155,000.00	
17	取得投资收益收到的现金	28,095.09	29,973.99
18	处置固定资产、无形资产和其他长期资产收回的现金净额	13,197.30	5.27
19	处置子公司及其他营业单位收到的现金净额		5,000.00
20	收到其他与投资活动有关的现金	258,994.58	3,209.37
21	投资活动现金流入小计	455,286.97	38,188.62
22	购建固定资产、无形资产和其他长期资产支付的现金	64,881.38	61,665.08
23	投资支付的现金	168,602.36	16,555.62
24	取得子公司及其他营业单位支付的现金净额		
25	支付其他与投资活动有关的现金	272,700.00	158,795.05
26	投资活动现金流出小计	506,183.74	237,015.76
27	投资活动产生的现金流量净额	-50,896.77	-198,827.14
28	三、筹资活动产生的现金流量：		
29	吸收投资收到的现金	176,852.00	
30	取得借款收到的现金	699,448.16	570,717.72
31	发行债券收到的现金		548,450.00
32	收到其他与筹资活动有关的现金		
33	筹资活动现金流入小计	876,300.16	1,119,167.72
34	偿还债务支付的现金	974,227.46	877,760.97
35	分配股利、利润或偿付利息支付的现金	58,243.66	44,596.49
36	支付其他与筹资活动有关的现金		858.30
37	筹资活动现金流出小计	1,032,471.11	923,215.75
38	筹资活动产生的现金流量净额	-156,170.95	195,951.97
39	四、汇率变动对现金及现金等价物的影响	-769.18	1,087.99
40	五、现金及现金等价物净增加额	5,633.48	36,893.30
41	加：期初现金及现金等价物余额	258,466.33	221,573.03
42	六、期末现金及现金等价物余额	264,099.82	258,466.33

附录1　复利终值系数表

$(F/P, i, n) = (1+i)^n$

n \ i	1%	2%	3%	4%	5%	6%	7%	8%	9%	10%
1	1.0100	1.0200	1.0300	1.0400	1.0500	1.0600	1.0700	1.0800	1.0900	1.1000
2	1.0201	1.0404	1.0609	1.0816	1.1025	1.1236	1.1449	1.1664	1.1881	1.2100
3	1.0303	1.0612	1.0927	1.1249	1.1576	1.1910	1.2250	1.2597	1.2950	1.3310
4	1.0406	1.0824	1.1255	1.1699	1.2155	1.2625	1.3108	1.3605	1.4116	1.4641
5	1.0510	1.1041	1.1593	1.2167	1.2763	1.3382	1.4026	1.4693	1.5386	1.6105
6	1.0615	1.1262	1.1941	1.2653	1.3401	1.4185	1.5007	1.5869	1.6771	1.7716
7	1.0721	1.1487	1.2299	1.3159	1.4071	1.5036	1.6058	1.7138	1.8280	1.9487
8	1.0829	1.1717	1.2668	1.3686	1.4775	1.5938	1.7182	1.8509	1.9926	2.1436
9	1.0937	1.1951	1.3048	1.4233	1.5513	1.6895	1.8385	1.9990	2.1719	2.3579
10	1.1046	1.2190	1.3439	1.4802	1.6289	1.7908	1.9672	2.1589	2.3674	2.5937
11	1.1157	1.2434	1.3842	1.5395	1.7103	1.8983	2.1049	2.3316	2.5804	2.8531
12	1.1268	1.2682	1.4258	1.6010	1.7959	2.0122	2.2522	2.5182	2.8127	3.1384

续表

n \ i	1%	2%	3%	4%	5%	6%	7%	8%	9%	10%
13	1. 1381	1. 2936	1. 4685	1. 6651	1. 8856	2. 1329	2. 4098	2. 7196	3. 0658	3. 4523
14	1. 1495	1. 3195	1. 5126	1. 7317	1. 9799	2. 2609	2. 5785	2. 9372	3. 3417	3. 7975
15	1. 1610	1. 3459	1. 5580	1. 8009	2. 0789	2. 3966	2. 7590	3. 1722	3. 6425	4. 1772
16	1. 1726	1. 3728	1. 6047	1. 8730	2. 1829	2. 5404	2. 9522	3. 4259	3. 9703	4. 5950
17	1. 1843	1. 4002	1. 6528	1. 9479	2. 2920	2. 6928	3. 1588	3. 7000	4. 3276	5. 0545
18	1. 1961	1. 4282	1. 7024	2. 0258	2. 4066	2. 8543	3. 3799	3. 9960	4. 7171	5. 5599
19	1. 2081	1. 4568	1. 7535	2. 1068	2. 5270	3. 0256	3. 6165	4. 3157	5. 1417	6. 1159
20	1. 2202	1. 4859	1. 8061	2. 1911	2. 6533	3. 2071	3. 8697	4. 6610	5. 6044	6. 7275
21	1. 2324	1. 5157	1. 8603	2. 2788	2. 7860	3. 3996	4. 1406	5. 0338	6. 1088	7. 4002
22	1. 2447	1. 5460	1. 9161	2. 3699	2. 9253	3. 6035	4. 4304	5. 4365	6. 6586	8. 1403
23	1. 2572	1. 5769	1. 9736	2. 4647	3. 0715	3. 8197	4. 7405	5. 8715	7. 2579	8. 9543
24	1. 2697	1. 6084	2. 0328	2. 5633	3. 2251	4. 0489	5. 0724	6. 3412	7. 9111	9. 8497
25	1. 2824	1. 6406	2. 0938	2. 6658	3. 3864	4. 2919	5. 4274	6. 8485	8. 6231	10. 8347
26	1. 2953	1. 6734	2. 1566	2. 7725	3. 5557	4. 5494	5. 8074	7. 3964	9. 3992	11. 9182
27	1. 3082	1. 7069	2. 2213	2. 8834	3. 7335	4. 8223	6. 2139	7. 9881	10. 2451	13. 1100
28	1. 3213	1. 7410	2. 2879	2. 9987	3. 9201	5. 1117	6. 6488	8. 6271	11. 1671	14. 4210
29	1. 3345	1. 7758	2. 3566	3. 1187	4. 1161	5. 4184	7. 1143	9. 3173	12. 1722	15. 8631
30	1. 3478	1. 8114	2. 4273	3. 2434	4. 3219	5. 7435	7. 6123	10. 0627	13. 2677	17. 4494
31	1. 3613	1. 8476	2. 5001	3. 3731	4. 5380	6. 0881	8. 1451	10. 8677	14. 4618	19. 1943
35	1. 4166	1. 9999	2. 8139	3. 9461	5. 5160	7. 6861	10. 6766	14. 7853	20. 4140	28. 1024
40	1. 4889	2. 2080	3. 2620	4. 8010	7. 0400	10. 2857	14. 9745	21. 7245	31. 4094	45. 2593
45	1. 5648	2. 4379	3. 7816	5. 8412	8. 9850	13. 7646	21. 0025	31. 9204	48. 3273	72. 8905

续表

n \ i	11%	12%	13%	14%	15%	16%	17%	18%	19%	20%
1	1. 1100	1. 1200	1. 1300	1. 1400	1. 1500	1. 1600	1. 1700	1. 1800	1. 1900	1. 2000
2	1. 2321	1. 2544	1. 2769	1. 2996	1. 3225	1. 3456	1. 3689	1. 3924	1. 4161	1. 4400
3	1. 3676	1. 4049	1. 4429	1. 4815	1. 5209	1. 5609	1. 6016	1. 6430	1. 6852	1. 7280
4	1. 5181	1. 5735	1. 6305	1. 6890	1. 7490	1. 8106	1. 8739	1. 9388	2. 0053	2. 0736
5	1. 6851	1. 7623	1. 8424	1. 9254	2. 0114	2. 1003	2. 1924	2. 2878	2. 3864	2. 4883
6	1. 8704	1. 9738	2. 0820	2. 1950	2. 3131	2. 4364	2. 5652	2. 6996	2. 8398	2. 9860
7	2. 0762	2. 2107	2. 3526	2. 5023	2. 6600	2. 8262	3. 0012	3. 1855	3. 3793	3. 5832
8	2. 3045	2. 4760	2. 6584	2. 8526	3. 0590	3. 2784	3. 5115	3. 7589	4. 0214	4. 2998
9	2. 5580	2. 7731	3. 0040	3. 2519	3. 5179	3. 8030	4. 1084	4. 4355	4. 7854	5. 1598
10	2. 8394	3. 1058	3. 3946	3. 7072	4. 0456	4. 4114	4. 8068	5. 2338	5. 6947	6. 1917
11	3. 1518	3. 4785	3. 8359	4. 2262	4. 6524	5. 1173	5. 6240	6. 1759	6. 7767	7. 4301
12	3. 4985	3. 8960	4. 3345	4. 8179	5. 3503	5. 9360	6. 5801	7. 2876	8. 0642	8. 9161
13	3. 8833	4. 3635	4. 8980	5. 4924	6. 1528	6. 8858	7. 6987	8. 5994	9. 5964	10. 6993
14	4. 3104	4. 8871	5. 5348	6. 2613	7. 0757	7. 9875	9. 0075	10. 1472	11. 4198	12. 8392
15	4. 7846	5. 4736	6. 2543	7. 1379	8. 1371	9. 2655	10. 5387	11. 9737	13. 5895	15. 4070
16	5. 3109	6. 1304	7. 0673	8. 1372	9. 3576	10. 7480	12. 3303	14. 1290	16. 1715	18. 4884
17	5. 8951	6. 8660	7. 9861	9. 2765	10. 7613	12. 4677	14. 4265	16. 6722	19. 2441	22. 1861
18	6. 5436	7. 6900	9. 0243	10. 5752	12. 3755	14. 4625	16. 8790	19. 6733	22. 9005	26. 6233
19	7. 2633	8. 6128	10. 1974	12. 0557	14. 2318	16. 7765	19. 7484	23. 2144	27. 2516	31. 9480
20	8. 0623	9. 6463	11. 5231	13. 7435	16. 3665	19. 4608	23. 1056	27. 3930	32. 4294	38. 3376

续表

n \ i	11%	12%	13%	14%	15%	16%	17%	18%	19%	20%
21	8. 9492	10. 8038	13. 0211	15. 6676	18. 8215	22. 5745	27. 0336	32. 3238	38. 5910	46. 0051
22	9. 9336	12. 1003	14. 7138	17. 8610	21. 6447	26. 1864	31. 6293	38. 1421	45. 9233	55. 2061
23	11. 0263	13. 5523	16. 6266	20. 3616	24. 8915	30. 3762	37. 0062	45. 0076	54. 6487	66. 2474
24	12. 2392	15. 1786	18. 7881	23. 2122	28. 6252	35. 2364	43. 2973	53. 1090	65. 0320	79. 4968
25	13. 5855	17. 0001	21. 2305	26. 4619	32. 9190	40. 8742	50. 6578	62. 6686	77. 3881	95. 3962
26	15. 0799	19. 0401	23. 9905	30. 1666	37. 8568	47. 4141	59. 2697	73. 9490	92. 0918	114. 4755
27	16. 7386	21. 3249	27. 1093	34. 3899	43. 5353	55. 0004	69. 3455	87. 2598	109. 5893	137. 3706
28	18. 5799	23. 8839	30. 6335	39. 2045	50. 0656	63. 8004	81. 1342	102. 9666	130. 4112	164. 8447
29	20. 6237	26. 7499	34. 6158	44. 6931	57. 5755	74. 0085	94. 9271	121. 5005	155. 1893	197. 8136
30	22. 8923	29. 9599	39. 1159	50. 9502	66. 2118	85. 8499	111. 0647	143. 3706	184. 6753	237. 3763
31	25. 4104	33. 5551	44. 2010	58. 0832	76. 1435	99. 5859	129. 9456	169. 1774	219. 7636	284. 8516
35	38. 5749	52. 7996	72. 0685	98. 1002	133. 1755	180. 3141	243. 5035	327. 9973	440. 7006	590. 6682
40	65. 0009	93. 0510	132. 7816	188. 8835	267. 8635	378. 7212	533. 8687	750. 3783	1 051. 6675	1 469. 7716
45	109. 530	163. 987	244. 6414	363. 6791	538. 7693	795. 4438	1 170. 4794	1 716. 6839	2 509. 6506	3 657. 2620
50	184. 564	289. 002	450. 7359	700. 2330	1 083. 657	1 670. 703	2 566. 2153	3 927. 3569	5 988. 9139	9 100. 4382

续表

n \ i	22%	24%	26%	28%	30%	32%	34%	36%	38%	40%
1	1.2200	1.2400	1.2600	1.2800	1.3000	1.3200	1.3400	1.3600	1.3800	1.4000
2	1.4884	1.5376	1.5876	1.6384	1.6900	1.7424	1.7956	1.8496	1.9044	1.9600
3	1.8158	1.9066	2.0004	2.0972	2.1970	2.3000	2.4061	2.5155	2.6281	2.7440
4	2.2153	2.3642	2.5205	2.6844	2.8561	3.0360	3.2242	3.4210	3.6267	3.8416
5	2.7027	2.9316	3.1758	3.4360	3.7129	4.0075	4.3204	4.6526	5.0049	5.3782
6	3.2973	3.6352	4.0015	4.3980	4.8268	5.2899	5.7893	6.3275	6.9068	7.5295
7	4.0227	4.5077	5.0419	5.6295	6.2749	6.9826	7.7577	8.6054	9.5313	10.5414
8	4.9077	5.5895	6.3528	7.2058	8.1573	9.2170	10.3953	11.7034	13.1532	14.7579
9	5.9874	6.9310	8.0045	9.2234	10.6045	12.1665	13.9297	15.9166	18.1515	20.6610
10	7.3046	8.5944	10.0857	11.8059	13.7858	16.0598	18.6659	21.6466	25.0490	28.9255
11	8.9117	10.6571	12.7080	15.1116	17.9216	21.1989	25.0123	29.4393	34.5677	40.4957
12	10.8722	13.2148	16.0120	19.3428	23.2981	27.9825	33.5164	40.0375	47.7034	56.6939
13	13.2641	16.3863	20.1752	24.7588	30.2875	36.9370	44.9120	54.4510	65.8306	79.3715
14	16.1822	20.3191	25.4207	31.6913	39.3738	48.7568	60.1821	74.0534	90.8463	111.1201
15	19.7423	25.1956	32.0301	40.5648	51.1859	64.3590	80.6440	100.7126	125.367	155.5681
16	24.0856	31.2426	40.3579	51.9230	66.5417	84.9538	108.062	136.9691	173.0077	217.7953
17	29.3844	38.7408	50.8510	66.4614	86.5042	112.1390	144.8043	186.2779	238.7506	304.9135
18	35.8490	48.0386	64.0722	85.0706	112.4554	148.0235	194.0378	253.3380	329.4758	426.8789
19	43.7358	59.5679	80.7310	108.890	146.1920	195.3911	260.0107	344.5397	454.6766	597.6304

续表

n \ i	22%	24%	26%	28%	30%	32%	34%	36%	38%	40%
20	53.3576	73.8641	101.7211	139.3797	190.0496	257.9162	348.4143	468.5740	627.4538	836.6826
21	65.0963	91.5915	128.1685	178.4060	247.0645	340.4494	466.8752	637.2606	865.8862	1171.356
22	79.4175	113.5735	161.4924	228.3596	321.1839	449.3932	625.6127	866.6744	1194.923	1639.898
23	96.8894	140.8312	203.4804	292.3003	417.5391	593.1990	838.321	1178.677	1648.994	2295.857
24	118.2050	174.6306	256.3853	374.1444	542.8008	783.0227	1123.350	1603.001	2275.611	3214.200
25	144.2101	216.5420	323.0454	478.9049	705.6410	1033.590	1505.289	2180.081	3140.344	4499.880
26	175.9364	268.5121	407.0373	612.9982	917.3333	1364.339	2017.088	2964.911	4333.674	6299.831
27	214.6424	332.9550	512.8670	784.6377	1192.533	1800.927	2702.897	4032.279	5980.470	8819.764
28	261.8637	412.8642	646.2124	1004.336	1550.293	2377.224	3621.882	5483.899	8253.049	12347.670
29	319.4737	511.9516	814.2276	1 285.550	2 015.381	3 137.935	4 853.323	7 458.102	11 389.208	17 286.737
30	389.7579	634.8199	1 025.927	1 645.505	2 619.996	4 142.075	6 503.452	10 143.02	15 717.106	24 201.432
31	475.5046	787.1767	1 292.668	2 106.246	3 405.994	5 467.539	8 714.626	13 794.51	21 689.607	33 882.005
35	1 053.402	1 861.054	3 258.135	5 653.911	9 727.860	16 599.217	28 097.517	47 191.28	78 662.551	130 161.11
40	2 847.038	5 455.913	10 347.175	19 426.689	36 118.865	66 520.767	121 393	219 561.57	393 698.22	700 037.70
45	7 694.712	15 994.690	32 860.527	66 749.595	134 107	266 580	524 464	1 021 529	1 970 420	3 764 971
50	20 796.561	46 890.435	104 358	229 350	497 929	1 068 308	2 265 896	4 752 755	9 861 758	20 248 916
55	56 207.04	137 465.17	331 420.97	788 040	1 848 776	4 281 207	9 789 577	22 112 608	49 357 113	108 903 531
60	151 911.22	402 996.35	1 052 526	2 707 685	6 864 377	17 156 784	42 294 890	102 880 840	247 027 432	585 709 328

附录 2　复利现值系数表

$(P/F, i, n) = (1+i)^{-n}$

n \ i	1%	2%	3%	4%	5%	6%	7%	8%	9%	10%
1	0. 9901	0. 9804	0. 9709	0. 9615	0. 9524	0. 9434	0. 9346	0. 9259	0. 9174	0. 9091
2	0. 9803	0. 9612	0. 9426	0. 9246	0. 9070	0. 8900	0. 8734	0. 8573	0. 8417	0. 8264
3	0. 9706	0. 9423	0. 9151	0. 8890	0. 8638	0. 8396	0. 8163	0. 7938	0. 7722	0. 7513
4	0. 9610	0. 9238	0. 8885	0. 8548	0. 8227	0. 7921	0. 7629	0. 7350	0. 7084	0. 6830
5	0. 9515	0. 9057	0. 8626	0. 8219	0. 7835	0. 7473	0. 7130	0. 6806	0. 6499	0. 6209
6	0. 9420	0. 8880	0. 8375	0. 7903	0. 7462	0. 7050	0. 6663	0. 6302	0. 5963	0. 5645
7	0. 9327	0. 8706	0. 8131	0. 7599	0. 7107	0. 6651	0. 6227	0. 5835	0. 5470	0. 5132
8	0. 9235	0. 8535	0. 7894	0. 7307	0. 6768	0. 6274	0. 5820	0. 5403	0. 5019	0. 4665
9	0. 9143	0. 8368	0. 7664	0. 7026	0. 6446	0. 5919	0. 5439	0. 5002	0. 4604	0. 4241
10	0. 9053	0. 8203	0. 7441	0. 6756	0. 6139	0. 5584	0. 5083	0. 4632	0. 4224	0. 3855
11	0. 8963	0. 8043	0. 7224	0. 6496	0. 5847	0. 5268	0. 4751	0. 4289	0. 3875	0. 3505
12	0. 8874	0. 7885	0. 7014	0. 6246	0. 5568	0. 4970	0. 4440	0. 3971	0. 3555	0. 3186
13	0. 8787	0. 7730	0. 6810	0. 6006	0. 5303	0. 4688	0. 4150	0. 3677	0. 3262	0. 2897

续表

n \ i	1%	2%	3%	4%	5%	6%	7%	8%	9%	10%
14	0. 8700	0. 7579	0. 6611	0. 5775	0. 5051	0. 4423	0. 3878	0. 3405	0. 2992	0. 2633
15	0. 8613	0. 7430	0. 6419	0. 5553	0. 4810	0. 4173	0. 3624	0. 3152	0. 2745	0. 2394
16	0. 8528	0. 7284	0. 6232	0. 5339	0. 4581	0. 3936	0. 3387	0. 2919	0. 2519	0. 2176
17	0. 8444	0. 7142	0. 6050	0. 5134	0. 4363	0. 3714	0. 3166	0. 2703	0. 2311	0. 1978
18	0. 8360	0. 7002	0. 5874	0. 4936	0. 4155	0. 3503	0. 2959	0. 2502	0. 2120	0. 1799
19	0. 8277	0. 6864	0. 5703	0. 4746	0. 3957	0. 3305	0. 2765	0. 2317	0. 1945	0. 1635
20	0. 8195	0. 6730	0. 5537	0. 4564	0. 3769	0. 3118	0. 2584	0. 2145	0. 1784	0. 1486
21	0. 8114	0. 6598	0. 5375	0. 4388	0. 3589	0. 2942	0. 2415	0. 1987	0. 1637	0. 1351
22	0. 8034	0. 6468	0. 5219	0. 4220	0. 3418	0. 2775	0. 2257	0. 1839	0. 1502	0. 1228
23	0. 7954	0. 6342	0. 5067	0. 4057	0. 3256	0. 2618	0. 2109	0. 1703	0. 1378	0. 1117
24	0. 7876	0. 6217	0. 4919	0. 3901	0. 3101	0. 2470	0. 1971	0. 1577	0. 1264	0. 1015
25	0. 7798	0. 6095	0. 4776	0. 3751	0. 2953	0. 2330	0. 1842	0. 1460	0. 1160	0. 0923
26	0. 7720	0. 5976	0. 4637	0. 3607	0. 2812	0. 2198	0. 1722	0. 1352	0. 1064	0. 0839
27	0. 7644	0. 5859	0. 4502	0. 3468	0. 2678	0. 2074	0. 1609	0. 1252	0. 0976	0. 0763
28	0. 7568	0. 5744	0. 4371	0. 3335	0. 2551	0. 1956	0. 1504	0. 1159	0. 0895	0. 0693
29	0. 7493	0. 5631	0. 4243	0. 3207	0. 2429	0. 1846	0. 1406	0. 1073	0. 0822	0. 0630
30	0. 7419	0. 5521	0. 4120	0. 3083	0. 2314	0. 1741	0. 1314	0. 0994	0. 0754	0. 0573
31	0. 7346	0. 5412	0. 4000	0. 2965	0. 2204	0. 1643	0. 1228	0. 0920	0. 0691	0. 0521
35	0. 7059	0. 5000	0. 3554	0. 2534	0. 1813	0. 1301	0. 0937	0. 0676	0. 0490	0. 0356
40	0. 6717	0. 4529	0. 3066	0. 2083	0. 1420	0. 0972	0. 0668	0. 0460	0. 0318	0. 0221
45	0. 6391	0. 4102	0. 2644	0. 1712	0. 1113	0. 0727	0. 0476	0. 0313	0. 0207	0. 0137
50	0. 6080	0. 3715	0. 2281	0. 1407	0. 0872	0. 0543	0. 0339	0. 0213	0. 0134	0. 0085

续表

n \ i	11%	12%	13%	14%	15%	16%	17%	18%	19%	20%
1	0. 9009	0. 8929	0. 8850	0. 8772	0. 8696	0. 8621	0. 8547	0. 8475	0. 8403	0. 8333
2	0. 8116	0. 7972	0. 7831	0. 7695	0. 7561	0. 7432	0. 7305	0. 7182	0. 7062	0. 6944
3	0. 7312	0. 7118	0. 6931	0. 6750	0. 6575	0. 6407	0. 6244	0. 6086	0. 5934	0. 5787
4	0. 6587	0. 6355	0. 6133	0. 5921	0. 5718	0. 5523	0. 5337	0. 5158	0. 4987	0. 4823
5	0. 5935	0. 5674	0. 5428	0. 5194	0. 4972	0. 4761	0. 4561	0. 4371	0. 4190	0. 4019
6	0. 5346	0. 5066	0. 4803	0. 4556	0. 4323	0. 4104	0. 3898	0. 3704	0. 3521	0. 3349
7	0. 4817	0. 4523	0. 4251	0. 3996	0. 3759	0. 3538	0. 3332	0. 3139	0. 2959	0. 2791
8	0. 4339	0. 4039	0. 3762	0. 3506	0. 3269	0. 3050	0. 2848	0. 2660	0. 2487	0. 2326
9	0. 3909	0. 3606	0. 3329	0. 3075	0. 2843	0. 2630	0. 2434	0. 2255	0. 2090	0. 1938
10	0. 3522	0. 3220	0. 2946	0. 2697	0. 2472	0. 2267	0. 2080	0. 1911	0. 1756	0. 1615
11	0. 3173	0. 2875	0. 2607	0. 2366	0. 2149	0. 1954	0. 1778	0. 1619	0. 1476	0. 1346
12	0. 2858	0. 2567	0. 2307	0. 2076	0. 1869	0. 1685	0. 1520	0. 1372	0. 1240	0. 1122
13	0. 2575	0. 2292	0. 2042	0. 1821	0. 1625	0. 1452	0. 1299	0. 1163	0. 1042	0. 0935
14	0. 2320	0. 2046	0. 1807	0. 1597	0. 1413	0. 1252	0. 1110	0. 0985	0. 0876	0. 0779
15	0. 2090	0. 1827	0. 1599	0. 1401	0. 1229	0. 1079	0. 0949	0. 0835	0. 0736	0. 0649
16	0. 1883	0. 1631	0. 1415	0. 1229	0. 1069	0. 0930	0. 0811	0. 0708	0. 0618	0. 0541
17	0. 1696	0. 1456	0. 1252	0. 1078	0. 0929	0. 0802	0. 0693	0. 0600	0. 0520	0. 0451
18	0. 1528	0. 1300	0. 1108	0. 0946	0. 0808	0. 0691	0. 0592	0. 0508	0. 0437	0. 0376

续表

n \ i	11%	12%	13%	14%	15%	16%	17%	18%	19%	20%
19	0. 1377	0. 1161	0. 0981	0. 0829	0. 0703	0. 0596	0. 0506	0. 0431	0. 0367	0. 0313
20	0. 1240	0. 1037	0. 0868	0. 0728	0. 0611	0. 0514	0. 0433	0. 0365	0. 0308	0. 0261
21	0. 1117	0. 0926	0. 0768	0. 0638	0. 0531	0. 0443	0. 0370	0. 0309	0. 0259	0. 0217
22	0. 1007	0. 0826	0. 0680	0. 0560	0. 0462	0. 0382	0. 0316	0. 0262	0. 0218	0. 0181
23	0. 0907	0. 0738	0. 0601	0. 0491	0. 0402	0. 0329	0. 0270	0. 0222	0. 0183	0. 0151
24	0. 0817	0. 0659	0. 0532	0. 0431	0. 0349	0. 0284	0. 0231	0. 0188	0. 0154	0. 0126
25	0. 0736	0. 0588	0. 0471	0. 0378	0. 0304	0. 0245	0. 0197	0. 0160	0. 0129	0. 0105
26	0. 0663	0. 0525	0. 0417	0. 0331	0. 0264	0. 0211	0. 0169	0. 0135	0. 0109	0. 0087
27	0. 0597	0. 0469	0. 0369	0. 0291	0. 0230	0. 0182	0. 0144	0. 0115	0. 0091	0. 0073
28	0. 0538	0. 0419	0. 0326	0. 0255	0. 0200	0. 0157	0. 0123	0. 0097	0. 0077	0. 0061
29	0. 0485	0. 0374	0. 0289	0. 0224	0. 0174	0. 0135	0. 0105	0. 0082	0. 0064	0. 0051
30	0. 0437	0. 0334	0. 0256	0. 0196	0. 0151	0. 0116	0. 0090	0. 0070	0. 0054	0. 0042
31	0. 0394	0. 0298	0. 0226	0. 0172	0. 0131	0. 0100	0. 0077	0. 0059	0. 0046	0. 0035
35	0. 0259	0. 0189	0. 0139	0. 0102	0. 0075	0. 0055	0. 0041	0. 0030	0. 0023	0. 0017
40	0. 0154	0. 0107	0. 0075	0. 0053	0. 0037	0. 0026	0. 0019	0. 0013	0. 0010	0. 0007
45	0. 0091	0. 0061	0. 0041	0. 0027	0. 0019	0. 0013	0. 0009	0. 0006	0. 0004	0. 0003
50	0. 0054	0. 0035	0. 0022	0. 0014	0. 0009	0. 0006	0. 0004	0. 0003	0. 0002	0. 0001
55	0. 0032	0. 0020	0. 0012	0. 0007	0. 0005	0. 0003	0. 0002	0. 0001	0. 0001	0. 0000
60	0. 0019	0. 0011	0. 0007	0. 0004	0. 0002	0. 0001	0. 0001	0. 0000	0. 0000	0. 0000

续表

n \ i	22%	24%	26%	28%	30%	32%	34%	36%	38%	40%
1	0.8197	0.8065	0.7937	0.7813	0.7692	0.7576	0.7463	0.7353	0.7246	0.7143
2	0.6719	0.6504	0.6299	0.6104	0.5917	0.5739	0.5569	0.5407	0.5251	0.5102
3	0.5507	0.5245	0.4999	0.4768	0.4552	0.4348	0.4156	0.3975	0.3805	0.3644
4	0.4514	0.4230	0.3968	0.3725	0.3501	0.3294	0.3102	0.2923	0.2757	0.2603
5	0.3700	0.3411	0.3149	0.2910	0.2693	0.2495	0.2315	0.2149	0.1998	0.1859
6	0.3033	0.2751	0.2499	0.2274	0.2072	0.1890	0.1727	0.1580	0.1448	0.1328
7	0.2486	0.2218	0.1983	0.1776	0.1594	0.1432	0.1289	0.1162	0.1049	0.0949
8	0.2038	0.1789	0.1574	0.1388	0.1226	0.1085	0.0962	0.0854	0.0760	0.0678
9	0.1670	0.1443	0.1249	0.1084	0.0943	0.0822	0.0718	0.0628	0.0551	0.0484
10	0.1369	0.1164	0.0992	0.0847	0.0725	0.0623	0.0536	0.0462	0.0399	0.0346
11	0.1122	0.0938	0.0787	0.0662	0.0558	0.0472	0.0400	0.0340	0.0289	0.0247
12	0.0920	0.0757	0.0625	0.0517	0.0429	0.0357	0.0298	0.0250	0.0210	0.0176
13	0.0754	0.0610	0.0496	0.0404	0.0330	0.0271	0.0223	0.0184	0.0152	0.0126
14	0.0618	0.0492	0.0393	0.0316	0.0254	0.0205	0.0166	0.0135	0.0110	0.0090
15	0.0507	0.0397	0.0312	0.0247	0.0195	0.0155	0.0124	0.0099	0.0080	0.0064
16	0.0415	0.0320	0.0248	0.0193	0.0150	0.0118	0.0093	0.0073	0.0058	0.0046
17	0.0340	0.0258	0.0197	0.0150	0.0116	0.0089	0.0069	0.0054	0.0042	0.0033
18	0.0279	0.0208	0.0156	0.0118	0.0089	0.0068	0.0052	0.0039	0.0030	0.0023
19	0.0229	0.0168	0.0124	0.0092	0.0068	0.0051	0.0038	0.0029	0.0022	0.0017
20	0.0187	0.0135	0.0098	0.0072	0.0053	0.0039	0.0029	0.0021	0.0016	0.0012

续表

n \ i	22%	24%	26%	28%	30%	32%	34%	36%	38%	40%
21	0. 0154	0. 0109	0. 0078	0. 0056	0. 0040	0. 0029	0. 0021	0. 0016	0. 0012	0. 0009
22	0. 0126	0. 0088	0. 0062	0. 0044	0. 0031	0. 0022	0. 0016	0. 0012	0. 0008	0. 0006
23	0. 0103	0. 0071	0. 0049	0. 0034	0. 0024	0. 0017	0. 0012	0. 0008	0. 0006	0. 0004
24	0. 0085	0. 0057	0. 0039	0. 0027	0. 0018	0. 0013	0. 0009	0. 0006	0. 0004	0. 0003
25	0. 0069	0. 0046	0. 0031	0. 0021	0. 0014	0. 0010	0. 0007	0. 0005	0. 0003	0. 0002
26	0. 0057	0. 0037	0. 0025	0. 0016	0. 0011	0. 0007	0. 0005	0. 0003	0. 0002	0. 0002
27	0. 0047	0. 0030	0. 0019	0. 0013	0. 0008	0. 0006	0. 0004	0. 0002	0. 0002	0. 0001
28	0. 0038	0. 0024	0. 0015	0. 0010	0. 0006	0. 0004	0. 0003	0. 0002	0. 0001	0. 0001
29	0. 0031	0. 0020	0. 0012	0. 0008	0. 0005	0. 0003	0. 0002	0. 0001	0. 0001	0. 0001
30	0. 0026	0. 0016	0. 0010	0. 0006	0. 0004	0. 0002	0. 0002	0. 0001	0. 0001	0. 0000
31	0. 0021	0. 0013	0. 0008	0. 0005	0. 0003	0. 0002	0. 0001	0. 0001	0. 0000	0. 0000
35	0. 0009	0. 0005	0. 0003	0. 0002	0. 0001	0. 0001	0. 0000	0. 0000	0. 0000	0. 0000
40	0. 0004	0. 0002	0. 0001	0. 0001	0. 0000	0. 0000	0. 0000	0. 0000	0. 0000	0. 0000
45	0. 0001	0. 0001	0. 0000	0. 0000	0. 0000	0. 0000	0. 0000	0. 0000	0. 0000	0. 0000
50	0. 0000	0. 0000	0. 0000	0. 0000	0. 0000	0. 0000	0. 0000	0. 0000	0. 0000	0. 0000
55	0. 0000	0. 0000	0. 0000	0. 0000	0. 0000	0. 0000	0. 0000	0. 0000	0. 0000	0. 0000
60	0. 0000	0. 0000	0. 0000	0. 0000	0. 0000	0. 0000	0. 0000	0. 0000	0. 0000	0. 0000

附录3 年金终值系数表

$$(F/A, i, n) = \frac{(1+i)^n - 1}{i}$$

n \ i	1%	2%	3%	4%	5%	6%	7%	8%	9%	10%
1	1. 0000	1. 0000	1. 0000	1. 0000	1. 0000	1. 0000	1. 0000	1. 0000	1. 0000	1. 0000
2	2. 0100	2. 0200	2. 0300	2. 0400	2. 0500	2. 0600	2. 0700	2. 0800	2. 0900	2. 1000
3	3. 0301	3. 0604	3. 0909	3. 1216	3. 1525	3. 1836	3. 2149	3. 2464	3. 2781	3. 3100
4	4. 0604	4. 1216	4. 1836	4. 2465	4. 3101	4. 3746	4. 4399	4. 5061	4. 5731	4. 6410
5	5. 1010	5. 2040	5. 3091	5. 4163	5. 5256	5. 6371	5. 7507	5. 8666	5. 9847	6. 1051
6	6. 1520	6. 3081	6. 4684	6. 6330	6. 8019	6. 9753	7. 1533	7. 3359	7. 5233	7. 7156
7	7. 2135	7. 4343	7. 6625	7. 8983	8. 1420	8. 3938	8. 6540	8. 9228	9. 2004	9. 4872
8	8. 2857	8. 5830	8. 8923	9. 2142	9. 5491	9. 8975	10. 2598	10. 6366	11. 0285	11. 4359
9	9. 3685	9. 7546	10. 1591	10. 5828	11. 0266	11. 4913	11. 9780	12. 4876	13. 0210	13. 5795
10	10. 4622	10. 9497	11. 4639	12. 0061	12. 5779	13. 1808	13. 8164	14. 4866	15. 1929	15. 9374
11	11. 5668	12. 1687	12. 8078	13. 4864	14. 2068	14. 9716	15. 7836	16. 6455	17. 5603	18. 5312
12	12. 6825	13. 4121	14. 1920	15. 0258	15. 9171	16. 8699	17. 8885	18. 9771	20. 1407	21. 3843
13	13. 8093	14. 6803	15. 6178	16. 6268	17. 7130	18. 8821	20. 1406	21. 4953	22. 9534	24. 5227
14	14. 9474	15. 9739	17. 0863	18. 2919	19. 5986	21. 0151	22. 5505	24. 2149	26. 0192	27. 9750

续表

n \ i	1%	2%	3%	4%	5%	6%	7%	8%	9%	10%
15	16. 0969	17. 2934	18. 5989	20. 0236	21. 5786	23. 2760	25. 1290	27. 1521	29. 3609	31. 7725
16	17. 2579	18. 6393	20. 1569	21. 8245	23. 6575	25. 6725	27. 8881	30. 3243	33. 0034	35. 9497
17	18. 4304	20. 0121	21. 7616	23. 6975	25. 8404	28. 2129	30. 8402	33. 7502	36. 9737	40. 5447
18	19. 6147	21. 4123	23. 4144	25. 6454	28. 1324	30. 9057	33. 9990	37. 4502	41. 3013	45. 5992
19	20. 8109	22. 8406	25. 1169	27. 6712	30. 5390	33. 7600	37. 3790	41. 4463	46. 0185	51. 1591
20	22. 0190	24. 2974	26. 8704	29. 7781	33. 0660	36. 7856	40. 9955	45. 7620	51. 1601	57. 2750
21	23. 2392	25. 7833	28. 6765	31. 9692	35. 7193	39. 9927	44. 8652	50. 4229	56. 7645	64. 0025
22	24. 4716	27. 2990	30. 5368	34. 2480	38. 5052	43. 3923	49. 0057	55. 4568	62. 8733	71. 4027
23	25. 7163	28. 8450	32. 4529	36. 6179	41. 4305	46. 9958	53. 4361	60. 8933	69. 5319	79. 5430
24	26. 9735	30. 4219	34. 4265	39. 0826	44. 5020	50. 8156	58. 1767	66. 7648	76. 7898	88. 4973
25	28. 2432	32. 0303	36. 4593	41. 6459	47. 7271	54. 8645	63. 2490	73. 1059	84. 7009	98. 3471
26	29. 5256	33. 6709	38. 5530	44. 3117	51. 1135	59. 1564	68. 6765	79. 9544	93. 3240	109. 1818
27	30. 8209	35. 3443	40. 7096	47. 0842	54. 6691	63. 7058	74. 4838	87. 3508	102. 7231	121. 0999
28	32. 1291	37. 0512	42. 9309	49. 9676	58. 4026	68. 5281	80. 6977	95. 3388	112. 9682	134. 2099
29	33. 4504	38. 7922	45. 2189	52. 9663	62. 3227	73. 6398	87. 3465	103. 9659	124. 1354	148. 6309
30	34. 7849	40. 5681	47. 5754	56. 0849	66. 4388	79. 0582	94. 4608	113. 2832	136. 3075	164. 4940
31	36. 1327	42. 3794	50. 0027	59. 3283	70. 7608	84. 8017	102. 0730	123. 3459	149. 5752	181. 9434
35	41. 6603	49. 9945	60. 4621	73. 6522	90. 3203	111. 4348	138. 2369	172. 3168	215. 7108	271. 0244
40	48. 8864	60. 4020	75. 4013	95. 0255	120. 7998	154. 7620	199. 6351	259. 0565	337. 8824	442. 5926
45	56. 4811	71. 8927	92. 7199	121. 0294	159. 7002	212. 7435	285. 7493	386. 5056	525. 8587	718. 9048
50	64. 4632	84. 5794	112. 7969	152. 6671	209. 3480	290. 3359	406. 5289	573. 7702	815. 0836	1163. 9085
55	72. 8525	98. 5865	136. 0716	191. 1592	272. 7126	394. 1720	575. 9286	848. 9232	1 260. 091	1 880. 5914
60	81. 6697	114. 0515	163. 0534	237. 9907	353. 5837	533. 1282	813. 5204	1 253. 213	1 944. 7921	3 034. 8164

续表

i / n	11%	12%	13%	14%	15%	16%	17%	18%	19%	20%
1	1.0000	1.0000	1.0000	1.0000	1.0000	1.0000	1.0000	1.0000	1.0000	1.0000
2	2.1100	2.1200	2.1300	2.1400	2.1500	2.1600	2.1700	2.1800	2.1900	2.2000
3	3.3421	3.3744	3.4069	3.4396	3.4725	3.5056	3.5389	3.5724	3.6061	3.6400
4	4.7097	4.7793	4.8498	4.9211	4.9934	5.0665	5.1405	5.2154	5.2913	5.3680
5	6.2278	6.3528	6.4803	6.6101	6.7424	6.8771	7.0144	7.1542	7.2966	7.4416
6	7.9129	8.1152	8.3227	8.5355	8.7537	8.9775	9.2068	9.4420	9.6830	9.9299
7	9.7833	10.0890	10.4047	10.7305	11.0668	11.4139	11.7720	12.1415	12.5227	12.9159
8	11.8594	12.2997	12.7573	13.2328	13.7268	14.2401	14.7733	15.3270	15.9020	16.4991
9	14.1640	14.7757	15.4157	16.0853	16.7858	17.5185	18.2847	19.0859	19.9234	20.7989
10	16.7220	17.5487	18.4197	19.3373	20.3037	21.3215	22.3931	23.5213	24.7089	25.9587
11	19.5614	20.6546	21.8143	23.0445	24.3493	25.7329	27.1999	28.7551	30.4035	32.1504
12	22.7132	24.1331	25.6502	27.2707	29.0017	30.8502	32.8239	34.9311	37.1802	39.5805
13	26.2116	28.0291	29.9847	32.0887	34.3519	36.7862	39.4040	42.2187	45.2445	48.4966
14	30.0949	32.3926	34.8827	37.5811	40.5047	43.6720	47.1027	50.8180	54.8409	59.1959
15	34.4054	37.2797	40.4175	43.8424	47.5804	51.6595	56.1101	60.9653	66.2607	72.0351
16	39.1899	42.7533	46.6717	50.9804	55.7175	60.9250	66.6488	72.9390	79.8502	87.4421
17	44.5008	48.8837	53.7391	59.1176	65.0751	71.6730	78.9792	87.0680	96.0218	105.9306
18	50.3959	55.7497	61.7251	68.3941	75.8364	84.1407	93.4056	103.7403	115.2659	128.1167

续表

n \ i	11%	12%	13%	14%	15%	16%	17%	18%	19%	20%
19	56. 9395	63. 4397	70. 7494	78. 9692	88. 2118	98. 6032	110. 2846	123. 4135	138. 1664	154. 7400
20	64. 2028	72. 0524	80. 9468	91. 0249	102. 4436	115. 3797	130. 0329	146. 6280	165. 4180	186. 6880
21	72. 2651	81. 6987	92. 4699	104. 7684	118. 8101	134. 8405	153. 1385	174. 0210	197. 8474	225. 0256
22	81. 2143	92. 5026	105. 4910	120. 4360	137. 6316	157. 4150	180. 1721	206. 3448	236. 4385	271. 0307
23	91. 1479	104. 6029	120. 2048	138. 2970	159. 2764	183. 6014	211. 8013	244. 4868	282. 3618	326. 2369
24	102. 1742	118. 1552	136. 8315	158. 6586	184. 1678	213. 9776	248. 8076	289. 4945	337. 0105	392. 4842
25	114. 4133	133. 3339	155. 6196	181. 8708	212. 7930	249. 2140	292. 1049	342. 6035	402. 0425	471. 9811
26	127. 9988	150. 3339	176. 8501	208. 3327	245. 7120	290. 0883	342. 7627	405. 2721	479. 4306	567. 3773
27	143. 0786	169. 3740	200. 8406	238. 4993	283. 5688	337. 5024	402. 0323	479. 2211	571. 5224	681. 8528
28	159. 8173	190. 6989	227. 9499	272. 8892	327. 1041	392. 5028	471. 3778	566. 4809	681. 1116	819. 2233
29	178. 3972	214. 5828	258. 5834	312. 0937	377. 1697	456. 3032	552. 5121	669. 4475	811. 5228	984. 0680
30	199. 0209	241. 3327	293. 1992	356. 7868	434. 7451	530. 3117	647. 4391	790. 9480	966. 7122	1 181. 8816
31	221. 9132	271. 2926	332. 3151	407. 7370	500. 9569	616. 1616	758. 5038	934. 3186	1 151. 3875	1 419. 2579
35	341. 5896	431. 6635	546. 6808	693. 5727	881. 1702	1 120. 7130	1 426. 4910	1 816. 6516	2 314. 2137	2 948. 3411
40	581. 8261	767. 0914	1 013. 7042	1 342. 0251	1 779. 0903	2 360. 7572	3 134. 5218	4 163. 2130	5 529. 8290	7 343. 8578
45	986. 6386	1 358. 230	1 874. 1646	2 590. 5648	3 585. 1285	4 965. 2739	6 879. 2907	9 531. 5771	13 203. 4242	18 281. 3099
50	1 668. 771	2 400. 018	3 459. 5071	4 994. 5213	7 217. 7163	10 435. 64	15 089. 5017	21 813. 0937	31 515. 336	45 497. 1908
55	2 818. 204	4 236. 005	6 380. 3979	9 623. 1343	14 524. 147	21 925. 305	33 089. 9627	49 910. 2284	75 214. 0348	113 219. 011
60	4 755. 0658	7 471. 641	11 761. 949	18 535. 13	29 219. 991	46 057. 508	72 555. 0381	114 189. 666	179 494. 583	281 732. 571

续表

i / n	22%	24%	26%	28%	30%	32%	34%	36%	38%	40%
1	1. 0000	1. 0000	1. 0000	1. 0000	1. 0000	1. 0000	1. 0000	1. 0000	1. 0000	1. 0000
2	2. 2200	2. 2400	2. 2600	2. 2800	2. 3000	2. 3200	2. 3400	2. 3600	2. 3800	2. 4000
3	3. 7084	3. 7776	3. 8476	3. 9184	3. 9900	4. 0624	4. 1356	4. 2096	4. 2844	4. 3600
4	5. 5242	5. 6842	5. 8480	6. 0156	6. 1870	6. 3624	6. 5417	6. 7251	6. 9125	7. 1040
5	7. 7396	8. 0484	8. 3684	8. 6999	9. 0431	9. 3983	9. 7659	10. 1461	10. 5392	10. 9456
6	10. 4423	10. 9801	11. 5442	12. 1359	12. 7560	13. 4058	14. 0863	14. 7987	15. 5441	16. 3238
7	13. 7396	14. 6153	15. 5458	16. 5339	17. 5828	18. 6956	19. 8756	21. 1262	22. 4509	23. 8534
8	17. 7623	19. 1229	20. 5876	22. 1634	23. 8577	25. 6782	27. 6333	29. 7316	31. 9822	34. 3947
9	22. 6700	24. 7125	26. 9404	29. 3692	32. 0150	34. 8953	38. 0287	41. 4350	45. 1354	49. 1526
10	28. 6574	31. 6434	34. 9449	38. 5926	42. 6195	47. 0618	51. 9584	57. 3516	63. 2869	69. 8137
11	35. 9620	40. 2379	45. 0306	50. 3985	56. 4053	63. 1215	70. 6243	78. 9982	88. 3359	98. 7391
12	44. 8737	50. 8950	57. 7386	65. 5100	74. 3270	84. 3204	95. 6365	108. 4375	122. 9036	139. 2348
13	55. 7459	64. 1097	73. 7506	84. 8529	97. 6250	112. 3030	129. 1529	148. 4750	170. 6070	195. 9287
14	69. 0100	80. 4961	93. 9258	109. 6117	127. 9125	149. 2399	174. 0649	202. 9260	236. 4376	275. 3002
15	85. 1922	100. 8151	119. 3465	141. 3029	167. 2863	197. 9967	234. 2470	276. 9793	327. 2839	386. 4202
16	104. 9345	126. 0108	151. 3766	181. 8677	218. 4722	262. 3557	314. 8910	377. 6919	452. 6518	541. 9883
17	129. 0201	157. 2534	191. 7345	233. 7907	285. 0139	347. 3095	422. 9539	514. 6610	625. 6595	759. 7837
18	158. 4045	195. 9942	242. 5855	300. 2521	371. 5180	459. 4485	567. 7583	700. 9389	864. 4101	1064. 6971
19	194. 2535	244. 0328	306. 6577	385. 3227	483. 9734	607. 4721	761. 7961	954. 2769	1 193. 8859	1 491. 5760
20	237. 9893	303. 6006	387. 3887	494. 2131	630. 1655	802. 8631	1 021. 8068	1 298. 8166	1 648. 5625	2 089. 2064

续表

n \ i	22%	24%	26%	28%	30%	32%	34%	36%	38%	40%
21	291. 3469	377. 4648	489. 1098	633. 5927	820. 2151	1 060. 7793	1 370. 2211	1 767. 3906	2 276. 0163	2 925. 8889
22	356. 4432	469. 0563	617. 2783	811. 9987	1 067. 2796	1 401. 2287	1 837. 0962	2 404. 6512	3 141. 9025	4 097. 2445
23	435. 8607	582. 6298	778. 7707	1 040. 3583	1 388. 4635	1 850. 6219	2 462. 7089	3 271. 3256	4 336. 8254	5 737. 1423
24	532. 7501	723. 4610	982. 2511	1 332. 6586	1 806. 0026	2 443. 8209	3 301. 0300	4 450. 0029	5 985. 8191	8 032. 9993
25	650. 9551	898. 0916	1 238. 6363	1 706. 8031	2 348. 8033	3 226. 8436	4 424. 3801	6 053. 0039	8 261. 4304	11 247. 1990
26	795. 1653	1 114. 6336	1 561. 6818	2 185. 7079	3 054. 4443	4 260. 4336	5 929. 6694	8 233. 0853	11 401. 7739	15 747. 0785
27	971. 1016	1 383. 1457	1 968. 7191	2 798. 7061	3 971. 7776	5 624. 7723	7 946. 7570	11 197. 9960	15 735. 4480	22 046. 9099
28	1 185. 7440	1 716. 1007	2 481. 5860	3 583. 3438	5 164. 3109	7 425. 6994	10 649. 6543	15 230. 2745	21 715. 9182	30 866. 6739
29	1 447. 6077	2 128. 9648	3 127. 7984	4 587. 6801	6 714. 6042	9 802. 9233	14 271. 5368	20 714. 1734	29 968. 9671	43 214. 3435
30	1 767. 0813	2 640. 9164	3 942. 0260	5 873. 2306	8 729. 9855	12 940. 8587	19 124. 8593	28 172. 2758	41 358. 1746	60 501. 0809
31	2 156. 8392	3 275. 7363	4 967. 9527	7 518. 7351	11 349. 9811	17 082. 9335	25 628. 3115	38 315. 2951	57 075. 2810	84 702. 5132
35	4 783. 6447	7 750. 2251	12 527. 442	20 188. 966	32 422. 8681	51 869. 4269	82 636. 8147	131 084. 1219	207 004. 0805	325 400. 2789
40	12 936. 5353	22 728. 80	39 792. 98	69 377. 46	120 392. 88	207 874. 27	357 033. 888	609 890. 482	1 036 045. 32	1 750 091. 741
45	34 971. 4191	66 640. 37	126 382. 7	238 387. 8	447 019. 3	833 058. 12	1 542 539. 10	2 837 578. 93	5 185 314. 12	9 412 424. 35
50	94 525. 2793	195 372. 6	401 374. 4	819 103. 1	1 659 760. 7	3 338 459. 9	6 664 396. 2	13 202 094. 1	25 951 990. 8	50 622 288. 1
55	255 481. 9	572 767. 3	1 274 692	2 814 425	6 162 584	1 337 8768	28 792 869	61 423 907	129 887 137	272 258 825
60	690 500	1 679 147	4 048 171	9 670 300	22 881 253	53 614 945	124 396 732	285 780 108	650 072 187	1 464 273 317

附录 4 年金现值系数表

$$(F/A, i, n) = \frac{1-(1+i)^{-n}}{i}$$

n \ i	1%	2%	3%	4%	5%	6%	7%	8%	9%	10%
1	0.9901	0.9804	0.9709	0.9615	0.9524	0.9434	0.9346	0.9259	0.9174	0.9091
2	1.9704	1.9416	1.9135	1.8861	1.8594	1.8334	1.8080	1.7833	1.7591	1.7355
3	2.9410	2.8839	2.8286	2.7751	2.7232	2.6730	2.6243	2.5771	2.5313	2.4869
4	3.9020	3.8077	3.7171	3.6299	3.5460	3.4651	3.3872	3.3121	3.2397	3.1699
5	4.8534	4.7135	4.5797	4.4518	4.3295	4.2124	4.1002	3.9927	3.8897	3.7908
6	5.7955	5.6014	5.4172	5.2421	5.0757	4.9173	4.7665	4.6229	4.4859	4.3553
7	6.7282	6.4720	6.2303	6.0021	5.7864	5.5824	5.3893	5.2064	5.0330	4.8684
8	7.6517	7.3255	7.0197	6.7327	6.4632	6.2098	5.9713	5.7466	5.5348	5.3349
9	8.5660	8.1622	7.7861	7.4353	7.1078	6.8017	6.5152	6.2469	5.9952	5.7590
10	9.4713	8.9826	8.5302	8.1109	7.7217	7.3601	7.0236	6.7101	6.4177	6.1446
11	10.3676	9.7868	9.2526	8.7605	8.3064	7.8869	7.4987	7.1390	6.8052	6.4951
12	11.2551	10.5753	9.9540	9.3851	8.8633	8.3838	7.9427	7.5361	7.1607	6.8137
13	12.1337	11.3484	10.6350	9.9856	9.3936	8.8527	8.3577	7.9038	7.4869	7.1034
14	13.0037	12.1062	11.2961	10.5631	9.8986	9.2950	8.7455	8.2442	7.7862	7.3667

续表

n \ i	1%	2%	3%	4%	5%	6%	7%	8%	9%	10%
15	13. 8651	12. 8493	11. 9379	11. 1184	10. 3797	9. 7122	9. 1079	8. 5595	8. 0607	7. 6061
16	14. 7179	13. 5777	12. 5611	11. 6523	10. 8378	10. 1059	9. 4466	8. 8514	8. 3126	7. 8237
17	15. 5623	14. 2919	13. 1661	12. 1657	11. 2741	10. 4773	9. 7632	9. 1216	8. 5436	8. 0216
18	16. 3983	14. 9920	13. 7535	12. 6593	11. 6896	10. 8276	10. 0591	9. 3719	8. 7556	8. 2014
19	17. 2260	15. 6785	14. 3238	13. 1339	12. 0853	11. 1581	10. 3356	9. 6036	8. 9501	8. 3649
20	18. 0456	16. 3514	14. 8775	13. 5903	12. 4622	11. 4699	10. 5940	9. 8181	9. 1285	8. 5136
21	18. 8570	17. 0112	15. 4150	14. 0292	12. 8212	11. 7641	10. 8355	10. 0168	9. 2922	8. 6487
22	19. 6604	17. 6580	15. 9369	14. 4511	13. 1630	12. 0416	11. 0612	10. 2007	9. 4424	8. 7715
23	20. 4558	18. 2922	16. 4436	14. 8568	13. 4886	12. 3034	11. 2722	10. 3711	9. 5802	8. 8832
24	21. 2434	18. 9139	16. 9355	15. 2470	13. 7986	12. 5504	11. 4693	10. 5288	9. 7066	8. 9847
25	22. 0232	19. 5235	17. 4131	15. 6221	14. 0939	12. 7834	11. 6536	10. 6748	9. 8226	9. 0770
26	22. 7952	20. 1210	17. 8768	15. 9828	14. 3752	13. 0032	11. 8258	10. 8100	9. 9290	9. 1609
27	23. 5596	20. 7069	18. 3270	16. 3296	14. 6430	13. 2105	11. 9867	10. 9352	10. 0266	9. 2372
28	24. 3164	21. 2813	18. 7641	16. 6631	14. 8981	13. 4062	12. 1371	11. 0511	10. 1161	9. 3066
29	25. 0658	21. 8444	19. 1885	16. 9837	15. 1411	13. 5907	12. 2777	11. 1584	10. 1983	9. 3696
30	25. 8077	22. 3965	19. 6004	17. 2920	15. 3725	13. 7648	12. 4090	11. 2578	10. 2737	9. 4269
31	26. 5423	22. 9377	20. 0004	17. 5885	15. 5928	13. 9291	12. 5318	11. 3498	10. 3428	9. 4790
35	29. 4086	24. 9986	21. 4872	18. 6646	16. 3742	14. 4982	12. 9477	11. 6546	10. 5668	9. 6442
40	32. 8347	27. 3555	23. 1148	19. 7928	17. 1591	15. 0463	13. 3317	11. 9246	10. 7574	9. 7791
45	36. 0945	29. 4902	24. 5187	20. 7200	17. 7741	15. 4558	13. 6055	12. 1084	10. 8812	9. 8628
50	39. 1961	31. 4236	25. 7298	21. 4822	18. 2559	15. 7619	13. 8007	12. 2335	10. 9617	9. 9148
55	42. 1472	33. 1748	26. 7744	22. 1086	18. 6335	15. 9905	13. 9399	12. 3186	11. 0140	9. 9471
60	44. 9550	34. 7609	27. 6756	22. 6235	18. 9293	16. 1614	14. 0392	12. 3766	11. 0480	9. 9672

续表

n \ i	11%	12%	13%	14%	15%	16%	17%	18%	19%	20%
1	0.9009	0.8929	0.8850	0.8772	0.8696	0.8621	0.8547	0.8475	0.8403	0.8333
2	1.7125	1.6901	1.6681	1.6467	1.6257	1.6052	1.5852	1.5656	1.5465	1.5278
3	2.4437	2.4018	2.3612	2.3216	2.2832	2.2459	2.2096	2.1743	2.1399	2.1065
4	3.1024	3.0373	2.9745	2.9137	2.8550	2.7982	2.7432	2.6901	2.6386	2.5887
5	3.6959	3.6048	3.5172	3.4331	3.3522	3.2743	3.1993	3.1272	3.0576	2.9906
6	4.2305	4.1114	3.9975	3.8887	3.7845	3.6847	3.5892	3.4976	3.4098	3.3255
7	4.7122	4.5638	4.4226	4.2883	4.1604	4.0386	3.9224	3.8115	3.7057	3.6046
8	5.1461	4.9676	4.7988	4.6389	4.4873	4.3436	4.2072	4.0776	3.9544	3.8372
9	5.5370	5.3282	5.1317	4.9464	4.7716	4.6065	4.4506	4.3030	4.1633	4.0310
10	5.8892	5.6502	5.4262	5.2161	5.0188	4.8332	4.6586	4.4941	4.3389	4.1925
11	6.2065	5.9377	5.6869	5.4527	5.2337	5.0286	4.8364	4.6560	4.4865	4.3271
12	6.4924	6.1944	5.9176	5.6603	5.4206	5.1971	4.9884	4.7932	4.6105	4.4392
13	6.7499	6.4235	6.1218	5.8424	5.5831	5.3423	5.1183	4.9095	4.7147	4.5327
14	6.9819	6.6282	6.3025	6.0021	5.7245	5.4675	5.2293	5.0081	4.8023	4.6106
15	7.1909	6.8109	6.4624	6.1422	5.8474	5.5755	5.3242	5.0916	4.8759	4.6755
16	7.3792	6.9740	6.6039	6.2651	5.9542	5.6685	5.4053	5.1624	4.9377	4.7296
17	7.5488	7.1196	6.7291	6.3729	6.0472	5.7487	5.4746	5.2223	4.9897	4.7746
18	7.7016	7.2497	6.8399	6.4674	6.1280	5.8178	5.5339	5.2732	5.0333	4.8122

续表

n \ i	11%	12%	13%	14%	15%	16%	17%	18%	19%	20%
19	7.8393	7.3658	6.9380	6.5504	6.1982	5.8775	5.5845	5.3162	5.0700	4.8435
20	7.9633	7.4694	7.0248	6.6231	6.2593	5.9288	5.6278	5.3527	5.1009	4.8696
21	8.0751	7.5620	7.1016	6.6870	6.3125	5.9731	5.6648	5.3837	5.1268	4.8913
22	8.1757	7.6446	7.1695	6.7429	6.3587	6.0113	5.6964	5.4099	5.1486	4.9094
23	8.2664	7.7184	7.2297	6.7921	6.3988	6.0442	5.7234	5.4321	5.1668	4.9245
24	8.3481	7.7843	7.2829	6.8351	6.4338	6.0726	5.7465	5.4509	5.1822	4.9371
25	8.4217	7.8431	7.3300	6.8729	6.4641	6.0971	5.7662	5.4669	5.1951	4.9476
26	8.4881	7.8957	7.3717	6.9061	6.4906	6.1182	5.7831	5.4804	5.2060	4.9563
27	8.5478	7.9426	7.4086	6.9352	6.5135	6.1364	5.7975	5.4919	5.2151	4.9636
28	8.6016	7.9844	7.4412	6.9607	6.5335	6.1520	5.8099	5.5016	5.2228	4.9697
29	8.6501	8.0218	7.4701	6.9830	6.5509	6.1656	5.8204	5.5098	5.2292	4.9747
30	8.6938	8.0552	7.4957	7.0027	6.5660	6.1772	5.8294	5.5168	5.2347	4.9789
31	8.7331	8.0850	7.5183	7.0199	6.5791	6.1872	5.8371	5.5227	5.2392	4.9824
35	8.8552	8.1755	7.5856	7.0700	6.6166	6.2153	5.8582	5.5386	5.2512	4.9915
40	8.9511	8.2438	7.6344	7.1050	6.6418	6.2335	5.8713	5.5482	5.2582	4.9966
45	9.0079	8.2825	7.6609	7.1232	6.6543	6.2421	5.8773	5.5523	5.2611	4.9986
50	9.0417	8.3045	7.6752	7.1327	6.6605	6.2463	5.8801	5.5541	5.2623	4.9995
55	9.0617	8.3170	7.6830	7.1376	6.6636	6.2482	5.8813	5.5549	5.2628	4.9998
60	9.0736	8.3240	7.6873	7.1401	6.6651	6.2492	5.8819	5.5553	5.2630	4.9999

续表

n \ i	22%	24%	26%	28%	30%	32%	34%	36%	38%	40%
1	0.8197	0.8065	0.7937	0.7813	0.7692	0.7576	0.7463	0.7353	0.7246	0.7143
2	1.4915	1.4568	1.4235	1.3916	1.3609	1.3315	1.3032	1.2760	1.2497	1.2245
3	2.0422	1.9813	1.9234	1.8684	1.8161	1.7663	1.7188	1.6735	1.6302	1.5889
4	2.4936	2.4043	2.3202	2.2410	2.1662	2.0957	2.0290	1.9658	1.9060	1.8492
5	2.8636	2.7454	2.6351	2.5320	2.4356	2.3452	2.2604	2.1807	2.1058	2.0352
6	3.1669	3.0205	2.8850	2.7594	2.6427	2.5342	2.4331	2.3388	2.2506	2.1680
7	3.4155	3.2423	3.0833	2.9370	2.8021	2.6775	2.5620	2.4550	2.3555	2.2628
8	3.6193	3.4212	3.2407	3.0758	2.9247	2.7860	2.6582	2.5404	2.4315	2.3306
9	3.7863	3.5655	3.3657	3.1842	3.0190	2.8681	2.7300	2.6033	2.4866	2.3790
10	3.9232	3.6819	3.4648	3.2689	3.0915	2.9304	2.7836	2.6495	2.5265	2.4136
11	4.0354	3.7757	3.5435	3.3351	3.1473	2.9776	2.8236	2.6834	2.5555	2.4383
12	4.1274	3.8514	3.6059	3.3868	3.1903	3.0133	2.8534	2.7084	2.5764	2.4559
13	4.2028	3.9124	3.6555	3.4272	3.2233	3.0404	2.8757	2.7268	2.5916	2.4685
14	4.2646	3.9616	3.6949	3.4587	3.2487	3.0609	2.8923	2.7403	2.6026	2.4775
15	4.3152	4.0013	3.7261	3.4834	3.2682	3.0764	2.9047	2.7502	2.6106	2.4839
16	4.3567	4.0333	3.7509	3.5026	3.2832	3.0882	2.9140	2.7575	2.6164	2.4885
17	4.3908	4.0591	3.7705	3.5177	3.2948	3.0971	2.9209	2.7629	2.6206	2.4918
18	4.4187	4.0799	3.7861	3.5294	3.3037	3.1039	2.9260	2.7668	2.6236	2.4941
19	4.4415	4.0967	3.7985	3.5386	3.3105	3.1090	2.9299	2.7697	2.6258	2.4958
20	4.4603	4.1103	3.8083	3.5458	3.3158	3.1129	2.9327	2.7718	2.6274	2.4970

续表

n \ i	22%	24%	26%	28%	30%	32%	34%	36%	38%	40%
21	4. 4756	4. 1212	3. 8161	3. 5514	3. 3198	3. 1158	2. 9349	2. 7734	2. 6285	2. 4979
22	4. 4882	4. 1300	3. 8223	3. 5558	3. 3230	3. 1180	2. 9365	2. 7746	2. 6294	2. 4985
23	4. 4985	4. 1371	3. 8273	3. 5592	3. 3254	3. 1197	2. 9377	2. 7754	2. 6300	2. 4989
24	4. 5070	4. 1428	3. 8312	3. 5619	3. 3272	3. 1210	2. 9386	2. 7760	2. 6304	2. 4992
25	4. 5139	4. 1474	3. 8342	3. 5640	3. 3286	3. 1220	2. 9392	2. 7765	2. 6307	2. 4994
26	4. 5196	4. 1511	3. 8367	3. 5656	3. 3297	3. 1227	2. 9397	2. 7768	2. 6310	2. 4996
27	4. 5243	4. 1542	3. 8387	3. 5669	3. 3305	3. 1233	2. 9401	2. 7771	2. 6311	2. 4997
28	4. 5281	4. 1566	3. 8402	3. 5679	3. 3312	3. 1237	2. 9404	2. 7773	2. 6313	2. 4998
29	4. 5312	4. 1585	3. 8414	3. 5687	3. 3317	3. 1240	2. 9406	2. 7774	2. 6313	2. 4999
30	4. 5338	4. 1601	3. 8424	3. 5693	3. 3321	3. 1242	2. 9407	2. 7775	2. 6314	2. 4999
31	4. 5359	4. 1614	3. 8432	3. 5697	3. 3324	3. 1244	2. 9408	2. 7776	2. 6315	2. 4999
35	4. 5411	4. 1644	3. 8450	3. 5708	3. 3330	3. 1248	2. 9411	2. 7777	2. 6315	2. 5000
40	4. 5439	4. 1659	3. 8458	3. 5712	3. 3332	3. 1250	2. 9412	2. 7778	2. 6316	2. 5000
45	4. 5449	4. 1664	3. 8460	3. 5714	3. 3333	3. 1250	2. 9412	2. 7778	2. 6316	2. 5000
50	4. 5452	4. 1666	3. 8461	3. 5714	3. 3333	3. 1250	2. 9412	2. 7778	2. 6316	2. 5000
55	4. 5454	4. 1666	3. 8461	3. 5714	3. 3333	3. 1250	2. 9412	2. 7778	2. 6316	2. 5000
60	4. 5454	4. 1667	3. 8462	3. 5714	3. 3333	3. 1250	2. 9412	2. 7778	2. 6316	2. 5000

参考文献

[1] 郭复初，王庆成．财务管理学（第二版）．高等教育出版社，2005．
[2] 马克思，恩格斯．马克思恩格斯全集（第23卷）．人民出版社，1972：173－174．